经济金融系列教材
JINGJI JINRONG XILIE JIAOCAI

财政学

PUBLIC FINANCE

主　编　张红地　张欣怡　刘智媛

中国金融出版社

责任编辑：丁　芊
责任校对：潘　洁
责任印制：丁淮宾

图书在版编目（CIP）数据

财政学/张红地等主编．—北京：中国金融出版社，2019.11
经济金融系列教材
ISBN 978 - 7 - 5220 - 0295 - 8

Ⅰ．①财…　Ⅱ．①张…　Ⅲ．①财政学—高等学校—教材
Ⅳ．①F810

中国版本图书馆 CIP 数据核字（2019）第 210129 号

财政学
Caizhengxue
出版
发行　**中国金融出版社**

社址　北京市丰台区益泽路 2 号
市场开发部　（010）63266347，63805472，63439533（传真）
网上书店　http://www.chinafph.com
　　　　　　（010）63286832，63365686（传真）
读者服务部　（010）66070833，62568380
邮编　100071
经销　新华书店
印刷　北京市松源印刷有限公司
尺寸　185 毫米×260 毫米
印张　21.5
字数　403 千
版次　2019 年 11 月第 1 版
印次　2019 年 11 月第 1 次印刷
定价　58.00 元
ISBN 978 - 7 - 5220 - 0295 - 8
如出现印装错误本社负责调换　联系电话（010）63263947

经济金融系列教材编委会

总　序

　　随着经济金融全球化的深入发展，对人才的需求越来越大，对人才素质的要求越来越高。尽快培养一支高素质的人才队伍，适应新的国际发展和竞争的要求，是高校当前主要的任务。专业人才培养，本科教育是关键，为此，北京语言大学商学院组织有关专家学者编写了一套大学经济金融专业基础教材。

　　本套教材涵盖政治经济学、宏观经济学、微观经济学、财政学、会计学、金融学、统计学、计量经济学等经济基础理论教材和经济金融专业教材。全套教材由相关领域的专家学者编写而成，具有以下特点：一是按照教育部本科教学要求，满足经济金融专业学生本科学习需要，全面介绍基础知识，并根据经济金融最新发展，对有关知识进行了拓展和扩充，使学生在熟悉和掌握经济金融基本理论知识的同时，了解本专业最新理论和发展动态；二是教材知识难度适中，适合本科教学使用，并且具有针对性，主要解决学生打牢基础知识的问题；三是理论与实践相结合，国内发展现状与国际发展现状相结合，既介绍最新经济金融理论，又介绍实务部门最新业务发展，使学生熟悉和了解本专业最新理论和实践动态；四是基础理论知识定性与定量相结合，关注数学和计量模型在本专业的应用成果，重点介绍数理经济模型和计量理论知识，使学生掌握最新的定性分析工具和方法，能够做到分析问题时定性与定量相结合；五是语言通俗易懂，教材由浅入深地介绍基本理论知识和各种数理模型以及相关研究分析方法，学生易学易懂。

　　本套教材从国内国外经典教材和相关专业最新研究成果获得许多有益经验和参考。我们将在相关高校教材的基础上，进一步形成具有特色的教材体系。本套教材适合经济金融专业本科生学习使用，相信对相关岗位在职人员的学习也会有很大的帮助。

　　本套教材如有不足之处，恳请各位专家学者和学习使用者批评指正。

杜金富

2019 年 5 月

前　言

　　财政学是研究财政收支活动及政策的科学，是从财政现象入手，通过财政现象探索财政本质，揭示财政规律的科学。作为经济学最重要的一个分支，财政学研究目标的确定、过程的分析、结果的评价完全遵循和经济学研究相一致的原则。

　　本教材在编写过程中力图体现：组织体系完善，结构清晰，理论联系实际，突出教学重点，体现知识体系的完整性并进行知识面的拓宽。每一章都有学习目标、小结、重要概念、复习思考题、案例讨论与参考文献等。

　　本书由北京语言大学商学院和经济研究院院长杜金富及编者确定编写大纲，张红地、张欣怡、刘智媛主持编写。具体分工如下：第一章由张红地编写；第二章由刘智媛编写；第三章由康学赟编写；第四章和第五章由张欣怡编写；第六章和第九章由滕一铎、杨涵编写；第七章和第八章由代瑞丹编写。全书由张红地、张欣怡、刘智媛统稿。

　　本书既可以作为高等院校经济类专业课程教材，也可以作为财政税务工作者的学习参考用书。

　　在编写过程中，编者参考借鉴了有关院校财政学教材相关内容并列于每章的参考文献中，在这里向有关作者表示衷心的感谢。由于作者专业水平有限，本教材难免存在疏漏与不足，真诚地希望使用者及时提出宝贵的修改意见，以便我们进一步完善。

编者

2019 年 5 月 20 日

目　录 Contents

第一章
总　论

学习目标

1. 掌握财政的产生和发展过程；
2. 了解财政的性质、特征、概念；
3. 了解中西方财政学说的演变过程；
4. 熟悉财政学研究的内容、角度与方法；
5. 掌握财政的内涵、作用和目的。

第一节　财政的产生与发展

从人类社会发展的历史来看，财政作为一种人类特有的社会经济制度不是本来就有的。它是随着人类社会生产力水平的提高，人类社会与历史发展到一定阶段后，在再生产过程中，产生了独立于社会生产单位和消费单位之外的政府，为了自己及社会公共事务需要而形成的。

一、财政的产生

（一）财政产生的过程

财政属于一个古老的历史范畴，它是随着社会生产力的发展和国家的产生而产生的。人类在原始社会初期，面临的自然与生存环境非常恶劣，人类为抵御外界的侵袭，只能聚集在一起，运用最原始的生产工具共同劳动，生产极少的劳动产品并归全体成员共同占有。随着人类社会第一次大分工，畜牧业与手工业开始从农业中分离出来，且单纯地从事商品交换的商人也出现了。社会生产的产品除了满足人们

1

最低生活需要之外，还出现了剩余，剩余产品的出现加速了私有制的产生。私有制出现后，因人们所占有的私有财产多寡不均，贫富分化逐渐加剧，出现了奴隶主和奴隶，并且人类社会出现奴隶和奴隶主两大根本对立的阶级。奴隶主阶级的出现导致奴隶制国家的出现。为了巩固自己的统治地位，保护自己的既得利益，镇压奴隶的反抗，奴隶主建立起了军队、警察、法庭及监狱等暴力统治机构，这就标志着奴隶制国家的诞生。国家作为一种管理机构，虽然它本身并不从事物质资料的生产，不直接创造财富，但是为了维持其自身的存在并履行其职能，却需要消耗一定的物质资料。国家就不得不依靠它所拥有的政治权力，采用赋税等形式，强制、无偿地占有一部分社会产品来满足其需要。这样，在整个社会产品的分配中，就独立出来一种由国家凭借政治权力来参与的社会产品的分配，而这就是财政分配。

（二）财政产生的条件

从人类社会发展的进程看，一个社会财政的产生需要满足两个条件：一是经济条件，经济条件是指维持财政产生的物质基础。如果一个社会的生产力水平极其低下，没有剩余产品，也就不存在财政产生的可能性。只有当生产力发展到一定水平，社会出现剩余产品时，并且剩余产品富余到一定程度时，才能具备财政产生的物质基础。二是政治条件，政治条件是指保证财政产生的权力保证。只有当社会发展到一定阶段，贫富两大对立阶级的矛盾变得不可调和时，才会出现维护统治阶级利益的权力机关——国家。国家的产生以及暴力统治机构的设置就为国家无偿占有一部分社会产品提供了权力保证，同时，国家的出现也就意味着财政的产生。

一般来说，财政不仅是一个历史范畴，也是一个经济范畴，更是一个政治范畴。

二、财政的发展

财政随国家的出现而出现，也随国家的发展而发展。它依次经历了奴隶社会、封建社会、资本主义社会、社会主义社会，并相应地形成了为各社会形态的国家政权提供服务的奴隶制财政、封建制财政、资本主义财政和社会主义财政。

在不同历史时期，财政作为国家的分配，伴随着商品货币经济的发展和社会的进步，其分配形态经历了实物形态向货币形态的转化。其收入形式由贡赋、租税、官产收入为主过渡到了以税收、公债甚至货币发行为主；其支出重点也从祭祀、战争、王室、官俸等为主转向以政权建设、经济发展、文教科技、社会保障为主。此外，新的财政范畴也不断出现，如封建社会末期出现了公债，资本主义时期出现了国家预算、赤字财政、社会保障等；财政活动的范围和领域也不断得以拓展，由简单的政府收支发展成为政府调控经济的重要手段，广泛地服务于政府实现其职能的各个方面。

国家是阶级矛盾不可调和的产物，是阶级统治的工具。国家和氏族的根本区别是国家具有"公共权力"的设立，氏族没有。构成这种"公共权力"的设立，需要相应的国家机器和军队，这些都是要占有和消耗一定物质资料的。由于国家自身不进行物质资料的生产，需要依靠国家权力强制性和无偿性地将一部分社会生产出来的物质占为己有。这样在整个社会中就有一部分社会产品由国家进行分配了，这就是财政分配。

关于财政的产生还有另外一种认识。西方财政学家认为，在现代经济学的分析视野中，人类的欲望可以大致分为两类：一类是私人欲望，另一类是公共欲望。一般说来，私人欲望的满足可以经由市场的活动，凭借价格机制的运作来达到圆满的解决；而公共欲望的满足则很难借助市场机制的运作达成，它一般需要通过政府预算决策来实现。在现代政体中，政府预算的编制须经议会同意，而议会代表则由公众投票选举产生，因此追根溯源，公共欲望的满足一般经由投票过程达成。尽管私人部门经济和公共部门经济有着各自的活动范围和方式，但就其本质来说，二者的目的都在于如何利用社会上有限的资源来满足人类的无穷欲望。从这个意义上说，二者之间的差别仅仅是手段上的。

我们知道，作为社会公众利益的代表者，政府是实现公共欲望的当然首选。因此，公共部门的经济活动实际上就是指政府的经济活动。为了满足公共欲望，政府需要向公众提供道路、公园、治安、国防等各种公共产品和服务，此时，政府免不了要承担成本、耗费资金，这就形成了政府支出。政府要开支，就要有相应的收入来源，税收、收费和公债等是政府融资的主要渠道，它们共同形成政府收入。所谓财政，指的就是政府的收支活动及其管理。而财政学（Public Finance）就是研究政府收支活动及其对经济运行所产生影响的经济学分支。由于财政活动是政府从事各种经济、社会和政治活动的基础，因此，在更为广泛的意义上，财政学就是研究政府经济活动及其对经济运行所产生影响的经济学分支，也称公共部门经济学或公共经济学。

三、财政的性质与特征

财政作为一种分配范畴，它具有其他分配范畴所不具备的特征，具体表现为以下方面。

（一）财政分配的主体是国家或政府

财政分配是以国家的存在为前提的，是由国家组织在全社会进行的集中性分配，是凭借国家的政治强制力进行的分配，因此国家是财政分配的主体。而其他分配形式如银行信用分配、企业财务分配及价格分配的主体要么是银行，要么是企业，要么是交换双方的买者或卖者，只有以国家为主体的分配才是财政分配。国家参与剩余产品的分配是依靠国家机器进行的。

（二）财政分配的客体（对象）是社会产品

社会产品是指一个国家的劳动者在一定时期内（通常是一年）所生产出来的产品和劳务的总和，其价格总和即为社会产品价值。依据马克思主义经济理论的有关学说，任何一件社会产品均由三部分价值形态组成，分别是：用来补偿生产过程中已经消耗掉的生产资料价值部分（C），劳动者为自己创造的价值部分（V），劳动者为社会创造的价值部分（M）。其中，消耗掉的生产资料价值又包括流动资产价值和固定资产价值两部分，消耗掉的固定资产价值以提取固定资产折旧体现出来。在不同时期，国家对社会产品或社会产品价值三个组成部分的分配政策各不相同。一般来说，财政收入主要来自社会产品（价值）中的"V"和"M"部分，这两部分作为劳动者新创造的价值，合在一起被称为国民收入。其中，作为劳动者为社会创造的价值"M"，是企业所得税的基础，也是国家财政收入的重要来源。另外，国家还会通过包括对个人收入征收个人所得税等在内的多种形式从"V"中筹措财政资金。

（三）财政分配的目的是满足国家或政府实现职能的财力需要

国家职能如巩固政权、发展经济、促进民生进步、保障人民生活水平的提高等，都属于社会公共需要。财政分配的直接目的是实现国家职能，间接目的是满足社会公共需要。从相互依存的关系上看，国家与财政是相互依存的。没有国家，就不会有财政；而没有财政提供财力，国家的职能就难以实现，社会公共需要就难以满足，国家自身也难以存活。可以说，国家是财政生成的前提，财政是国家存在和发展的保证。因为"赋税是喂养政府的娘奶"[1]，"赋税是政府机器的经济基础"。[2] 不论是从巩固政权的角度出发，还是从大力发展经济建设的角度出发，作为国家的收支活动，政府职能的实现一定要靠财政提供财力，而绝不可能独立于财政之外而实现。

（四）财政分配具有强制性和无偿性

与一般市场交易和国民收入分配不同的是，财政分配具有强制性，主要是因为国家凭借政治权力进行分配。一般情况下，国家对社会产品占有可以凭借两种权力，即所有权和政治权力。前者是国家依据对生产资料的所有权而占有的部分社会产品，如国家凭借所有权参与国有企业的利润分配；后者是依据政治权力占有社会产品，如国家对企业和个人的征税。财政分配和对社会产品的占有是国家通过一系列法律、

---

① 马克思恩格斯全集：第七卷 [M]. 北京：人民出版社，1956：94.
② 马克思恩格斯全集：第十九卷 [M]. 北京：人民出版社，1956：32.

法规来保证其分配活动的顺利进行。任何社会成员无一例外，一旦违背就会受到相关法律的制裁，并需要承担相应的刑事或经济责任。

财政分配的无偿性是指政府在获得财政收入后，社会产品即归国家所有，政府无须对纳税人付出任何代价或者给予回报，也不需要偿还本金。任何纳税人无权要求从公共支出中享受与他的纳税金额等值的报酬或者福利，但是国家财政是"取之于民，用之于民"的分配。政府的财政收入必然会通过不同的支出项目惠及社会成员，纳税人也必然受益。因此，财政分配的无偿性是指财政不直接偿还纳税人。

四、财政的概念

财政的概念是对财政一般特征的抽象和概括。通常将它定义为财政是为满足国家与社会公共需要，对一部分社会产品进行集中性分配，或者可以简称为"以国家为主体的分配"。

财政是一个古老的经济范畴，中国古代称财政为"国用"、"国计"等，把管理财政的部门称为"大司农"等，而现在我们常用的"财政"一词属于外来语。据考证，Finance 一词在公元 13—15 世纪起源于拉丁语，意思为货币支付。16 世纪末期，法国政治家布丹在其所著《共和国六讲》中使用了"财政"一词，并且将它由拉丁文的 Finare 写成法文 Finances，专指财政收入和公共理财活动。到了 18 世纪，英国著名的古典政治经济学代表人物亚当·斯密在其代表作《国民财富的性质和原因的研究》（《国富论》）中，就多处使用 Finance。直到 1892 年巴斯塔布尔才用 Public Finance 表述财政这个概念（汉语的意思是公共财政）。

在我国，"财政"一词的出现还是近百年的事情。1898 年（光绪二十四年），在戊戌变法"明定国是"诏书中虽然有了"改革财政，实行国家预算"的条文，但直到民国（1912 年）以后，人们才逐渐对"财政"一词有了较全面的理解。20 世纪 40 年代中华书局所出版的《辞海》是这样解释财政的："财政谓理财之政，即国家或公共团体以维持其生存发达为目的，而获得收入、支出经费之经济行为也。"

孙中山先生在辛亥革命胜利以后，曾多次应用"财政"一词，强调财政改革。国民政府成立以后，将主管国家收支的机构命名为财政部。新中国成立以后，虽然我国向苏联学习也设立了财政部，但人们对于财政概念的认识开始时是不一致的。当时对于财政的定义，主要有两种论点：一是认为财政是以国家为主体所进行的分配，二是认为财政是国家的经济活动。改革开放以来，随着西方财政理论的进入，人们对于财政的理解有了进一步的认识，现在学术界通常的解释是：财政是以国家（或政府）为主体的经济（或分配）活动、经济行为或经济现象。也有的学者将财政的一般概念表述为：财政是一种以国家为主体的经济行为，是政府集中一部分国民收入用于履行政府职能和满足公共需要的收支活动，以达到优化资源配置、公平分配及经济稳定和发展的目标。不管如何来定义财政这一概念，在实践中，财政就表现为政府的一系列收支活动或政府的理财活动。

第二节　财政主张与观点的形成与发展

财政的产生与发展经历了漫长的历史过程，财政学的形成与发展和财政的发展一样也经历了长期的演变轨迹。而且，随着时代的变迁，财政学的内涵也处于不断的变化之中。

一、中国古代的财政主张

中国作为一个文明古国，在漫长的历史发展进程中，涌现出了许多杰出的理财家和思想家。他们从当时的实际出发，为治国安民寻求良方，在财政建设方面提出了一些颇有见地的见解。其中最重要的有：轻徭薄赋的财政主张、"量入为出"与"量出制入"的财政主张、开源节流的财政主张、官营专卖的财政主张。

（一）轻徭薄赋的财政主张

轻徭薄赋是中国财政思想史上较为普遍的一种政策主张。历代的经济思想家普遍认为，轻徭薄赋的财政政策不仅有利于缓和社会矛盾，而且还有利于社会经济的恢复与发展。例如，西周时期的周公就提出了统治者应"勤政裕民"的主张；春秋时期的管仲以"治国之道，必先富民"的原则为齐王理财；孔子反对苛政，主张"敛从其薄"；孟子认为"易其田筹，薄其税敛"是富民的首要因素；唐代的刘晏以"理财常以养民为先"来告诫他的君王；北宋的王安石认为，理财要做到"因天下之力以生天下之财，取天下之财以供天下之费"；清代的魏源说得更形象化，他指出，"善赋民者，譬植柳乎，薪其枝叶而培其本根；不善赋民者，譬则剪韭乎，日剪一畦，不罄不止"。

（二）"量入为出"与"量出制入"的财政主张

这是中国财政思想史上关于财政收支安排的两种相互对立的观点。"量入为出"的思想最早被提出应是在西周，当时在《周礼》中就有"以九赋敛财贿，以九式均节财用"的记载。而与"量入为出"相对应的"量出制入"的思想，最早见于唐代的杨炎，他说："凡百役之费，一钱之敛，先度其数而赋予人，量出以制入。"由此也引起以后历代理财家对"量入为出"与"量出制入"的争论。如唐代陆贽率先批判杨炎提出的"量出制入"原则，指出"量入为出"是"圣王"

之法，只有到政治衰败时才会"量出为入，不恤所无"。明代的丘浚以及后期的张居正，也都坚持财政的"量入为出"原则。事实上，封建统治者总是交替使用"量入为出"和"量出为入"两种财政原则的，即使在杨炎没有公开提出"量出制入"之前也是这样。

（三）开源节流的财政主张

这一思想主张在发展生产的基础上开辟财源，节制赋税，富国富民。战国时代的荀况就最早表达了这一观点。他认为"下贫则上贫，下富则上富"，只有生产才是"财之本也"，只有以劳动为本，才能达到"上下俱富"。在税收思想上，他主张"轻田野之税，平关市之征，省商贾之数，罕兴力役，无夺农时，如是则国富矣"。在财政支出的问题上，他明确地提出了"节其流，开其源"的著名财政原则，后世将此原则概括为"开源节流"，并成为一直被广泛接受的一个财政格言。

（四）官营专卖的财政主张

这一思想主张指的是不通过增加租税而是通过官营工商业和产品专卖的办法来充实国库。这种思想最早见于《管子·轻重·山国轨》："不籍而赡国，为之有道乎？"在《管子·轻重·海王》中还提出了"官山海"的建议，主张由国家控制盐、铁、山林、川泽等自然资源来增加财政收入。到了西汉，桑弘羊还制定了"均输"、"平准"两法。"均输"就是各郡国的贡品，除稀少特优的直接运送京城外，一般的贡品可由当地办理均输的官吏运往邻近高价地区出售或将贡品折收现金，并另购当地量多价廉物美的商品运到高价地区出售。这样一来，不仅能减少贡品在输送过程中所产生的损失和费用，减轻劳动人民承担运送贡品的劳役，而且还能增加国家的财政收入。"平准"就是在京城设置一个官方机构，"贵则卖之，贱则买之"，使"万物平而便百姓"，这样不仅能打击投机商使其无法牟取暴利，而且还有助于社会经济的稳定。唐代的刘晏则主张通过整顿盐铁专卖并推行平准法来开辟财源，并收到了"官收厚利而民不知贵"，以及"敛不及民而用度足"的实效。不过，这一政策对于封建社会后期工商业的发展也产生了不利的影响。

除了上述这些突出的财政主张外，历代的财政学家还提出了"公平税负、统一税收、简化税制、中央与地方财政分权"等观点。需要指出的是，尽管我国古代的财政主张十分丰富，但是仅作为理财之政，始终没有上升为理论的系统阐述，因此也就最终无法形成完整的财政理论和思想体系。

二、当代西方的财政观点

从历史上来看，在古希腊、古罗马及西欧中世纪，一些思想家在论述政治经济问题时，就有了对财政问题的许多见解。但把财政作为一门专门的学问来研究，则是 15 世纪末期资产阶级产生以后才出现的事情。1776 年，亚当·斯密在《国富论》中比较完整地阐述了他的财政主张，因此，他也就被冠以了"财政学之父"的名号。而 1936 年，英国经济学家凯恩斯的《就业、利息和货币通论》（简称《通论》）的发表，则被认为是当代资产阶级财政理论形成的标志。

（一）重商主义与重农学派的财政主张

重商主义起源于 16 世纪中叶的英国，盛行于 17 世纪。它认为一国经济的强弱取决于该国黄金的多寡，主张政府应积极运用包括财政手段在内的各种手段干预民间经济活动，尤其应当利用关税政策鼓励出口，保护本国贸易，以换回更多的金银，积累货币财富。

重农学派起源于 18 世纪的法国，主张自由放任，反对国家干预。重农学派把理论研究从流通领域转向了农业生产领域，认为农业是物质财富的真正源泉，只有发展农业生产，才能使得财源茂盛。在税收方面，它极力主张实行"单一的土地税"，并由占有"纯产品"的地主承担全部税负，同时取消其他课税。

（二）古典学派的财政主张

亚当·斯密是西方财政学的开山鼻祖。他在《国富论》中专门开辟独立的一篇《论君主或国家的收入》，系统地研究了国家财政收支、税收和公债等问题，有创见地把财政作为经济学中的一个重要范畴来加以专门研究，并形成当代财政学的理论体系。其主要思想观点如下：第一，主张君主的职权应尽量限制在窄小的范围内，以利于私人经济活动领域的扩大；认为政府只要像守夜人那样，防止外来的侵略和内在的治安及保护资产阶级财产不受侵犯；与此相适应，政府的财政开支也要压缩到最低限度。第二，在赋税问题上提出以地租、利润、工资三种收入作为划分税收的依据，并提出著名的"公平、确定、简便和征收费用最小"四原则。第三，对公债持否定态度，认为巨额的公债有可能破坏国家财政。

英国经济学家大卫·李嘉图在 1817 年出版的《政治经济学及赋税原理》中，不仅继承了亚当·斯密的思想，而且还在许多方面有所丰富和发展。比如在公债问题上，李嘉图则与亚当·斯密一样持否定态度，认为举债是将生产性资本转向非生产性消费，会影响资本积累。但在赋税问题上，李嘉图和亚当·斯密的观点有所不同。李嘉图反对对资本课税，"因为征收这种赋税，就会损害维持劳动的基金，因而也就会减少国家将来的生产"。而亚当·斯密认为税收是人民的非生产性支出转为国家的非生产性支出，对现有资本并无损害。

此后，他们的主张和观点经过约翰·穆勒、阿尔弗雷德·马歇尔和庇古等持经济自由主义观点的古典或新古典经济学家的阐发而形成了西方财政学的所谓"盎格鲁—撒克逊传统"。该传统推崇市场机制在资源配置方面的神奇作用，相信存在

"看不见的手"会自动地将私人利益引导到公共利益，主张"最好的政府是管理最少的政府"。

（三） 现代西方的财政主张

1. 凯恩斯主义的财政理论

1929 年爆发世界规模的经济危机后，世界经济陷入长期萧条，失业问题严重，垄断资产阶级迫切需要一套"医治"失业和危机、加强垄断资本统治的新的理论和政策措施。凯恩斯在《通论》中阐述的经济思想正是适应了这种需要，引起了西方经济学界的震动。许多资产阶级经济学家因此放弃了庸俗经济学的传统观点，转而追随凯恩斯，并对《通论》加以补充和发展，形成了凯恩斯主义，其主要代表人物包括美国的汉森、萨缪尔森，英国的罗宾逊、斯拉法等人。他们的主要财政观点和政策主张是：

（1） 实行国家干预的经济和财政政策。凯恩斯认为，之所以出现经济危机，关键原因是有效需求不足即消费需求和投资需求不足，而要消除经济危机，就必须刺激有效需求。因此，政府必须扩大财政开支，大量发行公债，推行财政赤字政策。汉森则把财政赤字政策和经济周期联系起来，认为在萧条时期，政府应推行赤字预算的政策，以弥补有效需求的不足；而在繁荣时期，应推行预算盈余的政策，以减少有效需求。这种旨在调节有效需求以熨平经济波动的政策，被称为补偿性财政政策。

（2） 把税收作为调节社会经济的重要手段。凯恩斯认为，国家应通过改变租税体系，限定利率或其他方法，指导和刺激消费需求。后凯恩斯主义者还把税收和投资联系起来，根据国家干预经济的需要，实行增税或减税，以谋求缓和经济衰退。

（3） 用发行公债的办法来弥补财政赤字。凯恩斯认为，政府扩大公共开支而导致的财政赤字可以通过举债来弥补。只要政府把公债用来刺激经济增长，公债就是安全的，并可以一代代传下去。

2. 货币主义学派、供给学派和理性预期学派的财政观点和主张

凯恩斯主义的财政政策在第二次世界大战后的成功运用，的确让他们在学界风光了好一阵子。但到了 20 世纪 70 年代初，当通货膨胀席卷西方世界，而失业率却未能像其理论所预示的那样大幅度降低时，人们逐渐对它产生了怀疑。以米尔顿·弗里德曼为代表的一批经济学家借此发动了一场对凯恩斯传统的"反革命"，其中主要有货币学派、供给学派和理性预期学派，他们认为正是国家对经济的大规模干预窒息了市场经济的活力，从而造成 20 世纪 70 年代的滞胀局面。但是，凯恩斯主义的反对者们并未建立起一套足以与凯恩斯主义相抗衡的财政学说，区别只是他们力图在这个框架内恢复古典学派的传统。

3. 公共选择学派的财政观点和主张

当人们围绕着凯恩斯理论展开无休止的争论时，以詹姆斯·布坎南和戈登·图洛克为首的一批经济学家在财政学的一个重要领域取得了重大的理论进展。他们将财政作为公共部门经济，集中研究社会公共需要及满足这一需要的产品——公共产品问题，分析了决定公共产品的生产及分配的过程以及生产公共产品的机器——国家的组织和机构。公共选择学派的主要财政观点表现为：（1）明确界定公共产品的产权。（2）在公共部门内部和部门之间引入竞争机制，重构官员的激励机制，按照市场规则来组织公共产品的生产和供给，约束政府的税收和支出。（3）重新设计公共产品的偏好显示机制，使投票人尽可能真实地显示其偏好。

4. 新凯恩斯主义的财政观点和主张

除了上述一些主要流派的财政理论外，新凯恩斯主义对现代财政学的发展也作出了重要的理论贡献。与其他经济学派相比，新凯恩斯主义经济学派的理论缤纷繁杂。概括地看，他们在吸纳并融合各学派理论之长、批判地继承和发展原凯恩斯主义的基础上，试图建立起一种有微观理论基础的新凯恩斯主义宏观经济学。新凯恩主义的财政观点主要表现在以下两个方面。

（1）强调并从微观角度入手，阐明了市场机制的不完善性。他们从垄断竞争的市场结构出发，研究了经济中存在的实际刚性、风险和不确定性、经济信息的不完全性和昂贵性、调整的成本因素等，从而说明了企业的最优定价行为及其宏观经济含义，证明在市场经济中"看不见的手"并不能引导以经济利益最大化为目标的经济主体最大限度地促进社会利益，达到"帕累托最优"的境界；恰恰相反，"看不见的手"导致了"协调失败"，出现了长期的市场非均衡和社会福利的巨大损失。

（2）强调政府干预经济的必要性。他们以需求冲击为假定，着重论证了企业为什么总是拒绝及时随总需求的变动而调整价格和工资，这种微观行为反映到宏观经济层面又如何导致总产出和就业的变动。因此，需要通过政府干预来解决这种市场机制的失效问题。

三、当代中国的财政学说

（一）译介阶段 （1900 年前后至 1950 年初期）

1. 清朝末年

从现在可以搜集的材料来看，最早呈现于中国读者面前的现代财政学著作是1903 年出版的由清代钱恂所著的《财政四纲叙》，该书分别就租税、货币、银行、公债"四纲"进行了简要的论述。而真正给读者以较大影响的还是同年出版的由作新社翻译的《最新财政学》，以及稍后（1905 年）由胡之清根据日文原本编著的

《财政学》，1909 年由张锡之翻译、小林丑三郎原著的《比较财政学》（上、下卷）。这一时期的总的特点是：由于长期以来养成的夜郎自大情结，对待西方学说的基本态度是"师夷长技以制夷"，目的在于谋求民富国强的对策，因此，追求实用、革新财政的倾向比较明显，而疏于对理论的基础性和系统性研究；与此相联系的是以传统的思维方式和认知框架对待西方理论，断章取义、牵强附会的现象十分严重，这就决定了此时西方财政理论的传播只具有开启新风的作用，是透过"国粹"夹缝的一缕曙光。

2. 北洋政府时期

在这一时期，中国民主革命的先行者孙中山及其追随者廖仲恺、章太炎等人的财政主张多集中于民生主义和土地改革，但由于政局的变动，并未全面实施。比较而言，在实际应用上颇有成就的是袁世凯政府的财政总长周学熙及其私人幕府梁士诒。他们在整理财政、编制预算、改革税制、发行公债等方面提出了一系列政策建议。虽然谈不上理论的探讨，但在实践上却塑造了我国现代财政的雏形。同时，由于实践的需要，也大大激发了人们译介西方财政理论的热情。在同期出版的各类经济学书籍中，财政书籍的数量是最多的，而且首先出现的是日文译本，然后才是欧美、印度的译本。这一时期，虽然也有国人自撰的财政学著作，但数量极少，而且基本上仍属于编译或介绍性的。

3. 南京政府时期

国民党的统治时期基本是在战乱中度过的，因此筹措战争经费、缓解财政危机是当时面临的最为紧迫的任务。这一时期财政理论的最大特点是关于战时财政的研究，出现了各类经济学人士共同关注财政问题的局面，极大地推动了中国财政学的发展。与此前相比，国人自撰的财政学著作已占同类出版物的绝大部分，内容涉及了当代财政学的各个领域，外文译著的重点也逐渐从日本转向欧美。与此相适应，财政学已经成为高等教育的主干课程，涌现了一大批知名学者和论著。较具影响的有陈启修的《财政学总论》、李权时的《财政学原理》、姚庆三的《财政学原论》、薛贲时的《财政学新论》，以及何廉、李锐、尹文敬、曹国卿等人的《财政学》，马寅初的《财政学与中国财政——理论与现实》，等等，表现了财政理论研究本土化的努力。特别值得一提的是，这一时期还出现了以马克思主义为指导的财政学论著，如 1929 年萨孟武所著的《财政学之基础知识——社会主义财政学》，1949 年千家驹所著的《新财政学大纲》，焦敏之编译的《苏联财政》、吉雅琴科原著的《苏联财政与信贷》、吴清友翻译的《苏联财政制度》等。总的来说，这一时期的财政学论著或埋首于史籍的整理，或以针砭时弊为己任，或热衷于外籍的译介，虽然为财政学在我国的传播与发展提供了大量有价值的材料和广泛的舆论铺垫，但国人在理论的独创性方面还是没有大的进展。

（二） 初创阶段 （1950 年至 1964 年）

新中国成立之初，我们许多方面向苏联学习，财政理论也是"原版"引进。其时，在苏联影响甚大的是"货币关系论"，认为财政所反映的经济关系是由于货币的使用而产生的，社会主义财政就是通过货币表现出来的价值分配关系。这一观点虽然正确地指出了财政与国家的内在联系，但它也把企业财务和银行信贷都包括进来，混淆了财政、财务、价格等范畴，模糊了财政研究的特定对象。对此，国内许多学者提出了质疑，涌现了诸如"国家资金运动论"、"价值分配论"、"剩余产品价值运动论"、"国家意志论"等新的观点。"国家分配论"就是在与这些观点的论战中，由于其自身的逻辑说服力，赢得了越来越多的赞同而成为主流学派的。在此基础上，关于财政问题的讨论进一步深入，大批论文相继发表，直到 1964 年形成高峰，成为中国财政理论发展史上的一个里程碑。这一年中，出版了中国人民大学财政教研室编著的《财政学》（初稿），邓子基编著的《财政是经济基础还是上层建筑》，召开了第一次全国财政理论讨论会。就是在这次会议上，人们进一步将财政与国家联系在一起，明确指出理解财政概念的关键，一是国家主体，二是分配关系，财政的本质就是以国家为主体的分配关系，从而最终确立了国家分配论的主流地位。

（三） 成熟阶段 （1980 年至 1990 年初）

第一次全国财政理论讨论会之后，新生的国家分配论还未来得及深化与完善，便在"文化大革命"中被束之高阁。改革开放以后，旧话重提，各种反对意见激烈交锋，形成了"再生产决定论"、"剩余产品决定论"和"社会共同需要论"等不同观点。争论的焦点就是：如何看待国家和财政的关系，怎样理解财政产生的原因、财政分配的对象、财政范畴的历史性。对此，1983 年邓子基发表了著名的《为"国家分配论"答疑》一文，运用"剥笋"式的分析方法，重申财政虽然与再生产、价值、社会产品、剩余产品等范畴有着密切联系，但只有同国家的联系才是最深层次的"本质联系"。与此同时，由于教学所需，国家分配论者相继出版了一批教材，以成熟而系统的理论体系占了学界的主流。其中影响甚广的便是由邓子基主纂的《社会主义财政理论》（1978 年）、《社会主义财政学》（1980 年）、《财政与信贷》（1981 年），许毅与陈宝森主编的《财政学》（1984 年），许廷星主编的《财政学原论》（1986 年），何盛明与梁尚敏主编的《财政学》（1987 年），以及邓子基的专著性教材《财政学原理》（1989 年）。比较而言，主张"剩余产品决定论"的专著只有王绍飞的《财政学新论》（1984 年），主张"社会共同需要论"的只有何振一的《理论财政学》（1987 年）。可见，整个 20 世纪 80 年代，国家分配论取得了空前的发展。

（四）　发展阶段　（1990 年至今）

1992 年党的十四大报告提出了经济体制改革的目标模式是实行社会主义市场经济，其中，邓小平南方谈话起到了至关重要的作用。之后，各个方面都开始加快了市场改革的步伐，尤其是我国加入了世界贸易组织后，更是从深层次进行改革，与国际接轨，开始了全面构建市场经济体制的进程。

在财政研究方面，为适应市场经济体制发展的要求，出现了多种新观点、新理论，并且各种观点之间的碰撞开始加剧与激化。这一阶段，有关西方财政学理论的著作和译著不断出现，我国的财政学理论研究大量地借鉴和吸收了西方财政学中的合理理论要素。在论战中，学者们主要针对改革开放以前我国在计划经济时代长期实行的国家财政体系的弊端，集中讨论了中西方国家财政体系的异同点，在吸收西方关于公共财政研究的合理成分的基础上，围绕建立适应市场经济要求的新型公共财政体系的目标展开了广泛的研究，虽然在如何扬弃我国传统国家分配论和吸收借鉴西方公共财政论的认识上，专家学者还有一定差异，但吸收西方公共财政论的合理成分以指导我国建立新型国家公共财政体系已经成为一种普遍共识。中国的"公共财政论"的支持者逐步形成了相对系统的公共财政理论。尤其是"十五"期间，中国财政理论在若干基础领域的研究取得了卓有成效的进展。这些领域具体包括公共财政框架理论、公共支出理论、税收理论、公债理论、政府间财政关系理论、财政风险理论等。考虑到我国财政支出中国有企业支出的规模和比重较大，产生了建立"公共财政和国有财政的双元财政"的主张。"双元财政"的主要着眼点，是将国有企业支出从一般财政支出中剥离出去，使整个财政支出结构走上公共财政的道路。

进入 21 世纪，我国财政理论建设更加强调满足民生需求。相较于公共财政理论，民生财政理论更加强调以人本主义论为理论基础，强调满足民生需求是政府满足公共需求的重要内容。民生财政理论是公共财政理论的继承和发展，是公共财政理论在当代中国的深化和本土化。民生财政理论要求财政体制不仅要弥补市场失灵，也要弥补政府失灵。当公共需求从生存性转为强调公平性时，民生财政就会从公共财政理论中分离。民生财政理论是具有中国特色的公共财政理论，它立足于我国的基本国情和人民需求，将改善民生作为我国财政体制建设的终极目标，也能够真正体现出财政的公平性和普惠性。改革开放后我国主流的财政理论不断发展完善，从最初适应计划经济体制下国家建设的"国家财政理论"，到满足市场经济建设基本要求的"公共财政理论"，再到 21 世纪变革背景下经济体制转型阶段的"民生财政论"，这是顺应国情、适应经济发展的选择。解决民生问题是我国财政体制建设的最终目标，必须利用好财政来满足民生需求。我国如今面临着社会政治经济各方面的转型发展，政府财政必须从数量和效率上都满足民生建设的需求，不仅要扩大财政支出用于民生建设的数额，还需要保证民生财政的各项支出都能真正落实到民生建设上，满足民生需求并实现基本公共服务的均等化。可见，民生财政是我国在当前经济社会发展转轨时期的必然选择，更是对公共财政理论的理性升华。

2013 年，习近平总书记首次提出了经济社会发展面临"新常态"，为适应这一新的发展阶段，必须在原有财政制度的基础上构建新的现代财政制度，现代财政理论应运而生。大国财政理论和我国面临的新的国际经济形势要求我们要以包容性增长的思想，逐步构建起适应经济新常态的现代财政制度。

1. 财政包容性增长思想

包容性增长是建立现代财政制度的思想基础。我国前财政部部长楼继伟曾对包容性增长从理论、国际实践和发展路径等方面进行了系统性说明。延伸到财政领域，包容性增长的关键在于明确政府和市场的地位和职能。政府职能的发挥需要依赖于财税等公共资源，而财税资源则来自纳税人的市场经济活动，并通过政府预算和财政支出进一步发挥作用。可以说，推进我国财税体制改革的第一步是明确包容性增长的路径和具体措施。财政包容性增长要求国家不能仅仅关注发展成果的再分配，还要保障发展机会的创造，争取使得每一个普通大众都能够获得公平的发展机会，通过自己的努力来获取发展成果。政府利用财政收入来进行转移支付的分享，实现收入的再分配，是要为民众营造一种公平的发展环境，在保护市场机制的前提下提供必要的公共服务，在解决就业和提升人民幸福感方面发挥政府的作用，实现财政建设的可持续性。这种包容性增长的思想适应我国的财政体制改革，要求政府部门加速自身建设，改革财税体制，建立完善的现代财政制度。

2. 现代财政理论

自 1998 年公共财政理论逐渐受到学术界的广泛认可后，政府实践层开始主张建立公共财政制度。然而随着时代特征的不断变化，公共财政理论已无法适应全面深化改革的需要。新一轮的财税体制改革主张建立现代财政制度，多数论及"现代财政"的学者均认为现代财政制度是实现国家治理现代化的基石，较强的财政汲取能力是推动现代化的保障，我国要建立的现代财政制度应具有强国性与集中性性质。现代财政制度包括了现代预算制度、税收制度和政府间财政关系几个基本方面，应从财政收支、预算管理和财政管理体制等方面来构建。首先，现代财政理论要求我国建立起全面规范的预算绩效管理体制，应从以下方面展开工作：一是保障政府公共部门预算制度的公开透明化；二是统筹协调政府活动，规范重点支出建设并完善预算制度；三是逐步建立起跨年度的预算平衡机制，从而改进我国年度预算基本制度；四是要进一步规范改革一般性转移支付和专项转移支付制度以实现分配的公平；

五是在借鉴国际经验的基础上加强预算执行管理；六是要规范地方土地财政活动和政府投融资活动；七是依据法律制度废止部分税收优惠政策。其次，现代财政理论要求改革现存的税收制度体系，继续推进几大税种的改革，逐步建立起完善的现代税收体制。最后，现代财政理论要求我国继续调整政府间财政关系，使得各级政府的财政收入与其事权和支出责任相匹配，具体来说，要先依据不同税种的属性和基本功能厘清央地政府间税收收入划分，将税基流动性较大和再分配作用较强的税收收入归于中央，将税基稳定且依赖于地方信息的税收收入归为地方；在划分事权和支出责任时应将关乎国家安全和市场规范等的各项事权集中于中央政府，将地域性较强的具体服务项目归于地方政府，在此基础上利用转移支付制度将某些支出责任交与地方政府承担。

3. "一带一路"与大国财政理论

2013 年，习近平主席提出的"一带一路"倡议成为我国在 21 世纪重要的对外开放构想，开启了我国经贸与外交关系的新格局，是引领包容性全球化的倡议。随着我国经济总量规模的不断增加和经济结构的复杂化，特别是国家"一带一路"建设的持续推进，"大国财政"逐渐成为财税学者关注的焦点。大国财政正是基于我国当前的发展理念和时代背景而提出的，符合我国新的发展战略与和平崛起的基本要求，这也要求我国的财政建设要符合全球经济新秩序，发挥我国在全球化治理中的重要作用。大国财政要求我国的财政制度建设应增强集中性和可持续性。财政的集中性能够保证中央政府在获取财政资源的同时在全国各地合理进行资源的配置，实现区域间经济发展的公平性；财政集中性的另一层含义是要让目前分散的财政功能重回财政部门，真正使得财政在推进国家治理能力现代化的进程中发挥作用。财政的可持续性则是指要在包容性增长的思想指导下，保障经济发展结果的普惠性和经济发展机会的公平性，使得每个人都能够公平发展。大国财政也要求我国在国际上承担大国责任，统筹国内外，发展国际公共产品来提升我国财税的国际话语权。这就要求我国企业要更加积极地"走出去"，我国政府要以开放的姿态开展国际交流合作，通过结合国际税收协定网络来充分支持我国外向型经济的发展，增强我国在国际活动中的财税主权和财税话语权。

随着我国财政实力的增强，我国财政理论更加大了对民生财政支出、税收制度改革、财政分权等问题的研究。特别是 2007 年美国次贷危机爆发后，对于财政政策如何进行对国民经济运行的调节，并防范国家的财政风险，也成为理论界关注的热点问题。党的十九大以后，如何发挥财政对国民经济的支持作用和促进供给侧结构性改革成为主要研究的方面。整个社会对财政的重视达到一个空前的高度。

第三节　政府与市场

市场经济是人类社会发展的一个重要的历史阶段，市场本身的作用就是进行资源配置。在这个阶段，市场是一个重要的资源配置体系，与此相对应，政府也是一个资源配置的重要体系，这两个体系共同构成了市场经济体制下资源配置的系统。在市场经济背景下财政是政府配置资源的基本活动，因此，必须明确市场经济背景下政府与市场的关系以及给予的边界和界限。

一、市场经济体制

市场经济体制是指通过价格波动、市场主体之间的竞争、市场供求关系的变化来调节经济运行和进行资源配置的机制或者体制。其中市场供求机制、市场竞争机制、价格发现机制和激励机制发挥着重要作用。目前，世界主要国家都实行市场经济体制。诺贝尔经济学奖获得者萨缪尔森将市场经济定义为"一种有关资源配置的组织"。市场经济体制就是通过市场调节作用引导价格变动，在市场主体之间形成竞争关系。通过价格波动调节供求关系，调节市场参与者的生产与经营活动。西方发达国家的市场体制是自发形成的，我国市场经济体制是在从计划经济体制向市场经济体制转轨的过程中确立的。改革开放以来，在党和政府的领导下，我国明确了经济改革的目标，努力使市场成为资源配置的决定因素。

（一）价格机制

市场体制最重要的是价格体系。市场经济体制之所以能够使经济得以正常运行，最重要的是其价格体制在起着重要作用，价格在市场经济体制中起着激励和规避风险的作用。价格机制是市场机制中的基本机制，它是指在竞争过程中，与供求相联系、相互制约的市场价格形成和运行的机制。供求的变化引起价格的变动，而价格变动又会引起供求变化。在这种相互联系和变动中，供求给双方趋于一致，价格与价值趋于一致，市场最终导致价值规律的实现。价格机制对市场的影响是多方面的。它对生产者和投资者都起着重要的作用。对投资者来讲，价格影响和指导了投资的方向。对于消费者来讲，价格影响和指导了消费者的选择。对于生产不同产品的生产者，价格起着调节生产方向和生产规模的作用。任何一种商品价格的变动，都会影响到价格体系的变化，最终导致整个社会资金的流向。市场可以依靠价格的调整和变化，实现资源的优化配置。

对于消费者来说，价格机制调节需求的方向和规模，影响消费者的购买力和结构。不同商品比价的变化，会促使消费者重新作出选择。

对于宏观调控者来说，价格机制以价格总水平的变动影响经济活动，国家根据价格总水平的变化，采取调节货币供应量等手段，使价格总水平符合宏观调控目标。

（二）供求机制

供求机制是指商品供求关系的相互对立和影响，使供求趋于平衡的运动。一般情况下，市场供求是市场交易双方博弈的结果。当一种商品供小于求时，这种商品的价格就会上升，刺激生产者增加产量，当产量增加到一定程度出现供大于求，价格就会出现下跌，促使生产者对产量进行回调。供求双方就是通过市场不断的价格波动最终形成供需平衡。从微观看，影响供需平衡的因素主要有劳动投入量的增减、可供支配的资源、生产规模及组织、自然资源等。微观主体的供需平衡完全依靠市场自发进行。从宏观看，影响供需平衡的主要因素是社会资源禀赋、技术水平、社会生产总规模、社会劳动生产率、人口数量及其结构、分配政策等。供求平衡机制发挥作用的条件是供求关系能够灵活波动且具有双向波动的可能。

（三）竞争机制

竞争机制是指市场主体之间为获得最大利益而相互制约、相互作用。市场竞争导致优胜劣汰，并促进生产要素的合理流动，有利于资源的优化配置和不断提高生产效率。在市场竞争机制下，所有参与者都要关心技术的进步，都要不断提高劳动效率，并且根据市场需求配置资源，最终通过市场体制下的竞争机制朝着有利于供需平衡的方向发展。

（四）风险机制

市场的风险主要来自市场竞争。市场的风险主要取决于以下三个因素：一是市场竞争的规模，竞争双方投入资本越大，市场风险越大。二是市场竞争的激烈程度，主要表现为竞争双方对市场的占有率程度，市场竞争越激烈，面临的风险也越大。三是市场竞争的方式，主要指市场竞争者在市场竞争中采取的策略和手段。如果竞争策略和手段都不正当，竞争的风险就会逐步加大。要使市场经济健康发展就必须保证市场正当竞争，防止不正当竞争对整个经济基础的危害，并且要特别防止不正当竞争对市场经济体制的破坏。

二、我国社会主义市场经济体制的建立与发展

（一）关于我国发展市场经济体制的认识过程

我国经济体制经历了一个从计划经济到市场经济体制的逐步转轨过程。1978 年以前我国一直实行的是计划经济体制。这是向苏联学习的"一大二公"的经济体制，劳动者没有权力决定自己的生产，要按照国家的计划分配进行生产和交换，消

费者也没有选择权。1978年末，党的十一届三中全会决定在中国进行全方位的经济体制改革。其后，党的十二届三中全会提出以计划经济为主，市场经济为辅的指导思想，并指出市场经济是社会主义发展不可逾越的阶段，我国的经济是公有制基础上的有计划的商品经济。党的十三届四中全会后，党中央提出建立适应有计划商品经济发展的计划经济与市场调节相结合的经济体制与运行机制。1992年邓小平同志南方谈话时指出，计划经济不等于社会主义，资本主义也有计划，市场经济不等于资本主义，社会主义也有市场，计划和市场都是经济手段，计划多一点还是市场多一点不是社会主义与资本主义的根本区别。邓小平从根本上打破了人们的思想禁锢，使我党在计划经济和市场经济的认识上有了质的飞跃。党的十四大提出建立社会主义市场经济体制的目标，以及将市场经济具体化、系统化，将社会主义市场经济理论向前推进了一大步。党的十四届五中全会提出在2010年建立和完善社会主义市场经济的历史任务。党的十六届三中全会进一步明确了完善社会主义市场经济体制的任务是，完善公有制为主体、多种所有制经济共同发展的经济制度，建立有利于逐步改变城乡二元经济结构的体制，形成促进区域经济协调发展的机制，建设统一开放竞争有序的现代市场体系，完善宏观调控体系、行政管理体制和经济法律制度，健全就业、收入分配和社会保障制度，建立促进经济社会可持续发展的机制。党的十八届三中全会通过了《中共中央关于全面深化改革若干重大问题的决定》，提出经济体制改革是全面深化改革的重点，核心问题是处理好政府和市场的关系，使市场在资源配置中起着决定性作用和更好发挥政府的作用，主要解决市场管理以及定价机制不完善，政府对市场运行干预太多以及监管重复或者缺失不到位的问题。

（二）我国社会主义市场经济的基本特征

社会主义市场经济体制是我国社会主义制度和市场体制相结合的一种市场经济制度或者体制，它具有双重性。社会主义制度的特性要求资源配置必须以满足人民对美好生活的要求作为基本导向，并在此基础上做好资源配置。市场体制特性要求在资源配置中，以市场供求平衡为基础更好地发挥市场的调节和主导作用。目前需要更好地把二者有机结合。我国的社会主义市场经济体制在现阶段具有以下鲜明的特征：

一是在所有制结构上坚持以公有制为主体，多种所有制经济共同发展。这里的公有制经济不仅包括国有经济和集体经济，还包括混合经济体中的国有和集体成分，并且公有制形式还可以创新和多样化。

二是在分配制度上，坚持实行按劳分配为主，多种分配方式并存的分配制度。特别是把按劳分配和按照生产要素分配结合起来，坚持效率优先，兼顾公平，合理拉开收入差距，对过高的收入进行调解，防止两极分化。

三是在宏观调控方面，坚持把人民的长远利益和眼前利益、局部利益和全局利益相结合，更好地发挥政府和市场两种机制的作用。国家是全体劳动人民利益的代表，正确处理好国家、集体和劳动者个人之间的关系，做到长远利益和短期利益相一致，全局利益和局部利益相一致，保证市场经济朝着健康的方向发展。

四是一切工作中坚持党的领导，坚持党的领导是中国特色社会主义市场经济的核心和特色，也是中国特色社会主义发展的根本保证，在党的领导下，充分发挥政府和市场两种机制的作用，特别是充分发挥市场机制在资源配置中的决定性作用。努力做到政府与市场两个机制的统一，相互补充、相互协调和相互促进。实现有效的政府治理和积极的市场作用的有机统一。

三、市场失灵与市场缺陷

（一）市场失灵

市场失灵是指国民经济发展完全依靠市场调节，在这种调节机制下，无法达到社会发展的最佳状态以及最合理状态。或者说，依靠单纯的市场机制不能达到社会资源配置的最优目的，以及市场机制不能解决对没有盈利的公共项目不愿参与的问题，市场调节就是失灵的。市场失灵主要表现为：公共产品供给不足、外部性、自然垄断、信息不对称等。

1. 公共产品供给不足

公共产品又称为公共物品，是指具有非排他性和非竞争性的产品或者劳务。非排他性具有共享的性质，在一个人使用时不会影响到其他人的使用。公共产品一般具有消费的非垄断性、非竞争性和效用的非排他性。公共产品一般由政府提供，但是并非每一样公共产品都由政府提供。公共产品分为纯公共产品和准公共产品。前者一般是由政府提供，后者可以由市场提供，例如高速公路。

2. 外部性

外部性也称为外部效应，是指某种经济活动给与这项活动无关的主体带来的影响，即这些活动会产生一些不由生产者或消费者承担的成本（称为负外部性），或者不由生产者及消费者获得的利益（称为正外部性）。我们知道微观主体在市场上追求自身利益最大化，在进行决策时只将自己的收益和成本进行比较。在无须对外部成本进行支付的情况下，其实际支付的成本小于经济活动导致的总成本，因此，微观主体会导致外部成本增加。相反，在外部利益得不到保证的情况下，产生外部利益的产品就会供给不足。

3. 自然垄断

市场效率是以完全竞争为前提的，在现实经济活动中，资源的转移存在一定的交易成本,一般情况下,生产规模越大,生产的回报就越多,产品生产规模达到一定程度就会产生对这类产品的价格垄断。因此,一些大企业就有了价格垄断的能力,可以通过价格垄断将中小生产者排除在市场之外,这就是所谓的自然垄断现象。垄断是排斥竞争的。这种垄断现象在一些行业较为突出,例如在供水、供电、燃气、邮电通信等行业普遍存在。

4. 信息不对称

信息不对称指的是某些市场参与者拥有另一些市场参与者不拥有的信息。具体到某一个交易过程,是指供求双方对同一种产品或者服务的了解程度是不一样的。信息不对称在交易中会出现逆向选择和道德风险问题。逆向选择发生在交易签约之前,道德风险发生在签约之后。在这两种情况下,都不可能达到帕累托最优状态。市场规模越来越大,交易越来越复杂,就会导致大量非理性决策出现。

(二) 市场缺陷

市场本身就存在固有的缺陷,主要表现为收入的不公平和经济周期性波动。即使有效率的市场经济也难以兼顾社会公平。公平与效率是社会活动中最基本的、不可分割的两个方面。

1. 收入分配不公平

收入分配不公平是指在特定时期内,所存在的与当时社会公认的公平准则不相符合的收入及财富和社会福利的分布状态。收入分配不公平是市场经济自身无法解决的一个问题。在社会上有一些人由于没有生产资料或者无法控制的原因导致在社会分配上处于弱势地位,社会上这部分人群不断增多,导致整个社会出现分配不公平的现象,这种现象会影响整个社会的安定,最终会导致社会出现动荡,政府必须对社会分配不公平进行干涉,其中财政就是最有力的干涉和调节手段及工具。

2. 经济周期性波动

市场经济并不能自发地平衡经济运行中的供给,也就不可避免地导致高失业率、高通胀以及经济周期波动,单靠市场的力量无法解决这些问题,相反,市场运作还会加剧这些问题,并最终导致社会发展危机。市场无法解决这些先天存在的问题,必须依靠政府的力量进行调节和调控,而最重要的调控手段就是财政手段。事实上当市场供需出现严重不平衡时,需要政府进行有效干预即进行市场调控,如果依靠市场自行进行调控,往往采取的是经济危机这种极端方式作为市场自发的调控方式。经济危机破坏性调控往往带来巨大的社会倒退,形成巨大的社会成本。相比之下,预先调控最好的手段和工具就是政府财政手段和财政工具。

四、政府干预

在市场经济体制下,市场机制在资源配置中起着决定作用。在理想前提下,市场在资源配置中发挥着最有效的作用。但是由于市场失灵和市场缺陷是先天存在的，必须要求政府对市场失灵和市场缺陷进行干预，通过消除市场失灵和市场缺陷达到资源科学合理的配置。

（一）　政府的基本特征

一般情况下，政府具有三大特征，这些特征不以社会形态为转移。

1. 政府具有强有力的权力

政府作为国家的代表拥有警察和军队以及行政领导力，它可以强迫人们做一些事情。比如税收就好似国家强迫人们上交部分个人收入。同时政府还可以依靠国家权力对部分不履行国家规定义务的人进行处罚，迫使这部分人为他们违反国家某些政策而付出必要的代价。这种权力是国家特有的，其他任何个人和组织不具备。

2. 政府追求的是目标而不是盈利

市场各种主体的目标都是微观主体经济效益最大化，而政府在市场中追求的目标不是最大化的利润，而是服务于公共事业，政府最大的目标是，最大限度地提高社会福利，保证社会公平发展。

3. 政府有服务于全社会成员的义务

政府是为社会公众服务的，有义务保证每一位公民平等享受政府提供的服务。因而政府必须是公正的，政府必须通过一定的程序和手段保证服务是公正的。我们知道，现代经济是一种混合经济，政府和私人之间不是替代关系，而是互补关系。政府的服务一定要做到对社会每个成员和个体平等公正。

（二）　政府干预经济的方式

1. 组织公共生产，提供公共物品

政府可以通过组织公共生产，调节市场供求和保持经济稳定。通过政府渠道发布有关社会商品的供求和生产情况、价格变动以及宏观经济运行状况来引导社会进行公共产品的生产和提供公共服务。

2. 财政手段

政府可以通过征税、收费或者补贴来改变交换的价格，减少产生负外部性的产品和服务的生产和消费，增加产生正外部性的产品和服务的生产和消费。

3. 立法和行政手段

政府可以通过立法和行政手段来制定市场法规，规范市场行为；可以实行公共管制，规定垄断产品、公共物品的价格等。比如，政府可以制定反垄断法，由政府直接制定产品价格和收益率；可以建立专门的机构，保证社会弱势群体的消费和服务需求。

五、政府失灵

政府失灵是指它在市场发挥作用的失效，它和市场失灵相对应。一般是指政府作为弥补市场失灵和缺陷手段时，不能实现预期的社会和经济目标或给社会带来额外的福利和损失。

（一）政府失灵的衡量

政府干预是弥补市场失灵和市场缺陷的手段，目的是提供市场有效平稳运行的条件。但即使政府出于弥补市场失灵和缺陷的目的进行经济干预，面对复杂的经济情况，政府也有可能决策失误，出现政府失灵。这主要是由于政府组织的内在缺陷和政府供给、需求特点所决定的政府活动的高成本、低效率、分配不公平。一般情况下，政府失灵可以从以下方面判断：一是政府高成本低效率。这是由政府的活动成本与收益分离所决定的政府失灵。在市场组织中，成本与收益是紧密联系在一起的。在政府组织中，成本和收益是分离的，政府维持一项活动所需要的成本与收益是无关的。不把收益和成本紧密联系在一起，政府的活动缺乏低成本这一内在动力和外在压力，导致政府的经济活动往往是低效率的。二是政府作用的结果不能实现预期的社会公共目标。由于政府实施的每项措施无论是作用于市场过程，还是作用于市场环境或作用于非市场领域，都有一个明确的社会公共目标，当政府行为不能达到预期目标时，就发生了政府失灵。三是政府作用的后果损害了市场效率或社会公平目标的实现。政府作用的目的本来是为了矫正市场失灵，弥补市场缺陷，创造更公平的市场环境和竞争环境，以促进生产力的发展，但是政府的干预可能会带来新的市场失灵。另外，由于政府的乱作为导致市场效率下降，或者市场作用的成本小于政府作用的成本，也表明政府的作用是失效的。

（二）政府失灵的基本原因

政府失灵的基本原因：一是政府能力的有限性，如政府的信息是有限的，对私人市场的反应和控制是有限的，政府决策过程存在一定的困难等；二是政府行为的越界，集中表现为本该选择市场交易方式，却选择了政府交易方式。

（三）政府失灵的表现

一是短缺与过剩。一旦政府干预的方式是把价格固定在一定的非均衡水平上，则结果不是产生短缺就是产生过剩。如果把价格固定在均衡水平之下，需求就会超过供给。例如，为了给低收入阶层提供廉租房，把租房租金固定在均衡价格之下，需求就会超过供给。如果把价格固定在均衡水平之上，就会产生生产过剩。例如，为了增加农民收入，把粮食价格固定在均衡水平之上，供给就会超过需求，产生生产过剩。二是信息匮乏。一旦政府信息不及时甚至失真，政府难以了解其政策的全部成本或者收益，或者不清楚政策所带来的预期后果。因为影响某一后果的因素本来就有不确定性，政府可能会出现政策决策方面的失误，造成经济低效率或者负效率。三是缺乏市场激励。一旦政府通过一定的手段消除了市场的负面影响，也可能会消除某些有益的激励。例如在职工工资中增加税收，可能会导致部分人不愿意工作。四是官僚主义无效率和低效率。政府干预市场是有成本的。政府干预市场无效率或者低效率主要表现为：首先，政府决策失误。政府决策一般首先追求公平，为了追求公平可能会牺牲效率。另外，利益集团的存在也会导致政府决策无效率。还有，政府行为的主体因为追求目标不同也会导致决策失误。其次，寻租行为。在市场经济体制下一般会发生滥用权力而出现寻租行为。工作人员凭借行政权力谋取私利，或为亲属谋取非法商业活动的收益。再次，政府干预的无效率。在市场体制条件下，由于政府对市场的了解不深入或者信息不完整，或者对未来的发展判断出现失误，就可能出现干预无效率或者效率低下，这样就造成社会资源的浪费。即使政府决策正确但由于政府决策出台太快、变化太大，企业无法适应也会导致社会资源的浪费以及效率的降低。最后，政府职能的越位和缺位。政府干预经济应该是因为市场出现失灵和市场出现缺陷，政府的作用是弥补市场失衡和市场缺陷。但是如果政府把本应由市场来处理的问题通过财政手段来处理，就会造成政府的越位。相反，政府把本应由政府通过财政来处理的问题交给市场来处理又会导致政府缺位的出现。比如，市政建设、义务教育、公共卫生、环境保护等投入不足导致的公共问题，都属政府的失职。

六、公共财政及其内涵和任务

（一）公共财政的内涵

公共财政是指在市场经济条件下国家提供公共产品或服务的分配活动或分配关系，是满足社会公共需要的政府收支模式或财政运行机制模式，是与市场经济相适应的一种财政类型，是市场经济体制国家通行的财政制度。其本质在于取之于民，用之于民，并且受到社会公众的监督。政府部门一定要把财政政策的制定和实施、财政资源的筹措和运用与增加人民群众的公共福利紧密结合在一起，在人民群众对美好生活的追求日益提高的基础上需要解决公众通过市场难以实现的公共需要问题。在市场经济基础上政府提供的分配行为具有以下基本特征。

1. 公共性

公共财政的职责范围是满足社会的公共需要。凡是不属于或者未纳入社会公共需要的事项，财政就不必介入；凡属于可以纳入或者必须纳入的社会公共事项，财政就必须涉足。公共性是指财政对全体社会成员的覆盖性，它不但要体现财政税收分配的公平性，还必须接受社会成员的公开监督。财政的公共性，要求财政资金应退出经营性和竞争性领域，完全转到服务社会公共项目上来，建立以税收为主要来源，以公共支出为管理重点的公共财政框架体系。公共财政履行职能的主要方式是灵活运用包括税收、分配在内的各项财政政策，来充分调动各种生产要素，进而推动经济结构调整、科学技术进步，促进社会财富的增长和社会福利水平的提高。

2. 非营利性

市场经济条件下政府作为管理者其行为只能以为社会提供公共产品和服务为职责，通过满足社会需求的项目为市场有序运行提供必要的制度保证和物质基础。财政收入的取得要建立在为满足社会公共需要而筹集资金的基础上，财政支出的安排要始终以满足社会公共需要为宗旨。政府的财政行为不以营利为目的，政府及其部门不是市场经营直接参与者，而是市场规则的制定者和坚定的维护者。

3. 法制性

市场经济是法制经济，财政作为政府的直接活动，在市场经济体制下必然受到法律的约束和规范，必须依法理财，依法行政。这意味着社会公众可以通过相应的法律程序，主要是通过财政预算的法律权威而根本地决定、约束、规范和监督政府的财政行为，是否征税、如何安排财政支出都应以法律程序公开，不允许有不接受监督、游离于预算之外的政府支出。

4. 效率性

效率是经济活动的核心。公共财政作为政府为市场提供产品满足社会公共需要的经济活动，其核心也是解决效率的问题。建立公共财政制度就是要最优化制度安排，确保生产效率得以实现。在市场经济条件下，公共财政首先要求政府的管理更有效率，政府预算既是政府提供公共产品的价格，也是衡量政府运作效率高低的标志，通过实行绩效预算来降低其成本，提高公共服务质量，逐步降低政府管理费用，目标是成本最低、效率最高。

（二）社会公共需要的特征

社会公共需要是指社会安全、公共秩序、公民基本权利的维护和经济发展的条件等公众共同利益需要。相对于微观经济主体的需要，社会公共需要具有以下特征：

一是社会公共需要是社会公众在生活、生产和工作中的共同需要，是相对于社会总体而言的。作为向社会全体公众提供的公共产品，其效用具有"不可分割性"，即它不是向个别人或者某个集团提供的。二是为了满足社会共同需要提供的公共产品，应由社会成员共同享用，也就是个别或一些社会成员享用这种公共产品时，并不排斥其他社会成员的享用，即不具备排他性。三是社会成员享用为满足社会公共需要而提供的公共产品和劳务时，无须付出代价或者只需支付与提供这些公共产品的耗费不对称的少量费用。四是满足社会需要的公共产品只能是社会产品的剩余部分，如果剩余产品表现为价值形态，就只能是对剩余价值部分的抽取。可以说在社会生产力尚未发展到足以提供剩余劳动和剩余产品时，是不可能出现公共需要的。

社会需要的公共产品范围较广，可以按照性质不同划分为以下三个层次：首先是纯社会公共需要，是指执行国家职能的需要，包括执行国家基本职能和国家授权职能的需要。其次是准社会公共需要，是指介于社会公共需要和个人需要之间，其性质难以严格界定的一部分需要。如高等教育就属于这种情况，高等教育既是个人的事情，也是国家的事情。最后是大型公共设施，主要是指国家的邮政、电信、民航、铁路、公路等城市公共设施，由于这部分设施投资极大，个人无法承担，或者这些设施在国家经济中地位较为重要，各国基本上是通过政府集中财政资金来建设和完成的。

（三） 我国公共财政的任务

党的十八届三中全会明确我国财政是国家治理的基础和重要支柱，建立现代社会主义财政制度是当前和今后我国财政需要完成的核心任务。

一是深化公共财政改革，转变政府职能，提升政府服务水平和能力。主要是科学处理政府、市场和社会的关系，进一步明确政府的活动范围。属于公共事业范畴，政府必须解决和干预到位。属于市场解决的问题，政府一定不要介入。政府要解决对于资源配置干预过多或者干预不到位的问题，完善预算并通过完善公共财政制度，发挥政府宏观调控职能。强化政府的财政服务职能。围绕促进基本公共服务均等化和主题功能区建设，完善公共财政体系，进一步简政放权，深化行政审批制度改革，大幅度减少政府对资源的直接配置，推动资源配置依据市场规则、市场价格、市场竞争，实现效益最大化。

二是建立现代预算管理制度。现代财政制度是责任财政，要求政府加强预算管理，使财务和税务在政府有效履行职能中有效对接。应当将预算管理体制改革和行政体制改革结合起来，大力推进建立现代预算制度，做到预算编制科学完整，预算执行规范有效，预算监督公开透明，使政府在现代预算管理制度中提高法制责任能力、公信责任能力和廉洁责任能力。主要是实行全口径预算，确认人大在预算配置中的主导地位。按照分权制衡的原则，完善预算权配置体系和预算管理体系。严格预算执行，增强政府的公信力和执行力。

三是进一步推进我国税收体制改革。党的十九大提出了加快建立现代财政税收制度的基本任务，明确了工作任务。具体有：完善分税制，积极构建全面均衡的中央与地方财政税收关系，发挥制度的约束作用，全面实施绩效管理基于税收改革不平衡和不充分的前提，党的十九大提出的税制改革，定位为结构性改革，划分为现代预算制度改革范围。税收收入侧改革，具体内容为：第一，体制制度改革。改革的实施，具体目标为优化中央税收体系和地方税收体系结构，健全地方税收体系，优化中央和地方立法权结构等。第二，实施制度改革。在具体实践中，要不断优化直接税和间接税结构，逐步提高直接税占比；优化法人和自然人税负结构，逐步降低法人税负，逐步提高自然人税负，尤其是高收入群体等。

四是深化分税制改革，规范政府间财政关系，提升政府的现代治理能力。按照事权与财权相匹配、财力与支出责任相匹配、事权与支出责任相匹配的原则，继续深化分税制改革，选择均衡性财政分权模式，加快解决集权与分权的难题，选择非对称型财政分权模式，解决财权与事权相匹配的问题，选择法制化财权分权模式，解决财政民主和财政法制问题。

五是推进法治财政建设，加快财税立法步伐。法制是衡量治理是否现代化的基本标准，现代财政是法制财政，通过遵循现代财政法制、权力公开制衡、财政公开等基本原则实现财政收支活动和管理行为制度化、规范化和透明化。主要任务是继续完善预算法，发挥其在财税法律体系中的引领作用。制定转移支付法，建立法律化、科学化、透明化的转移支付制度。结合增值税改革、房地产税改革等，将目前大多数税种条例上升为法律制度，落实税收法定原则。还要制定行政收费法，规范收费管理。制定政府债务法，规范政府债务行为。

第四节　财政的职能

财政职能是指财政作为一种分配活动所具有的内在功能，是财政与生俱来的属性。西方现代财政理论从政府对经济活动的干预出发，注重财政收支对经济运行积极效应的分析，将财政职能归结为资源配置、收入分配、经济稳定与发展三大职能。结合我国社会主义初级阶段的特点，我国财政理论界认为我国财政除了具有以上三种职能外还具有监督管理的职能。市场失灵是政府存在的理由，而在政府干预市场失灵的各种手段中，财政无疑是最为重要的。因为财政是政府活动的物质基础，所以，政府应做的，就是财政要干的。财政职能是指政府活动所固有的内在经济功能，是对财政在社会经济中的地位与作用、影响的理论概括。在现代社会，对财政职能（政府经济职能）最权威的划分应首推美国财政学家理查·A. 穆斯格雷夫，在1959年其出版的经典名著《财政理论》（*The Theory of Public Finance*）中，他创造性地将政府职能概括为资源配置、收入分配和稳定经济三大职能。这一分类简洁地勾勒出政府介入经济生活的主要轮廓，被认为是财政经济史上最富有成果的思想之一。

一、资源配置职能

资源配置是指政府通过各种手段（主要是财政预算手段）以合理确定社会总资源中私人物品与公共物品的划分，以及合理选择公共物品的构成，使之有助于实现全社会范围内资源的有效配置，形成较为合理的资产结构、产业结构、技术结构及地区结构。广义的资源配置可以理解为政府对社会总资产的配置。狭义的资产配置指具体生产要素的配置。一般来讲，市场机制在资源配置的大多数方面是有效的，具体来讲就是市场机制很适合私人产品的配置。不过市场机制在诸如竞争失效、公共产品短缺、外溢性、不完全市场、信息不灵等方面的资源配置却是无效率的。为了解决市场机制这方面的失效问题，必须求助于市场以外的力量——政府。于是政府就有了资源配置职能，政府的资源配置职能一般是在一定政治程序下通过运用特定的预算手段（支出和税收）并提供相应的公共物品和劳务来实现的。对于竞争失效（垄断、自然垄断）、外溢性、不完全市场、信息不灵等方面的资源配置失灵问题，政府干预所提供的必要公共服务，除了运用财政措施外，有时还要加上必要的金融、行政、法律措施。财政对社会资源的配置主要包括四个方面：一是调节资源在不同地区间的配置，实现资源在地区间的合理布局；二是调节资源在不同产业之间的布局，形成合理的产业结构；三是在政府与私人部门之间的调节，形成公共产品在政府和私人之间合理的分配；四是调节资源在政府部门内部的配置，形成合理的资本品和消费品供应结构。通过财政的有效调控最终使资源在各个地区、部门、公共和私人之间合理配置，发挥最大效益。

财政资源配置实现职能的机制主要有：首先，科学制定税收政策和支出政策实现资源总体效率。在市场经济体制下，市场机制发挥着资源配置的基础性作用，公共财政作为政府的计划配置则是为提高市场配置资源效率服务。财政资源的配置效率具体体现为两个比重，即财政收入占 GDP 的比重和中央财政收入占国家财政收入的比重，其中第一个比重尤为重要，影响到公共产品和私人产品的提供结构和公共需要的满足程度。中央财政收入占全国财政收入的比重则涉及国家宏观调控权力以及中央和地方政府间的财政关系，进而影响到全国性公共产品和地方性公共产品所费资源的配置及效率。其次，合理安排政府支出的规模与结构，积极引入政府与社会资本的合作机制，从而提升公共资源的配置效率。在财力有限的情况下政府应建立和创新投融资机制，引导社会资本参与公共基础建设。再次，创新财政管理体制与机制。通过全面规范、公开透明的财政预算制度，规范和约束政府行为，合理安排政府投资与财政支出结构，为市场主体创造一个良好的投资环境。最后，提高财政资源本身配置效率，主要是提高税收征管效率，提高财政资金的使用效率。

二、收入分配职能

收入分配是指政府通过各种手段（主要是财政预算手段）使国民收入和社会财富在初次分配的基础上进行再分配，并使之符合社会公民认为"公平"或"公正"的分配状态。在经济学家看来，市场内在的分配机制是按照等价交换、公平自愿的原则进行的，这种以要素禀赋分配为根据的收入分配原则本身并没有任何不公平之处。按理它应该产生一个近乎完美的分配结果，但不幸的是一个完全由市场决定的收入分配状态其结果却总是不能合乎社会所认为的"公平"状态。在市场经济中可以观察到的一个基本事实是：要素禀赋分配导致了贫富差距和两极分化。西方经济学家把这种现象称为"马太效应"，喻指贫者愈贫，富者愈富。在市场经济中，这种收入分配的不平等，尤以资本收入分配为甚，原因是资本收入分配比劳动收入分配更占优势，资本生利的结果是拥有大量资本者不劳动也可以使收入越来越多，而劳动者即使辛勤劳动，境况却极难改善，进一步的积累则造成贫富悬殊。但是两极分化问题是市场分配自身产生的弊端，完全按照市场方式是无法解决的，于是客观上就要求依靠外部力量，以非市场的方式——财政手段来完成这一任务，这样产生了政府的收入分配职能。政府的收入分配职能一般是由一套直接的所得税与转移支付所承担的。政府一方面通过对富人征收累进所得税、遗产税和赠予税等减少高收入者的一部分收入，另一方面又可以将筹集的资金以转移支付的方式对穷人进行救助以提高低收入者的收入，这样可以大大缓解市场分配中出现的两极分化和收入分配不公平问题。政府对收入进行再分配的手段除了财政措施如转移支付和税收外，还可以采取行政法律措施如最低工资法、减贫目标等。

不同社会对公平的理解具有不同的看法。一般而言公平也称公正，含义是指按照一定的社会标准（法律、道德、政策）衡量，合情合理，不偏不倚。公平的经济学含义，在西方财政经济理论中，比较常见的有两个：一是经济公平，二是分配公平。经济公平是指经济待遇方面的公平，它包含两个方面的含义，即横向公平（Horizontal Equity）和纵向公平（Vertical Equity）。横向公平是指同等经济地位的人同等对待，纵向公平是指不同经济地位的人差别对待。分配公平是指收入的公平分配状态，西方学者认为它指的是某种社会上认可的"公平"或"公正"的收入分配状态。它又可分为三种状况：起点公平、过程公平（规则公平）和结果公平。这里所讲的公平是结果公平。

财政收入分配职能主要包括通过调节企业的利润水平和居民个人收入水平来实现收入与财政分配的社会公平。既合理拉开收入差距，又注意避免两极分化，逐步实现共同富裕。高收入分配职能的实现机制主要有：首先，通过税收对较高收入水平进行调解；其次，通过转移支出增加低收入者的实际收入水平；再次，完善社会福利制度；最后，建立统一的劳动力市场，促进城乡之间和地区之间人口合理流动。

三、经济稳定与发展职能

经济稳定与发展职能是指政府通过各种手段（主要是财政预算与政策手段）有意识地影响、调控经济，消除波动，以实现宏观经济稳定与发展的目标（经济增长、物价稳定、降低失业、国际收支大致均衡）。在经济学家看来，市场机制本身具有很强的自我调节和自动均衡能力，在大多数情况下，市场能够实现自动稳定，但是在解决诸如失业、通货膨胀和经济稳定增长等方面往往力不从心。在市场经济中可以观察到的一个基本事实是：在严重的经济危机或经济萧条冲击下，市场自我调节的能力是失效的，它无法自动实现充分就业的均衡。因此，虽然现代许多经济学家仍然相信市场自身存在着最终使经济恢复稳定的力量，但他们也不得不承认，等待经济自动恢复的成本（代价）——从丧失掉的产出和人民遭受的痛苦的角度来看——是巨大的，有时甚至是危险的。这正如人的自我调节能力也是有限的一样。市场之需要政府正如人之需要医生。正是因为市场无法自动实现稳定与发展，因此政府调节成为医治这一市场疾病的药方，于是就有了政府的经济稳定与发展职能。政府的经济稳定与发展职能主要是通过一整套宏观经济政策的调节来实现的。其手段除了财政政策与货币政策外，还有行政法律措施，如价格管制、工资管制和外贸管制等。在政府所拥有的各种宏观经济政策手段中，财政政策的地位举足轻重，它在维持社会总供求的平衡方面具有无法替代的作用，特别是在解决总供求的短期稳定和结构性失衡方面效果尤佳。财政政策虽然不能完全消除经济波动，但毕竟可以减轻波动之苦，而如果没有财政政策的调节，经济发展的状况必定也不会乐观。

财政的稳定与发展职能表现在以下方面：首先，充分就业，指的是全社会有工作能力且愿意工作又在寻找工作的人的就业状况。西方经济学家通常将失业率高低作为衡量是否充分就业的尺度。失业率是指失业人数占劳动力人数的比例。劳动力是指一定年龄范围内有劳动能力且愿意工作的人。失业者是劳动力中愿意工作但尚未找到工作的人。大多数西方经济学家认为存在4%～5%的失业率是正常的。其次，物价稳定，指的是商品和劳务价格总水平大体稳定，即短时间内货币币值不会发生大的上升或者下降。一般用价格指数表示物价水平变化，一定时间内一般物价水平持续上涨被称为通货膨胀。经济学家一般认为年度通货膨胀率在3%～5%内可以视为物价稳定。相反的是通货紧缩。即一定时期内，一般价格水平的持续下降，通货紧缩对国民经济危害并不亚于通货膨胀，因此既要防范通货膨胀也要防范通货紧缩。再次，经济持续均衡增长，指的是一个国家一定时期内商品和劳务在数量上的增加。通常由国民生产总值（GNP）或者国内生产总值（GDP）及其人均水平来衡量。经济增长是发展的前提，发展是经济增长的结果。最后，国际收支平衡，指的是一国在国际经济往来中维持经常项目与资本项目的收支合计大体平衡，不出现大的顺差或者逆差。在开放经济条件下，一国国际收支不平衡就意味着该国国内收支不平衡，或者说国内经济运行处于失衡状态。

财政的经济稳定职能是指财政通过宏观领域的资源配置和收入分配作用，解决市场不能自发解决的宏观经济问题，以达到促进经济稳定增长，缓解通胀压力和失业压力的目的。财政的经济稳定职能实质就是政府解决市场在宏观领域的失灵，在宏观领域内履行资源配置的职能和收入分配职能的结合形式。

财政的经济稳定职能一般通过以下手段来实现：首先，相机抉择政策。根据社会总需求和总供给的现实情况灵活改变税收和公共支出，以达到总供求大体平衡的目标。其次，自动稳定器政策。通过财政的制度性安排自动促进总供给和总需求的平衡，包括政府税收的自动变化。最后，在总供给方面，通过投资、补贴和税收政策等手段，解决经济增长的"瓶颈"问题，促进传统工业向信息产业的转变，促进传统经济向创新经济的转变，合理利用资源，保护环境，促进国民经济的健康可持续发展。

财政的经济稳定职能主要体现为政府财政活动对总需求和总供给的影响，这种影响将导致社会总产出水平和价格总水平发生变化。财政对总需求的影响是通过政府收支活动实现的。财政对总供给的影响是通过政府对劳动供给和整个社会资本积累的影响实现的。财政活动对国际收支活动的影响主要表现为国家的关税政策以及国家财政税收对出口贸易、国际资本流动产生的影响。

四、财政职能的相互冲突与协调

从规范的观点看，政府有三大经济职能——配置、分配与稳定发展，它们几乎完美地共同构成了一个相互协调、密切联系的有机整体。但是从实证的观点看，在实践中落实或实施这三大职能却可能出现多方面的冲突，原因在于政府往往会用同一套财政政策工具去实现三个政策目标。财政职能的冲突往往表现为鱼和熊掌不可兼得的关系，财政职能的协调最终往往表现为舍鱼而取熊掌的关系。

（一）职能的冲突

1. 配置职能与分配职能的冲突

配置职能要求提高全社会的资源配置效率，以获得一个较高的经济增长率，而较高的效率和较高的经济增长率又要求较高的资本形成率。经济学理论表明，较高的资本形成率有赖于增加储蓄与投资，因为高收入者的储蓄边际倾向要高于低收入者，这就似乎要求政府在为公共物品筹资时应该有一个累退的所得税制度，但这对公平显然是无助的。如果政府为了公共物品的筹资而把累进所得税强加在高收入者身上，虽然促进了再分配，有助于分配职能的实现，但对于效率的实现又是无助的。

2. 稳定职能与配置职能的冲突

稳定职能要求在经济过冷和失业严重时期，可通过增加政府支出的办法进行补救，在经济过热和通货膨胀严重时期，可通过减少政府支出的办法进行调节。但这却可能与配置职能发生冲突，因为在经济过冷时增加政府支出将导致社会货物的供应过剩，或公共支出的浪费，这将对配置效率不利。在经济过热时减少政府支出则可能导致公共货物的供应不足，这同样对配置效率是不利的。

3. 稳定职能与分配职能的冲突

稳定职能要求在经济过冷和失业严重时期，应对低收入者给予较多的减免税收和增加更多的转移支付，因为相较高收入者，他们的花费大概会多于其减免的税收和增加的补贴。这使稳定职能与分配职能不发生冲突。但是在经济过热和通货膨胀严重时期，情况相反，经济学家认为，为抑制经济过热，应提高低收入者的税收，因为他们比高收入者更可能降低需求，另外，为抑制通货膨胀冻结工资，更可能伤害低收入者。为平衡预算削减社会福利，同样可能损害低收入者，而这些措施都与分配职能是相冲突的。

（二）职能的协调

财政职能协调就是在目标发生冲突时进行规范分析，理性取舍，最终以宏观的得大于失进行抉择。应该指出的是，协调并不能消除冲突，但可以化解、弱化冲突，使之朝着有益于社会的方向转化，对政府来讲，关键是要加强公共政策的研究与设计。事实上，世界各国普遍存在的有关政府预算的激烈辩论，就很好地表明了政府职能的冲突，而最后的政府决定往往体现的就是冲突的协调。

第五节　财政学研究的内容、视角与方法

财政作为客观存在的范畴，必然促使人们不断地研究它，以更好地了解、把握和驾驭它，财政学作为研究财政收支活动及政策的科学，是从财政现象入手，透过财政现象探索财政本质，揭示支配这些现象的规律性。

一、财政学研究的内容

从大的方面来说，财政学研究的内容主要包括三个部分：一是财政基础理论

（指财政、财政本质、财政职能概念等）；二是财政制度（通过一些范畴，如国家财政支出、国家税收、国家预算、国家公债等展开）；三是财政政策（如财政政策的手段、财政政策与货币手段的配合等）。这三个部分之间的关系是：财政理论是基础，财政制度是实践，理论通向实践的桥梁是财政政策。

由于各国发展情况不一，市场的发育程度不同，我国与西方在财政学的研究内容上也不尽一致。在西方，财政学就是公共财政学，是市场经济的产物。在中国，改革开放前主要表现为与计划经济体制相适应的财政学；改革开放后，随着市场化改革的深入，财政学正在逐步公共化，无论是体系还是内容都已大幅度向国际通行的公共财政学靠拢。

公共财政理论的基本框架。公共财政主要是指一国政府为市场提供公共产品的分配活动或经济活动，它是与发达的市场经济相适应的一种财政模式。公共财政是弥补市场失灵的财政，是非营利性的财政，是一视同仁的财政，是法治化的财政。公共财政理论的基本框架主要包括以下五个方面：

财政对象"公共产品论"。西方财政学对于许多问题的研究都是以公共产品论为研究起点的。公共产品是指具有共同消费性质的物品。公共产品是与私人产品相对而言的。从世界范围来看，大部分公共产品必须由政府直接参与提供。公共产品构成了市场经济中政府（财政）活动的对象。

财政目的"公共需要论"。人类社会的需要可以分为私人个别需要和社会公共需要。社会公共需要指的是社会公众对于公共产品的需要。在现代经济条件下，私人个别需要由市场提供的私人产品来满足；社会公共需要由公共部门（主要是政府）提供的公共产品来满足。政府财政的直接目的就是满足社会公众对公共产品的需要。

财政起因"市场失灵论"。其基本分析思路是：市场有效运行→市场配置资源机制失衡（市场失灵）→经济运行不稳定→政府干预→财政介入→市场运行恢复平稳。也就是说，政府干预和财政介入的根本原因是市场失灵。

财政模式"公共财政论"。政府经营国有资产的目的有两个：一是弥补市场缺陷，不以营利为目标；二是进入竞争性领域，追逐利润最大化。西方财政理论认为，首先应该为私人经济活动创造各种有利条件，为市场经济的有效运转提供服务。主张单一的公共财政模式，把政府财政的活动范围界定于市场失灵领域之内。

财政决策"公共选择论"。财政是为政府提供公共产品服务的，但提供什么样的公共产品实际上就是财政的决策过程，也是决策的选择过程。但公共产品的供应是建立在个人效用和偏好基础之上的，通过代议制民主制度及公决或议会投票程序反映出来成为政府预算决策的依据。

二、财政学研究的视角

财政与经济的关系是财政学的一条根本线索。财政学作为经济学的一个分支，其目标的确定、过程的分析、结果的评价完全遵循和经济学研究相一致的原则。财政学所要回答的同样是经济学的四个基本问题：生产什么（生产多少私人物品、多少公共物品）、如何生产（私人部门生产还是公共部门生产）、为谁生产和如何生产。从经济学角度对财政问题进行研究，这是财政学的基本视角。而从政治学角度研究财政问题，则是财政学的重要视角。因为政治是经济的集中表现。人们所有的经济活动，都直接关系到和影响着人们的经济利益，由此而形成的经济理论，也就必然要反映社会成员的各种利益要求和矛盾。这就使得经济理论研究往往难以局限于经济的层面，而或多或少地上升到政治层面上来。财政活动的主体是政府，财政活动不仅影响和牵涉各方面的利益关系，更主要的还在于作为政府活动的一个部分，它往往就是政治活动的支点和后盾。这样，财政理论上的争论，使得人们往往超越经济的范围而采用了政治的办法来解决问题。

财政学研究的视角，绝不仅限于经济学和政治学。政府作为现代社会的管理者，其活动还涉及各种各样的社会问题，而财政则是其处理社会问题的最重要手段之一，所以社会学角度也是研究财政问题的重要角度之一。此外，财政活动牵涉整个国家和全体社会成员的生活，因此财政学研究还必须从哲学、伦理学、心理学等视角进行。可见，财政学是一门经济学，也是一门政治学，更是一门社会学，还是一门伦理学。财政现象是国民经济的综合反映。只有具备广泛的知识并且运用这些知识来综合分析财政现象，才可能透视财政现象的真谛。

三、财政学研究的方法

在分析政府经济活动的过程中，财政学不仅要解释实际政策对经济运行的影响，而且要尽可能为政府决策提供指南。为完成这两项任务，财政学经常采用经济分析的两种基本方法，即实证分析和规范分析。

（一）实证分析

实证分析（Positive Analysis）旨在描述各种经济因素的存在与经济运行的过程，并试图在各种经济变量或政策手段之间建立起联系。它主要涉及事实判断，重在回答研究对象"是什么"、"会怎样"的问题。比如，为了应对美国的次贷危机，中央政府扩大政府开支的效果如何？经济增长与物价水平之间的关系如何？开征物业税对房地产市场有什么影响？等等，这些问题都属于实证分析的范畴。

根据研究工具的不同，实证分析又可分为理论分析和经验分析。理论分析

（Theoretical Analysis）是从某些假设前提出发，借助一系列假说和推论，对经济变量关系进行简化描述或推导的定性分析。例如，在考察劳动所得课税对工人劳动供给行为的影响时，我们以工人的行为动机在于谋求自身满足或效用的最大化为假设前提，进行相应的逻辑推理。经验分析（Empirical Analysis）指的是通过调查或实验取得实际资料而进行的定量分析。进行经验分析的方式主要有三种：访谈、实验和计量经济分析。访谈（Interview）是通过直接向人们发问的方式，调查某一政策对人们经济决策的影响。比如，为了考虑劳动所得课税对劳动供给的实际影响，这些税率对工作是造成了激励还是抑制？实验（Experiment）的方式可以在实验室内进行，也可以在社会上进行。计量经济分析（Econometric Analysis）是当前在经济学中最为流行的经验分析方法。该方法利用经济理论、数学、统计推断等工具对经济现象进行分析，对构建于数理经济学基础之上的经济理论模型提供经验支持，并得出数量结果。

（二）规范分析

在现实生活中，我们经常要对各种各样的政策建议或行动作出反应并加以评判。比如，电信资费是否偏高？增加政府开支为什么会加大通货膨胀的压力？类似的问题可谓不胜枚举。在经济学中，像这类对经济行为或政策手段的后果加以优劣好坏评判的研究方法被称为规范分析（Normative Analysis）。规范分析确认什么是有利的结果，或者应该采取什么行动来实现有利的结果。它往往从预先确定的标准出发，用于描述实现上述标准的最优政策。因此，规范分析能够提出实现何种经济目标的政策建议。与旨在描述事实、不涉及结果好坏的实证分析方法相比，规范分析方法基于基本的价值判断，也就是说，只有在基本价值判断的基础上，规范分析才能对各种政策建议或行动加以评价。

一般来说，在财政学的研究中，如果涉及解释政府活动如何影响经济运行的问题，主要由实证分析来完成；而为政府决策提供指南，即探讨"政府应该采取什么政策"之类的问题，则有赖于规范分析。不过，这样的区分并不是绝对的，尤其是对"政府应该采取什么政策"这一问题来说，尽管其分析和判断属于规范分析的范畴，但该问题的良好解决必须建立在实证分析的基础上。原因在于，只有通过实证分析，才能了解政策对经济行为的影响，否则，即便确认了好坏标准，一些出发点良好的政策也可能导致与原先意图背道而驰的结果。比如说，假如你支持住房租金控制立法，该法案能够使租金降到贫困家庭可以承受的程度，你相信此举有助于贫困家庭获得更好的居住条件。但是，如果实证分析表明上述立法控制不仅会导致住房变得紧张，而且还会使市场上出租房屋的质量下降，那么，某些贫困家庭的生活境况可能趋于恶化。在此情况下，你可能会重新考虑是否支持将租金控制作为向穷人提供帮助的一种手段。

值得注意的是，无论是在实证分析领域，还是在规范分析领域，经济学者们都难免出现意见上的分歧。但相对来说，由于实证分析倾向于用数据和事实说话，争议程度相对较小，同时即便有争议，也比较容易达成不同程度的共识。而规范分析则较多地受到人们的立场、感情、信念等因素的影响，争议往往较大，并且难以达成共识。

1. 收入论

亚当·斯密把国家收入分为如下两类：一类是来自君主或国家财产的收入，另一类是来自赋税的收入。他认为，一切税收都来自地租、利润与工资，或来自这三种综合的收入。他把税收划分为以下几种：一是地租税，包括房租税。所谓地租税即来自土地上的赋税，有两种征收方法：一种是按照某种标准，对各地区评定一个定额地租，固定之后，不再变更；另一种是税额随土地实行地租的变动而变动，随情况的改善或恶化而增减。二是利润税，即对资本收入的一种赋税，他把资本收入分为利息、利润、劳动工资税、人头税和消费税。

2. 公债论

亚当·斯密不赞成政府发行公债，他认为只有在战时由于平时储蓄不够，战时又耗费浩大，才可发行公债。因为政府发行公债，会把私人用于生产的资金转移给政府从而造成浪费，影响生产的发展。政府为了偿还公债的本息，只能提高税收，增加人民负担，或者折价偿还，甚至赖账不还，使债权人蒙受损失。

3. 税收原则

亚当·斯密认为国家在制定税法或进行税收工作时，应遵循平等原则、确实原则、便利原则、最少征收费用原则。

本章小结

1. 财政作为人类特有的社会经济制度不是本来就有的。它是随着人类社会生产力水平的提高，人类社会与历史发展到一定阶段后，在再生产过程中，产生了独立于社会生产单位和消费单位之外的政府，为了自己及社会公共事务需要而形成的。

2. 财政的性质与特征：财政分配的主体是国家或政府，财政分配的客体（对象）是社会产品，财政分配的目的是为满足国家或政府实现职能的财力需要，财政分配具有强制性和无偿性。

3. 财政是为满足国家与社会公共需要，对一部分社会产品进行集中性分配。或者可以简称为"以国家为主体的分配"。

4. 财政的产生与发展经历了漫长的历史过程，财政学的形成与发展和财政的发展一样也经历了长期的演变轨迹。其中重要的财政思想或财政学说包括中国古代财政思想、当代西方财政思想、当代中国财政思想等。

5. 市场经济体制是指通过价格波动、市场主体之间的竞争、市场供求关系的变化来调节经济运行和进行资源配置的机制或者体制。其中市场供求机制、市场竞争机制、价格发现机制和激励机制发挥着重要作用。

6. 我国的社会主义市场经济体制在现阶段具有以下鲜明的特征：一是在所有制结构上坚持以公有制为主体，多种所有制经济共同发展；二是在分配制度上，坚持实行按劳分配为主，多种分配方式并存的分配制度；三是在宏观调控方面，坚持把人民的长远利益和眼前利益、局部利益和全局利益相结合，更好地发挥政府和市场两种机制的作用；四是在一切工作中坚持党的领导。

7. 市场失灵主要表现为以下方面：公共产品供给不足、外部性、自然垄断、信息不对称等。市场本身就存在固有的缺陷，主要表现为收入的不公平和经济周期性波动。

8. 政府具有强有力的权力、追求的是目标而不是盈利、服务于全社会的特征。

9. 政府干预经济的方式包括组织公共生产提供公共物品、财政手段、立法和行政手段等。

10. 公共财政是指在市场经济条件下国家提供公共产品或服务的分配活动或分配关系，为满足社会公共需要的政府收支模式或财政运行机制模式，是与市场经济相适应的一种财政类型，是市场经济体制国家通行的财政制度，具有以下基本特征：公共性、非营利性、法制性、效率性。

11. 当前和今后我国公共财政的任务：一是深化公共财政改革，转变政府职能，提升政府服务水平和能力；二是建立现代预算管理制度；三是完善分税制，明确权责，构建财力协调而且区域均衡的中央与地方财税关系；四是构建全面规范透明而且标准科学的预算制度，发挥制度的约束作用，全面实施绩效管理；五是推进法治财政建设，加快财税立法步伐，提升法治政府的现代治理能力。

12. 财政具有以下职能：资源配置、收入分配、经济稳定与发展职能。

13. 财政学研究的内容主要包括三个部分：一是财政基础理论，二是财政制度，三是财政政策。

14. 财政学是一门经济学，也是一门政治学，更是一门社会学，还是一门伦理学。

15. 财政学多采用经济分析的两种基本方法，即实证分析和规范分析。

本章重要概念

财政　财政学　公共财政论　国家分配论　市场失灵　政府失灵　实证分析

规范分析

复习思考题

一、简答题

1. 简述财政的性质与特征。

2. 试述我国古代财政思想的主要内容。

3. 当代西方财政学说的发展经历了哪几个阶段？其主要内容是什么？

4. 概括财政学研究的主要内容、视角与方法。

5. 如何理解市场与政府的关系？

6. 政府职能如何定位？

7. 政府失灵的表现形式有哪些？为什么会出现政府失灵？政府失灵如何治理？

8. 从公共财政的基本特征谈我国公共财政制度建设。

二、案例讨论

案例一

2015 年，习近平总书记代表党中央宣布，到 2020 年末，彻底解决困扰中国千百年来的绝对贫困问题。从 2015 年起，国家财政不断加大对扶贫工作的财政支持力度，到 2018 年末全国贫困人口从 2015 年的近 3 亿人减少至 6000 多万人，预计到 2020 年末一定可以解决贫困人口的脱贫问题。

问题：怎样理解财政加大对扶贫资金的支持力度和投入这个重要举措？

案例二

2019 年，李克强总理在十四届全国人大二次会议上代表国务院宣布，从 2019 年起，为支持实体经济发展和进一步提高人民生活水平，增加人民对改革成果的获得感，国家财政决定减免税收 2 万亿元人民币。

问题：对于国务院减免税收的举措应如何理解？

本章参考文献

[1] 哈维·S. 罗森. 财政学（第四版）[M]. 北京：中国人民大学出版社，2000.

[2] 鲍德威·威迪逊. 公共部门经济学 [M]. 北京：中国人民大学出版社，2000.

[3] 查尔斯·I. 肯森，等. 国际税收 [M]. 北京：中信出版社，2003.

[4] 塞尔维斯特尔·C. W. 艾芬格，雅各布·德·汉. 欧洲货币与财政政策 [M] 北京：中国人民大学出版社，2003.

[5] 陈共. 财政学 [M]. 北京：中国人民大学出版社，2004.

［6］丛树海．财政支出学［M］．北京：中国人民大学出版社，2002.

［7］程晋烽．中国公共卫生支出的绩效管理研究［M］．北京：中国市场出版社，2008.

［8］财政部预算司．财政热点聚焦［M］．北京：中国财政经济出版社，2007.

［9］段治平，辛波．财政与税收［M］．北京：北京交通大学出版社，2008.

［10］邓子基，林志远．财政学［M］．北京：清华大学出版社，2005.

［11］辛波，朱志强．金融学［M］．北京：中国金融出版社，2011.

第二章
财政支出

学习目标

1. 了解财政支出的定义、范围、原则与分类；
2. 明确财政购买性支出和转移性支出的范围和作用；
3. 掌握财政支出管理的基本制度和方法。

第一节　财政支出概述

一、财政支出的含义

财政支出（Public Finance Expenditure）也称公共财政支出，是指在市场经济条件下，政府为提供公共产品和服务，满足社会共同需要而进行的财政资金的支付。财政支出是政府为实现其职能对财政资金进行的再分配，属于财政资金分配的第二阶段。国家集中的财政收入只有按照行政及社会事业计划、国民经济发展需要进行统筹安排运用，才能为国家完成各项职能提供财力上的保证。

二、财政支出的范围与原则

（一）界定财政支出范围的原则

尽管公共产品具有多样性，财政支出范围也是不断变化的，但是在市场经济和公共财政框架这一制度背景下，确定财政支出范围仍是有规律可循的。按照财政支出范围决定于市场经济下政府的职能范围的理论来看，界定财政支出范围的一般原则有以下几项。

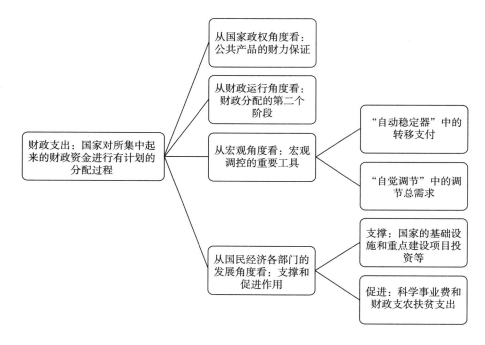

图2-1 财政支出的含义

1. 私人部门办不到的事情

公共经济学理论认为，私人部门办不到的情况有以下四种：一是公共产品。例如，国防、外交、司法等公共服务和路灯、道路、防洪等基础设施，它们都具有消费的非竞争性和受益的非排他性特征，其消费无法通过市场收费补偿成本，因而市场不能提供或不能有效提供。介于公共产品和私人产品之间的准公共产品，虽然在一定的技术和成本条件下具有排他性，但它们同时又具有公共产品的性质。二是市场不完全。当市场不能提供某种商品或劳务时，市场就是不完全的，即便这种商品或劳务的成本比个人愿意支付的价格要低。这在我国这样的经济转轨国家表现得尤为突出。三是经济稳定。市场不能使经济自行趋于充分就业、物价稳定和适度增长，存在不断波动的商业周期。四是社会公平。竞争性市场按要素价格进行分配，这种分配的方式及其结果会导致一部分人因收入过低而不能保障其最低生活水平，出现社会分配不公平。消除社会分配不公平及导致的各种社会问题，具有正的外部效应，本身就是一种公共产品。

2. 私人部门不愿办的事情

私人部门不愿办的情况包括：一是所谓的"公地的悲剧"，即追求自身利益最大化的个人，不愿意有效保护自然资源或公共所有的物品，导致公共资源质量的下降，因而保护自然资源和公共产品是公共部门的职责。二是风险和不确定性。由于竞争市场的效率最大化结论是基于完全确定的模型，然而在现实社会中，不确定因素是大量存在的，如价格的变动会受气候、偏好、人口及技术等因素变化的影响而具有不确定性，使得私人部门从事风险产业的意愿不足。风险产业主要包括长周期产业和高新技术产业两类。其中，长周期产业投资大、回收慢，是一般风险产业。因为周期长，未来不确定因素多，合理预期难度大，与周期较短的一般项目相比，有一定的风险。高新技术产业是高风险产业，特点是高投资、高技术、高收益，市场投资可能因为风险高而供给不足或发展缓慢。三是在存在正的外部效应的情况下，由于经济活动的收益不能全部内在化，其他人不付成本也享受到了好处，即其非货币化的社会效益大于直接的经济效益，使它因缺乏激励而供给不足，例如个人不会独自治理环境污染等。

3. 私人部门办不好的事情

公共财政理论认为，私人部门办不好的情况有两种：一是外部不经济。个人或厂商的经济行为使其他市场主体的利益受损，因其成本不能全部内在化，按私人边际收益等于边际成本原则，外部经济活动就会供给过多，使资源配置偏离帕累托效率，比如各种可导致河流、大气和噪声污染的经营活动。二是垄断或规模报酬递增。竞争市场的效率分析是基于规模报酬固定和递减阶段下的生产行为，若向额外的使用者提供商品和劳务的单位成本随产出增加而降低即规模报酬递增，就会产生垄断，导致市场结构的非竞争性，垄断者可以通过限制产出和提高价格来增加利润，从而无法实现社会福利的最大化。

4. 相对和发展的原则

市场失灵和政府职能的具体内容是历史的而非绝对的，比如，技术的进步和创新可以导致原先的公共产品丧失非排他性特征，使其外部成本内在化，也可能创造出新的公共产品和外部经济，使某些社会服务的竞争性得到加强。此外，对于准公共产品等大多数市场失灵活动，市场仍然要发挥一定作用，政府不能完全排斥市场行为。正如英国经济学家刘易斯所说的，几乎政府所做的一切，私人公司都曾在某一时期做过，这包括修路和提供警察、救火或仲裁服务。实际上，在大多数公共服务的领域中，最初服务都是由私人提供的，而政府的介入相对较晚。因此，在纯公共产品之外的准公共产品领域，产品都是由政府和市场合作提供，政府不能全部包揽。而且，对于某些公共服务，政府可以引入市场竞争机制，由私人部门或非政府组织提供。

实际上，一个商品或某项服务是否具有公共性，是否需要公共部门来提供，并不是一成不变的。就静态而言，公共产品具有多样性，有纯粹的公共产品（如国防、行政、外交、公检法等），也有混合性的公共产品（教育、科技、文化、卫生、社会保障、环境保护、广播电影电视等），还有供水、供电、供暖、排污、机场、道路、桥梁等基础设施、基础产业以及公益企业。此外，农业和中小企业在某种意义上也具有混合商品的特点，因为它们有明显的外部性，如增加就业、稳定社会等。所以很多国家都在政策或资金上对农业提供支持，以及建立扶持中小企业的融资体系。在上述这些领域政府都是可以有所作为的。当然参与的方式不尽相同。对纯粹公共产品，政府要全额负担，不能由社会和个人负担，对教育、科技、文化、卫生、环境保护以及广播电影电视等混合商品（即混合性的公共产品），政府实行最低保障原则，只承担具有社会效益性的那些方面的开支。而对水暖电气、道路桥梁等，政府只需参股或为融资提供担保。但不管怎样，在这些领域，政府都可以发挥其职能作用。

从动态来看，购买公共产品的支出还具有历史性。现在是公共产品的将来不一定是，而现在不是的将来可能是。比如日本，当初办了很多国有企业，政府要管它们，现在除了烟草专卖一家，其他都私有化了。美国政府当初也支持西部的开发、密西西比河的治理以及电力产业等，后来都逐步退出来了。但有"退"就有"进"，且"进"的比重往往大于"退"的比重。这可以从日本、美国的财政支出占其 GDP 的比重迅速增长得以印证。

公共产品的这种历史性还提醒我们注意到另外一个现象：处于市场经济不同发展阶段的国家，其财政支出的内部构成也是不一样的。在发达国家现在已经不再是公共产品的东西，在发展中国家可能仍然是公共产品，需要财政支出来供给（如电力、交通）。此外，公共产品也具有社会性，即拥有不同历史、文化和风俗的国家与地区公共产品的结构也有区别。例如一些阿拉伯国家，佩戴头巾是一个重要的风俗，头巾的需求量很大，以至于往往需要政府的干预才能保证头巾的正常供应，从而使之成为一种准公共产品。

（二）政府财政支出的范围

根据我国的具体国情和财政的客观实际，我国的财政支出范围为：政权建设领域、公共事业发展领域、再分配性转移支出领域、公共投资支出领域等。

1. 政权建设领域

各级国家机关，包括国家权力机关、国家行政机关、国家审判机关和国家检察机关，以及武装警察部队等，都是国家机器的基本组成部分，发挥着从事社会管理、保证国家安全等重要职能，财政必须保证其合理的资金需要。同时，由于我国政治制度的性质与特点，依法成立的政党组织、政协常设机构及部分人民团体等，财政也应保证其合理的资金需要。但除此之外的各类社团组织则不应由财政供给经费。

2. 公共事业发展领域

财政支出的第二顺序是用于公共事业、公共福利的支出，如普及教育、基础科学研究、卫生防疫等公共需要方面的支出。这些公共需要方面的支出，并不排斥私人资金加入，但主要是由国家提供相关的财政支出，而在我国，这些公共事业主要是由事业单位承担。我国事业单位的发展领域比较复杂，大体可以分为三种类型：第一，提供纯公共产品的事业单位。如义务教育、基础研究单位、卫生防疫单位、妇幼保健单位、文物保护单位、公共图书馆和博物馆等，它们提供的产品是纯公共产品，私人不愿或无力承担，只能由政府出面组织承担，因而财政必须保证其经费的合理需要。第二，提供准公共产品的事业单位。如高等学校、应用基础研究单位、保护和弘扬民族文化遗产的特殊艺术团体等，它们提供的产品虽具有一定公共产品的性质，但其产生的耗费也可通过向消费者收费取得一定的补偿，对这类单位，财政可以对其补助一部分经费。第三，提供私人产品的单位。如函授学校、职业技术学校、技术开发型科研单位、一般性的艺术表演团体、出版社、杂志社、社会中介机构、招待所等，它们提供的产品是具有排他性和竞争性的私人产品，其发生的耗费完全可以通过为社会提供服务取得收费收入来补偿并获得利润，无须政府举办和出资，因此，这类单位应与财政供给脱钩，由市场去调节。

3. 再分配性转移支出领域

保护社会分配公平、提高社会保障程度，只有政府才能发挥这方面的职能作用。一是要调节不同地区和居民的收入，提高收入分配的公平程度，保证丧失工作能力者、无职业收入者和低收入者的生活和健康需要，如下岗职工基本生活费、城市居民最低收入保证等。二是实行各种社会保险和社会福利救济，以及对欠发达地区的转移支出和扶贫支出等。对社会保障提供资金支持是公共财政的显著特征。

4. 公共投资支出领域

财政主要应对那些对国民经济有重大影响的非经营性和非竞争性领域进行必要的公共投资，主要包括三个方面：第一，对公共设施、基础设施等非营利性领域进行投资，如道路、桥梁、码头、机场、高铁、农业水利建设以及环境保护、防治污染工程等。第二，对公共服务和民生领域进行投资，如公共交通、邮政、自来水、燃气等城市公用事业。第三，对风险产业或高新技术产业进行投资，主要是重大的技术先导产业，如航天、新能源、新材料等；除此之外，财政应逐步从其他经营性和竞争性领域退出。第四，加强政府对农业的扶持和保护，特别是应有效地实施财政对农业的"绿箱补贴"政策，加大对落后地区、环保项目和农业科技成果的推广和应用，扶持农业公益性事业的发展。

（三）财政支出的原则

财政支出原则是指政府在安排财政支出过程中应当遵循的具有客观规律性的基本原则。财政支出是财政分配的重要环节，财政支出规模是否合理、财政支出结构是否平衡、财政资金使用效益的高低等问题，直接影响到政府各项职能的履行。为保证财政资金的合理分配与有效使用，使财政支出在国民经济运行中发挥更重要的作用，在安排和组织财政支出时应遵循一定的原则。

财政支出原则对于合理有效地使用财政资金是十分重要的。理论界对于财政支出原则的探讨从来没有停止过。计划经济时期，财政支出原则为：量入为出、统筹兼顾、厉行节约。市场经济时期，财政支出原则为：效率、公平、稳定。同时，学者在财政支出的管理方面也做了很多研究，针对安排支出过程中遇到的主要问题——总量平衡、结构平衡、效益问题，提出了财政支出的管理原则。现阶段财政支出的原则可以概括为量入为出与量出为入相结合原则以及公平与效率兼顾原则，如图 2-2 所示。

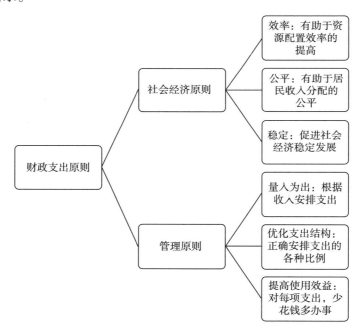

图 2-2　财政支出原则图解

1. 量入为出与量出为入相结合原则

量入为出是指在财政收入总额既定的前提下，按照财政收入的规模确定财政支出的规模，支出总量不能超过收入总量。即以收定支、量力而行。量出为入是指应考虑国家最基本的财政支出需要来确定收入规模。量出为入肯定了政府公共支出保持必要数量的重要作用。

作为财政支出的原则，应该将量入为出与量出为入结合起来。从量入为出与量出为入原则的相互关系看，应当肯定量入为出是一国实现财政分配的相对稳定、防止财政支出不平衡和因此产生的社会经济问题的最终选择。因此，量入为出原则具有普遍的实践意义，是政府安排财政支出必须坚持的基本准则，也是实现量出为入原则的基础。而量出为入原则是随着国家社会的发展，以及对政府在资源配置上的重要地位的肯定，为保障必不可少的公共支出的需要而形成的，但并不是指政府可以任意扩大财政支出。在现代社会中，只有把量入为出与量出为入的财政支出原则有效地结合起来，才能既避免财政分配的风险，又有利于政府公共职能的实现。

2. 公平与效率兼顾原则

国家经济建设各部门和国家各行政管理部门的事业发展需要大量的资金，财政收入与支出在数量上的矛盾不仅体现在总额上，还体现在有限的财政资金在各部门之间的分配上。财政支出的安排要处理好积累性支出与消费性支出的关系、生产性支出与非生产性支出的关系，做到统筹兼顾，全面安排。

兼顾公平与效率是评价一切社会经济活动的原则。在财政支出活动中也存在公平和效率，也应该遵循公平与效率兼顾的原则，不能只顾某一方面而忽视另一方面，但是在具体的政策实施中，一国政府可以根据特定时期的政治经济形势侧重于某一方面。财政支出的效率是与财政的资源配置职能相联系的。财政在利用支出对资源进行配置时，要实现社会净收益最大化，这样的资源配置才是有效率的，即当改变资源配置时，必须要控制和合理分配财政支出，要有评价财政支出项目和方案的科学方法和制度保证，安排财政支出的结果要能实现社会净效益最大化。财政支出的公平是与财政的收入分配职能相联系的。收入分配的目标就是实现公平分配，但是市场在对社会成员的收入进行初次分配时，主要是以要贡献的大小来确定其报酬或价格水平的，其结果可能导致社会成员收入分配产生巨大差距。财政的收入分配职能就是通过财政的再分配活动，压缩市场经济领域出现的收入差距，将收入差距维持在社会可以接受的范围内。对于一个社会来说，在强调经济效率的同时不能忽视社会公平的重要性。社会经济的稳定与发展是资源的有效配置和收入的合理分配的综合结果，实际上也是贯彻公平和效率兼顾的结果，因此，社会经济的稳定与发展是兼顾公平与效率的体现。

三、财政支出的分类

按照不同的标准，可以对财政支出进行不同的分类，财政支出的不同分类就形成了不同的财政支出结构，不同的财政支出结构对经济运行产生的影响存在极大差异。财政支出结构是指各类财政支出占总支出的比重或构成。从社会资源配置角度来看，财政支出的结构直接关系到政府动员社会资源的程度；而一个国家财政支出结构的现状及变化，表明政府正在履行的政府重点职能及其变化趋势。因此，在分析财政支出的结构之前，要了解财政支出是怎样分类的。

（一）按经济性质分类

以财政支出是否与商品和服务相交换为标准，可将财政支出分为购买性支出与转移性支出两类。

购买性支出是指政府向企业和个人购买产品和劳务的支出。政府的购买性支出与市场经济中企业和个人的购买性支出没有性质上的差别，都是等价交换，一手付出资金，一手相应地购得商品和服务。政府可以运用所购买的商品和服务，实现国家的职能。购买性支出直接表现为政府购买商品和服务的活动，包括购买进行日常政务活动所需的或用于国家投资所需的商品和服务的支出。前者如政府各部门的事业经费，后者如政府各部门的投资拨款。购买性支出所体现的是政府的市场性再分配活动。

转移性支出是政府调节收入分配的重要手段，直接表现为资金无偿的、单方面的转移。转移性支出包括补助支出、捐赠支出、债务利息支出等。在这种支出活动中，政府也支出了资金，但却不导致政府拥有的社会资源增加。转移性支出体现的是政府的非市场性再分配活动。

两种支出的差异体现在以下方面：第一，购买性支出通过支出使政府掌握的资金与微观经济主体提供的商品和服务相交换，政府直接以商品和服务的购买者身份出现在市场上，对社会的生产和就业有直接的影响，并间接影响收入分配。转移性支出是通过支出使政府所有的资金转移到受益者手中，是资金使用权的转移，微观经济主体获得这笔资金以后，是否用于购买商品和服务、购买哪些商品和服务，均已脱离开了政府的控制，因此，此类支出直接影响收入分配，而对生产和就业的影响是间接的。第二，在安排购买性支出时，政府必须遵循等价交换的原则，此时的财政活动对政府形成较强的效益约束。在安排转移性支出时，政府并没有十分明确的原则可以遵循，且财政支出效益难以衡量。因此，此时的财政活动对政府的效益是软约束。第三，由于微观经济主体在同政府的购买性支出发生联系时必须遵循等价交换原则，向政府提供商品和服务的企业的收益大小，取决于市场供求状况及其销售收入同生产成本的对比关系。所以，对微观经济主体的预算是硬约束。而微观经济主体在同政府的转移性支出发生联系时，并无交换发生，它们收入的高低在很大程度上并不取决于自己的能力（或生产能力），而取决于同政府讨价还价的能力，对微观经济主体的预算是软约束。

由此可知，在财政支出总额中，购买性支出所占的比重越大，政府所配置的资源规模就越大，财政活动对生产和就业的直接影响就越大；反之，转移性支出所占的比重越大，财政活动对收入分配的直接影响就越大。联系财政的职能来看，购买性支出占较大比重的支出结构的财政活动，执行配置资源的职能较强；转移性支出占较大比重的支出结构的财政活动，则执行收入分配的职能较强。

（二）按国家职能分类

按照政府职能对财政支出进行分类，可将财政支出分为维持性支出、经济性支出和社会性支出三大类。维持性支出是指政府为维持公共安全和公共秩序的支出，主要包括国防、行政管理费和法律方面的支付，维持性支出所提供的公共产品和劳务有两个特点：第一，它是典型意义的公共产品；第二，它是国家和社会赖以生存和正常运行所必需的商品，其需求弹性较小。经济性支出是指政府为提高资源配置效率和维持经济稳定用于经济发展方面的支出，主要包括基础设施建设支出、国家物资储备支出、基础性科研支出和对特定生产活动的补贴支出等。经济性支出有两个特点：第一，它提供的不是纯粹的公共产品而是混合产品；第二，经济性支出的范围和规模取决于市场失灵的程度。社会性支出是政府为提高人民生活质量和促进社会福利提高而提供的社会服务的事业性支出，主要包括文化教育支出、环境保护支出。社会性支出的特点是：第一，它提供的对象有的是纯公共产品，有的是混合产品；第二，这些物品的需求弹性较高。

在不同的发展时期政府的职能会有所不同，一般来说早期的政府支出主要用于维持性支出，随着经济的发展和政府职能的转变，支出的重点会逐步转移到社会性支出上来。

按国家职能对财政支出进行分类，能够清晰地揭示国家执行了怎样一些职能、侧重于哪些职能；通过对一个国家的支出结构做时间序列分析，便能够揭示该国的国家职能发生了怎样的演变；对若干国家在同一时期的支出结构做横向分析，则可以揭示各国国家职能的差别。

（三）国际分类方法

在国际上，财政支出的分类并不完全一致。根据分析的目的不同，国际上的分类方法大体上可以归为两类：一类是用于理论和经验分析的理论分类，另一类是用于编制国家预算的统计分类。从理论分类来看，根据分析的目的不同，又可按政府职能、支出目的、组织单位、支出利益等标准分类。例如，以财政支出的用途和去向为标准，财政支出可分为防务支出和民用支出两大类，前者包括国防、公安、司法等与防务有关的支出，后者包括除防务支出以外所有的其他各项支出。这种分类方法的目的在于分析一国财政支出的军事化程度或民用化程度。从统计分类来看，按照国际货币基金组织的分类方法，有职能分类法和经济性质分类法。按职能分类时，财政支出包括一般公共服务支出、国防支出、教育支出、保健支出、社会保障和福利支出、住房和社区生活支出、其他社区和社会服务支出、经济事务和服务支出、其他支出。按经济性质分类时，财政支出包括经常性支出、资本性支出和净贷款。如表 2 – 1 所示。

表 2 – 1　　　　　　　国际货币基金组织的财政支出分类

按职能分类	按经济性质分类
1. 一般公共服务	1. 经常性支出
2. 国防	（1）商品和服务支出
3. 公共秩序和安全	工资和薪金
4. 教育	雇主缴款商品和服务的购买
5. 保健	其他商品和服务的购买
6. 社会保障和福利	（2）利息支出
7. 住房和社区生活设施	（3）补贴和其他经常性转让
8. 娱乐、文化和宗教事务	补贴
9. 经济事务和服务	对下级政府的转让
（1）燃料和能源	对非营利机构和家庭的转让
（2）农林牧渔业	国外转让
（3）采矿和矿石资源业、制造业、建筑业	2. 资本性支出
（4）交通和通信业	（1）固定资本资产的购置
（5）其他经济事务和服务业	（2）存货购买费
10. 其他支出	（3）土地和无形资产的购买
	（4）资本转让
	国内资本转让
	国外资本转让
	3. 净贷款

（四）我国财政支出的分类

根据《中华人民共和国预算法》，一般公共预算支出按照其功能分类，包括一般公共服务支出，外交、公共安全、国防支出，农业、环境保护支出，教育、科技、文化、卫生、体育支出，社会保障及就业支出和其他支出。一般公共预算支出按照其经济性质分类，包括工资福利支出、商品和服务支出、资本性支出和其他支出。

四、财政支出的规模分析

（一）衡量财政支出规模的指标

衡量财政支出规模的指标主要有以下四个。

1. 财政支出占 GDP 的比重

各国一般较多地使用财政支出占 GDP 的比重来衡量财政支出的相对规模。通过对一国不同时期财政支出占 GDP 的比重变化的序时分析，可以掌握该国财政支出规模的变动情况；通过对同时期不同国家财政支出占 GDP 的比重的比较，可以了解不同国家之间财政支出规模的差异。

$$财政支出占 GDP 的比重 = \frac{年度财政支出}{年度国内生产总值} \times 100\%$$

2. 财政支出增长率

财政支出增长率表示当年财政支出比上年同期财政支出增长的比例。用公式表示为：

$$财政支出增长率 = \frac{本年财政支出额 - 上年财政支出额}{上年度财政支出额} \times 100\%$$

3. 财政支出增长的弹性系数

财政支出增长的弹性系数是指财政支出增长率与国内生产总值增长率的比值。当弹性（系数）大于 1 时，表示财政支出的增长快于 GDP 的增长。当弹性（系数）小于 1 时，表示财政支出的增长慢于 GDP 的增长。用公式表示为：

$$财政支出增长的弹性系数 = \frac{财政支出增长率}{国内生产总值增长率}$$

4. 财政支出增长边际倾向

财政支出增长边际倾向是指财政支出增长额与 GDP 增长额之间的比值。表明 GDP 每增加 1 个单位的同时财政支出增加多少。当边际倾向大于 1 时，表明每增加 1 个单位的 GDP 需要财政支出更多的资金。用公式表示为：

$$财政支出增长边际倾向 = \frac{财政支出增加额}{国内生产总值增加额}$$

（二）财政支出规模发展变化的一般趋势

1. 瓦格纳法则

19 世纪德国经济学家阿道夫·瓦格纳经过对西方资本主义国家 18—19 世纪近百年公共支出的分析研究，提出了公共支出不断增长的理论，被后人称为瓦格纳法则。瓦格纳根据其所处政治经济及社会背景，通过吸收、整理、总结前人的思想及观点，提出了新的国家职能观。认为国家的职能应有发展文化教育和增进社会福利的职能，国家应为"社会国家"。现代工业的发展会引起社会进步的要求，社会进步会导致国家活动的扩张。瓦格纳认为国家的活动是生产性的，财政支出也是生产性的，主张扩大财政支出。

瓦格纳法则可以表述为：随着人均收入的提高，财政支出占 GDP 的比重也相应提高。可以把瓦格纳法则理解为图 2 – 3 所表示的函数关系。

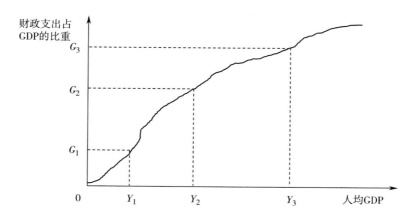

图 2 – 3　瓦格纳法则的解释

经济发展的实际表明，瓦格纳法则符合财政支出发展变化的一般趋势。但是，财政支出占 GDP 的比重是不可能无止境上升的，当经济发展到一定高度和层次时，财政支出占 GDP 的比重呈现相对稳定的状态，即稳定在一定的水平上并上下有所波动。

2. 皮科克和怀斯曼的"阶梯增长"理论

在财政支出不断增长的趋势和原因分析方面，英国经济学家皮科克和怀斯曼认为，财政支出的增长会受到纳税人投票赞成或反对的影响，因而财政支出的变化与公共选择密切相关。一般来说，公众既希望多享受公共产品利益，又不愿为此多纳税而承担成本。但在不同的经济和社会现实条件下，人们会受到外部环境的影响，作出相应不同的选择。

在经济和社会的正常发展时期，经济增长会带来税收的相应增长，支出规模也就不断地有所扩大，在此时期社会稳定、人民安定，除财政支出的正常增长外，公共财政支出难以获得额外的增加或大幅度的增加，纳税人对其所处环境非常满意，不愿在增加纳税成本的情况下获得额外的公共品。但在经济和社会发展的非常时期，如突然爆发战争、重大自然灾害突然降临时，正常的经济和社会秩序难以维系，国家财政收入的增加会受到一定的抑制。此时，财政支出的增加要求却大大上升了，除满足正常的财政支出外，军事、伤员救治及医疗用品、交通、救灾扶贫、转移支付等开支大幅度提升，政府为满足大量增加的支出要求，不得不增加税收或举借债务，从而使私人可支配的收入减少、私人部门的支出减少，公共支出对私人支出产生"替代效应"。这在非常时期比较容易为公众所接受。

皮科克和怀斯曼认为，这种"替代效应"使得公共支出又从一个新的高度上开始了其逐渐增长的趋势。而且，非常时期过后，公共支出水平即使有所回落，也难回到其原有的水平上，因为，一方面战后或灾后都存在一个重建问题，大量公共设施在战时或受灾期间遭到的破坏需要进行建设和更新，以恢复和超过战前或灾前水平；另一方面，非常时期即使暂时度过，政府和公众都会从理性上认真"反思"自己对整个社会承担的责任，社会容忍度或可以接受的课税水平会比非常时期前有明显提高。而这种事后的反思，并经过反思再接受较高纳税水平的效应，称为"检查效应"。"替代效应"与"检查效应"的共同作用及其结果，就形成了公共支出的"梯状"发展趋势。如图 2－4 所示。

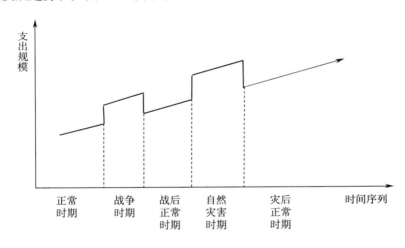

图 2－4 公共支出的"梯状"发展趋势

3. 马斯格雷夫和罗斯托的"经济成长阶段"理论

马斯格雷夫和罗斯托赞成公共支出不断增长趋势的一般规律，并进一步地用经济发展不同阶段所产生的对公共支出的不同要求来解释和论证政府财政支出增长的具体原因。根据马斯格雷夫和罗斯托的"经济成长阶段"理论，公共支出不断增长的原因和增长结构表现为三个阶段和三种不同的特点。

在经济发展的早期阶段，为了启动经济、促进经济尽快地成长，政府往往会大力增加投资，用于改善交通、城市基础设施、教育、卫生和健康、法律和社会秩序等方面的开支，以便为经济发展、为私人投资者提供良好的外部环境。政府大量增加基础设施投资的结果，一方面本身成为扩张社会总需求的重要因素；另一方面在扩张社会总需求的同时，往往提高了社会总投资中政府投资的比重，使得政府投资的地位大大强化，社会对公共投资的依赖程度提高。因此，在经济发展的早期阶段，政府需要尽可能增加投资，以便通过改善投资环境和基础设施，为私人投资的跟进创造基本条件。此时，政府财政支出不仅总量大大增加，而且在结构上表现为对私人资本投资所需条件的改善，即以基础设施投资为重点。

在经济发展的中期阶段，政府仍然会继续增加投资，以期达到既保持经济持续稳定地增长，又弥补市场缺陷的目的。经济起飞后，政府若减少公共投资，就有可能降低经济增长率，不利于经济持续稳定地增长。同时，当经济体规模发展到足够大时，对社会基础建设的要求更进一步增大，会进一步提出对经济发展中环境恶化、水和空气污染的治理要求，对人类生态环境保护的要求，以及对经济增长过程中收入分配市场缺陷造成的人群之间、地区之间的巨大差异弥补要求，社会对部分特殊成员保护的转移支付要求，等等。

随着日益拥挤的社会环境和公共秩序有可能阻碍经济的进一步成长，日益恶化的收入分配现象也可能对一部分、有时甚至是相当大一部分人群的经济福利产生挫伤，使其成为经济和社会不安定因素，形成对社会经济发展的阻碍。所以，在经济发展的中期阶段或经济已经有了一定程度的发展之后，财政支出不仅不会下降，而且会有进一步增加的要求。

在经济发展达到"发达"阶段以后，公共投资的比重可能会有所下降，但政府财政支出的总额不会减少，并且，财政支出的投向会有所调整和变化，逐渐由对社会基础设施的"硬件"投资，转向更多地用于改善教育、卫生保健、基本生活保障和取得经济、环境与人之间的可持续发展方面，以及其他直接用于国民福利的"软件"项目。显然，提高国民素质和保障国民经济福利水平已经成为新的经济发展水平下政府财政支出的主要目的和方向。经济发达了，财力有了保障，政府提供的公共设施类公共品比较充足，社会发展需要的各种硬件已经得到了解决，基本能够满足经济继续增长的需要。当然，随着经济的连续增长和长时间增长，社会基础设施建设同样存在更新和继续投资问题，也有一个在一定的经济规模下相对满足和在新的经济规模下产生新要求的问题。但在既定的经济规模和发达程度下，经济和社会对政府财政支出的要求会相对偏向于对教育、卫生、福利和公平收入方面的更大需求。故当经济发展达到发达阶段后，政府的财政支出仍然会继续增大，公共支出的内容发生了明显变化，结构上对社会教育、福利等的开支开始占有主要地位。

（三）影响财政支出规模的因素

要探讨财政支出的合理规模，必须从分析影响财政支出规模的因素入手，参照前人的规范化分析并结合本国财政支出发展变化的现实情况，寻求本国财政支出的最佳规模。影响财政支出的因素主要有经济性因素、政治性因素和社会性因素。

1. 经济性因素

影响财政支出的经济性因素主要指经济发展水平、经济体制与分配体制、政府的经济政策、物价水平、财政收入等。

经济发展水平是影响财政支出规模的根本性因素，一般情况下，越是经济发展水平高的国家，财政支出的绝对规模和相对规模越大。经济体制的选择不同对财政支出的影响也不同，我国经济体制转型前后的变化即属于此。

在计划经济时期，国民收入集中分配的比例高，往往财政支出的规模就大；市场经济时期，社会投资占总投资的比例较高，政府的财政支出的规模占总投资的比例可以稍低一些。政府对经济的干预政策不同，会对财政支出规模产生不同的影响。例如，政府实施扩张性政策时，往往会借助于减少财政收入、扩大财政支出来实现，此时财政支出的规模比正常年份大；相反，政府实施紧缩性政策时，往往通过增加财政收入、缩减财政支出来实现，此时财政支出的规模就会比较小。一旦政府减少干预或干预主要是通过管制而非通过财政的资源配置活动或收入的转移活动来进行时，政府政策对财政支出的规模的影响就会不明显。物价水平越高，政府为了保质保量地提供公共服务，名义财政支出规模就越大。政府的征税能力越强，取得的税收收入越多，财政支出的规模就越大。

2. 政治性因素

政治性因素对财政支出的影响主要体现在三个方面：一是政府的职能范围。财政支出的直接目的是为实现政府职能服务的，政府的职能范围决定了政府活动的范围和方向，也就相应决定了财政支出的范围和规模。实行计划经济体制的国家，政府的职能范围就比较宽，财政支出占 GDP 的比重会比较高；反之，在市场经济体制下，比重会低一些。但随着生产社会化程度越来越高、经济规模不断增大，政府的管理职能和对经济运行的宏观调控职能不断增强，对市场进行调节的成本越来越高，财政支出的绝对规模也会相应增大。二是国内外环境是否稳定。当国家出现政局不稳、内乱、战争、外部冲突等政治事件时，军费、医疗经费、公用设施建设费、事业费等财政支出项目的规模必然会超过常规年份。三是政府机构的行政效率。当一国行政机构臃肿、人浮于事、效率低下时，人员经费开支必然会大幅度增多，使得财政支出的经费支出加大。

3. 社会性因素

人口的素质和数量、教育、就业、医疗卫生、社会救济、社会保障、环境污染、城镇化等因素，都会在很大程度上影响财政支出的规模，增大财政支出的压力。例如，人口的老龄化提前到来，规模大、速度快，出现"未富先老"的现象，养老人口比例越高，政府的养老保险等社会保障支出压力就越大。经济建设中的环境保护问题日益突出，这些问题会对财政支出不断提出新的需求，进而构成扩大财政支出的影响因素。

第二节　财政购买性支出

购买性支出是指政府向企业和个人购买产品和劳务的支出，包括行政管理费、国防费、文教科技卫生费等社会消费性支出和基础产业投资、农业投资等投资性支出。

一、消费性支出

（一）社会消费性支出

社会消费性支出与投资性支出同属于购买性支出，都是为社会再生产的正常运行所必需的支出，但两者之间存在着明显的差异，社会消费性支出是国家执行政治职能和社会职能的保证，是非生产的消耗性支出，它的使用并不形成任何资产，它所提供的服务可以为全体社会公民共同享受，具有明显的外部效应。因此，在财政支出中，应该首先满足这些项目的必要支出，而且随着经济的不断增长，政府还必须逐渐增加社会消费性支出，保证各项社会事业的不断发展，以促进经济社会的可持续发展。在不同国家及其不同时期，社会消费性支出的规模也有所不同。在国家财政支出项目中，属于社会消费性支出的有行政管理费、国防费、文教科学卫生事业费、工交商农等部门的事业费等支出。

（二）行政管理支出

1. 行政管理支出的含义与特点

行政管理支出是指财政用于国家各级权力机关、行政管理机关和外事机构行使其职能所需的费用，包括行政支出、公安支出、国家安全支出、司法检察支出和外交支出。其中，行政支出包括党政机关经费、行政业务费、干部训练费及其他行政费等。公安支出包括各级公安机关经费、公安业务费、警察学校和公安干部训练学校经费及其他公安经费等。国家安全支出包括安全机关经费、安全业务经费等。司法检察支出包括司法检察机关经费、司法检察业务费、司法学校与司法检察干部训练经费及其他司法检察费等。外交支出包括驻外机构经费、出国费、外宾招待费和国际组织会议费等。

按费用要素区分，行政管理支出包括人员经费和公用经费两大类。人员经费主要包括工资、福利费、离退休人员费用及其他。公用经费包括公务费、修缮费、设备购置费和业务费。

行政管理支出主要有以下特点：第一，提供的是纯公共产品，具有非排他性和非竞争性。第二，是纯消费性开支，资金一旦投入便不能收回，其支出的结果只能引起社会物质产品的消耗和价值丧失，而不能实现价值的补偿和增值。因此，要求政府部门尽力节约使用行政经费。第三，低收入弹性。从理论上说，行政管理支出提供的是社会经济运行所必需的秩序，属于必需品，人们对它的需求一般不随收入增长而相应增加。因此，如果投入品的价格一定，则其支出的增长速度不应超过经济增长率。第四，连续性。只要行政管理机关和国家权力机关存在并行使其职能，就需要连续不断的行政管理支出予以保证。

2. 行政管理支出的影响因素

行政管理支出有以下几个影响因素：

第一，政府职能范围及相应的机构设置。政府职能范围的大小和机构设置的多少是制约行政管理支出的主要因素。政府的职能范围越大，行政管理机关设置得越多，所需的行政开支一般越大。社会经济发展的无数事实已经证明，与经济生活不相协调的过多的行政管制和与之相应的政府规模对经济的正常运转是极为不利的。

第二，经济增长水平。经济增长是社会财富积累的重要前提，也是政府职能扩张的决定性物质基础，一国的经济增长水平越高，其行政管理支出的数量会越大，依法行政的质量和效率就越高；反之，行政管理的质量和效率就会受到影响。

第三，人员配备。行政管理部门是劳动力密集型部门，其工作人员都是国家的公务员，行政公共劳务的提供需要消耗一定的人力、物力和财力资源，这些资源之间的配置结构或比例存在一定的替代关系，即为提供相同的公共劳务，可以用较多的人力资源和较少的非人力资源，也可以用较多的非人力资源和较少的人力资源。这里的人力资源是指公务员的数量和质量。公务员的数量与政府机构的多少有关，而公务员的质量则是指公务员的素质问题。高尚的道德情操、过硬的政治素质、合理的知识结构、较强的组织能力以及健康的体魄等，都是构成公务员素质的重要内容，并对国家财政的行政支出规模产生重要影响。

第四，内部的激励约束机制和外部的监督体系。内部的激励机制是使行政部门及其工作人员的私人目标与社会目标一致化的利益诱导机制，如物质奖励制度、升迁制度等；内部的约束机制是防止私人目标与社会目标非一致化的利益处罚机制，如行政处罚、物质利益处罚等。显然，激励约束机制是建立在科学的内部考核体系的基础之上。激励约束机制健全，能够提高行政工作效率，缩小行政支出的规模。外部监督是指行政管理部门以外的单位、团体和个人对行政部门的监察和督促。外部监督是一个体系，包括正式监督制度（法律和规定）和非正式监督制度（如新闻媒体监督、群众举报等）。加强监督的实质就是增加政府行政过程的透明度，减少信息不对称，从而降低政治行政过程的委托代理成本。毫无疑问，健全的监督体系对于降低行政部门的开支、提高政府行政效率有着极其重要的作用。

第五，物价的波动。政府行政管理支出属于购买性支出，在购买商品和服务时必须遵循市场等价交换的原则。因此，物价的波动必然带来行政管理支出的增加或减少。物价上涨作为一种普遍存在的经济现象，一定会推动行政管理支出规模的不断扩张，但经费支出的增加并不能带来国家实际消耗物资量的增长。

第六，行政管理的现代化。行政管理的现代化要求管理手段的现代化。随着信息技术的普及，各级行政管理部门纷纷更新设备、开发软件、实行网络化办公，在加强硬件建设的同时，不断完善软件建设，这个过程消耗的费用是巨大的。

行政管理是政府的一项基本职能，行政管理支出规模的不断增长也有必然性。随着社会经济的发展，经济活动日趋复杂，"公共事务"也日益增多，相应地，党政机关的规模会扩大，甚至需增设新的管理机构，因此行政管理支出的增长就是一种趋势。公安、司法、检察、安全支出是用于维护社会秩序的。社会经济活动日趋复杂，社会交往的规模日益增大，"城市化"浪潮的不可遏制，难免导致犯罪、违法事件和经济、社会纠纷的增多。为了保证社会在法制的轨道上有序运行，用于维持社会秩序的机关规模的扩大及相应的经费增长也是不可避免的。国际交往也会随着经济发展和频繁的外事活动而增加，因而驻外机构的费用、国际交流的支出也将呈现不断增长的趋势。将上述各方面总括起来看，公共支出不断增长应该是个事实，行政管理支出绝对量的增长是个趋势。

3. 我国行政管理支出的现状分析

新中国成立后至 20 世纪 80 年代以前的时期里，受体制和历史因素的影响，我国总的经济增长速度较慢，与之相对应，行政管理支出的增长速度也十分缓慢。自改革开放以来，随着我国经济建设事业的不断发展，财政收入与财政支出水平有了较大增长，而同期的行政管理支出规模也出现了迅速增长的局面，见表 2 - 2。一般来说，随着财政支出的增长，行政管理费也会相应增长，但由于行政管理费属于纯消耗性支出，因而其增长速度应小于财政支出的增长速度，这样才有利于政府把财政支出增长的部分用于经济建设和社会公共事业，对我国这样的发展中国家来说更应如此。近年来，我国行政管理费占财政支出的比重逐步增加，在大多数年份中，前者的增速均超过后者，因而规范和加强行政管理费的管理势在必行。

表 2 - 2　　　　1978—2006 年我国行政管理费占财政支出的比重　　单位：亿元、%

年份	GDP	GDP 增速	财政支出	行政管理费	行政管理费增速	行政管理费占财政支出的比重
1978	3645. 22	—	1122. 09	52. 90	—	4. 71
1980	4545. 62	11. 89	1228. 83	75. 53	—	6. 15
1985	9016. 04	25. 08	2004. 25	171. 06	—	8. 53
1990	18667. 82	9. 86	3083. 59	414. 56	—	13. 44
1995	60793. 73	26. 13	6823. 72	996. 54	17. 56	14. 60
2000	99214. 55	10. 64	15886. 50	2768. 22	37. 00	17. 42
2001	109655. 17	10. 52	18902. 58	3512. 49	26. 89	18. 58
2002	120332. 69	9. 74	22053. 15	4101. 32	16. 76	18. 60
2003	135822. 76	12. 87	24649. 95	4691. 26	14. 38	19. 03
2004	159878. 34	17. 71	28486. 89	5521. 98	17. 71	19. 38
2005	184937. 37	15. 67	33930. 28	6512. 34	17. 93	19. 19
2006	216314. 43	16. 97	40422. 73	7571. 05	16. 26	18. 73

资料来源：根据《中国统计年鉴（2007）》有关数据整理、计算得出。

2007 年我国财政收支分类改革后，我国的行政管理费主要由一般公共服务、外交、国家安全三个支出项目计算得出，见表 2 - 3。近年来，围绕加强行政经费管理、降低行政成本这一目标，各级财政部门做了大量工作：一是深化财政管理制度改革，实行了部门预算、国库集中收付制度和"收支两条线"管理改革，全面推行公务支出使用公务卡管理的做法。二是严格控制人员经费支出，实行了经费与编制双向控制的办法，严格按编制核定部门预算，对超编人员一律不安排经费。三是加强公务用车管理，加强对公务用车编制和配置标准的管理，强化了公务用车日常管理。一些地方试行货币化改革，取消公务用车，发放交通补贴。四是加强会议费管理，严格控制会议的数量和规模。进一步完善会议分类管理办法，严格会议审批制度，实行定点开会，完善各类会议综合定额标准，一些地方实行了会议费财政直接支付。五是加强国内公务接待管理，制定了一系列财务管理规章制度。六是加强因公出国管理，严格控制因公出国经费预算规模，制定因公出国经费开支标准，规范因公出国经费开支行为。

表 2 – 3　　　　　2007—2016 年我国行政管理费占财政支出的比重　　单位：亿元、%

年份	财政支出	行政管理费				行政管理费占财政支出的比重
		合计	一般公共服务	外交	国家安全	
2007	49781.35	12215.68	8514.24	215.28	3486.16	24.54
2008	62592.66	14096.40	9795.52	240.72	4059.76	22.52
2009	76299.93	14159.24	9164.21	250.94	4744.09	18.56
2010	89874.16	15124.08	9337.16	268.22	5517.70	16.83
2011	109247.79	17601.63	10987.78	309.58	6304.27	16.11
2012	125952.97	20145.89	12700.46	333.83	7111.60	15.99
2013	140212.10	21897.67	13755.13	355.76	7786.78	15.62
2014	151785.56	21986.27	13267.50	361.54	8357.23	14.49
2015	175877.77	23408.07	13547.79	480.32	9379.96	13.31
2016	187755.21	25038.36	14790.52	482.00	9765.84	13.34

资料来源：国家统计局。

我国应继续严格控制一般性支出，压缩公务购车及用车、公务接待费、出国（境）经费等支出，控制会议经费支出。严格控制党政机关楼堂馆所建设，严禁超面积、超标准建设和装修。强化公务支出管理，深化公务卡管理改革。牢固树立过紧日子的思想，勤俭办一切事业，严肃财经纪律，坚决反对大手大脚花钱和铺张浪费的行为。

（三）国防支出

1. 国防支出的内容

国防是典型的纯公共产品，它具备纯公共产品的所有特征。基于此，国防一直由（并且只能由）政府来提供。国防支出是任何一个主权国家维护其领土完整和主权独立必不可少的开支。一般来说，国防支出由直接国防支出和间接国防支出两部分组成。直接国防支出是指国家预算中的国防支出，主要包括军事人员的经费与训练费、武器装备和军事活动器材的购置费、军事工程设施的建筑费、军事活动经费、军事科学研究与试验经费、军事院校教育经费等；间接国防支出是指包括在国家预算其他科目中具有国防性质的支出内容，如西方发达国家政府预算中的国际事务支出、宇宙航行及其技术支出、战略与关键物资的储备支出、退伍军人的福利与服务支出、国防公路系统支出、国债利息支出等。在这些支出中，有的直接具有国防支出的性质，有的则直接或间接对国家安全发挥作用，有的被立法机构认为是国家安全所必需的，有的则是过去战争或军事开支的延续开支。

2. 影响国防支出的因素

从世界各国国防支出的实际情况看，影响国防支出的因素主要包括以下几个方面：

（1）国家的地域范围。一般来说，国家的地域范围越大，与其他国家接壤的边境线就越长，为了保护国家领土和主权不受侵犯，国家用于疆土保卫的防护性开支就会相应增加。

（2）国家在世界政治经济格局中所处的地位和发挥的作用。在国际事务中发挥举足轻重作用的大国一般都较多地承担着维护地区或全球和平与稳定的责任（当然，我们不排除一些大国是从自身私利出发而参与国际事务的），这样就在客观上要求这些国家保持相对于其他国家而言较多的国防支出，以此来保证当某些地区出现不稳定因素时能在联合国安理会的安排下出兵维和。

（3）国际政治形势的变化。国际政治形势紧张意味着局部冲突或全局冲突的发生具有很大的可能性，为了使自己在爆发冲突时能有较强的实力以免被打败，世界各国往往会增加国防支出以扩军备战。如果冲突真的发生了，为了打赢战争，冲突各方的国防支出还会迅猛增加。国际政治形势缓和意味着许多事情可以通过外交谈判的方式解决而不必动武，此时各国都会裁军，各国的国防支出也会相应减少。

（4）军事现代化的要求。随着科学技术的不断发展，国防活动已由过去的"人员密集型"转向"科技密集型"和"投入密集型"。冷兵器时代的"兵多将广"、"人多取胜"的信条已被打破。在现代战争中，武器装备的先进与否是决定战争胜负的一个重要因素。为此，必须加大国防投入以进行现代化兵器的科研、开发与生产。

（5）国家的综合实力。国防支出的资金来源于国民经济创造的价值。为此，国防支出数额的大小以及国家军事力量的发达水平是由一个国家的经济发展水平以及由此决定的国家综合实力决定的。世界上穷国和富国的国防支出悬殊，有的发达国家的国防支出比某些发展中国家的财政支出乃至国民生产总值都要大。可见，没有强大的经济作后盾，国防支出就不会有实质性的增加，国家的防卫能力也不会很高。

3. 我国国防支出的现状分析

中国奉行防御性的国防政策。中国把捍卫国家主权、安全、领土完整，保障国家发展利益和保护人民利益放在高于一切的位置，努力建设与国家安全和发展利益相适应的巩固的国防及强大的军队，在全面建成小康社会进程中实现富国和强军的统一。在 21 世纪，中国国防政策的基本内容是：维护国家安全统一，保障国家发展利益；实现国防和军队建设全面协调可持续发展；加强以信息化为主要标志的军队质量建设；贯彻积极防御的军事战略方针；坚持自我防御的核战略；营造有利于国家和平发展的安全环境。

我国国防支出规模及其占财政支出和 GDP 的比重的变化情况见表 2 - 4。

表2-4　　　　　　我国国防支出占财政支出和GDP的比重　　　单位：亿元、%

年份	GDP	财政支出	国防支出	国防支出占财政支出的比重	国防支出占GDP的比重
1978	3645.22	1122.09	167.84	14.96	4.60
1980	4545.62	1228.83	193.84	15.77	4.26
1985	9016.04	2004.25	191.53	9.56	2.12
1990	18667.82	3083.59	290.31	9.41	1.56
1995	60793.73	6823.72	636.72	9.33	1.05
2000	99214.55	15886.50	1207.54	7.60	1.22
2001	109655.17	18902.58	1442.04	7.63	1.32
2002	120332.69	22053.15	1707.78	7.74	1.42
2003	135822.76	24649.95	1907.87	7.74	1.40
2004	159878.34	28486.89	2200.01	7.72	1.38
2005	184937.37	33930.28	2474.96	7.29	1.34
2006	216314.43	40422.73	2979.38	7.37	1.38
2007	265819.31	49781.35	3554.91	7.14	1.34
2008	314045.43	62592.66	4178.76	6.68	1.33
2009	340902.81	76299.93	4951.10	6.49	1.45
2010	401512.80	89874.16	5333.37	5.93	1.33
2011	472881.56	109247.79	6027.91	5.52	1.27
2012	540367.40	125952.97	6691.92	5.31	1.24
2013	595244.40	140212.10	7410.62	5.29	1.24
2014	643974.00	151785.56	8289.54	5.46	1.29
2015	685505.80	175877.77	9087.84	5.17	1.33
2016	744127.00	187755.21	9765.84	5.20	1.31

资料来源：国家统计局。

（四）文教科卫支出

1. 文教科卫支出的含义与性质

文教科卫支出是我国财政用于文化、教育、科学、卫生、出版、通信、广播、文物、体育、地震、海洋、计划生育等事业经费支出的统称，由国家财政用于这些事业的日常经费支出和投资支出两项内容构成。

文教科卫支出的性质或经济性质是指国家财政用于上述诸多事业上的支出。文教科卫支出是属于生产性支出，还是属于非生产性支出，是我国传统财政学研究中的一个重要理论问题。研究这一理论问题对当时的财政实践具有重要的指导意义，区分财政支出中的生产性支出和非生产性支出的依据是马克思关于生产性劳动与非生产性劳动的理论，即凡是直接从事物质资料的生产、直接创造物质财富的劳动就是生产性劳动；除此之外的其他劳动，则为非生产性劳动。由于从事文教科卫等事业的劳动并未直接生产出物质资料，并未直接创造出物质财富，因此它们属于非生产性劳动。这样，用于文教科卫事业的财政支出自然为非生产性支出。文教科卫支出为非生产性支出并不意味着这些支出与物质财富的创造毫无关系。事实上，文教科卫事业的发展，或者可以为社会生产提供有利的外部条件，或者可以促进劳动生产率的提高。例如，教育事业可以提高劳动者的素质，卫生事业可以保障劳动者身体健康，而劳动力是生产力的重要构成要素，科研可以推动生产力水平的提高等。

2. 文教科卫支出的内容

按部门划分，文教科卫支出包括以下内容：

（1）文化事业费。指文化主管部门和地方文化部门的事业费，包括艺术表演团体经费、图书馆经费、群众文化经费等。

（2）教育事业费。主要指各级教育部门的事业费，包括教育部门举办的各类中小学及幼儿教育经费、国家批准设立的各类全日制普通高等学校经费、教育部门举办的成人高等教育以及广播电视教育经费等。

（3）科学事业费。指各级科委、科协和社会科学院及其归口管理部门的事业费，包括各类科研管理机构经费、科学研究经费、科普活动经费、国际学术交流经费等。

（4）卫生事业费。指卫生部及地方卫生部门的事业费，包括医院经费、防治防疫事业费、妇幼保健费、合作医疗补助费等。

（5）体育事业费。指国家体育主管部门及地方各级体育管理部门的事业费。

（6）通讯事业费。指新华通讯社及专业通讯社的事业费。

（7）广播电视事业费。指中央和地方的广播电视部门的事业费，包括广播电台经费、电视台经费、县广播站经费等。

此外，文教科卫事业费还包括出版、文物、档案、地震、海洋、计划生育等项事业的事业费支出。

按用途不同，文教科卫支出可以分为人员经费支出和公用经费支出。它们分别用于文教科卫等单位的人员经费开支和公用经费开支。

（1）人员经费支出。人员经费支出主要用于文教科卫等单位的工资、补助工资、职工福利费、离退休人员费用、奖学金等开支项目。其中，工资是人员经费支出中最主要的内容。

（2）公用经费支出。公用经费支出用于解决文教科卫等单位为完成事业计划所需要的各项费用开支。这些公用经费开支主要包括以下项目：一是公务费。指文教科卫等单位进行日常业务工作所发生的费用，包括办公费、邮电费、水电费、工作人员差旅费、会议费、机动车船用油和燃料费、公路养路费等。二是设备购置费。指文教科卫等单位购置的不够基本建设投资额度、按固定资产管理的设备所发生的费用，包括办公用一般设备及车辆购置费、教学及科研等单位的专业设备购置费、图书购置费等。三是修缮费。指文教科卫等单位因维修房屋、设备等固定资产所开支的费用以及零星土建工程费用。四是业务费。指文教科卫等单位为完成某项专业而开支的消耗性费用以及购置低值易耗品所支付的费用，包括为进行防治防疫而使用的消耗性医药卫生材料费、科学考察研究费、学校的教学实验费及生产实习费等。

3. 我国文教科卫支出现状分析

由于文化、教育、科学、卫生事业在现代社会经济发展中发挥着日益重要的作用，各国政府无不投入大量资金，而且支出规模越来越大。我国财政支出结构的变化也充分反映了文教科卫支出份额不断增加的趋势，见表2-5。

我国财政支出中文教科卫支出存在的主要问题是：由于计划经济体制下政府几乎承办了社会的所有文教科卫事业，文教科卫支出中安排了不少应由企业和个人承担的具有私人产品性质的文教科卫事业支出。其结果是许多应由政府承办的文教科卫事业因财政资金不足而不能正常发展，比如基础教育。财政资金的不足严重制约着政府提供必需的文教科卫产品的能力，并由此导致了社会成员在教育、卫生、科技普及等产品上的消费不足。从长远来看，这种情况会影响我国经济发展的整体水平及国民的整体素质。为此，调整财政支出中文教科卫支出的结构，解决政府在文教科卫事业上的"越位"和"缺位"问题是摆在政府以及政府财政面前的一项紧迫任务。

表2-5　　　　　　　　2007—2016年我国文教科卫支出　　　　单位：亿元、%

年份	财政支出	文教科卫支出					文教科卫支出占财政支出的比重
		教育	科学技术	文化体育与传媒	医疗卫生	合计	
2007	49781.35	7122.32	1783.04	898.64	1989.96	11793.96	23.69
2008	62592.66	9010.21	2129.21	1095.74	2757.04	14992.20	23.95
2009	76299.93	10437.54	2744.52	1393.07	3994.19	18569.32	24.34
2010	89874.16	12550.02	3250.18	1542.70	4804.18	22147.08	24.64
2011	109247.79	16497.33	3828.02	1893.36	6429.51	28648.22	26.22
2012	125952.97	21242.10	4452.63	2268.35	7245.11	35208.19	27.95
2013	140212.10	22001.76	5084.30	2544.39	8279.90	37910.35	30.10
2014	151785.56	23041.71	5314.45	2691.48	10176.81	41224.45	27.16
2015	175877.77	26271.88	5862.57	3076.64	11953.18	47164.27	26.82
2016	187755.21	28072.78	6563.96	3163.08	13158.77	50958.59	27.14

资料来源：国家统计局。

二、政府投资性支出

（一）政府投资性支出的特点和内容

在任何社会中，投资都可以分为公共部门投资和私人部门投资两大部分。一般而言，财政投资就是公共部门投资，是政府为购置满足公共需求所必需的资产而花费的财政支出，是以公共部门为主体，将公共收入用于国民经济诸部门的一种集中性、政策性投资。财政投资的主要领域具有共同性，无论从历史的角度还是从各国的实践来看，财政投资的领域或范围主要是具有公共性、外溢性、基础性的领域，包括经济基础设施投资、基础产业投资、支援农业支出、高新技术产业投资、地区发展支出和物资储备支出等。

财政投资作为整个社会经济投资的组成部分，与私人部门的投资是一种相互联系、相互补充的关系，具有不同的特点和作用领域。政府财政投资的主要特点如下。

1. 以公共部门为投资主体

财政投资是以公共部门为投资主体，私人部门投资则是以单位和个人为投资主体。投资主体的不同，导致在投资资金来源及其筹资手段、资金的使用规模、投资的原则或依据、投资的重点及方向、投资的管理形式等方面都存在着差异。

2. 投资资金来源主要是税收

财政投资的资金来源主要是通过税收等形式，从私人部门集中起来的公共收入。在一定时期，政府也可以通过举借外债或内债，作为财政投资来源。而私人部门投资的资金来源主要是自有资本以及通过债券、股票等形式从资本市场上筹集的资金。

3. 投资规模巨大

财政投资是大规模的、集中性的投资，私人部门的投资无论其投资来源和筹集手段如何多样化，都要受到其自身盈利水平和偿债能力的限制，任何企业单位和个人的投资规模都无法与财政投资相比。

4. 投资原则是社会福利最大化

在市场经济条件下，私人部门投资是从自身经济利益出发，投资目标是实现自身价值最大化。它们注重的是投资项目的内在成本效益，而较少考虑投资项目的外在成本效益，倾向于选择投资少、见效快、建设周期短、盈利大的项目，一般不会投资赔本项目。而财政投资虽然也考虑投资项目的成本效益问题，但是其投资目标是社会效益的最大化，是从国家整体利益出发来选择和安排投资项目。因此，财政投资往往会选择那些一次性投资金额大、风险高、建设周期长、收效慢、不符合私人部门投资原则的项目，如能源、交通、环境保护、城市公用设施和基础设施等，起到弥补私人部门投资不足的作用。

5. 投资管理复杂

在私人部门投资中，投资主体就是建设单位，可以参与投资的全过程，直接承担投资的决策风险和设计、施工、经济风险，在管理中主要是通过经济合同处理与设计、施工单位的关系。在财政投资中，财政部门一般只参与投资项目的立项、审批以及可行性研究工作，而具体的施工及以后投资项目的运营则由建设单位负责。因此，财政投资管理比私人部门投资复杂，不仅需要处理建设单位与设计、施工单位之间的关系，还要正确处理财政部门与建设单位之间的关系。

（二）农业支出

1. 政府投资农业的必要性

农业之所以成为公共投资的一个重要内容，与农业在国民经济和社会发展中的地位及其自身的特点密切相关。

（1）农业在国民经济和社会发展中的地位

农业发展对于国民经济和社会发展的重要意义主要表现在三个方面：

首先，农业是国民经济的基础产业。农业不仅为人类提供了最基本的生存资料，为工业特别是轻工业的生产提供了原材料，而且农业又是工业产品的主要市场之一。

其次，农业发展是工业化、城市化和现代化的前提及基础。从产业发展的历史与逻辑顺序看，农业劳动生产率的提高是工业化的前提和基础。农业发展和农业劳动生产率的提高为工业化提供了资本积累的源泉，为工业化提供了剩余劳动力。实现工业化有两条途径：一条是先发展农业，在农业劳动生产率大幅提高的基础上，再实现工业化；另一条是不顾及农业的发展，优先发展工业，在工业获得相当发展的基础上再回过头来发展农业。但是，农业是国民经济的基础，要跨越农业直接发展工业，现实中很难行得通。历史经验也证明：走第一条道路，工业化较为顺利，而走第二条道路，往往是困难重重。从历史上看，18 世纪末的工业革命先是在农业劳动生产率较高的英国开始，而后相继发生工业革命的国家，其农业劳动生产率也都较高。从 20 世纪来看，凡是农业劳动生产率水平较高的地区，工业化都取得了成功；凡是农业劳动生产率水平低的地区，工业化都遇到了不同程度的困难。

最后，农业的稳定是国民经济和社会持续稳定发展的重要因素。只有当农业源源不断地提供能满足居民消费需要的生活资料和工业部门所需的原材料时，社会才会稳定，国民经济的运行才能健康有序。如果农产品供给出现严重短缺，势必会引起物价不稳。一方面，食品价格上涨会通过人工成本带动工业品的生产成本增加，作为加工业原材料的农产品价格上涨，则会直接增加其产品成本；另一方面，农产品价格上涨和工业品成本上升会引起农业以更高的投入增加农产品供给。这两方面的作用导致物价总水平的急速上升，进而形成通货膨胀。对发展中国家来说，由于农业和农村人口的比重较高，农业在国民经济和社会发展中的重要地位是不言而喻的；在发达国家，政府对农业的重视程度也不曾因农业比重的下降而有丝毫的改变。

（2）农业的特殊性

与国民经济其他部门相比，农业有其自身的特殊性，主要表现在：

首先，农业面临市场与自然的双重风险。农业是一个自然再生产和经济再生产交织的过程。农业生产的对象是动植物等生命物质，土地、森林、水利、气象既是农业生产的要素，也是构成大农业系统的子系统。这种利用动植物生长机理的资源配置行为，除了与非农产业面临市场风险外，还将面临自然风险，地理、气候条件及其他诸种因素的变化都可能对农业的生产活动产生决定性影响。

其次，农业影响国民经济和社会稳定。由于动植物的生长规律，农业生产具有周期性、季节性等特点；由于大多数农产品是人们的生活必需品，其需求弹性较小；由于农业生产要素在其内部具有转换性（如耕地可以种植不同的农作物），农产品供给弹性相对较大，因此农产品产量与价格的剧烈波动必然危害农业的发展乃至整个国民经济和社会的稳定。

最后，农业比较利益低。农业的资产利用率低、资金周转慢，加之农业劳动生产率提高的速度较慢，农产品储运较困难，致使用于农业的投资往往得不到平均利润。

2. 政府农业支出的重点方向

（1）改善农业生产条件的投资

农业生产条件主要包括农田水利基础设施，如防洪灌溉工程、水土保持、风沙防护工程以及农用电网建设等。政府应当把改善农业生产条件作为公共投资的重点，主要是因为：第一，农业生产条件具有公共产品或准公共产品的性质，其牵涉面广，投资形成的资产具有明显的外部经济性。由于这些投资产生的效益不易分割，或者即便可以分割，但交易成本太高，私人投资者很难对这些外溢的效用采用收费的方式收回投资。第二，改善农业生产条件的投资所需资金量大、周期长、风险高，私人投资者一般不愿或不能独立投资。由于农业投资具有以上特点，私人投资者一般不愿意为改善农业生产条件投资，这部分投资更不可能由分散的农户独立进行，但这些投资对于农业的发展又是必不可少的，因而政府必须担负起投资的责任。

改善农业生产条件应做好中央政府与地方政府的分工。两者分工的依据如下：一是受益范围原则，即全国范围内受益的项目，原则上由中央政府负责；某一地域受益的项目则由地方政府负责。但这也不能绝对化，有时虽然只是某地受益，但如果地方政府财力不足以及项目具有较大的社会意义，也应由中央政府负主要责任。二是效率原则，即谁投资的效率更高就由谁负责。例如，对于一些地方性的建设，地方政府所掌握的信息更充分，动员人力、物力的能力更强，因而应由地方政府负责；而跨省、区、市的项目建设，由中央政府组织实施，效率可能就比地方政府高。

（2）农业科研和科技推广投资

由于农业资源的有限性，通过扩大耕地面积来增加农产品供给的潜力不大。为了提高农产品的产量和质量，增强其市场竞争能力，真正发挥其在国民经济中的基础性作用，必须转变农业经济的增长方式，即由传统粗放型经营向现代集约化经营转变。实现农业经济增长方式的转变，主要是依靠科技进步和劳动者素质的提高，而这又离不开农业科研投入、农业科技推广和农业科研成果的转化。为了使农业生产者接受并正确使用这些新技术，还需要对农业生产者进行宣传和教育培训。这些活动需要投入大量资金，但具有典型的外部经济性。以农业科研为例，如果单纯依赖市场，就会出现下述情况：一方面，一项科研成果的推出将使运用这一科研成果的全部生产者受益，但科研单位不能通过市场方式将该项成果带来的全部收益内部化；另一方面，科研活动所需的费用只能由科研单位自己承担。这些科研活动需要的资金大、风险高，投入资金的机会成本和科研的风险成本都是科研成本应该包括的内容。由此可知，其成本与收益是不对称的。除了农业科研之外，农业科技的推广、农户教育等对农业发展至关重要的农业投资，依靠单个的甚至有组织的农业生产者来承办都是不太可能的。因此，政府必须在这些方面的投资中负主要责任。

3. 政府农业支出的方式

农业的地位和特点既是政府干预农业的原因，也是政府确定相关干预方式的依据。在市场经济条件下，政府稳定和发展农业的政策是建立在市场机制的基础上，并主要通过财政实现。政府投资农业的基本方式包括：

第一，稳定农产品价格。稳定和发展农业的关键是要稳定农产品的产量及价格，其中的重点是后者。这是因为，一方面，虽然当年的产量决定当年的价格，但当年的产量又取决于上年的价格，只要价格稳定了，产量就可能稳定；另一方面，相对而言，政府稳定价格容易，而稳定产量难，政府实施价格管制或价格调节的成本要远低于生产管制的成本。

稳定价格有两种方式：价格管制和价格平准。价格管制是政府利用行政手段或法律手段直接规定农产品的价格水平及其波动幅度，其优点是能有效控制农产品价格，缺点是不利于发挥市场机制的调节和引导作用，难以提高农业的竞争力。价格平准是政府采用经济手段调节农产品价格水平，如建立农产品价格平准基金及农产品储备制度。当农产品价格低于一定水平时，动用基金购进农产品以做储备；当农产品价格高于一定水平时，抛售储备以平抑物价。价格平准克服了价格管制的缺点，因此被许多国家所采用。

第二，降低农业生产成本和农民负担。要解决农业比较利益低的问题，政府可以考虑从降低农业生产成本和农民负担入手。前者包括对农业投入品的补贴，如对农用生产资料的补贴、财政贴息等，后者主要是指农业税收政策。

对农用生产资料实行价格补贴，是财政降低农业生产成本、扶持农用工业的重要内容。一方面，为农业提供生产资料的农用工业一般是低利润的行业，如农用机械、电力等。如果完全让市场来调节农用工业的生产经营，将使农用工业在市场竞争中处于不利地位，最终阻碍农业的发展。另一方面，农用生产资料的价格是构成农业生产成本的重要内容。为了降低农业生产的成本、保护农民的利益，政府可以采取控制农用生产资料价格的办法，但这会使农用工业部门的利益受到损害。在这种情况下，为了使受到价格控制的农用工业免受损失，财政对农用工业的政策性亏损以及由于市场缺陷带来的损失予以适当补贴是必要的。

财政贴息是指财政对某些农业项目的贷款提供全部或部分利息，它是财政手段与金融手段相结合的一种方式。财政贴息的对象主要是一些经济效益差而社会效益好以及从长远来看需要扶持发展的农业项目。财政贴息既弥补了财政资金的不足，又发挥了金融工具的优势，因此它是各国政府普遍采用的一种方式。

税收政策是财政稳定、发展农业的重要手段，对农业实行适当的税收优惠可以为农业的发展创造良好的软环境，这既可以增强农业部门和农户自身的积累，又可以吸引社会资金投向农业。

第三，改善农业生产条件，提高农业劳动生产率。由于农业生产面临较大的自然风险，一方面，政府可以加强农业基础设施建设，改善农业生产条件，提高农业抗风险能力；另一方面，政府也可以采取措施提高农业生产的科技含量，通过农业产业化和现代化达到提高其劳动生产率的目的。

4. 我国农业支出的现状分析

自改革开放以来，我国政府用于农业的投入逐年增加，见表2－6。2007—2016年财政农业支出由3404.70亿元增加到18587.36亿元，年均增长20.75%。

表2－6　　　　　　　我国农业支出占其财政支出的比重　　　　单位：亿元、%

年份	财政支出	农业支出	农业支出占财政支出的比重
2007	49781.35	3404.70	6.84
2008	62592.66	4544.01	7.26
2009	76299.93	6720.41	8.81
2010	89874.16	8129.58	9.05
2011	109247.79	9937.55	9.10
2012	125952.97	11973.88	9.51
2013	140212.10	13349.55	10.60
2014	151785.56	14173.83	9.34
2015	175877.77	17380.49	9.88
2016	187755.21	18587.36	9.90

资料来源：2007—2016年全国财政（公共）支出决算表。

近年来，中央财政不断增加"三农"投入，积极调整财政支出结构，确保财政支农资金稳定增长。采取的主要措施包括：（1）深化以农村税费改革为中心的农村综合改革。从 2004 年起，减免农业税和取消除烟叶以外的农业特产税，2006 年全面取消农业税。（2）从 2004 年起，调整粮食风险基金使用结构，实行"三补贴"政策，即对种粮农民按种植面积实行直接补贴，对部分地区农民实行良种推广补贴和农机具购置补贴，2006 年又因部分农业生产资料涨价对种粮农民实行综合补贴。（3）大力支持农业综合生产能力建设，增大对农业和农村基础设施建设、生态建设、科技进步、综合开发等方面的投入。（4）着力建立农村义务教育经费保障机制，全部免除西部地区农村中小学生学杂费。同时，大力支持职业教育，加大对职业教育实验培训基地建设的支持力度。（5）加大农村基本医疗、公共卫生和社会保障投入，促进城乡基本公共服务均等化。（6）大力推进农村综合开发投资参股经营试点。

（三）基础设施与基础产业支出

1. 基础设施和基础产业的含义

基础设施包括各类交通设施（如铁路、公路、桥梁、机场、航道、码头等）、水利设施、通信设施及城市公用事业（如水、电气供给系统，排污系统，城市交通系统）等。基础设施部门效率的提高，可以降低整个社会的生产成本和消费成本，促进整个国家的经济发展。

基础设施不仅可以通过别的行业间接促进经济发展，其本身有时也是促进经济的手段。在经济衰退期，基础设施的建设与维修所花费的公共支出是刺激经济的政策工具。只要质量与成本收益没有受到损害，依靠基础设施的建设与维修既可以刺激投资需求，又可以增加就业，从而发展经济。

对基础设施的消费还会影响收入分配。因为大部分基础设施的消费作为必需品消费在收入中存在着边际递减的倾向，因而改善基础设施的服务，就可以提高穷人的实际生活水平。例如，穷人和富人对水的需求是一致的，如果自来水不健康，富人可以购买纯净水，而穷人只能消费不健康的自来水，现在改善自来水的质量（但仍差于纯净水），受益最大的当然是穷人。

基础产业是指经济发展中的上游产业，主要包括能源工业（煤炭和原油开采，水电、火电、核电生产等）和基本原材料工业（如钢铁、建材、石化等）。基础产业作为上游的生产部门，其产品往往是其他生产部门和本部门生产所必需的投入品。所以，基础产业的发展也会影响整个国民经济。但从其性质上看，大部分基础产业的产品都具有排他性和竞争性，属于私人产品。

基础设施和基础产业是支撑一国经济运行的基础部门，它决定着其他产业的发展水平。一国的基础设施和基础产业越发达，其国民经济的发展后劲越足，国民经济的运行就越有效，人民的生活就越便利，生活质量也越高。因此，一国要使其国民经济保持长期、快速、协调和有效的发展，就必须首先发展其基础设施和基础产业。

2. 基础设施和基础产业的特征

基础设施和基础产业具有以下特征：

（1）基础性。基础产业之所以是"基础"，就在于它在国民经济的产业链中居于"上游"环节。基础设施是国民经济和社会生活的"共同条件"，而基础产业的产品是其他生产部门所必需的投入品。

（2）自然垄断性。基础设施和基础产业一次性投入的固定成本非常大，而运营时的变动成本小，在产量达到设计供应能力之前，由于边际成本低于平均成本，其生产的平均成本递减。这种成本结构使得市场不太可能在一个给定的地区支持超过一个供给者，从而使得唯一的服务供给者成为垄断者。例如，我们很难想象在同一个城市有两条线路完全一样的地铁运营商，或同一个小区有两家供水公司竞争。这种由于成本递减而导致的垄断就是自然垄断。

（3）混合商品的属性。在基础设施和基础产业中，绝大多数属于混合商品。它们虽然可以排他，但都具有一定程度的非竞争性，其拥挤系数介于0到1之间，即在消费量达到供给能力之前，消费者的满足程度相互之间并不受影响。基础设施和基础产业的这种特性使其成为国民经济和社会发展的先导部门，各国政府都在不同程度上采取不同方式对其进行干预，公共投资就是其中的一种。特别是在发展中国家，由于经济基础薄弱，社会财富的积累率低，市场投资主体缺乏进行大规模投资的实力与承担较大风险的能力，难以投资基础产业，如果政府不能对基础产业进行投资，必将形成国内基础产业发展滞后的局面，并最终拖累其他经济部门的发展。

3. 政府投资基础设施和基础产业的理由

在发达的市场经济国家，基础设施和基础产业作为公共部门的有形资本，没有哪一项必须在公共部门内或由公共部门来提供；所有这些资产都能由或正在由私人营利性实体或私人非营利性实体提供。私人收费道路先于公共的免费高速公路出现，市民有可能从一套市政供水系统或一个私人的、营利性的供水商处得到水，而电力可由公共实体、营利性公司传送。

（1）私人部门不愿、不能提供，导致已有的供给不能满足公众的需求。由于基础产业的正外部性特点，私人资本不愿提供，或基础产业的投资规模大，私人资本不能提供，都可能导致基础产业的供给小于社会需求。在这种情况下，政府有必要弥补私人投资的不足，这是政府对市场的补充。

（2）私人投资导致基础产业资源配置效率低下。由于基础产业的自然垄断性，如果私人投资企业按边际成本定价，必然出现亏损（边际成本低于平均成本）；如果按平均成本定价，不符合资源配置帕累托条件。在这种情况下，政府需要取代私人部门投资或对私人投资实施补贴，这是政府对市场的矫正。

（3）政府通过效率与公平能弥补和矫正市场失灵。政府投资的效率除了政府投资项目本身的效益评估以外，更重要的是与私人投资效率的比较。而公平与否，主要取决于投资决策体制。一般来说，决策机制越民主，结果越公平。在预算约束一定的前提下，政府需要根据投资效益的评估来选择优先投资的项目。但是，在大多数情况下，政府预算约束是软的，因为政府可以比私人部门更容易地融资。因此，与私人部门效率的比较就成为评估政府投资充分性的最重要因素。

4. 基础设施和基础产业的提供方式

基础产业投资最关键的问题是投资和经营方式，它不仅直接关系到投资效率，还决定着投资的资金来源。值得注意的是，不同的投资经营方式实际上意味着不同的成本补偿方式。从各国的实践来看，投资方式主要包括：

（1）直接投资，无偿提供。这一方式是指政府直接进行基础设施投资，免费向公众提供，政府承担全部的成本。这是最基本也是最传统的一种政府投资方式，它适于那些公众普遍受益且受益额大体相等的基础设施项目。此时，政府实际上是依靠税收融资。

（2）直接投资，非商业性经营。这一方式是指政府直接投资，由政府所属的特定的公共部门进行非商业性经营。非商业性经营是指不以营利为目的，经营主体向使用者收取等于或小于经营成本的费用。这种方式适于那些公众普遍受益但受益额不同，具有排他性但又不宜由私人部门经营的基础设施项目。此时，项目成本补偿实际有两种方式：税收和使用费。

（3）间接投资，商业经营。这一方式是指政府只提供投资贷款，由私人部门按商业方式投资和经营。它适于那些受益对象不够普遍、具有排他性且适宜私人部门经营的一般性基础设施和基础工业项目。此时，项目成本补偿实际来源于提供项目服务的价格。

（4）BOT（Build－Operate－Transfer），即"建设—经营—转让"的投资方式。政府将一些拟建的基础设施建设项目通过招商转让给某一财团或公司，由其组建一个项目经营公司进行投资和经营，在双方协定的一定时期内，该项目公司通过经营该项目偿还债务、收回投资；协议期满，项目产权无偿转让给政府。这也是吸引社会资本尤其是外资进行基础设施投资的重要方式。

第三节　财政转移性支出

转移性支出与购买性支出相对应，是指政府无偿向居民和企业、事业以及其他单位供给财政资金。转移性支出直接表现为资金无偿的、单方面的转移，这类支出主要有社会保障支出、补贴支出、税收支出等。转移性支出体现的是政府的非市场性再分配活动，特点表现为政府付出了资金，却得不到等价的商品和劳务。在财政支出总额中，转移性支出所占的比重越大，财政活动对收入分配的直接影响就越大。

一、社会保险支出

（一）社会保险支出的性质和重要社会意义

1. 社会保险支出的性质

社会保险支出在财政支出项目中的属性是转移性支出，也是一项民生性支出。

社会保险的需要是随着生产的社会化而产生和发展的。在自给自足的自然经济中，人们在一家一户的土地上劳动，劳动时间没有严格的规定，劳动的组织不严密，劳动的成果也基本上属劳动者自己所有。那时，人们尚未组织成相互密切联系的社会，因而也没有实行社会保障的需要。随着生产力的发展，劳动者之间形成了分工，"社会"作为一个现实的实体出现在人们之间并制约着人们的活动，这时便有了实行社会保险的需要。社会保险支出是与社会保险制度联系在一起的，各国的社会保险制度不同，相应的社会保险支出安排也就存在较大差别。但在现代社会下实行任何社会制度的任何国家，社会保险支出都是社会公共需要的重要组成部分。

在人类社会延续和发展的长河中，随着社会生产力的不断提高和物质财富的不断增加，个人的生活质量也在不断提高，相应的社会公共需要的内涵和范围也必然在不断扩展，从而满足社会成员的多方面需要，保证有一个安定的社会环境。劳动者除了应享有付出一份劳动得到一份报酬的权利之外，当他们因种种社会的甚至是个人的原因无法就业或暂时不能就业时，还应享有得到一份能满足自己及其赡养家庭人口最低生活需要的收入的权利；劳动者在进行工作时，需要劳动保护；劳动者可能生病、伤残废乃至死亡，发生这些情况时，需要医疗、护理、照顾或者善后；劳动者的子女有得到起码的教育的权利，他们自己也有必要随着科技进步和社会分工的发展，不断地接受职业和文化的再教育；劳动者退出劳动大军后，有权得到社会的照顾，安度晚年。如此等等，都属于必须由政府和社会妥善安排的社会保障的范围。赈济饥民，补助急难，是任何社会都有过的社会抚恤措施，但若不是系统而规则地实施，便不成其为社会保险制度。社会保险制度是指由法律规定了的、按照某种确定的规则实施的社会保障政策和措施体系。社会保险既然是社会性事业，那么政府介入是政府的一项义不容辞的职责。

2. 市场经济体制下的社会保险制度必须由政府实施

市场经济体制下的社会保险制度必须由政府来组织实施的第一个理由是弥补市场机制的失灵。市场经济是一种效率型经济，可以使社会经济资源得到有效的配置，这也是市场为人们称道的原因。然而，市场经济也存在种种缺陷，其中之一就是市场的分配机制必然拉大社会成员之间的收入差距，出现分配不公，甚至使一部分人最终在经济上陷入贫困。市场分配承认个人对财产的占有和劳动者个人天赋与能力的差别，从经济的角度看，这种分配机制可以刺激人们不断开拓创新，勇于进取，对于提高经济效率是有益的；但从社会的角度看，这种分配机制会使财产占有和劳动能力的弱者以及丧失就业机会和丧失劳动能力的老弱病残在激烈的竞争中遭到无情的裁决。所以，保证市场分配机制所形成的收入差距保持在一定限度内，是必要和合理的，也有利于提高经济效率，而一旦超过合理的限度，就是社会所不能接受的，反过来也不利于经济效率的提高。在现代经济社会下，人们已达成一种共识，即人的生老病死以及人们的最低生活需要不应当由市场来裁决，或者说，市场的裁决不应该是最终的，政府应该在其中有所作为。在市场经济体制下，政府虽然不能通过行政手段在初次分配领域干预收入分配，但可以采取收入再分配措施来缩小人们的收入差距，矫正市场分配的不公。正像有的学者所说的："社会虽然不能制止老天下雨，但却可以制造雨伞。"这里的"下雨"，是指人们收入差距的拉大，而"雨伞"则是指政府的社会保险制度。从政府实施收入再分配的手段来看，税收固然是一个重要工具，如通过开征累进的个人所得税和财产税，可以把高收入者的一部分收入征收上来，限制收入差距的扩大，但只有税收手段还是不够的，因为税收只能使高收入者"穷"一些，而不能使低收入者"富"一些，更不能从根本上解决低收入者的生活保障问题。所以，政府要实施收入再分配还必须使用财政支出手段，即通过财政支出，向低收入或无收入者转移收入，这样才能使低收入阶层享有基本的生活保障权益。

必须由政府实施社会保险制度的第二个理由是在市场经济体制下社会保障制度还具有"内在稳定器"的作用。由于社会保障的各个方面都是制度化的，社会保障的收支（特别是支出）便与财政收支以及国民经济的运行构成某种函数关系。基于这种联系，社会保险支出随经济周期而发生的反向变化可能弱化经济周期的波幅，这就是经济学家津津乐道的社会保险支出可以调节经济繁荣和衰退的"内在稳定器"作用。

必须由政府实施社会保险制度还有一个重要理由，就是私人保险或商业保险由于存在种种局限，不可能完全向人们提供基本保障。商业保险市场的局限性主要表现在：第一，私人保险市场存在逆向选择和道德风险问题，会导致私人保险市场失灵；第二，商业保险无法解决个人储蓄不足以及"免费搭车"的问题；第三，商业保险市场难以抵御系统性风险；第四，私人保险市场无法进行有目的的收入再分配。

（二）　我国社会保险制度改革的指导方针

1. 历史背景——我国传统体制下的社会保险制度

在社会主义社会中，实施社会保障自然是政府的一项重要职能。因为社会保障同人民成为社会的主人在本质上是完全统一的。马克思在《哥达纲领批判》中阐述社会总产品的分配问题时，特别强调要在最终进行个人分配之前，扣除一部分社会产品，用来满足社会的保健以及丧失劳动能力者的需要，他在这里所说的实际上就是社会保险。

新中国成立伊始就建立了社会保险制度。计划经济时期的社会保险制度是依据1951年政务院颁布的《中华人民共和国劳动保险条例》建立起来的，所以过去又称作劳动保险制度。在传统体制下，中国的社会保险体系事实上被分为两大块：一是集体所有制单位（包括广大农民及城镇集体单位），其资金来源于集体经营的提留，采取公积金和公益金的形式，其保障对象只限于集体的成员；二是国有制单位，其资金来源从形式上看是来自一个个国有制单位，但在国家对国有企业实行"统收统支"制的大背景下，事实上是无区别地取自全体国有企业和单位，并无区别地施用于全体在国有制企业和单位中就业的人员。除此之外，国家财政还面向全社会提供社会保障，但保障项目只有抚恤支出、社会福利救济费和自然灾害救济费三种，支出的金额也不多，多数年份占财政支出的比例不到2%。

这样看来，从严格的"社会"意义上说，主要是在国有制单位就业的职工得到了社会保险，也就是说，社会保险制度是同就业制度联系在一起的。只要在国有制企业和单位中谋得了一份职业，便意味着获得了一系列社会保障，凡生老病死、伤残孤寡、衣食住行、工作学习都有人过问。在这中间，最大的保障无疑首推一经录用便终身就业的"铁饭碗"制度；因为这一制度，国有企业职工产生了极强的安全感，他们有理由对在其他所有制单位就业的机会不屑一顾。我国传统体制下的社会保险制度在资金的运筹上是"现收现付"制，即在国家财政与各执行社会保险单位的预算和会计账目上，并没有与社会保险支出相对应的收入项目，预算和会计账目上也没有专项社会保险基金，社会保险支出发生多少便支出多少，支出多少便记录多少。

2. 西方市场经济国家社会保险制度的借鉴

我国传统的社会保险与西方国家社会保险的对照，实际上就是计划经济体制社会保险与市场经济体制社会保险的对照，因而，西方国家的社会保险制度对我国由传统的社会保险制度转向社会主义市场经济的社会保险制度，有重要的借鉴意义。

西方国家的社会保险制度也并不是进入资本主义社会之始就有的，据认为，始创社会保险制度的是德国的俾斯麦政府，时间则在 19 世纪 80 年代。该政府通过了历史上第一个社会保险法，但并未立即被各国所效法。到了 20 世纪 30 年代，当大危机威胁到资本主义制度的时候，各国才纷纷建立社会保险制度。如今发达国家的社会保险制度已形成相当大的规模，且十分完整和稳定。从财政收入一方看，社会保险税（包括社会保障捐助）业已成为仅次于所得税的第二大税类；从财政支出一方看，社会保险支出几乎超过其他一切项目而独占鳌头，经济发达国家的社会保险支出占中央财政收支的比重达 30% 以上。

综观世界各国的社会保险制度，虽有不同的类型，各有特色，但也有共同的特点，可以概括为如下几点：第一，保障项目名目繁多。以美国为例，迄今为止，实施的保障已有 300 多项，仅联邦（中央）政府"帮助穷人"的项目就有 100 多项，而美国在西方世界里还不是社会保险制度最发达的国家。西方学者曾把这样的社会保险制度称为"从摇篮到坟墓"，也就是说，保障涉及生老病死、从物质到精神、从正常生活到遭受变故的一切方面。第二，社会保险资金有确定的来源。用于提供社会保险的资金主要来自社会保险税，该税由取得工资收入的职工和职工的雇主各缴纳一定的比例，采取"源泉扣缴法"课征。社会保险税不足以支付社会保险支出的差额，将由政府从财政收入中弥补。第三，社会保险支出依法由政府集中安排。在西方国家，尽管具体管理社会保险项目的机构有很多，既有政府机构（中央的和地方的），也有民间团体和私人企业，但从总的倾向上看，社会保障项目是由政府集中管理的。尤其值得注意的是，实施社会保险制度的一切细节，从资金来源、运用的方向，直至保险的标准、收支的程序，都有明确的法律规定。第四，西方国家的社会保险制度是全社会化的，是全社会统一实施的，没有城乡之别，没有地区之别，也没有公务员与一般居民之别。第五，社会保险资金的运作有现收现付式和基金式两种模式。现收现付式是指当期的缴费收入全部用于支付当期的养老金开支，不留或只留很少的储备基金。从资金角度看，现收现付式的养老保险是一种靠后代养老的保险模式，上一代人并没有留下养老储备基金的积累，其养老金全部需要通过下一代人的缴费筹资，实际上这种保险靠的是代际的收入转移。基金式又分为完全基金式和部分基金式两种。完全基金式是指当期缴费收入全部用于为当期缴费的受保人建立养老储备基金，建立储备基金的目标应当是满足未来向全部受保人支付养老金的资金需要。部分基金式则是介于现收现付式和完全基金式之间的一种筹资模式，即当期的缴费一部分用于应付当期的养老金开支，另一部分用于为受保人建立养老储备基金。按照世界银行的标准，一个非完全基金式的养老保险的储备基金可以满足2年以上的养老金支出需要时，则属于部分基金式。完全基金式是一种自我养老的保险模式，各代之间不存在收入转移，每一代人都是靠自己工作期间缴纳的保险费所积累起来的养老储备基金来维持老年生活；而部分基金式的养老保险则是自我养老和后代养老相结合的一种养老模式。

3. 我国改革开放后社会保险制度改革的方针政策

我国随着市场化经济体制改革步伐的加快，各项改革都尖锐地触及社会保险问题。"铁饭碗"被打破，下岗、失业和离退休人员增多，人口老龄化趋势加快，居民收入差距拉大，社会医疗保险收取与使用均存在较为严重的问题，如医疗保险费用增长过快，使用中存在浪费现象。经济改革的深化把建立一个社会化的社会保险体系的任务急切地推上改革的日程。我国社会保险制度的改革经历了30多年的历程，从20世纪80年代末开始酝酿，90年代初开始建设，认真研究原社会保险的局限和弊端，广泛讨论和试点，并吸取国外有用的经验，从总体上已经形成了一套比较完整的以基本养老、基本医疗为骨干，以最低生活保障、失业保险、工伤保险、生育保险、社会救济、社会福利等为辅助，以商业保险、慈善事业为补充的社会保险体系。改革开放40年来我国社会保险改革执行了一套已经被历史证明是正确的政策方针，取得了重大的进展和成就。

首先确立实行统账结合的部分积累制的保险模式，设计理念符合当代世界发展潮流。中国的统账结合制度酝酿于20世纪80年代末，初建于90年代初，定稿于90年代末。中国既吸取了欧洲传统现收现付制的优点，又吸纳了拉丁美洲引入个人账户和新加坡中央公积金制的特点，试图将社会统筹与个人账户结合起来，以期建立一个部分积累制的模式。与中国初建混合型制度几乎同时起步的，还有一些欧洲发达国家和转型国家，只不过它们采取的混合型制度不是统账结合，而是采用名义账户；从某种意义上说，中国开了统账结合的历史先河。统账结合是混合型社保制度的一种，从理论上讲可以将统筹的优势与账户的特点结合起来，既可增强个人的责任，以应对即将来临的老龄化，又可实行社会共济，以实现社会公平。

其次，坚持多层次、多种类、多渠道，覆盖面不断扩大。在当今世界绝大多数国家都是实行多层次、多种类和多渠道的复式社保结构。我国早在1993年党的十四届三中全会《中共中央关于建立社会主义经济体制若干问题的决定》中已经提出"建立多层次的社会保障制度"的概念。

再次，规范化、制度化和法制化。十一届全国人大常委会第十七次会议通过

《中华人民共和国社会保险法》（简称《社会保险法》），于 2011 年付诸实施。《社会保险法》是对党的十四届三中全会以来关于社会保险制度改革作出的一系列重大决策的系统总结和完善，标志着我国社会保险改革和建设进入规范化、制度化和法制化的新阶段。立法的宗旨是按照党的十七大提出的到 2020 年全面建成小康社会、基本建立覆盖城乡居民的社会保障体系的目标，使人民群众共享改革发展的成果。立法确立了社会保险制度的基本框架，把城乡各类劳动者和居民分别纳入相应的社会保险制度，目标是做到制度上没有缺失，覆盖上没有遗漏，衔接上没有缝隙，使全体人民在养老、医疗方面都能做到有基本保障，无后顾之忧。立法明确坚持贯彻落实广覆盖、保基本、多层次、可持续的根本性的长远基本方针，贯彻公平和效率相结合、权利和义务相对应原则。首先要体现公平原则，就是要作出适度的普惠性安排，加大政府的财政收入、社会收入再分配的力度，防止和消除两极分化；同时体现激励和引导原则，坚持权利与义务相适应，不能重蹈一些国家由于福利过度导致养懒汉的覆辙。立法按城乡统筹方针解决城乡社会保险二元结构，把城乡各类用人单位和居民都纳入社会保险的适用范围，把新型农村社会养老保险制度和城镇居民社会养老保险制度正式纳入法律框架，纳入基本养老保险的体制范围，并且预留了新型农村社会养老保险制度与城镇居民社会养老保险制度合并实施的发展空间。把新型农村合作医疗制度也纳入了基本医疗保险的体制范围，授权国务院规定管理办法。专门规定进城务工的农村居民和其他职工一样，依照《社会保险法》参加社会保险。明确规定了被征地农民的社会保险问题。

最后，党的十八届三中全会提出全面深化社会保险改革的新方针。我国社会保险制度的改革已经取得明显的成果，但在新的形势下，社会保险又将面临新的挑战。一是"十三五"时期将加快经济增长方式的转变，调整国民收入分配格局，大力扩大内需，要求社会保险体系尽快弥补制度上的缺失、覆盖上的遗漏和衔接上的缝隙。二是城镇化进度在加快，到 2015 年城镇化率已超过 50%，预计未来几年将出现城镇常住人口超过农村人口的拐点，必须加快消除城乡社会保险的二元结构，实行城乡统筹。三是人口老龄化来势凶猛，2015 年超过 60 岁的老年人已占总人口的 16% 左右，到 2030 年将进入人口老龄化高峰，这将给养老保险带来巨大压力。

党的十八届三中全会通过的《中共中央关于全面深化改革若干重大问题的决定》适应新的形势，以"建立更加公平可持续的社会保险制度"为标题，提出了全面深化社会保险制度改革的方针和要求。第一，关于社会保险改革的目标和原则，明确指出，坚持社会统筹和个人账户相结合的基本养老保险制度，完善个人账户制度，健全多缴多得激励机制，确保参保人权益，实现基础养老金全国统筹，坚持精算平衡原则。第二，关于社会保险制度的完善和整合，提出推进机关事业单位养老保险制度改革，整合城乡居民基本养老保险制度、基本医疗保险制度，推进城乡最低生活保障制度统筹发展，建立健全合理兼顾各类人员的社会保险待遇和正常调整机制，完善社会保险关系转移接续政策，扩大参保缴费覆盖面，适时适当降低社会保障费率。第三，关于后续配套工作，提出研究制定渐进式延迟退休年龄政策，加快健全社会保险管理体制和经办服务体系，健全符合国情的住房保障和供应体系，建立公开规范的住房公积金制度。第四，关于财政投入和社会保险基金管理，提出健全社会保障财政投入制度，完善社会保障预算制度，加强社会保险基金投资管理和监督，推进市场化、多元化投资运营。第五，关于构建多层次社会保障体系，提出制定实施免税、延期征税等优惠政策，加快发展企业年金、职业年金、商业保险。第六，关于应对老龄化政策，提出加快建立社会养老服务体系和发展老年服务产业，健全农村留守儿童、妇女、老年人关爱服务体系，健全残疾人权益保障、困境儿童分类保障制度。

（三）　我国社会保险制度改革和建立的历程

1. 国有企业社会保险制度的改革

首先，我国社保制度改革与国有企业改革相辅相成、相得益彰。中国40年改革开放的历史从某种意义上说就是国有企业改革的历史，可以说，40年前经济体制改革首先就肇始于国有企业改革。国有企业改革的不断探索、实践和发展，同时就是社会保险制度的不断探索、实践和发展的过程，国有企业改革催生了社保制度改革的启动，社保制度改革有力地保障和推动了国有企业改革的历史进程，二者相辅相成、互为前提、相得益彰。没有社保制度的改革与不断完善，传统的国营企业今天就不可能成为自主经营、自负盈亏、自我发展、自我约束的商品生产与经营者，社会主义市场经济体系也不可能建立。同时，在国有企业改革进入改革攻坚战阶段后，针对国有企业改革和产业结构调整中下岗职工增多的情况，党中央作出了确保国有企业下岗职工基本生活得到保障，确保企业离退休人员基本养老金按时足额发放，即"两个确保"的重大决策。面对企业的巨大困难和巨大的社会压力，"两个确保"成为社保体系建设的阶段性重要目标，为此采取了一系列保障下岗职工的基本生活和积极促进再就业的政策措施，中央财政对老工业基地和中西部地区还给予了专项补贴。

其次，创建了符合中国国情的社会统筹与个人账户相结合的部分基金制运作模式。我国社会统筹与个人账户相结合的制度确定于20世纪90年代末，试图将社会统筹与个人账户结合起来建立一种符合中国实际的部分积累制。统账结合是混合型社保制度的一种，从理论上讲可以将统筹的优势与账户的特点结合起来，既可增强个人的责任，以应对即将来临的老龄化，又可实行社会共济，实现社会公平。这一制度目标的设计理念是正确的。虽然运作初期由于统筹基金不足挪用个人账户基金而形成个人账户的"空转"，但随着统筹基金的增长加上国家财政的大力支持，积极探索了补实个人账户的问题。

2. 积极推进广大农村人口的社会保险改革

我国过去的社会保险制度基本上是"只保城镇，不保农村"，而农村人口占我国总人口的60%以上，广大的农村人口不能享受完善的社会保险，说明我国社会保险制度的"社会性"是不完全的，还不是真正的社会保险。经济体制改革以后，农村的社会经济条件发生了一系列变化，农村社会形态处于快速转型期，传统的以家庭和集体为基础的保障形式已经不适应农村的现状。推行家庭联产承包责任制以后，在集体经济下长期实行的贫困教济、五保户供养等养老保险形式，在许多地区已受到不同程度的削弱，特别是随着农村搞活经济，农村中越来越多的剩余劳动力流入城镇从事各种非农产业，这部分离土离乡的农民多是年轻人，使农村老年人的抚养问题更为突出。另外，经济体制改革后，农村的合作医疗也变成了一种自愿性的民办公助制度，在很多地区实际上已经消失，加之大批农村医疗人员进城务工，这些都加剧了农村居民缺医少药的问题，农民多半是"小病扛，大病躺"。显然，建立新的农村养老、医疗保险制度已成为我国建立和发展新的社会保险制度的当务之急。但一个不容忽视的现实是，我国的广大农村还比较落后，商品率仍然不高，农村人口总体收入水平也较低，这些因素又在财力和管理上制约着农村现代社会保险制度的建立和开展，存在着必要性与可能性之间的巨大矛盾。因此，基本思路应是，既不应任其自然发展，也不可操之过急，只能在加快新农村建设的过程中，不失时机地有计划、有步骤地开展农村的各项社会保险事业。

我国农村社会养老保险改革起步于20世纪80年代，但在以后很长一段时间没有实现大的突破。国务院决定从2009年起加快新型农村社会养老保险（简称新农保）试点，按照加快建立覆盖城乡居民的社会保障体系的要求，逐步解决农村居民老有所养的问题。新农保试点的基本原则是"保基本、广覆盖、有弹性、可持续"。一是从农村实际出发，低水平起步，筹资标准和待遇标准要与经济发展及各方面的承受能力相适应；二是个人（家庭）、集体、政府合理分担责任，权利与义务相对应；三是政府主导和农民自愿相结合，引导农村居民普遍参保；四是中央确定基本原则和主要政策，地方制定具体办法，对参保居民实行属地管理。根据以上原则，探索建立个人缴费、集体补助、政府补贴相结合的新农保制度，实行社会统筹与个人账户相结合，与家庭养老、土地保障、社会救助等其他社会保障政策措施相配套，保障农村居民老年的基本生活。实施进度要求2009年试点覆盖面为全国10%的县（市、区、旗），以后逐步扩大试点，在全国普遍实施，2020年之前基本实现对农村适龄居民的全覆盖。

2002 年 10 月《中共中央、国务院关于进一步加强农村卫生工作的决定》明确要求逐步建立以大病统筹为主的新型农村合作医疗制度（简称新农合）。新农合由农民自愿参加，采取个人缴费、集体扶持和政府资助的方式筹集资金，以大病统筹为主，互助共济。2006 年国务院《关于加快推进新型农村合作医疗试点工作的通知》提出从 2006 年起，将调整相关政策，加大力度，加快进度，积极推进新型农村合作医疗试点工作。要求 2006 年使全国试点县（市、区）数量达到全国县（市、区）总数的 40% 左右，2007 年扩大到 60% 左右，2008 年在全国基本推行，2010 年实现新型农村合作医疗制度基本覆盖农村居民的目标。同时，加大财政支持力度，从 2006 年起，中央财政对中西部地区除市区以外的参加新型农村合作医疗的农民由每人每年补助 10 元提高到 20 元，地方财政也要相应增加 10 元。农民个人缴费标准暂不提高，进一步探索农民个人缴费方式，充分发挥基层组织的作用，建立稳定的筹资机制。

3. 新型农村社会保险和城镇居民养老保险合二为一

目前我国社会养老保险主要分为事业单位养老保险、城镇职工养老保险、城镇居民养老保险（简称城居保）以及新型农村社会养老保险（简称新农保）四种类型。2014 年 2 月 7 日国务院常务会议决定合并新农保和城居保，建立全国统一的城乡居民基本养老保险制度。

新农保和城居保是先后设立的两种社会保险制度，但两种社会保险制度极为类似，同时城居保制度的参保人数很少，有些省份在 2011 年设立城居保起步之初已经直接将两种保险制度合二为一，2014 年决定在全国范围内将两种社会保险制度合二为一。合并的必要性和意义在于：一是有利于促进城乡一体化，确保全民享有基本的养老保障；二是有利于促进人口纵向流动，增强社会安全感；三是有利于使群众对民生改善有稳定的预期，拉动消费、鼓励创新创业；四是有利于节约政府资源，提高养老保险管理效率。

4. 城乡养老保险衔接

2014 年 2 月 24 日，人力资源和社会保障部、财政部印发《城乡养老保险制度衔接暂行办法》（人社部发〔2014〕17 号）。我国加快了覆盖城乡居民的社会保障体系建设，城乡基本养老保险制度已经全面建立。2009 年国务院办公厅颁布《城镇企业职工基本养老保险关系转移接续暂行办法》，对包括农民工在内的 3 亿参保人员（其中参保缴费人员 2.27 亿人）在城镇职工养老保险制度内跨地区的转移接续问题规定了明确的政策和程序。2014 年 2 月，新型农村社会养老保险制度和城镇居民社会养老保险制度已合二为一，在全国各地开始实施。在城乡基本养老保险制度改革推进过程中，尽早解决不同制度之间的政策衔接问题，是健全社会保障体系的重要内容。做好城乡养老保险制度衔接工作，有利于促进劳动力的合理流动，保障广大城乡参保人员的权益，对于健全和完善城乡统筹的社会保障体系具有重要意义。为此，按照城乡统筹的要求和保持政策连续性、维护参保人员权益、操作简便、防范风险的原则，制定了《城乡养老保险制度衔接暂行办法》。

《城乡养老保险制度衔接暂行办法》明确规定该办法的适用范围，仅适用于参加城镇职工基本养老保险、城乡居民基本养老保险两种制度需要办理衔接手续的人员。已经按照国家规定领取养老保险待遇的人员，不再办理城乡养老保险制度衔接手续。主要规定如下：

（1）关于衔接时点。参加城镇职工养老保险和城乡居民养老保险人员，达到城镇职工养老保险法定退休年龄后，城镇职工养老保险缴费年限满15年（含延长缴费至15年）的，可以申请从城乡居民养老保险转入城镇职工养老保险，按照城镇职工养老保险办法计发相应待遇；城镇职工养老保险缴费年限不足15年的，可以申请从城镇职工养老保险转入城乡居民养老保险，待达到城乡居民养老保险规定的领取条件时，按照城乡居民养老保险办法计发相应待遇。

（2）关于衔接资金的转移。参保人员从城乡居民养老保险转入城镇职工养老保险的，城乡居民养老保险个人账户全部储存额并入城镇职工养老保险个人账户，城乡居民养老保险缴费年限不合并计算或折算为城镇职工养老保险缴费年限。参保人员从城镇职工养老保险转入城乡居民养老保险的，城镇职工养老保险个人账户全部储存额并入城乡居民养老保险个人账户，参加城镇职工养老保险的缴费年限合并计算为城乡居民养老保险的缴费年限。

（3）关于缴费年限的计算。参保人员在同一年度内同时参加城镇职工养老保险和城乡居民养老保险的，其重复缴费时段（按月计算，下同）只计算城镇职工养老保险缴费年限，并将城乡居民养老保险重复缴费时段相应的个人缴费和集体补助退还本人。

（4）关于重复领取待遇的处置。参保人员不得同时领取城镇职工养老保险和城乡居民养老保险待遇。对于同时领取城镇职工养老保险和城乡居民养老保险待遇的，终止并解除城乡居民养老保险关系，除政府补贴外的个人账户余额退还本人，已领取的城乡居民养老保险基础养老金应予以退还；本人不予退还的，由社会保险经办机构负责从城乡居民养老保险个人账户余额或者城镇职工养老保险基本养老金中抵扣。

（5）办理衔接手续程序。参保人员需要按《城乡养老保险制度衔接暂行办法》规定的程序办理城乡养老保险制度衔接手续。

5. 机关事业单位养老保险制度改革，建立与城镇职工统一的养老保险制度

第十二届全国人民代表大会常务委员会第十二次会议审议了《国务院关于统筹推进城乡社会保障体系建设工作情况的报告》。报告指出，我国将推进机关事业单位养老保险制度改革，建立与城镇职工统一的养老保险制度。随后，国务院于2015年1月14日发布《国务院关于机关事业单位工作人员养老保险制度改革的决定》，自2014年10月1日起实施。20世纪90年代初开始的企业养老保险改革，机关事业单位并未参与，虽然后来一些地方开展了机关事业单位养老金改革试点，但多数仅是在形式上缴纳社保费，而体制和机制没有根本改变。机关事业单位养老保险和企业养老保险的"双轨制"是当前社保制度不公平方面的突出问题。企业养老保险制度改革以来，机关事业单位职工退休金和企业职工养老金的差距逐步拉大，同时，机关事业单位与企业的各种补助等福利标准不同，进一步拉大了待遇差距。企业职工要缴费，有个人账户，而机关事业单位职工不缴纳养老保险费，也没有个人账户，"双轨制"影响了人员在机关事业单位与企业之间的合理流动。从完善制度体系的角度看，机关事业单位职工也是养老保险制度最后未覆盖的领域，也理应将社会各类人群全部纳入基本养老保险的制度体系之内。

改革的目标是：坚持全覆盖、保基本、多层次、可持续方针，以增强公平性、适应流动性、保证可持续性为重点，改革现行机关事业单位工作人员退休保障制度，逐步建立资金来源多渠道、保障方式多层次、管理服务社会化的养老保险体系。改革的主要原则是：改革前与改革后待遇水平相衔接，立足增量改革，实现平稳过渡，对改革前已退休人员、改革后参加工作的人员、改革前参加工作改革后退休的人员，采取不同办法分别妥善安排；解决突出矛盾与保证可持续发展相促进，统筹规划、合理安排，先行解决目前城镇职工基本养老保险制度不统一的突出矛盾，再结合养老保险顶层设计，坚持精算平衡，逐步完善相关制度和政策。改革的范围是：《国务院关于机关事业单位工作人员养老保险制度改革的决定》只适用于按照公务员法管理的单位、参照公务员法管理的机关（单位）、事业单位及其编制内的工作人员。概括来说，本次改革的基本指导思路是一个统一、五个同步。"一个统一"即党政机关、事业单位建立与企业相同的基本养老保险制度，实行单位和个人缴费，改革退休费计发办法，从制度和机制上化解"双轨制"矛盾。"五个同步"即机关与事业单位同步改革，职业年金与基本养老保险制度同步建立，养老保险制度改革与完善工资制度同步推进，待遇调整机制与计发办法同步改革，改革在全国范围同步实施。

《国务院关于机关事业单位工作人员养老保险制度改革的决定》规定实行社会统筹与个人账户相结合的基本养老保险制度。基本养老保险费由单位和个人共同负

担。单位缴纳基本养老保险费的比例为本单位工资总额的 20%，个人缴纳基本养老保险费的比例为本人缴费工资的 8%，由单位代扣。按本人缴费工资 8% 的数额建立基本养老保险个人账户，全部由个人缴费形成。个人账户储存额只用于工作人员养老，不得提前支取，参保人员死亡，个人账户余额可以依法继承。《国务院关于机关事业单位工作人员养老保险制度改革的决定》还全面规定了改革基本养老金计发办法、建立基本养老金正常调整机制、加强基金管理和监督、做好养老保险关系转移接续工作、建立职业年金制度、建立健全确保养老金发放的筹资机制、逐步实行社会化管理服务、提高社会保险经办管理水平和加强组织领导等有关事项。为了完成改革目标，还必须妥善处理与改革相关事项和后续配套举措问题，诸如并轨后逐步缩小养老金的差距，改革后养老基金的并轨，改革后公务员工资的调整，研究制定渐进式延迟退休制度，加快提高统筹层次，进一步统一规范制度和政策，改革社保基金投资管理体制和机制等。

我国对于养老产业发展的理念发生了重大转变，逐步改变了"政府保基本，兜底线"的原有模式。实践证明，政府建立基本保障体系，制定规划，加强监督，降低准入门槛，引入社会资本参与养老服务，将是提高养老服务效率和质量的有效途径。2016 年 10 月 11 日，中央全面深化改革领导小组第二十八次会议审议通过了《国务院办公厅关于全面放开养老服务市场提升养老服务质量的若干意见》，提出养老服务业既是涉及亿万群众福祉的民生事业，也是具有巨大发展潜力的朝阳产业。要紧紧围绕老年群体多层次、多样化的服务需求，降低准入门槛，引导社会资本进入养老服务业，推动公办养老机构改革，提升居家社区和农村养老服务水平，推进养老服务业制度、标准、设施、人才队伍建设，繁荣养老市场，提升服务质量，让广大老年人享受优质养老服务。可以预见，随着养老服务市场的全面放开、社会资本的涌入，多元化的养老服务需求将进一步得到满足，也将促进以居家为基础、社会为依托、机构为补充的医养结合的多层次养老服务体系的建设和完善。

（四）财政部门在社会保险制度实施中的职责和投入

《社会保险法》中明确规定了财政部门的职责和投入。按照《社会保险法》规定的社会保险管理体制，由国务院社会保险行政部门负责全国的社会保险管理工作，国务院其他有关部门在各自的职责范围内负责有关的社会保险工作，县级以上地方人民政府也同此规定。各级财政部门的职责主要是在国家多渠道筹集社会保险资金的体制下对社会保险事业给予必要的经费支持，通过税收优惠政策支持社会保险事业。首先是对各项基金的经费支持。如基本养老保险基金由用人单位和个人缴费以及政府补贴等组成，在基本养老保险基金出现支付不足时，政府给予补贴；城镇居民基本医疗保险实行个人缴费和政府补贴相结合；享受最低生活保障的人、丧失劳动能力的残疾人，低收入家庭 69 岁以上的老年人和未成年人等所需个人缴费部分，由政府给予补贴；国有企业、事业单位职工参加基本养老保险前，视同缴费年限期间应当缴纳的基本养老保险费由政府承担等。其次是由中央财政拨款设立全国社会保障基金，用于社会保障支出的补充、调剂。全国社会保障基金由全国社会保障基金管理运营机构负责管理运营，在保证安全的前提下实现保值增值。

综观世界各国的社会保险制度，社会保险基金的筹集有两种方式，一是开征社会保险税，二是实行收（缴）保险费制度，我国实行的是收（缴）社会保险费制。《中华人民共和国预算法》规定预算包括一般公共预算、政府性基金预算、国有资本经营预算、社会保险基金预算，从而建立了独立的社会保险基金预算。《中华人民共和国预算法》明确四种预算应当保持完整、独立，而后三种预算应当与一般公共预算相衔接。社会保险基金预算是对社会保险缴款、一般公共预算安排和其他方式筹集的资金专项用于社会保险的收支预算，应当按照统筹层次和社会保险项目分别编制，做到收支平衡。我国虽然建立社会保险基金预算，但在一般预算收支科目中，仍设置一个"社会保障和就业"类级科目。该科目包括对社会保险基金的补助（含基本养老保险、失业保险、基本医疗保险、工伤保险和生育保险）、行政事业单位离退休费、就业补助、城乡居民最低生活保障、自然灾害生活救助等。我国近年来为了支持社会保险事业的改革和发展，加大了财政支持的力度，财政的社会保障支出迅速增长，参见表 2-7。

表 2-7　　　　　　　　　　财政社会保障支出　　　　　　单位：亿元、%

项目	2010 年	2011 年	2012 年	2013 年	2014 年	2015 年	2016 年	2017 年
财政社会保障支出	9131	11109	12586	14491	15969	19019	21548	24812
占公共财政支出的比重	10.16	10.17	9.99	10.33	10.52	10.80	11.47	12.20

资料来源：财政部。

二、财政补贴支出

（一）财政补贴的概念

作为一种转移性支出，财政补贴支出同社会保障支出有很多相似性。从政府的角度看，无论是以补贴形式还是以社会保障形式拨付支出，都不能换回任何东西，支付都是无偿的。从领取补贴者的角度看，无论以什么名目得到政府的补贴，都意味着实际收入的增加，因而经济状况都较前有所改善。然而，这两类转移性支出既然被冠以不同的名称，自然就有差别，差别主要体现在同相对价格体系的关系上。财政补贴总是和相对价格的变动联系在一起，或者是补贴引起价格变动，或者是价格变动导致财政补贴。因为有这种联系，很多人索性就把财政补贴称为价格补贴。

社会保障支出则与产品和服务的价格不发生直接联系，固然人们获得保障收入后用于购买，可能使购买商品的价格发生变化，但这种影响既不确定，又是间接的。因为与相对价格结构有直接关联，财政补贴便能够改变资源配置结构、供给结构与需求结构，而社会保障支出则很少有这种影响。根据上述分析，从理论研究的角度，可以把财政补贴定义为一种影响相对价格结构，从而可以改变资源配置结构、供给结构和需求结构的政府无偿支出。

世界贸易组织为了维护世界贸易中非歧视、自由透明和公平竞争的秩序，专门制定了《补贴与反补贴措施协议》（SCM），该协议对财政补贴的定义是：指一成员政府或任何公共机构向某一企业或某一产业提供财政补助（Financial Contribution）或对价格或收入的支持，结果直接或间接增加从其领土输出某种产品或减少向其领土内输入某种产品，或者因此对其他成员利益造成损害的政府性行为或措施，是一种促进出口、限制进口的国际贸易手段。补贴具有的特征是：（1）补贴是政府的行为，也包括政府干预的私人机构的补贴行为。（2）补贴的对象主要是国内生产与销售企业，但不一定仅指出口补贴，包括对国内各产业部门、行业、企业或地区、科研部门的财政补助。（3）补贴的方式可以是多种多样的，既可以通过行政行为，也可以通过立法方式，既可以是金钱货物的直接给付，也可以通过免税、优惠贷款等间接渠道，既可以是现金的支付，也可以是货物的转移。（4）补贴的结果是利益的得失，对补贴方而言，表现为授予受补贴方某种利益，对受补贴方而言，则表现为从收入、成本或税额的增减中获得利益。（5）补贴的根本目的是增强有关产品在国内外市场上的竞争力。（6）补贴应具有专项性，根据《补贴与反补贴措施协议》第2条的规定，专向性（Specificity）补贴是指成员方政府有选择地、有差别地而非普遍性地给予某一个企业或产业或者一组企业或产业的补贴。

（二）财政补贴的分类

在加入世界贸易组织之前我国财政补贴没有按世界贸易组织的标准进行分类，在2007年改革前的《政府收支分类科目》中，财政补贴主要有价格补贴（在财政科目中名曰"政策性补贴"）和企业亏损补贴两大类，每一类补贴又都含若干项目。除价格补贴和企业亏损补贴以外，政府还提供某些专项补贴、财政贴息，另外税收支出实际上也是一种财政补贴形式。20世纪80年代，我国财政补贴项目繁多，管理紊乱，仅企业亏损补贴和价格补贴两项补贴规模就曾接近财政支出的三分之一。随着经济体制改革的不断深化，补贴规模逐步缩小，2005年占财政支出的比重下降到3.5%。其中随着国有企业改革的深化，企业亏损补贴急剧下降，但价格补贴非但没有减少，反而大幅增加，2005年与1995年相比，10年间增长了1.7倍。价格补贴主要是用于农业的政策性补贴，因而价格补贴的增加和近年来加快新农村建设、加大"三农"投入力度有直接关系。在我国 2007 年改革后的《政府收支分类科目》中，财政补贴反映在支出经济分类科目中设置的"对个人和家庭的补助"和"对企事业单位的补贴"两个类级科目中，前者有对个人的生产补贴、提租补贴、购房补贴等，后者有企业政策性补贴、事业单位补贴、财政贴息等。

世界贸易组织的《补贴与反补贴措施协议》按照可能对国际贸易造成的危害程度，将补贴分为禁止性补贴、可诉补贴和不可诉补贴三类。

1. 禁止性补贴

《补贴与反补贴措施协议》第 3 条规定："法律或事实上视出口实绩为唯一或其他多种条件之一而给予的补贴，视使用国产货物而非进口货物的情况为唯一条件或其他多种条件之一而给予的补贴，为禁止性补贴。"概括起来，禁止性补贴包括出口补贴和进口替代补贴两类。禁止性的财政补贴一旦被证实存在，无须证明其是否对其他成员方造成损害或损害威胁，都必须取消，否则会招致其他成员实施的经世界贸易组织争端解决机构授权的反补贴措施或征收反补贴税。

2. 可诉补贴

可诉补贴又称"黄箱"补贴，是指在一定范围内可以实施的补贴，但如果使用此类补贴的成员方在实施过程中对其他成员方的经济利益造成不利影响，则受损的成员方可以向使用此类补贴的成员方提起申诉。因此，《补贴与反补贴措施协议》第 5 条、第 6 条对使用可诉补贴的"度"作出了具体界定。即使用可诉补贴不能造成以下任何情况发生：（1）取代或阻碍另一成员方的产品进口；（2）取代或阻碍另一成员方对第三成员方的出口；（3）补贴造成大幅度削价、压价或销售量减少；（4）实施补贴后的商品在国际市场上的份额增加。可诉补贴并不一定意味着必须取消，一般来说只有同时具备下列三种条件，该种可诉补贴才需要被取消：第一，该种补贴必须具有专向性——企业专向性、产业专向性和地区专向性。第二，该种补贴必须被某个成员方起诉。第三，该补贴必须被证明对成员方造成了实质损害或实质损害威胁。

3. 不可诉补贴

不可诉补贴又称"绿箱"补贴，主要包括不具有专向性的补贴、给予基础研究的援助性补贴、给予贫困地区的补贴、为适应新环境而实施的补贴，以及用于鼓励农业研究与开发、鼓励农民退休等方面的补贴。

（三）财政补贴影响经济的机理分析

1. 财政补贴可以改变需求结构

财政补贴在各国都被当作一种重要的调节经济的手段，之所以有这种作用，是因为它可以改变相对价格结构，而首先是可以改变需求结构。人们的需求客观上有一个结构，决定这个结构的因素主要有两个：一是人们所需要的商品和服务的种类，二是各种商品和服务的价格。一般来说，商品和服务的价格越低，需求就越大；商品和服务的价格越高，需求就越小。居民对消费品的需求以及企业对投入品的需求，莫不如此。既然价格的高低可以影响需求结构，那么，能够影响价格水平的财政补贴便有影响需求结构的作用。说起对消费的补贴，前苏联地区国家曾有一个十分生动的例子：在那里，经常发生农民购买面包喂牛的事情，原因很简单，面粉、面包的销售价格极为低廉，购买面包喂牛比购买玉米、燕麦等饲料喂牛要便宜得多。

2. 财政补贴还可以改变供给结构

财政补贴可以改变供给结构的作用是通过改变企业购进产品的价格（供给价格或销售价格加补贴），从而改变企业盈利水平发生的。众所周知，在我国的供给结构中，农产品的供给曾有过若干次反复。探究一下反复的原因就不难发现，农产品供给状况改善的时候总是政府向农业部门提供补贴或增加农业部门补贴的时候。提高农产品价格补贴，使从事农业生产有利可图，农产品供给自然增加，而农产品的增加对改善我国的供给结构有着举足轻重的作用。在我国的煤炭生产上同样也会看到补贴可以起到调整供给的作用。通货膨胀使煤炭部门的生产处于不利的地位，则政府增加对煤炭部门的补贴，当年的煤炭生产便有了转机。现代经济已经进入知识经济时代，科技进步成为经济发展的重要动力，因而各国都将财政补贴更多地用于科学研究和高新技术的开发，推动基础科研，改造传统产业，发展新兴产业。这种财政补贴对调整产业结构和产业升级的显著作用已经成为人们的共识，并且得到广泛的应用。

3. 将外部效应内在化

对科学研究的补贴就是矫正外部效应的一个典型例证。一般来说，应用科学研究和高新技术开发由私人部门去承担更有效率，然而任何一项有突破性的应用科学研究和高新技术开发成果都会对许多领域产生影响。比如，电子科研与开发的投入很多，成功率却很低，而且从事研究、开发的机构和个人不可能获得全部的收益，而财政给予补贴，可以降低研究与开发成本，缓解风险，实际上是将外部效应内在化，从而推进研究与开发的开展。

（四）财政补贴的经济和社会效应

政府将财政补贴作为调节经济运行的一种政策手段，具有积极的效应。主要有以下几点。

1. 财政补贴的首要意义在于有效地贯彻国家的经济政策

财政补贴的对象可以是国有企业，可以是集体企业甚至是私人企业，也可以是城乡居民，但不论补贴对象是谁，最终目的都是为了顺利实施国家的方针政策。比如，对公共交通以及供水、供电和供气等国有企业或事业单位给予适当补贴，是为了平抑物价，减轻居民负担，提高服务质量；当年粮食短缺，给予粮食部门或给予居民以补贴，是为了促进粮食生产，如今有余了，按保护价格收购，同样是为了保证粮食供给，同时维护农民的利益。

2. 财政补贴能够以财政资金带动社会资金，扩充财政资金的经济效应

财政资金毕竟是有限的，一些事业必须由财政出资来办，但一些事业可以由财政来办也可以由民间出资来办，而凡是民间不太热衷的事业，财政给予补贴，只要财政花费少量的资金就可以将民间资金调动起来，发挥所谓"四两拨千斤"的作用。特别是在经济低迷时期，这种作用就更为显著。

3. 加大技术改造力度，推动产业升级

在产业结构优化过程中，财政补贴支出扮演着十分重要的角色。以我国 1998 年实施的积极财政政策为例。当时共对 880 个民品技术改造项目进行财政贴息，带动了更多的银行配套贷款，调动了企业进行技术改造的信心和积极性，实施了一大批技术改造、高科技产业化和装备的国产化项目，启动了一批对产业结构调整有重大影响的项目，安排了一批可大量替代进口、扩大出口的项目，有力地推动了大中型国有企业的技术改造和产业结构的升级。

4. 消除挤出效应

比如，我国实施积极财政政策，采取增加公共工程支出的措施，在货币供应量不变的条件下，公共工程支出的增加会直接增加对货币的需求量，可能带来市场利率水平的上升，从而会加大私人部门的融资成本，导致私人投资的萎缩，这就是挤出效应。如果对私人部门给予补贴，就可以降低私人部门的融资成本，清除这种挤出效应，增强民间投资意愿，加快民间投资的恢复和增长。

5. 对社会经济发挥稳定效应

在我国的财政补贴中，出于社会经济稳定的考虑往往是首要的目的。如对于企业的亏损补贴，在很大程度上是在产业调整过程中稳定被调整的产业的收入并诱导企业进行更积极的调整；对居民支付的各类价格补贴，是用于弥补居民因调价而产生的收入损失，基本的功能也是保持社会与经济的稳定。特别值得一提的是，在 2003 年的 SARS 危机中，中央和地方政府对交通业、餐饮业、旅店业等受严重冲击的行业实施了相应的补贴和优惠政策，从效果来看，对稳定市场和保持经济的持续发展具有非常重要的意义。

然而，财政补贴既然为一种调节手段，使用范围及规模就有一个限度，超过这个限度，积极作用就可能趋弱，甚至反而出现消极作用。要搞清这个道理，就有必

要对左右国民经济运行的因素及诸因素的主从地位和相互关系有一个正确的认识。任何一个国民经济的实际运行都是由一套稳定的经济制度（包括财产制度、价格制度、收入分配制度、财政收支制度等）所规定的运行机制和一套灵活的调节手段体系共同发挥作用的综合结果。从主导方面说，国民经济的正常运行主要是依赖既定的经济制度及运行机制的有规律的自动作用，它保证了社会经济能够实现自己的主要社会目标。但是，社会经济所要实现的目标是多重的，有些目标可能居于次要位置，但并非无须顾及，而既定的经济制度及其运行机制即便十分完善，也只能实现一个或几个主要的社会目标。就此而论，任何经济制度及其运行机制都存在着固有的缺陷。为了克服这些缺陷，也即为了全面实现社会经济目标，作为宏观调控主体的政府，有必要运用调节手段体系去纠正既定经济的运行机制所产生的不利后果，或部分地修正既定的经济运行机制，财政补贴就是可利用的重要调节手段之一。从这个意义上说，财政补贴有其存在的必然性，是不能也不应被取缔的。但是，财政补贴既然是调节手段，就不应当在国民经济的运行中扮演主要角色。在国民经济运行的制度性基础和调节手段之间，调节手段只是辅助性的。也就是说，如果国民经济的运行对财政补贴的依赖过大，以至没有它，便很难有效地组织生产、流通和消费，那就说明，现行的经济体制及其运行机制已经难以实现社会经济的基本目标，对之进行改革已成当务之急。换言之，财政补贴规模急剧增大和补贴范围急剧扩展的现象反映出的本质是经济体制及其运行机制的不完善和不合理，因而，扭转财政补贴过多局面的根本出路在于变革经济体制，而过多过滥地运用财政补贴手段，则可能出现消极作用，主要表现是：（1）财政补贴项目偏多，规模偏大，会加重财政负担，甚至是构成长期存在财政赤字的重要原因之一，虽然从局部来看起到了经济调节作用，但却会从总体上削弱国家财政的宏观调控能力。（2）长期的财政补贴不可避免地会使受补单位产生依赖思想，影响经济效率和资源配置效率，人为地加剧企业的不公平竞争，"政策性亏损"掩盖了部分企业由于经营不善而引起的经营亏损。（3）长期过多过广的补贴人为地扩大了经济体系中的政府行为，相应地缩小了市场活动覆盖的范围，而且财政补贴成为受补单位的既得利益，易上难下，将演变为经济改革顺利进行的阻碍因素。（4）某些补贴的不当扭曲了价格体系，扭曲了合理的消费结构，加大了宏观调控的难度。

（五）我国财政补贴的调整和改革

在建立社会主义市场经济体制的过程中，从发挥市场配置资源的决定性作用和加强国家的宏观调控出发，从制度创新入手，建立适应社会主义市场经济体制要求的新型财政补贴制度，是经济体制深化改革的一项重要任务。加入世界贸易组织为财政补贴的调整和改革提供了契机，也为财政补贴的调整和改革提供了原则与标准。

调整和改革财政补贴的基本思路是，根据世界贸易组织《补贴与反补贴措施协议》和《中国加入世界贸易组织工作组报告书》中承诺的要求，首先是要取消不符合世界贸易组织规则的补贴，同时要用足用好世界贸易组织规则允许的补贴，做到既符合世界贸易组织的要求，避免引起对我国出口商品提起诉讼，又提高财政补贴的使用效率，支持我国经济的稳定、和谐和快速发展。

1. 取消不符合世界贸易组织规则的补贴措施

一是取消针对出口的各种财政补贴。首先是取消针对出口的直接补贴，主要指政府根据企业的出口收汇实绩给予补贴、贴息和奖励。其次是取消针对出口的间接补贴，主要指根据企业的出口情况，减免部分或全部企业所得税支持出口而形成的各种间接补贴。二是取消我国曾存在的采用税收手段支持本国产品替代进口的补贴。三是取消对农产品出口的补贴，包括价格补贴、实物补贴，以及对出口产品加工、仓储、运输的补贴。同时调整现行一些效率不高的补贴，如调整粮食补贴政策，改变农业补贴方式，取消对国有企业的财政补贴，而取消对国有企业的补贴是加入世界贸易组织所必需的条件。

2. 合理利用可诉补贴

可诉补贴又称"黄箱"补贴，是世界贸易组织规则允许在一定范围内实施的补贴，各国都可以合理运用可诉补贴支持本国工商业的发展。有操作性的可诉补贴有诸多项目，对于可诉补贴运用的关键是要把握好补贴的范围和"度"，避免对我国出口产品提起诉讼。在我国运用可诉补贴中值得关注的是科技补贴。如我国科技支出中有一部分是用于应用研究、实验开发和成果应用研究的，具有明显的促进出口或替代进口的作用，但属于禁止性补贴或可诉补贴的范围，加入世界贸易组织后，必须对超出不可起诉条款范围的财政补贴进行调整，否则，就有可能招致其他成员实施反补贴措施。因此，我国必须把握好对科技补贴的范围和"度"，充分运用科技补贴，促进科技事业的发展。

3. 用足用好不可诉补贴措施

一是增加对落后地区的补贴。二是运用财政补贴，加强环境保护。三是运用财政补贴政策，促进中小企业的加速发展。

三、税收支出

（一）税收支出的概念

经济体制改革以来，随着税收制度的建立和完善，我国对税收优惠措施的运用越来越广泛，国家以税收优惠形式提供的财政补助的数额与日俱增。税收优惠在鼓励纳税人的经济活动、减轻纳税人的经济负担以及调节和促进经济发展等方面起到了重要作用。但是，随着税收优惠措施的广泛运用，税收优惠失控问题越发突出：一方面，国家损失了大量的税收收入，而企业对这笔资金的使用却漫不经心，效益较差；另一方面，给企业的寻租行为提供了可乘之机，企业依赖思想日趋严重。这种情况不仅在中国存在，也是世界各国的普遍现象。为了既充分发挥税收优惠的调节作用，又防止税收优惠的无效投入，"税收支出"概念于20世纪70年代在美国应运而生，并迅速在西方国家广泛运用。1973年，美国财政部部长助理、哈佛大学教授萨里（S. Surrey）在其所著的《税收改革之途径》（*Pathways to Tax Reform*）中正式使用"税收支出"一词。在萨里等学者看来，美国的所得税制实际上是由不同甚至矛盾的两部分构成的：一部分被称为正规的（或基本的）税制结构，包括为了完善对净所得进行课税的各项法规以及使其更严密，这些法规明确了税基、税率、纳税人、纳税期限以及对各类经济实体的税收待遇等，以便有效地取得税收收入；另一部分则是一些特殊的条款，这些条款是政府出于引导、扶持某些经济活动和刺激投资意愿而制定的各种税收优待措施，其目的不是着眼于税收收入，而是为了实现上述目标，政府要放弃一些税收收入。第二部分与正规税制结构相矛盾的特殊减免条款项目就构成了"税收支出体系"。

此后，西方各国在官方文件中相继引进了这一概念，并利用国家预算对税收支出加以控制，使之不断完善。当然，在不同的国家和同一国家的不同时期，税收支出概念的表达方式不尽相同。有的国家，如美国和联邦德国，从税收收入的损失角度出发，把税收支出定义为"联邦税法条款所允许的从毛收入中不予计列、豁免、扣除、特别抵免、优惠税率、纳税义务延期等所形成的收入损失"；有的国家则强调以是否减轻了纳税人的税负来定义税收支出，如法国将税收支出定义为"税收制度的任何立法或行政措施所规定的优惠项目，只要减少了国家的税收收入，并减轻了纳税人的税收负担（与法国税法一般原则所规定的税负相比），就可以被视为税收支出"。而有的国家则是从与直接支出相比较的角度来下定义，如澳大利亚把税收支出定义为"原则上可以由直接支出代替的那些特殊的税收立法"。所有这些定义的共同点是：税收支出是对"正规"的、"标准"的、"基础"的或"一般可接受"的税制结构的背离。综观世界各国对税收支出的界定可以看出，税收支出无非是以特殊的法律条款规定的、给予特定类型的活动或纳税人以各种税收优惠待遇而形成的收入损失或放弃的收入，可见，税收支出是政府的一种间接支出，属于财政补贴性支出。

（二）税收支出的分类

从税收支出所发挥的作用的角度划分，税收支出可分为照顾性税收支出和刺激性税收支出。

1. 照顾性税收支出

照顾性税收支出主要是针对纳税人由于客观原因在生产经营上发生临时困难而无力纳税所采取的照顾性措施。例如，国有企业由于受到扭曲的价格等因素的干扰，造成政策性亏损，或纳税人由于自然灾害而遇到暂时性的财务困难，政府除了用预算手段直接给予财政补贴外，还可以采取税收支出的办法，减少或免除这类纳税人的纳税义务。由此可见，这类税收支出明显带有财政补贴性质，目的在于扶植国家希望发展的亏损或微利企业以及外贸企业，以求国民经济各部门的发展保持基本平衡。但需要注意的是，在采用这种具有财政补贴性质的税收支出时，必须严格区分经营性亏损和政策性亏损，要尽可能地避免用税收支出的手段去支持因主观经营管理不善而造成的财务困难。

2. 刺激性税收支出

刺激性税收支出主要是指用来改善资源配置、提高经济效率的特殊减免规定，主要目的在于正确引导产业结构、产品结构、进出口结构以及市场供求，促进纳税人开发新产品、新技术以及积极安排劳动就业等。这类税收支出是税收优惠政策的主要方面，税收的调节经济的杠杆作用也主要表现在这里。刺激性税收支出又可分为两类：一是针对特定纳税人的税收支出，二是针对特定课税对象的税收支出。前者主要是那些享受税收支出的特定纳税人，不论其经营业务的性质如何，都可以依法得到优惠照顾，如我国对伤残人员创办的集体企业以及所有的合资、合作经营企业，在开办初期给予减免税照顾；而后者则主要是从行业和产品的性质来考虑，不论经营者是什么性质的纳税人，都可以享受优惠待遇，如我国对农、牧、渔业等用盐可减征盐税等。

（三）税收支出的形式

尽管各国对税收支出已规定出明确的定义，但在实践中，真正把税收支出项目与正规的税制结构截然区别开来，并非易事。许多国家一般把直接支出作为区分标准：能用直接支出替代的减免项目就列为税收支出，否则，就不能算作税收支出。例如，根据所得税制的构成原则，本不属于课税范围的一些扣除和减免项目，诸如个人生活费用的扣除，为取得所得而支出的成本的扣除等，就不能列入税收支出的范围。税收支出项目的具体确定虽然困难重重，但还是有一定规律可循的。就刺激经济活动和调节社会生活的税收支出而言，其一般形式大致有税收豁免、纳税扣除、税收抵免、优惠税率、延期纳税、盈亏相抵等。

如前所述，用来贯彻国家政治经济政策的税收减免，之所以逐渐被称为税收支出，一方面是强调在鼓励效果上各项税收减免措施与直接政府支出相类似；另一方面是确认各项税收减免措施和其他政府支出一样，必须经过国家预算控制程序方可实施。因此，早在 20 世纪 70 年代初，萨里提出"税收支出"概念，目的就在于把大量的税收优惠以预算形式管理控制起来，将各种税收支出列入国家预算，以明其得失，并赋予其同直接预算支出一样的评估和控制程序。接下来的问题是，如何对税收支出进行预算控制？或者说税收支出的预算控制采取哪些方式？综观世界各个国家的实践，尽管做法不一，但仍可归纳为三种类型，即非制度化的临时监督与控制、建造统一的税收支出账户以及临时性与制度化相结合的控制方法。

第四节　财政支出管理

财政支出管理是指按照市场经济的要求，遵循国家有关制度、法规、政策，运用一系列的管理方法和手段，对各项财政支出及其各环节进行规范、管理和监督，从而确保其正确使用，为政府履行职能提供必要的财力保障。

一、政府采购

（一）政府采购制度及其实施

政府采购制度是以公开招标、投标为主要方式选择供货商（厂商），从国内外市场为政府部门或所属团体购买商品或劳务的一种制度。它具有公开性、公正性、竞争性的特征，而公开竞争是政府采购制度的基石。只要政府有效地利用商业竞争机制，就能从市场上买到性能最佳和价格低廉的商品或劳务，就能节省费用，使公民缴纳的税收和财政支出产生更大的效益。

政府采购制度是伴随贸易全球化的形成而逐步发展起来的。1979 年东京多边贸易谈判在日内瓦签订了《政府采购协议》（GPA），初步形成了政府采购制度，随后，欧共体分别于 1989 年、1992 年、1993 年颁布了有关政府采购各领域的"委员会指令"，世界银行于 1985 年颁布了《国际复兴开发银行贷款和国际开发协会贷款采购指南》，联合国于 1994 年通过《关于货物、工程及服务示范法》，这些有关政府采购的规则代表了国际政府采购的标准规范。

随着我国市场经济体制改革的深化，《中华人民共和国政府采购法》（简称《政府采购法》）于 2002 年 6 月 29 日发布，自 2003 年 1 月 1 日起施行。《政府采购法》的宗旨是为了规范政府采购行为，提高政府采购资金的使用效率，维护国家利益和社会公共利益，保护政府采购当事人的合法权益，促进廉政建设。政府采购应遵循公开透明原则、公平竞争原则、公正原则和诚实信用原则。

一般而言，政府采购不仅限于本国市场，外国厂商也可以参与政府采购的竞标。

政府采购制度的实行虽然在国外已有百年历史，但在我国起步较晚，建立有效的政府采购制度是一个漫长的过程。我国虽然已经颁布并实施《政府采购法》，但因为目前我国的市场体系尚不完善，市场秩序还不够健全，政府采购的对外开放还要循序渐进。而《政府采购协议》仍属于世界贸易组织成员方自愿参加的"诸边协议"，其签约方主要集中在发达国家。我国在加入世界贸易组织时没有参加《政府采购协议》，但已经承诺有意成为缔约方。我国《政府采购法》作出如下规定："政府采购应当采购本国货物、工程和服务。但有下列情形之一的除外：（1）需要采购的货物、工程或者服务在中国境内无法获取或者无法以合理的商业条件获取的；（2）为在中国境外使用而进行采购的；（3）其他法律、行政法规另有规定的。"我国加入《政府采购协议》已是大势所趋。国际经验表明，一国应在完全成为外向型经济国家后再加入《政府采购协议》，而且即使加入了《政府采购协议》，在某些领域也要限制对外开放。例如，美国在加入《政府采购协议》后，在电信领域仍然不对欧盟开放。

（二）　政府采购制度的改革和完善

政府采购是以政府为主体的施政行为，是政府与市场连接的渠道，是政府调控经济的一种重要手段，也是提高财政支出效率的重要措施。自《政府采购法》施行以来，政府采购的规模迅速扩展。2015年，全国政府采购规模首次突破2万亿元，政府采购金额占全国财政支出的比例已达12%。《政府采购法》的实行对规范政府采购行为、提高采购资金的使用效益、提高财政的行政效能和公共服务保障能力、强化财政在国家治理体系中的宏观调控功能以及促进廉政建设等方面，都发挥了重要作用。但《政府采购法》的实施仍未达到规范与效率的预期目标。高价采购与低价恶性竞争的现象并存，采购扶持政策与公平竞争原则难以平衡，监管需要与监管能力出现新的矛盾，特别是豪华采购、高价采购、质量不高、效率低下等问题，引起了社会的广泛关注，已经实行10多年的《政府采购法》需要进一步完善和改革。

在全面深化改革的形势下，为了解决政府采购执行中的突出问题，推进政府采购从法制向法治转变，财政部于2014年12月印发了《中华人民共和国政府采购法实施条例》。出台《中华人民共和国政府采购法实施条例》，主要是为了细化法律规定，充实有关制度规定，完善政府采购程序，进一步明确当事人的权利和义务，创新政府采购管理和运行机制，强化政府采购领域新型违法行为的法律责任，从而建立统一开放、竞争有序的政府采购市场体系，推动提高财政的行政效能和公共服务保障能力，强化财政政策在国家治理体系中的宏观调控功能。

按照全面推进依法治国和科学立法的要求，《中华人民共和国政府采购法实施条例》的制定主要把握四个原则：一是严格依据《政府采购法》制定，同时也注意与《预算法》及其实施条例、《中华人民共和国招标投标法》及其实施条例、《中华人民共和国合同法》等法律、行政法规做好衔接。二是按照推进国家治理体系和治理能力现代化的要求，发挥政府采购的调控作用，保障政府目的的实现。三是创新政府采购管理理念和方式，在严格采购程序管理的同时，强化采购需求和结果管理。四是提高政府采购的透明度，加强社会监督。

根据这些原则对《政府采购法》的规定作出诠释和补充规定。主要内容有：（1）对作为界定政府采购范围的重要因素的"资金来源"进行了解释，明确"资金来源"是指财政性资金，即"指纳入预算管理的资金"，将采购管理与预算管理相衔接、《政府采购法》与《预算法》相衔接。（2）《中华人民共和国政府采购法实施条例》进一步完善了政府采购政策的规定，规定财政部门会同有关部门制定政府采购政策，通过制定采购需求标准、预留采购份额、价格评审优惠、优先采购等措施，实现节约能源、保护环境、扶持不发达地区和少数民族地区、促进中小企业发展等目标，采购需求应当符合政府采购政策的要求。（3）《中华人民共和国政府采购法实施条例》按照政府采购全过程信息公开的目标导向，明确"阳光是最好的防腐剂"，因而规定五项"公开"，即采购信息须公开、采购文件须公开、中标和成交结果须公开、采购合同须公开、投诉处理结果须公开。（4）为了治理供应商之间以及采购人、采购代理机构与供应商之间可能存在的恶意串通，《中华人民共和国政府采购法实施条例》列举了恶意串通的七种表现形式，为认定查处串通行为提供了法律依据。（5）《中华人民共和国政府采购法实施条例》规定了加强对评审专家的规范管理办法，进一步明晰评审专家的权利和义务、行为规范，加大对评审专家违法行为的处罚力度。（6）《中华人民共和国政府采购法实施条例》还规定，对财政部门在履行政府采购监督管理职责中违反《政府采购法》及《中华人民共和国政府采购法实施条例》规定，滥用职权、玩忽职守、徇私舞弊等行为，将依法追究刑事责任。

二、国库集中收付制度

（一）我国过去的国库支付制度及其存在的问题

我国国库制度改革的最终目标是实行集中收付制度。目前由于国库收入制度改革的条件尚不成熟，本着先简后繁的原则，第一步先实行集中支付制度，而后再实现国库集中收付制度。

过去的国库支付制度是一种分散支付制度，也就是将预算确定的各部门和各单位年度支出总额按期拨付到各部门和各单位在商业银行开设的账户，由各部门和各单位分散支付使用。这种支付制度存在以下缺陷：一是缺乏严格的预算约束和预算监督机制，容易滋生腐败和寻租等违法与违纪行为；二是财政资金周转过程中的沉淀资金分散于各部门和各单位，不利于充分发挥财政资金的使用效益；三是不利于预算管理制度的全面改革，比如，编制部门预算和实行政府采购制度的改革要求与国库支付制度相互配套，如果仍实行分散支付制度，就不可能真正实现前两项改革关于提高财政支出效益的目标。

（二）国库集中支付制度的含义

国库集中支付制度就是对预算资金分配、资金使用、银行清算及资金到达商品和劳务供应者账户的全过程集中进行全面监控的制度。它的要点是：（1）财政部门在国库或国库指定的代理银行开设统一的账户，各单位在统一账户下设立分类账户，实行集中管理，预算资金不再拨付给各单位分设账户保存。（2）各单位根据自身履行职能的需要，可以在经批准的预算项目和额度内自行决定所要购买的商品和劳务，但要由财政部门直接向供货商支付货款，不再分散支付。（3）除某些特殊用途外，购买商品和劳务的资金都要通过国库直接拨付给商品和劳务供货商。集中支付制度并不根本改变各部门和各单位对预算资金的支配权与使用权，但由财政部门集中掌握预算资金的支付权，从而可以考核资金的使用是否符合规定而决定是否给予支付，防止乱收滥支的违纪现象，提高资金使用效益。将采购资金直接由国库拨付给商品和劳务供货商，不再通过任何中间环节，财政部门可以掌握资金的最终流向，杜绝在预算执行中克扣、截留、挪用等现象，有利于防腐倡廉。

（三）实行集中支付制度的措施

实行集中支付制度首先要做好准备工作，包括：制定《国库集中支付操作程序》和《国库支票管理办法》；修改《国库条例》及其实施细则、《中国人民银行会计制度》、《国库会计核算办法》、《财政总预算会计制度》等相关财政金融法规；建立支付中心业务和信息处理系统，选择代理国库日常业务工作的商业银行。

其次是建立资金管理方式。一是在中央银行建立国库单一账户体系，相应地在财政部门建立资金账册管理体系，预算资金由中央银行的国库单一账户统一保存和管理，财政部门只给预算单位下达年度预算指标及审批月度用款计划。二是设立"国库集中支付中心"，由支付中心根据各预算单位的用款情况和实现的购买活动开具的付款申请，通过国库单一账户直接向供货商支付货款，中国人民银行国库部门负责国库账户管理、资金清算及监督工作。

最后是明确集中支付外的辅助支付办法。为了保证预算单位的及时和便利用款，可以允许有几种集中支付外的辅助支付办法。一是工资支付，由国库集中支付中心在商业银行开设工资账户，根据同级财政部门下达的工资预算按月将资金从国库单一账户划拨到商业银行的工资账户；商业银行再根据各预算单位开具的职工工资表，将资金拨付到职工个人的工资账户（工资卡）。二是零星支出支付，即预算单位的日常小额经费支出的支付，包括购买一般办公用品、支付差旅费、支付业务招待费等，由支付中心根据核定的零用金数额，将资金从国库单一账户拨付到在商业银行开设的"零用金付款"账户，并委托商业银行提供小额支票（包括现金支票）和信用卡，由各单位自主支配使用，先支出后报账。三是转移性支出支付由支付中心按核定的资金从国库单一账户直接拨入收款人的银行账户；试点过程中尚未实行集中支付的预算单位的支付，也采取这种方式支付。

三、财政支出绩效评价

财政支出绩效评价（或称效益评价），是指根据投入产出原理，借助一定的分析工具，按照绩效的内在原则，对财政支出行为过程及效果进行科学、客观、公正的衡量比较和综合评判的一个系统过程。"绩"是指财政支出应达到的可量化的目标，"效"则是指财政支出应达到的具体目标，也就是支出完成后所取得的成绩和完成工作的情况。

在市场经济国家，开展财政支出绩效评价工作已成为政府加强宏观管理、促进提高政府资金运行效率、增强政府财政支出效果的关键手段。在我国，随着社会主义市场经济体制的不断完善，以及公共财政框架的逐步建立，推动建立财政支出绩效评价工作体系已成为财政改革面临的一项重要课题。

（一）财政支出绩效评价的重要性

财政支出绩效评价是指运用科学、规范的绩效评价方法，对照统一的评价标准，按照绩效的内在原则，对财政支出行为过程及其效果（包括经济绩效、政治绩效和社会绩效）进行的科学、客观、公正的衡量比较和综合评判。

政府财政支出管理的根本目的就是通过对公共财政资源的有效配置和使用，为社会提供优质的公共产品和公共服务，最大限度地增进公共福利。这就要求政府在对公共财政资源进行管理的过程中，不但要关注过程，确保合规性，还必须关注结果和绩效，科学合理地计量和评估绩效。以结果为导向对政府财政支出进行绩效考评，旨在设计一套模拟市场机制的公共财政资源再配置机制，并通过该机制的有效实施，引导公共财政资源的流向和流量，防止稀缺公共资源长期滞留在效益低下的部门和领域，以提高公共财政资源的配置效率。

市场机制之所以有效率，关键是两个因素在起作用：一是市场信号，如价格、成本、利润、股利等；二是趋利动机。实践证明，市场通过其灵敏的价格信号和利润机制，能够有效地引导资源从经济效益低的领域流入经济效益高的领域，从而实现资源的高效配置和节约使用。面对激烈的市场竞争和成本、价格、利润、股价等经济信息的引导，任何私人的决策都是理性的，他们有充分的趋利动机来改善和促进资源的配置和流动，不会容忍稀缺资源在经济效益低下的领域中滞留和浪费。但是，与私人部门不同，政府公共部门是提供公共产品和公共服务的部门。由于公共产品在消费上的非竞争性和非排他性及其提供上的公共垄断性，公共部门缺乏竞争的压力，没有完整的成本核算系统，难以通过灵敏、准确的成本和价格信号进行绩效的计量和考评。同时，公共决策程序本身的缺陷也使得政治家和政府官员缺乏持续改进公共部门绩效的决心和动力。在这种情况下，如果没有应有的财政透明度和严格的责任制以及健全的社会监督体系，就必然会使公共资源配置中出现重投入轻产出、重过程轻结果、重人治轻法治、重政绩轻实效的现象，造成稀缺公共资源长期滞留在效益低下的部门和领域，导致公共资源的低效或无效配置甚至严重浪费。因此，要想从根本上改善和提高政府公共部门的绩效，不能仅着眼于体制和结构层面，局限于政府机构的增减和职能的转变，而必须从经济学角度，以政府财权和财力的重新配置与分配为切入点，把政府绩效的高低与政府部门预算挂起钩来，通过对不同部门政府投入的规模与结构、投入与产出、过程与结果、预算与实效、配置与使用、决策与管理等进行全面、科学、客观、系统地计量、测度、检验和评估，并根据其绩效的高低来调整其预算的规模，才能真正从根本上达到改善和提高政府绩效的目的。因此，建立政府绩效评估体系，实际上就是要创设一种公共资源再配置机制和直接的利益制约机制，通过绩效信息来引导公共资源的流向和流量，切实解决公共资源的滞留和沉淀问题。同时，通过对公共财政支出绩效的计量和考评，也可为社会公众提供准确的政府财务信息，增强财政透明度，强化公众参与的意识，提高民主监督的质量，促使政府更加自觉地履行公共受托责任，提供更加优质的公共产品和公共服务，满足信息社会日益多样化的社会公共需要。

另外，绩效评估还是检验财政支出管理制度是否有效的最终标准。因为加强财政支出管理的根本目的就是要提高公共财政资源的使用效率，使公共资源的使用真正体现并满足最为广泛的社会公众的意愿，而满足程度的高低又最终落在公共资源使用的绩效上。从这个意义上说，唯有绩效好的支出管理运作模式才具有生命力，而有旺盛生命力的制度才是好的制度。因此，加强政府财政支出的绩效计量和管理，不仅对提高财政资金的使用效益有积极意义，对完善公共财政管理制度，推动公共服务型和公共管理型政府的建设，也具有极为重要的意义。

（二）财政支出绩效评价标准

与私人部门相比，政府财政支出绩效评估标准的确定具有高度复杂性。一是政府财政支出目标的多元化会导致绩效评估的价值判断标准发生冲突；二是财政支出的产出难以准确计量；三是制度结构的非市场化导致绩效评估主体的错位。即便如此，在各国的实践中，仍有一些被大家广为认可的标准，如"3Es"标准等。

"3Es"标准是 20 世纪 80 年代初英国的效率小组在财务管理新方案中提出的标准，即经济性（Economy）、效率性（Efficiency）、效益性（Effectiveness）。不久，英国审计委员会就将"3Es"标准纳入绩效审计的框架中，并运用于地方政府以及国家健康服务系统（NHS）的管理实践中。"3Es"实际上是一种包含不同价值观点的标准体系，用这种多元价值标准体系取代传统的单一财务和预算标准（如财务、会计指标等），可以更好地体现"管理的责任"（Management Accountability），从而使"被授权的管理者根据既定的绩效标准完成既定的任务"，见表 2 - 8。

"3Es"标准只是反映公共绩效评估的多元价值标准的一种方法。在理论和实践中，有人建议增加更多的"E"，以适应公共部门的多样性和复杂性。

表 2 - 8   "3Es"标准的含义

经济性（Economy）	表示投入成本的最小化程度，即在维持特定水平的投入时，尽可能降低成本或充分使用已有的资源以获得最大和最佳比例的投入。经济性指标考察的是成本与投入之间的关系。
效率性（Efficiency）	表示在既定的投入水平下使产出水平最大化或在既定的产出水平下使投入水平最小化。效率指标一般通过投入与产出之间的比例关系来衡量。
效益性（Effectiveness）	表示产出最终对实现组织目标的影响程度，包括产出的质量、期望得到的社会效果、公众的满意程度等，效益指标一般涉及产出与效果之间的关系。

1. 公平标准

公平标准指的是效益和努力在社会群体中的不同分配，它与法律和社会理性密切关联。公平作为衡量标准时，关心的是接受服务的团体或个人是否受到了公平的待遇，需要特别照顾的弱势群体是否能够享受到更多的服务。由于公平难以准确衡量，一般用下列原则指导公平性的衡量：一是帕累托标准，即是一个人境况变好的同时，不能使其他人的境况变坏。帕累托标准的目的是保障最低福利。二是卡尔多—希克斯标准，即在效益上的净收益能补偿受损者。该标准的目的是保障净福利的最大化。三是哲学家约翰·罗尔斯提出的再分配标准，即使处于条件恶化的社会成员的收益增加，则是正义的行为。该标准强调再分配福利最大化。

2. 质量标准

严格来说，质量和顾客满意度应属于效益标准中的细化项目，但质量和顾客满意度常常被单独列出并被置于公共部门管理实践中的首要地位。这代表了国际惯例范式的一种转变，即从效率优先转向质量优先。由于公共部门的目标不是盈利，而是为公众提供公共产品和公共服务，所以应以追求高质量和最大限度的顾客满意度为绩效评价标准之一。在英国政府的文件中，质量被定义为"通过调动所有人员的潜力，以最低的成本满足确认的顾客需要"。20世纪90年代公共部门掀起了质量运动，如英国的"公民选择"、"竞争求质量"运动，美国绩效评估中"顾客至上"原则等。用顾客满意度作为服务质量的一个分支标准在当今的公共部门被广泛推崇，服务对象对该服务的可获得性，公众对所提供服务的知晓程度，服务所提供的数量、类型、范围、质量能否达到预定标准或满足公众需求，接受服务后的满意程度、公平感如何等都列入绩效标准框架。

除了上述顾客满意度标准外，西方公共部门质量测度还普遍采用差错率、合格率、准时率、有效率、成功率、反应速度、服务便利程度、社会成本等指标。有的是用一些替代性指标来替代某些难以直接量化的工作质量，如用服务设施的利用率衡量所提供的社区服务的质量；用毕业生一定时期的就业率、申请就业的成功率、首次就业的平均工资来间接测定大学毕业生质量。另外，针对各部门职责和工作性质的特点设计一些特殊的质量标准。如用垃圾的收集方法、频率、收集过程中的遗漏次数、收集时间变更的预先通知率来评估垃圾清理工作的质量。

3. 回应性标准

回应性标准是指效益、效率和公平标准是否真实反映了特定群体的需要、偏好和价值观。如一项娱乐方案可能实现了设施的公平分配，但对特定群体（如老人）的需要却没有回应性。回应性是非常重要的评价标准。

（三）西方国家财政支出绩效的一般做法

西方发达国家政府财政支出绩效评价的主要内容一般包括四个方面：一是目标评价，即对绩效目标制定的合理性、明确性进行评价；二是财务评价，即对计划项目资金的来源、支出的合理性、管理的规范性进行评价；三是结果与影响评价，即对计划/项目完成结果及其持续影响力进行评价；四是资源配置评价，即对公共资源分配的合理性和有效性进行评价。它们的一般做法如下：

1. 编制绩效战略规划，确定总目标及实现目标所需的资源

绩效战略规划可以是部门中长期发展规划（5～10年），也可以是计划/项目总体规划。战略规划是编制部门年度绩效计划和年度部门预算的重要依据，其重要内容包括：部门的职责和总体工作目标，完成目标所需要的资源，总目标与年度绩效目标的联系，可能影响总目标实现的主要因素，对总目标完成情况进行绩效评价的工作计划。

2. 编制年度绩效计划，建立预算需求和绩效目标之间的联系

部门根据战略规划在每一个财政年度编制年度绩效计划，主要内容包括：设定年度绩效目标；延续性计划/项目在以前年度的绩效情况和本财政年度的绩效目标；完成目标所需要的资源、过程和方法等。通过明确各部门在一个财政年度内完成年

度绩效目标所需经费的数额，使年度绩效计划同部门预算之间建立起有机联系。

3. 编制年度绩效报告，提供绩效评估的基本信息

在一个财政年度结束后，部门要编制年度绩效报告，主要内容包括：部门预算的实际情况与部门年度绩效计划的比较分析，对绩效计划完成情况的评估，对未完成的绩效计划目标的说明及其补救措施、调整建议，与以往年度绩效指标完成情况的比较分析，绩效报告中的信息质量。

4. 实施绩效评价，评估政府财政支出的效能

国会或财政部组织对各部门绩效计划的执行情况、完成结果以及提交的年度绩效报告进行评价。主要内容包括：设定的年度绩效目标的合理性，绩效目标额完成情况（结果及其有效性），完成目标所需资源的保障情况，各项支出的合理性，绩效信息的真实性，评价方法的科学性。

5. 绩效评价结果的反馈和应用

绩效评价主管部门将评价结果反馈给各相关部门，作为各部门编制下一年度绩效计划和部门预算的重要依据，促进各部门提高管理水平和资金使用效益。

总之，绩效评价制度使西方市场经济国家政府管理理念、管理方式发生了重大变化，绩效评价已经成为政府日常管理的重要内容，并取得了良好的效果。它的实施有效地提高了预算编制的科学性，促进了公共部门更加有效地使用财政资金，提高了公共部门的管理效能，增进了公众对政府管理工作的了解和信任，改善了政府形象，提高了政府的回应能力和公众满意度。

（四）财政支出绩效评估流程

1. 编制绩效评估战略规划和年度绩效计划

（1）绩效评估战略规划

制定绩效评估战略规划的主要目的是确保机构目标与绩效评估目标的同步与协调。绩效战略规划应详细阐明机构的目的、使命、完成任务的期限、短期行动及较为准确的长期行动纲领，并体现一定的公开性、广泛性和合作性。

总体来讲，绩效战略规划有以下特点：一是战略规划必须涵盖一个部门的主要职能和运行方式。二是战略规划必须与管理和其他改革结合起来。因战略规划范围广且较重要，根据战略规划可制定综合性、集成性的绩效管理方法，如客户服务标准、以绩效为基础的承包制、费用的分析、部门职员的培训等。三是对交叉计划的处理。交叉计划或活动是指由几个部门为完成一个共同的目标而承担的计划或活动。任何同一交叉计划目标的部门都可被指定为主持部门（即对该计划负领导责任），其他部门对特殊目标所负的原则性责任也要明确。在修改更新的部门战略规划中，要对参与该交叉计划的其他部门的战略规划进行评议。四是战略规划要对前景进行

展望。战略规划应对与部门主要职能相关的政治、经济、人口、环境、国际和其他条件等进行展望和描绘，同时对这些条件在执行战略规划期间的变化进行前瞻性的论述，包括可预见的趋势、预期的转变和部门行动的成果。

绩效战略规划的具体内容包括：①说明部门的主要职能和综合使命；②设定总目标；③完成预定目标所需资源；④战略规划的总目标与年度绩效目标的联系；⑤确定部门无法控制但对完成总目标有重大影响的关键外部因素；⑥说明制定或修改总目标的计划/项目考评方法，以及将来进行计划/项目考评的日程安排等。

（2）年度绩效计划

为了改进政府计划/项目的管理，政府部门决策的重点已从提供拨款、人员配备和活动等具体的事务方面转移到关注政府计划/项目的结果上来。要对结果进行管理，决策及执行部门需制订出一个中长期或总体的战略规划以确立其行动和努力的方向。在此基础上，部门需要制订一个年度绩效计划，将中长期或总体的战略计划中的长期战略目标落实到计划/项目的领导和职员的日常活动中去，同时要求部门每年要汇报其年度绩效目标的完成情况，以及为达到或调整这些目标需采取的行动。年度绩效计划是指导部门在一个财政年度内各项绩效管理工作的具体行动指南。年度绩效计划应尽可能地用客观、量化和可衡量的形式表达，并具有切实可操作性。

年度绩效计划的内容主要包括两个部分：一是基本的内容，包括本财政年度的绩效目标和指标，使用的操作方式、技能、技术、人力、财力、信息或其他用于满足取得预期目标的资源，已测评数据可靠与否所采用的手段或方式。其中，绩效目标和指标是年度计划的最基本内容。二是其他内容，主要有：对战略规划绩效微调的说明；提供与绩效相关的研究和分析的信息；请求取消执行的管理要求，以提高管理的灵活性。

2. 收集分析绩效信息

对评估对象认识的科学性是评估和理性的前提，认识和判断都是建立在对其相关信息的了解基础上的，所以必须取得翔实、有说服力的相关资料来评估产出成果的有效性。收集信息必须围绕绩效目标进行，否则必然造成收集工作的盲目性和收集信息的离散性，重点主次不分。评估者应根据评估目的和所选择的评估视角对所收集的信息加以筛选、核实、鉴定，进行合理化的处理。

绩效评估的资料来源有行政机构的记录、民间调查、咨询专家等。绩效评估需要的信息可从管理和实施某项目、提供某服务的部门取得，如记录部门及其工作人员行为的日常记录、资金预算；所提供服务的水平；外界的抱怨、祝贺、要求；项目的进展、背景、服务的使用等。还可以从一些记录日志和其他行政启示中得知所办的案件数等。这些数据广泛易得，是基准比较的理想选择。还可以通过调查来获取有关公民需要和顾客满意度方面的信息。调查的频率和规模视具体情况而定，方式有邮寄、电话、亲自调查、专家咨询等多种。在资料的收集和分析中，有很多问题需要考虑，如一项再就业工程，首先应确定再就业培训后能够就业人数的比例，仅此还不足以评价项目结果，还需要弄清就业是否与培训有关，获得与培训有关的就业所需的平均时间长度，把结果与类似项目进行比较。这其中涉及很多其他相关资料的收集与分析。另外，有关资料的可得性、成本、准确性、全面性、相关性、及时性等问题也需要通盘考虑。

3. 选择绩效标尺和评估方式

计量客观绩效的前提是设定一系列的绩效标尺。一般认为，良好的绩效标尺应该符合 CREAM 标准，即清晰的（Clear）、相关的（Relevant）、经济的（Economic）、充分的（Adequate）和可监测的（Monitorable），并且具有可计量性、可解释性（Accountability）。据此，公共部门绩效考评标尺大致分为两大类：非组合标尺和组合标尺。非组合标尺是由那些反映"结果"的标尺构成的，包括投入、产出、成果、影响和过程等，而效率、效能、有效性、成本效益比等可以作为绩效考评的组合标尺。

特别值得注意的是，绩效标尺的设定必须服务和服从于绩效考评的目的及其政策导向。以往对政府财政支出绩效的整个考评过程（从预算的编制、预算的执行，到听取各类政府财政和财务报告等）注重的都是投入，考评的政策导向是突出财务合规性，并力争低投入、高产出，少花钱、多办事，而对政府财政支出项目的实施过程和实施结果重视不够。但从未来的发展趋势看，政府财政支出的绩效考评仅仅关注投入、重视合规性是远远不够的。

根据西方国家的实践经验和我国的客观实际，政府财政支出绩效考评可根据不同领域的不同项目的特点分别采用行政考评、专家委员会考评、特定专业机构考评、社会化专业机构考评和混合考评五种方式。考虑到我国目前的实际情况和这项工作的复杂性，在试点期间，可采用行政考评与专业考评相结合的方式。行政考评由财政组织有关部门进行，并可考虑先在现有的财政监督职能内增加绩效考评的要求，扩充绩效考评的内容，逐步使绩效考评成为财政监督工作的重要内容之一；专业考评主要委托社会专业中介机构来完成，同时对担任考评工作的专业机构进行必要的资格认证。

4. 构建考评指标体系

政府公共项目绩效考评指标体系的设定，政策性、导向性、目的性很强，应充分考虑经济、社会、文化、心理等各种因素的影响。因此，设定绩效考评指标体系应坚持目的性、科学性、适用性等原则，根据不同单位的性质、项目类型和考评工作的需要分别设定。如以评价的标尺为依据，可设置投入指标、产出指标、成果指标、效率指标、效益指标、公众满意度指标等；以指标的适用性为标准，可设定通用指标、专用指标和补充指标三大类绩效考评指标；以考评指标的性质为标准，可设定定性指标和定量指标；以考评对象为标准，可设定项目绩效评价指标、单位绩效评价指标、部门绩效评价指标和财政支出综合绩效指标四个层面的指标；以考评内容为标准，可设定业务指标和财务指标；以考评阶段为标准，可设定实施过程考评指标和完成结果考评指标；以利益相关者的满意度为标准，可设定效益型绩效指标、效率型绩效指标、递延型绩效指标和风险型绩效指标四大类绩效考评指标等。

5. 编制绩效报告和绩效评估报告

（1）年度绩效报告

在一个财政年度结束后，部门要编制年度绩效报告，分别对项目的实施阶段和完成结果进行定性和定量分析，主要内容包括：①陈述绩效计划中确立的绩效指标，将部门预算实际达到的绩效目标与部门年度绩效计划比较分析；②评估财政年度绩效目标的实现程度，对绩效计划完成情况评估，与以往年度绩效指标完成情况比较分析，详细说明绩效报告中的信息质量；③具体项目的绩效报告应按照有关规定对项目负责人、项目类型、预算科目类别、起止时间、项目总投资、项目业务情况（如项目总体情况、绩效总目标、阶段性绩效目标完成情况、项目组织实施情况、项目结果及其影响等）和项目财务情况（如项目资金落实情况、实际支出情况、财务管理状况等）进行详细阐述和说明，并附部门事业发展规划或工作计划、项目申报文本、可行性研究报告、立项评估报告、项目预算批复文件、项目执行情况报告、项目预算执行或决算报告、其他财务会计资料、项目验收报告以及其他相关资料；④解释和描述未完成绩效计划目标的原因，说明补救措施和调整建议等。

（2）绩效评估报告

绩效评估报告是评估工作的总结，也是对评估项目结果所做的正式书面结论。绩效评估报告应包括以下主要内容：①项目绩效评估的过程和专家组成员。②评估的最终结论，描述各指标的权数及得分值。评估的最终结论可分为优秀、合格和不合格。③分析政府职能执行单位或项目的各项指标的得分情况，指出主要优点及主要问题。④提出改进管理的建议或意见。

本章小结

1. 财政支出也称公共财政支出，是指在市场经济条件下，政府为提供公共产品和服务，满足社会共同需要而进行的财政资金的支付。财政支出是政府为实现其职能对财政资金进行的再分配，属于财政资金分配的第二阶段。财政支出首先是一个过程，其次是政府为履行其职能而花费的资金的总和。

2. 界定财政支出范围的原则：私人部门办不到的事情、私人部门不愿办的事情、私人部门办不好的事情、相对和发展的原则。

3. 我国的财政支出范围：政权建设领域、公益事业发展领域、再分配性转移支出领域、公共投资支出领域等。

4. 财政支出的原则：量入为出与量出为入相结合原则、公平与效率兼顾原则。

5. 财政支出的分类：按经济性质分类、按国家职能分类、国际分类方法和我国的按用途分类。

6. 衡量财政支出规模的指标：财政支出占 GDP 的比重、财政支出增长率、财政支出增长弹性系数、财政支出增长边际倾向。

7. 财政支出规模理论：瓦格纳法则、"阶梯增长"理论、"经济成长阶段"理论。

8. 影响财政支出的因素主要有经济性因素、政治性因素和社会性因素。

9. 购买性支出是指政府向企业和个人购买产品和劳务的支出，包括行政管理费、国防费、文教科技卫生费等社会消费性支出和基础产业投资、农业投资等投资性支出。

10. 转移性支出是指政府无偿向居民和企业、事业以及其他单位供给财政资金，主要有社会保障支出、补贴支出、税收支出等。

11. 财政支出管理包括集中采购制度、国库集中收付制度以及财政支出绩效评价制度。

本章重要概念

财政支出　购买性支出　转移性支出　消费性支出　投资性支出　行政管理支出　国防支出　文教科卫支出　社会保险支出　财政补贴支出　税收支出　政府采购制度　国库集中收付制度　财政支出绩效评价制度

复习思考题

一、简答题

1. 试述财政支出的分类及意义。
2. 简述瓦格纳等西方财政经济学者如何解释财政支出规模增长的原因。
3. 行政管理支出有何特点？影响行政管理支出的因素有哪些？
4. 国防支出有何作用？
5. 政府财政应承担哪些文教科卫事业支出？为什么？

6. 政府为何要对农业进行投资？政府农业支出的重点是什么？

7. 基础设施和基础产业有哪些特征？政府为何要对基础设施和基础产业进行投资？

8. 什么是社会保障制度？简述社会保障制度的内容与作用。

9. 什么是财政补贴？财政补贴有哪些作用？

10. 如何理解税收支出的概念？简述税收支出的主要形式及原则。

11. 何为政府采购制度？

12. 为什么要对政府财政支出进行绩效考评？

二、案例讨论

财政支出面临扩张压力

近年来，我国财政支出急剧扩张。在经济增长年均10%情况下，财政支出增长年均约20%。财政扩张既是社会经济高速发展的内在要求，更来自转轨过程中各种矛盾激化和经济全球化过程中竞争白热化所构成的压力。

从经济环境来看，财政支出规模随经济的增长而扩张。我国的GDP近年来处于持续高速增长的阶段。根据"瓦格纳法则"，当国民收入增加时，财政支出规模会以更大比例扩张；与此同时，R. A. 马斯格雷夫认为随着经济发展阶段的演进，政府支出的规模逐渐扩张。而信息时代的到来，使人们对公共产品的需求有了更宽的比较范围，纳税人对政府支出的"非理性要求"前所未有地增大，远远大于经济发展阶段政府支出增加的规模。这就是当前我国经济发展阶段演进和信息化发展背景下的财政支出环境。

地方政府之间的"经济竞争"使中央财政支出压力骤然增大。地市级政府主要领导为了政绩的需要进行的"经济竞争"，主要采用以下这种融资模式：把任内直接投资或担保项目贷款偿还期延迟到任外，而这些资金是政府通过借款、提供政府担保形式筹集的。结果是地方政府的或有负债和潜在负债越积越多，财政支付的潜在风险很大。根据"李嘉图等价原理"，政府发行公债的效应等同于向纳税人征税。地方政府"经济竞争"导致的债务危机是当前我国财政管理体制改革深化过程中潜在的财政支出压力。

从社会环境来看，当前我国社会结构处于全面转型时期，各种社会问题丛生。一方面，和谐社会构建过程中存在诸多社会问题，如文化教育问题、公共健康问题、收入分配问题、"三农"问题、环境污染问题、缩小地区之间的贫富差距问题。许多新的社会问题也会在较短时期内大量产生，如虚拟经济犯罪问题、电子商务税收流失问题、贫富差距导致的地区安全问题、人口流动与国民待遇问题。另一方面，各种社会问题纠缠在一起，解决一个社会问题必须以另一个社会问题的解决为前提，或者是多个问题一起解决才能治标治本。如"三农"问题，涉及农村富余劳动力的转移、城市化建设、农村金融的稳定、农业生产方式、生产结构的提高、乡镇财政解困、农村义务教育财政支持等一系列既相互关联又错综复杂的问题。

从国际政治环境来看，国际投资环境竞争激烈。一方面，随着"北京共识"持续升温，发展中国家纷纷模仿中国对外开放、吸引外资的模式，抓紧时间进行经济改革，打劳动力成本优势牌吸引国际投资。这对我国在保证经济增长不受影响的前提下进行财政税收体制的改革造成了压力。另一方面，随着经济全球化的到来，我国的经济事务已经扩展到全世界，但是中国企业走向国际市场的过程中出现了许多不和谐的因素，政府公共财政对外经济管理事务职责的增加，要求提高涉外经济管理的财政支出规模。

（资料来源：首都经济贸易大学财政税务学院财政学精品课案例分析，http：//cz. cued. edu. cn/page/czx/al－1. html。）

问题：

我国近年财政支出急剧扩张的现象正常吗？支出效益如何？

本章参考文献

［1］安秀梅. 财政学（第三版）［M］. 北京：中国人民大学出版社，2017.

［2］陈共. 财政学（第九版）［M］. 北京：中国人民大学出版社，2018.

［3］邓子基，陈工. 财政学（第四版）［M］. 北京：中国人民大学出版社，2018.

［4］王晓光. 财政与税收（第四版）［M］. 北京：清华大学出版社，2017.

［5］张素勤. 财政学（第五版）［M］. 上海：立信会计出版社，2016.

第三章
财政收入

学习目标

1. 了解财政收入的定义、作用、原则与分类；
2. 掌握财政收入规模的含义、衡量指标与影响因素；
3. 了解财政收入的结构。

第一节　财政收入概述

一、财政收入的含义

财政收入（Public Finance Revenue）也称公共财政收入，是政府为履行公共职能，满足公共支出的需要，依据一定的权力原则，通过国家财政集中的一定数量的国民收入。

财政收入有广义和狭义的区别。广义的财政收入包括政府的一切进项或收入，主要有税收收入、国债收入、国有资产收入和各种行政收入等。狭义的财政收入仅仅指政府每年的"定期收入"，即被称为"岁入"的收入，只包括税收收入和除国债外的非税收入，如规费、管理费、政府提供劳务的工本费、公产收入及国内外援助收入等。此外，财政收入还可以从不同角度加以描述：第一，财政收入是一定量的公共性质货币资金，即财政通过一定筹资形式和渠道集中起来的由国家集中掌握使用的货币资金，是国家占有的以货币表现的一定量的社会产品价值，主要是剩余产品价值。第二，财政收入又是一个过程，即组织收入、筹集资金阶段，是财政分配活动的第一阶段。

财政收入既是政府理财的重要环节，也是政府进行宏观调控的重要手段之一，它为公共产品的生产提供了重要的经济基础，是衡量一国政府财力的重要指标。政府在社会经济活动中提供公共物品与服务的范围和数量，在很大程度上取决于财政收入的充裕状况。

二、财政收入的作用

财政收入对于国民经济运行和社会发展具有重要影响。首先，财政收入是财政支出的前提。财政分配是收入与支出的统一过程，财政支出是财政收入的目的，财政收入则是财政支出的前提和保证。在一般情况下，收入的数量决定财政支出的规模，收入多才能支出多。因此，只有在发展经济的基础上，积极筹集资金，才能为更多的财政支出创造前提。其次，财政收入是国家各项职能得以实现的物质保证，一个国家财政收入规模的大小是衡量其经济实力的重要标志。再次，财政收入是国家对经济实行宏观调控的重要经济杠杆，宏观调控的首要问题是社会总需求与总供给的平衡问题，实现社会总需求和总供给的平衡，包括总量上的平衡和结构上的平衡两个层次的内容。财政收入杠杆既可以通过增收或减收来发挥总量调控作用，又可以通过对不同财政资金缴纳者财政负担大小的调整，来发挥结构调整的作用。最后，财政收入可以调整国民收入初次分配形成的格局，缩小贫富差距，是实现社会财富公平合理分配的主要工具。

三、财政收入的原则

组织财政收入的过程，是以国家为主体参与社会产品或国民收入分配和再分配的过程，涉及各方面的利益分配关系。为了正确处理各方面的利益关系，在组织财政收入过程中，必须遵循一定的原则。

1. 发展经济、广开财源的原则

组织财政收入，筹集财政资金，首先要遵循发展经济、广开财源的原则。这是根据马克思关于社会再生产原理中生产决定分配理论提出的。马克思指出："一定的生产决定一定的消费、分配和这些不同要素相互间的一定关系"，他又指出："分配关系和方式只是表现为生产要素的背面……分配的结构完全决定生产的结构，分配本身就是生产的产物，不仅就对象说是如此，就形式说也是如此。就对象说，能分配的只是生产的成果，就形式说，参与生产的一定形式决定分配的特定形式，决定参与分配的形式。"这就是说，生产是决定分配的，没有生产就没有分配。财政作为重要的分配范畴，要以国家为主体参与社会产品或国民收入分配，首先要有可供分配的社会产品或国民收入，而可供分配的社会产品或国民收入则取决于社会经济的发展，因此，生产决定分配，经济决定财政，这就要求在组织财政收入的过程中，首先必须遵循发展经济、广开财源的原则。这也正如毛泽东同志所指出的："财政政策的好坏固然足以影响经济，但决定财政的却是经济。""从发展国民经济来增加我们的财政收入，是我们财政政策的基本方针。"实践证明，只有经济发展了，才能广开财源，增加国家财政收入。因此，财政部门在制订财政收支计划，特别是在组织财政收入工作中，一定要牢固树立"只有促进经济发展，才能增加财政收入的观点"。从当前我国来说，财政工作的一个重要方面，就是要促进社会主义市场经济的发展，通过深化改革，优化资源配置，促进生产经营单位转换经营机制，加强企业经营管理，加强经济核算，提高经济效益，以此广开财源，增加国家财政收入。

2. 合理确定财政收入数量界限的原则

财政收入是国家凭借政治权力参与社会产品或国民收入分配取得的收入。财政收入有一个数量界限问题，合理确定财政收入的数量界限，既可以达到"民不加赋而国用足"，又可以促进经济发展和人民生活水平的提高；反之，若取之无度，必然会给国民经济和人民生活带来严重危害。因此，合理确定财政收入的数量界限，使之"取之有度而民不伤"，便是组织财政收入时必须遵循的另一项重要原则。根据财政客观规律和实际工作经验的总结，财政收入的数量界限：一是财政收入增长的最高限量，即当年财政收入的增长速度和规模不能超过同期国民收入的增长速度和规模；二是财政收入的最低限量，即在正常年景下，当年财政收入的规模一般不能低于上一年已达到的水平。财政部门在组织财政收入时，要根据实际社会经济情况，合理确定财政收入的数量界限，切实做好财政收入工作。

3. 兼顾国家、集体和个人三者利益的原则

组织财政收入，筹集财政资金，必然涉及各方面的物质利益关系，特别是国家、集体和个人之间的物质利益关系。在财政分配问题上，尤其在组织财政收入过程中，如何兼顾国家、集体和个人三者利益，对于充分调动广大劳动者的积极性，对于促进社会主义经济持续稳定发展，对于保障国家财政收入，都具有十分重要的意义。兼顾国家、集体和个人三者利益，首先要保证国家利益。这是因为国家利益是社会产品或国民收入分配中劳动者为社会劳动部分的体现，主要用于巩固国家政权和社会主义经济建设，代表广大劳动人民的根本利益，同时，也是实现集体利益和个人利益的根本保证。其次要兼顾好集体利益。集体利益包括企事业单位和社会团体利益，是劳动者的局部利益。财政在正确处理各方面的分配关系时，固然集体的利益要服从国家全局的利益，但为了促进集体经济发展和社会各项事业的发展，在保证国家全局利益的前提下，要尽可能兼顾到集体的利益。最后要兼顾个人利益。个人

利益是国民收入分配中劳动者为自己劳动部分的体现，是劳动者个人的切身利益，也是国家利益和集体利益的归宿。财政在正确处理各种分配关系时，在保证国家利益和兼顾集体利益的同时，为了更好地调动广大劳动者的积极性，也要兼顾好劳动者个人的利益，并在经济建设持续发展的同时，使个人的物质文化生活水平能不断得到提高。

4. 区别对待、合理负担的原则

我国地域辽阔，人口众多，由于历史的原因，经济发展很不平衡。因此，我国组织财政收入，不仅要为实现国家职能筹集所需要的资金，而且还要根据党和国家对不同地区和各个产业、各个企业的不同方针政策，实行区别对待、合理负担的原则。区别对待是指对不同地区、不同产业和企业，因某种原因需要扶持和鼓励的情况，予以区别对待。合理负担是指除了按照负担能力合理负担外，对国家需要扶持和鼓励的地区、产业企业在负担上给予政策优惠，以促进这些地区经济、产业和企业的发展。

四、财政收入的分类

为了深入研究影响财政收入的各种因素，探寻增加财政收入的主要途径，加强对财政收入的管理，需要根据各种财政收入的特点和性质，对财政收入的内容进行一定的分类。

（一）依据收入形式分类

财政收入形式是指国家取得财政收入的具体方式。不同时期，财政收入的形式是有差异的。如在自然经济条件下，政府通过征收实物或劳务而取得财政收入，我国封建社会的"粟米之征"、"布缕之征"、"力役之征"等都是财政收入的具体形式。在现代公共财政中，财政收入可分为税收收入和非税收入。其中税收收入包括直接税和间接税，非税收入包括国有资产收入、公债收入、行政收入等。把财政收入分为税收收入和非税收入，目的在于突出税收收入在财政收入中的地位与作用。

1. 税收收入

税收是最古老的财政范畴，历史上又称为赋税、租税、捐税等。早在奴隶社会，税收就已经出现，在封建社会、资本主义社会以及社会主义社会中，税收不仅始终存在，而且随着社会的发展，发挥着日益重要的作用。

税收是国家为了实现其职能，凭借政治权力，按照法律规定的标准和程序，无偿地、强制地取得财政收入的一种形式。税收作为财政收入的形式，与其他收入形式相比较，具有强制性、无偿性、固定性的特征，税收的这三个特征，人们也常称为税收"三性"或税收的基本特征。在市场经济条件下，税收是一国政府取得财政收入的最主要形式。首先，在市场经济条件下，政府向社会提供的产品和服务绝大部分是难以分割的，从而不可能通过销售获得费用而弥补，因此只能更多地借助于税收去为政府筹资。其次，政府要实现对社会经济生活的广泛调节。税收因其固有的特征和作用而成为政府重要的收入形式与经济杠杆。从国内外的情况来看，市场经济国家税收收入为政府财政收入的主体，多占一国财政收入90%以上的比重。而税收收入之所以会成为一国政府财政收入的主体，主要是税收的特征所决定的。税收收入是现代国家最为重要的财政收入之一。

2. 非税收入

政府非税收入有广义和狭义两种概念。从狭义上说，政府非税收入是指除税收以外，由各级政府、国家机关、事业单位、代行政府职能的社会团体及其他组织依法利用政府权力、政府信誉、国家资源、国有资产或提供特定公共服务、准公共服务取得并用于满足社会公共需要或准公共需要的财政资金，是政府财政收入的重要组成部分，是政府参与国民收入分配和再分配的一种形式。按照建立健全公共财政体制的要求，政府非税收入管理范围包括行政事业性收费、政府性基金、国有资源有偿使用收入、国有资产有偿使用收入、国有资本经营收益、彩票公益金、罚没收入、以政府名义接受的捐赠收入、主管部门集中收入以及政府财政资金产生的利息收入等。从广义上说，除税收之外的所有财政收入均为政府非税收入，既包括狭义的政府非税收入，又包括政府债务收入。本章政府非税收入采用的是广义非税收入的概念。

由政府非税收入的含义可以归纳出政府非税收入独有的特征。相对于税收的强制性、固定性、无偿性三大特征，政府非税收入具有自己的特征。

（1）灵活性

政府非税收入的灵活性主要表现在以下三个方面：

一是形式多种多样。政府非税收入既可以按照受益原则采取收费形式收取，又可以为特定项目筹集资金而采取各种基金形式收取，还可以为矫正外部效应而采取罚款形式收取等。

二是时间灵活。有的政府非税收入是为了政府某一特定活动的需要，而在特殊条件下出现的过渡性措施，如三峡工程建设基金等有特殊用途的基金收入，一旦完成既定的目标，就应该"功成身退"，具有明显的阶段性和时效性的特点。

三是收取的标准灵活。各地方可以根据不同时期本地的实际情况制定不同的征收标准，比如我国幅员辽阔，各地经济发展和气候条件迥异，各地对污染的承受能力也不同，对污染采用收取排污费这种较为灵活的非税收入方式来调节，作为地方收入由各地自行确定具体的收费标准，可以实现治理各地环境污染和维持社会的可持续发展。因此，政府非税收入在时间、范围、形式、标准等方面都比税收要灵活得多。税收本身具有固定性，税收制度不可能经常变更，税收政策不可能随时进行调整，但是客观情况却是复杂多样不断变化的，在立项、收费的标准制定上的灵活性，决定了政府非税收入的广泛适用性，也正因为政府非税收入在设计和调整等方面比税收灵活，所以在体现国家宏观调控意图时，政府非税收入具有税收无法替代的特殊调控作用。

（2）不稳定性

政府非税收入的来源具有不确定和不稳定的特点。由于非税收入是对特定的行为和其他特定的管理对象征收，一旦该行为或该对象消失或剧减，某项非税收入也会随之消失或剧减。例如，惩罚性收费收入中的排污费收入就是根据当地的污染状况收取的，且随着该地区治污效果的提高而减少。非税收入的不确定和不稳定的特性，使其难以成为国家财政收入的主要来源，因此筹集财政资金也并非收取非税收入的主要目的。

（3）非普遍性

政府非税收入总是和社会管理职能结合在一起的，有特定的管理对象和收费对象，对各管理部门来说，其收费对象在一定的范围内，相对比较稳定。虽然收费对象可能存在项目上的重叠和交叉，但不具有普遍性。

（4）部分资金使用上的特定性

政府非税收入的使用往往与其收入来源联系在一起。如行政事业性收费收入应用于补偿使用政府提供的公共服务的成本，罚没收入往往用于补偿外部负效应，国有资产与资源收益原则上应用于国有资产的营运和国有资源的开发利用等。目前非税收入资金使用具有特定性（专款专用）的观点有所发展和变化，对于公共资源收入来说，即凭借国家对国有资产或国有资源所有权获得的收入除了补偿成本的部分外，应该建立公共资源收入全民共享机制，这就需要打破非税收入资金使用上的特定性规律。

阐述了非税收入的基本内涵、特点之后，有必要对政府非税收入的具体项目做详细的介绍。非税收入主要有以下几类具体项目：

（1）国有资产收益

国有资产收益主要是指政府通过对工商金融资产的经营或凭借对这些资产的所有权所获得的利润、租金、股息、红利、资金占用费等收入的总称。目前，国有资产收益的形式与数量主要取决于国有资产管理体制与经营方式。

由于我国长期实行以公有制为基础的经济制度，国有资产收入，尤其是来自国有企业的国有资产收益，一直是较为重要的财政收入来源。在国有企业实行利改税之前，国有企业不向国家缴纳所得税，利润上缴一直是国有企业向国家上缴财政收入的最主要形式。由于国有企业是我国国民经济的主体，所以利润上缴在很长时间里也就成为我国最主要的财政收入形式。

在现代企业制度下，企业是独立于投资者，享有民事权利、承担民事义务的经济主体，具有法人资格。企业的国有资产属于国家所有，即国家对国有资产拥有所有权，企业则拥有包括国家在内的出资者投资形成的全部法人财产权。其中，所有权是指财产所有者对财产依法享有的占有、使用、收益和处分的权利。企业法人的财产权是指由所有者委托或授权，企业依法对营运的财产行使的占用、使用、收益和处分的权利。在所有权与法人财产权相分离的条件下，财政分配主体与企业分配主体由过去的合二为一变为相对分离。以政府为主体的财政分配也不再包含以企业法人为主体的财务分配，财政不再统负企业盈亏。这样，财政与企业的分配关系，除了与各类企业的税收关系外，对国有企业或拥有国有股份的企业还有一层规范的资产收益分配关系，即国家以资产所有者身份采用上缴利润、国家股分红等形式，凭借所有权分享的资产收益。然后通过国有资产经营预算支出用于新建国有企业投资，对股份制企业的参股、控股以及对国家股的扩股，增资、兼并购买产权或股权等，以保持公有制资产在社会总资产中的优势。

（2）公债收入

公债收入是指政府以债务人的身份按照借贷原则，运用信用形式所获得的财政收入。具体形式包括在国内发行的各种公债（国库券、财政债券、保值公债、特种国债等）而取得的财政收入，也有政府直接向银行或外国政府、国际金融组织、国外商业银行的借款以及发行国际债券等取得的收入。在现代社会里，公债具有有偿性、自愿性、灵活性和广泛性等基本特征。公债是一个特殊的财政范畴，也是一个特殊的信用范畴，兼有财政与信用两种属性的公债收入不仅是筹集财政资金、弥补财政赤字的重要手段，还是国家调节货币流通量、平衡社会供求的重要工具，已成为一种不可缺少的重要财政收入形式。同时，公债是国家取得财政收入的一种特殊形式，这可以从三个方面来理解：第一，公债的特殊性在于与税收相比，不仅具有偿还性，而且具有自愿性；第二，公债是政府调节经济的杠杆，是政府进行宏观调控、保持经济稳定、促进经济发展的一个重要经济杠杆；第三，公债是一个特殊的债务范畴，它并不以财产或收益作为担保物，而是依靠政府的信誉发行。在一般情况下，公债比私债要可靠得多，而且收益率也高于普通的银行存款，所以通常被称为金边债券。

作为财政范畴，公债的出现比税收要晚。据有关文献记载，在奴隶社会公债开始萌芽。公元前 4 世纪，希腊和罗马出现了国家向商人、高利贷者和寺院借债的情况。在封建社会，由于战争引起财政支出的增加，公债有了进一步的发展。不过，封建国家在社会经济生活中所起的作用还远不及现代国家，因而在封建社会，公债规模较小，制度也不完备。只是到了资本主义社会，随着国家干预经济的加强，公债才真正发展起来。在现代社会里，公债因具有有偿性、自愿性、灵活性等特征，并具有弥补财政赤字、筹集建设资金、调节经济等多种功能，已成为一种不可缺少的财政收入形式。

我国从清朝末期开始发行国内公债。新中国成立以后，我国的国债发行大致可分为三个阶段：第一阶段是新中国刚刚成立的 1950 年，发行了总值为 302 亿元的"人民胜利折实公债"。第二阶段是 1954 年至 1958 年，发行了总值为 3546 亿元的"国家经济建设公债"。第三阶段是 1979 年以后，为适应改革开放和经济建设需要，我国从 1981 年起开始发行"国库券"。实践证明，公债是社会主义国家筹集资金的重要手段和调节经济的重要杠杆。伴随着改革的深入，为适应经济发展的需要，自 2009 年起，中央财政通过代发地方政府债券的形式发行 2000 亿元地方债。2014 年，随着新《预算法》的出台，地方政府允许独立发行地方债，这对于地方经济社会的发展具有重要的促进作用，当然举债的同时可能会面临着相应的财政风险。

政府借款是财政收入信用的重要形式，可分为国内政府借款和国外政府借款两种。国内政府借款包括政府向银行等金融机构借款、政府向企业单位借款和本级政府向上级或下级政府借入资金等形式。国外政府借款包括政府向外国政府借款、向国际金融机构借款、向国外商业银行借款以及出口信贷等形式。政府借款是世界各国，特别是发展中国家筹集财政资金的一种重要形式。清朝末期大量举借丧权辱国的外债。新中国成立以后，政府借款曾是财政收入信用中最常用但很不规范的一种形式。改革开放以来，随着公债的发展，国内政府借款日益规范化。

（3）政府行政事业性收费收入

政府行政事业性收费收入是指国家政府机关或国家事业机构等单位，在提供公共服务、产品、基金或批准使用国家某些资源时，向收益人收取一定费用的一种财政收入形式。主要包括规费收入、罚没收入、公产收入、特许金收入等，如执照费、证书费、契约费、管理费、经办手续费。这类收费虽然由于种类较多而各有特点，但有两个特点是共同的：一是这类收费的标准（价格）不是按市场原则来确定，而是由政府单方面定价来确定；二是这类收费基本上都与消费者接受服务和管理的自愿选择有关，即使是罚款也是以被罚款者选择了某种违规行为为前提的。

收费收入涉及面广，一般属于地方政府收入的主要来源。国家采用收费这种形式，主要是促进各单位和个人注重提高效益，发挥其调节社会经济生活的作用。收费形式贯彻利益报偿原则和费用补偿原则。利益报偿原则是指根据收益当事人所收利益大小来确定所缴纳的费用数额，费用补偿原则是指政府根据所提供的服务或产品、设备的成本来确定征收费用的数额。通常以利益报偿原则为征费的上限，以费用补偿原则为征费的下限。也就是说，收费的最高限额应根据利益报偿原则确定，最低限额应根据费用补偿原则确定。

①规费收入是指政府部门为居民、组织提供某些特殊服务或实施行政管理所收取的手续费和工本费，如执照费、证书费、契约费、管理费、经办手续费等。规费收入一般包括两类：一是行政规费，如工商执照费、户口登记费、结婚证书费等；二是司法规费，具体包括诉讼费和非诉讼费。

②罚没收入是指工商、税务、海关、公安、司法等国家机关和经济管理部门按规定依法收取的罚没收入以及处理追回的赃款和赃物的变价收入。

这一项目虽然收入数量有限，在财政收入中所占比重不大，但由于涉及面广，政策性强，加强对这部分的征收管理，将有助于建立良好的经济秩序和经营环境，保证社会经济秩序的稳定。

③公产收入是指国有山林等公产的产品收入，政府部门主管的公房和其他公产的租赁收入及变价出售收入等。

④特许金收入是指政府给予居民或企业、组织某种行为或营业活动的特许权所取得的收入。例如，娱乐场所的设立必须取得有关部门的批准，并依法缴纳特许经营费用，否则视为违法经营。这里政府收取的特许经营费用便是特许金。

（4）政府性基金

政府性基金是指各级人民政府及其所属部门根据法律、国家行政法规规定并经国务院或财政部批准，为支持某项事业发展，向公民、法人和其他组织征收的具有专项用途的资金，以及参照政府性基金管理或纳入基金预算、具有特定用途的财政资金。政府性基金主要包括各种基金（如三峡工程建设基金）、资金（如农业土地开发资金）、附加（如地方教育附加）和专项收费（如车辆通行费）等。政府性基金有以下特点：

①具有典型的非补偿性。政府性基金具有典型的非补偿性，政府凭借行政权力强制、无偿征收，与具有特定目的的税收性质相似，具有"准税收"性质。

②专款专用性。政府性基金积累起来的财政资源一般都只能用于支持特定项目的公共事业发展，而不能挪作他用，因而具有"专款专用"的特点。

③临时性。政府性基金往往是在政府财政资金不足以支持特定项目的公共事业发展，必须另辟渠道筹资时临时开征的；政府性基金一般都具有征收年限，一旦征收年限期满，收费项目也就自动失效。因此，政府性基金具有临时性的特征。

（5）国有资产收益

国有资产收益是国家凭借其所有权取得的收益。国有资产收益包括三类非税收入，即国有资本经营收益（即经营性国有资产收益）、国有资产有偿使用收入（即行政事业性国有资产收益）和国有资源有偿使用收入（即资源性国有资产收益）三类。

①国有资本经营收益

国有资本经营收益有广义和狭义之分。广义上的国有资本经营收益是指国有资本通过资本循环在生产经营活动中实现的价值增量。国有资产一旦进入到社会化大生产中，就会参与资本循环，产生新的剩余产品，实现价值量的增加，国有资产也就转化为资本，国有资本的侧重点在于从事的是资本运营，侧重于管股权；对于国有资本的管理，更多依赖的是经济手段，比如通过资产重组、企业购并、债务重组、产权转让、参股控股等方法，调节各生产要素，优化配置，健全国有资本支配。狭义上的国有资本经营收益仅指国家以所有者的身份，按照投资的份额从企业利润中分到的那部分收益，该收益缴入国家金库，作为政府预算收入的一部分，并通过预算安排，支出到生产或消费领域。

②国有资产有偿使用收入

国有资产有偿使用收入是行政事业单位和党政团体使用或处置国有资产时取得的收益。国有资产有偿使用收入包括国家机关、实行公务员管理的事业单位、代行政府职能的社会团体以及其他组织的固定资产和无形资产出租、出售、出让、转让等取得的收入，世界文化遗产保护范围内实行特许经营项目的有偿出让收入和世界文化遗产门票收入，利用政府投资建设的城市道路和公共场地设置停车泊位取得的收入，以及利用其他国有资产取得的收入。

③国有资源有偿使用收入

国有资源有偿使用收入是各级人民政府代表国家以国有资源所有者的身份将一定年限内的资源使用权出让给资源使用者，资源使用者按规定的标准向国家缴纳的相关费用。按照我国现行规定，国有资源有偿使用收入包括土地资源、海域资源、矿产资源、森林资源、水资源、无线电频率资源等有偿使用取得的收入，出租汽车经营权、公共交通路线经营权、汽车号牌使用权等城市公共资源有偿出让取得的收入，以及利用其他国有资源取得的收入。

其中，土地出让金是指各级政府土地管理部门将土地使用权出让给土地使用者，按规定向受让人收取的土地出让的全部价款，或土地使用期满，土地使用者需要续期而向土地管理部门缴纳的续期土地出让价款，或原通过行政划拨获得土地使用权的土地使用者，将土地使用权有偿转让、出租、抵押、作价入股和投资，按规定补交的土地出让价款。

（6）彩票公益金

彩票公益金是指经国务院批准，从彩票销售额中按规定比例提取的专项资金。目前，我国彩票公益金来源于福利彩票和体育彩票。

彩票公益金具有社会性、公益性和非营利性的特征。

①社会性是指彩票公益金是取之于民、用之于民的。彩票公益金是广大彩民"微笑纳税"，政府通过发行彩票，把社会上的闲散资金集中起来，用来弥补政府对公共事业投入的不足，彩票公益金的受益群体是社会的弱势群体，彩票公益金具有广泛的社会性。

②公益性是指通过发行彩票而筹集到的公益金，其好处是有专门用途的，用于社会公益事业的建设。在市场经济条件下，公益事业的投资由于没有直接的经济回报，不足以吸引私人部门的投资，或者私人资本根本不愿介入。但公益事业的发展水平、往往是综合反映一个国家社会经济发展水平、国民生活质量的主要标志，也是提高国民经济高效运行的保障。由于公益事业需要大量的资金支持和投入，需要更多的为公益事业筹集资金的途径。以彩票筹集公益事业资金，可以解决公益领域政府投资的不足问题。

③非营利性是指彩票从发行到使用及管理的每一个环节都不是以营利为目的的。彩票发行筹集的资金属性是国家财政性资金，有效地补充市场调节失灵的领域。世界上大多数国家的社会公益项目对公众都是免费的。根据我国的国情，适当收取一定的成本费用无可非议，但不得以营利为目的。

我国现行的彩票公益金制度是根据 2006 年 3 月 29 日财政部发布的《关于调整彩票公益金分配政策的通知》制定的，主要包括以下三个方面的规定：①彩票公益金在中央和地方之间按 1:1 的比例分配。②中央集中的彩票公益金在社会保障金、专项公益金、民政部和国家体育总局之间的分配比例分别为 60%、30%、5%、5%。③地方留成的彩票公益金，将体育彩票和福利彩票分开，坚持按彩票发行宗旨使用核算，由省级人民政府财政部门洽商民政、体育部门研究确定分配原则。

（7）罚没收入

罚没收入是指国家行政机关、司法机关和法律、法规授权的机构，依据法律、法规，对公民、法人和其他组织实施处罚所取得的罚没款以及没收赃物的直接收入，是国家财政非税收入的重要组成部分。

罚没是国家实施社会管理的一项重要手段，具有强制性、无偿性和不稳定性等特点，罚没方式和罚没数额以公民、法人和其他社会组织的违法类型与程度为前提。罚没收入初始形态的具体存在形式可以分为罚款、罚金、没收财产、没收赃款赃物以及追回赃款赃物等形式。罚款是国家行政机关依法对违法者强制征收的一定数量的货币，属于一种行政制裁；罚金是人民法院判处违法者限期向国家缴纳的一定数量的货币，属于刑罚的一种，是一种附加刑，也可以独立使用，罚金的数额应当根据犯罪情节的轻重确定；没收财产是将犯罪分子个人所得财产的部分或全部强制无偿地收归国有的刑罚；没收赃款赃物是国家行政机关依法将违法者的财产物品无偿地收归公有的一种行政处罚，主要有没收违反行政法规的用具、非法经营的物品、非法所得和违禁品等；追回赃款赃物是在机关、团体、事业单位和部队的内部发生贪污、受贿、盗窃国家和集体财产等案件，依法处理追回应上缴国家预算的赃款、赃物。

（8）其他政府非税收入

除以上所列政府非税收入项目外，我国政府非税收入还包括特许经营收入、中央银行收入、以政府名义接受的捐赠收入、主管部门集中收入和政府财政性资金产生的利息收入。

特许经营收入是指国家依法特许企业、组织或个人垄断经营某种产品或服务而获得的收入，属于政府非税收入的组成部分。

中央银行收入指中国人民银行在履行中央银行职能、开展各项业务经营的过程中获得的全部收入。

以政府名义接受的捐赠收入是指以各级政府、国家机关、实行公务员管理的事业单位、代行政府职能的社会团体以及其他组织名义接受的非定向捐赠货币收入，不包括定向捐赠货币收入、实物收入以及不以政府名义接受的捐赠收入。按照相关规定，以政府名义接受的捐赠收入必须坚持自愿原则，不得强行摊派，不得将其转交不实行公务员管理的事业单位、不代行政府职能的社会团体、企业、个人或者其他民间组织管理。

主管部门集中收入是指国家机关和实行公务员管理的事业单位、代行政府职能的社会团体及其他组织所属事业单位的收入，这部分收入必须经同级财政部门批准。今后，随着事业单位体制改革的深入进行，主管部门应当与事业单位财务实行逐步脱钩，即主管部门集中收入只是过渡性临时收入。

政府财政性资金产生的利息收入是指税收和非税收入产生的利息收入。目前，这部分收入一般按照中国人民银行的具体规定计息。

（二）按收入的性质分类

2007年，我国进行政府收支分类改革，其中，收入分类主要反映政府收入的来源和性质。根据目前我国政府收入构成情况，结合国际通行做法，按经济性质将政府收入分为类、款、项、目四级，具体包括六大类科目。根据《2018年政府收支分类科目》，政府收入分类、款两级，具体科目设置情况如下：

1. 税收收入

分设 20 款：增值税、消费税、营业税、企业所得税、企业所得税退税、个人所得税、资源税、城市维护建设税、房产税、印花税、城镇土地使用税、土地增值税、耕地占用税、车船税、船舶吨税、车辆购置税、关税、契税、烟叶税、其他税收收入。

2. 社会保险基金收入

分设 11 款：企业职工基本养老保险基金收入、失业保险基金收入、职工基本医疗保险基金收入、工伤保险基金收入、生育保险基金收入、新型农业合作医疗基金收入、城镇居民基本医疗保险基金收入、城乡居民基本养老保险基金收入、机关事业单位基本养老保险基金收入、城乡居民基本医疗保险基金收入、其他社会保险基金收入。

3. 非税收入

分设 10 款：政府性基金收入、专项收入、行政事业性收费收入、罚没收入、国有资本经营收入、国有资源（资产）有偿使用收入、捐赠收入、政府住房基金收入、专项债券对应项目专项收入、其他收入。

4. 债务收入

分设 2 款：中央政府债务收入、地方政府债务收入。

5. 转移性收入

分设 12 款：返还性收入、一般性转移支付收入、专项转移支付收入、政府性基金转移收入、国有资本经营预算转移支付收入、上解收入、上年结余收入、调入资金、债务转贷收入、接受其他地区援助收入、社会保险基金上解下拨收入、收回存量资金。

6. 贷款转贷回收本金收入

分设 4 款：国内贷款回收本金收入、国外贷款回收本金收入、国内转贷回收本金收入、国外转贷回收本金收入。

（三）国际分类方法

国际货币基金组织在《2001 年政府财政统计手册》中，将政府收入划分为税收收入、社会缴款、赠予、其他收入四类，具体情况如下。

1. 税收收入类

税收收入类细分为对所得、利润和资本收益征收的税收、对工资和劳动力征收的税收、对财产征收的税收、对商品和服务征收的税收、对国际贸易和交易征收的税收、其他税收等。

2. 社会缴款类

社会缴款类细分为社会保障缴款和其他社会缴款。其中，社会保障缴款又按缴款人细分为雇员缴款、雇主缴款、自营职业者或无业人员缴款、不可分配的缴款。

3. 赠予类

赠予类细分为来自外国政府赠予、来自国际组织赠予和来自其他广义政府单位的赠予。

4. 其他收入类

其他收入类细分为财产收入、出售商品和服务、罚金、罚款和罚没收入、除赠予外的其他自愿转移、杂项和未列明的收入等。

（四）按财政资金的管理方式分类

按财政资金的管理方式分类，我国财政收入可分为预算内和预算外两大类，这是我国特有的现象。

2011 年以前我国财政统计中的财政收入主要指预算内收入，它的特征是统一纳入政府预算，按政府预算立法程序实行规范管理，由各级政府统筹安排使用。预算内财政收入主要包括各项税收、专项收入、其他收入和国有企业亏损补贴。预算外收入是指国家机关、事业单位和社会团体为履行或代行政府职能，依据国家法律、法规和具有法律效力的规章而收取、提取和安排使用的未纳入政府预算管理的各种财政性资金，在使用上由各收费部门安排使用，不纳入财政收入统计，从其本质上看是收费，只不过是预算外收费而已。从 2011 年 1 月 1 日起，预算外资金管理的收入（不含教育收费）全部纳入预算管理。预算外资金收入的概念已逐渐消失。

（五）依据管理权属分类

依据管理的权属，可以分为中央财政收入和地方财政收入。

中央财政收入是指按照财政预算法律和财政管理体制规定由中央政府集中和支配使用的财政资金。中央财政收入主要来源于国家税收中的属于中央的税收、中央政府所属企业的国有资产收益、中央和地方共享收入中的中央分成收入、地方政府向中央政府的上解收入以及国债收入等。中央政府财政在一国纵向财政结构中居于主导地位，担负着国家安全、外交和中央国家机关运转所需费用，调整宏观经济结构，协调地区经济社会发展，实施宏观调控所必需的支出，以及跨省重大基础设施建设和重要事业发展支出等重任。因此，作为政府财力的重要组成部分，按照事权与财力匹配的原则，单一制国家的中央政府一般把财源稳定、充沛和涉及宏观调控的税种与非税财政收入直接控制在自己手中；联邦制国家则通过联邦宪法规定联邦政府拥有课税优先权和举债优先权，来确保中央（联邦）政府收入的主导地位。地方财政收入是指按照财政预算法或地方财政法规定划归地方政府集中筹集和支配使用的财政资金。

地方财政收入主要来源于地方税，地方政府所属企业的国有资产收益、共享收入中的地方分成收入以及上级政府的返还和补助收入等。在多级政府财政体系中，地方政府财政往往又由两级或两级以上构成，各级地方财政分别担负着区域政权机关运转所需费用和分级提供公共产品，满足企业和居民公共需要的职责，因此，地方财政在纵向财政结构中居于基础地位。在构建纵向财政结构时，须保证地方各级财政有自己稳定可靠的收入来源。

表 3－1　　　　　　　　中央和地方财政收入情况及占用收入的比重

年份	绝对数（亿元）			比重（%）	
	全国	中央	地方	中央	地方
1978	1132.26	175.77	956.49	15.5	84.5
1980	1159.93	284.45	875.48	24.5	75.5
1985	2004.82	769.63	1235.19	38.4	61.6
1990	2937.10	992.42	1944.68	33.8	66.2
1995	6242.20	3256.62	2985.58	52.2	47.8
2000	13395.23	6989.17	6406.06	52.2	47.8
2005	31649.29	16547.53	15100.76	52.3	47.7
2010	83101.51	42488.47	40613.04	51.1	48.9
2011	103874.43	51327.32	52547.11	49.41	50.59
2012	117253.42	56175.23	61078.29	47.91	52.09
2013	129209.64	60198.48	69011.16	46.59	53.41
2014	140370.03	64493.45	75876.58	45.95	54.04
2015	152269.23	62267.19	83022.04	45.49	54.51
2016	159604.97	72365.62	87239.35	45.34	54.66

第二节　财政收入规模

一、财政收入规模的含义

财政收入规模是指在一定时期内（通常为一年）国家以社会管理者、国有资产所有者或债务人等多种身份，通过税收、国有资产收益和公债等多种收入形式占有的财政资金的绝对量或相对量。

财政收入规模是衡量一国政府财力的重要指标，很大程度上反映了政府为社会提供公共产品和服务的能力。财政收入的持续增长是任何一个政府追求的目标，也是现代社会不断发展、政府职能不断扩大、财政开支不断增加的需要。对一个国家或者一个社会而言，财政收入的规模一定要适当，既不能过大，也不能过小。如果财政收入规模过大，政府集中的财力过多，就会压缩企业与个人的生产和消费，企业不能扩大再生产，个人不能按意愿消费，市场就会走向萧条，经济就会出现萎缩，全社会的经济效率就会受到影响；如果财政收入规模过小，政府的职能受到限制，不能满足公众对公共产品的需求，同样会降低社会的经济效率，财政收入的规模既要满足政府支出的需要，又要保证经济的持续发展。因此，财政收入规模是人们关注的热点问题。

二、财政收入规模的衡量指标

财政收入规模的大小可以从静态和动态两个角度进行分析，并分别采用两个不同的指标来描述：一是可以从静态的角度来描述，这是绝对量指标；二是可以从动态的角度来描述，这是相对量指标。

（一）财政收入规模的绝对量及其衡量指标

财政收入规模的绝对量是指一定时期内财政收入的实际数量。从静态考察，财政收入的绝对量反映了一国或一个地区在一定时期内的经济发展水平和财力集散程度，体现了政府运用各种财政收入手段调控经济运行、参与收入分配和资源配置的范围和力度；从动态考察，即把财政收入规模的绝对量连续起来分析，可以看出财政收入规模随着经济发展、经济体制改革以及政府机制的变化在调控经济运行、资源配置和收入分配中的范围及力度的变化趋势。

衡量财政收入规模的绝对指标是财政总收入，它是一个有规律、有序列、多层次的指标体系。

（二）财政收入规模的相对量及其衡量指标

财政收入规模的相对量是指在一定时期内财政收入与有关经济和社会指标的比例。体现财政收入规模的指标主要是其相对量，即财政收入与国民经济和社会发展有关指标的关系。

衡量财政收入相对规模的指标通常有两个：一是财政收入占国内生产总值（GDP）的比例，二是税收收入占 GDP 的比例。

1. 财政收入占 GDP 的比例

这一指标反映了在财政年度内国民生产总值当中由政府以财政方式筹集和支配使用的份额。它综合体现了政府与微观经济主体之间占有和支配社会资源的关系，体现了政府介入社会再生产分配环节调控国内生产总值分配结构，进而影响经济运行和资源配置的力度、方式和地位等。在 GDP 一定时，财政收入占 GDP 的比例越高，表明社会资源由政府通过财政预算机制集中配置的数额越多，私人经济部门的可支配收入相应减少。或者说，在整个社会资源配置中，政府配置的份额扩大，市场配置的份额相对缩小，从而引起社会资源在公共产品与私人产品之间的配置结构的变化。反之，财政收入占 GDP 的比例越低，表明政府介入国内生产总值分配和直接配置资源的份额和力度就越小，市场配置的作用和地位也就相对增强。财政收入占 GDP 的比例是衡量一国财政收入规模的基本指标，其他指标还有财政收入占国民收入的比例、分级财政体制下中央政府财政收入或地方政府财政收入占 GDP 的比例等。

2. 税收收入占 GDP 的比例

税收已成为现代财政收入中的最主要、最稳定和最可靠的来源，税收收入通常占财政总收入的 90% 左右。因此，财政收入的相对规模在很大程度上可由税收收入占 GDP 的比例体现出来。税收收入占 GDP 的比例又称为宏观税负率，它是衡量一国（地区）宏观税负水平高低的基本指标。

（三）反映财政收入规模变化的指标

反映财政收入规模变化的指标一般有三个：财政收入增长率、财政收入增长弹性系数、财政收入增长边际倾向。

（1）财政收入增长率是指当年财政收入与上年同期财政收入增长的百分比。

（2）财政收入增长弹性系数是指财政收入增长率与 GDP 增长率之比。财政收入增长弹性系数的大小说明财政收入增长与 GDP 同比的相对变化；财政收入增长弹性系数大于 1，说明增长快；反之，说明是缓慢增长甚至是负增长。

（3）财政收入增长边际倾向是指 GDP 每增加一个单位的同时财政收入增加多少，表明财政收入增长额与 GDP 增长额之间的关系，其经济含义与财政收入增长弹性系数基本一致。

三、财政收入规模的影响因素

（一）影响因素

公共财政收入规模是衡量一个国家财力的主要指标，综观世界各国历史，保持财政收入持续稳定的增长始终是各国政府的主要财政目标，而在财政赤字普遍存在的现代社会，谋求财政收入增长更为各国政府所重视。但是财政收入的规模及其增长速度并不只是以政府的意愿为转移的，它要受到各种政治、经济条件的制约和影响，财政收入规模具有客观性。从现实经济发展的实践看，公共财政收入的增长是多种政治经济因素综合作用的结果，包括经济发展水平、科技创新和技术变迁的能力、收入分配政策和分配制度、价格因素等，其中最主要的是经济发展水平和生产技术水平。

1. 经济发展水平

一个国家的经济发展水平，是国家经济规模大小和经济效益高低的综合反映，经济决定财政，一般来讲，经济发展水平高，财政收入总量较大；经济发展水平低，财政收入总量较小，经济发展水平制约财政收入总量。经济发展水平主要表现在人均占有 GDP 上。经济发展水平的提高，意味着可供政府集中的社会产品的增加，从财政收入的绝对值看，当政府参与 GDP 分配比例为一定时，政府实际取得的收入总额便增加；从财政收入相对额看，当政府集中的财政收入总规模不变，或财政收入增长速度慢于经济增长速度时，政府参与 GDP 分配的比例便相对下降，这将意味着在保证政府需要的基础上，私人经济部门的可支配收入相对增加，而这样一来，可能使微观经济活动更加活跃，并带动经济以更快的速度增长，为增加政府收入提供更雄厚的基础。

（1）生产规模

人们常说经济是"源"，财政是"流"，源远才能流长。而在经济活动中，生产就是这个源头，生产规模的大小是制约生产成果多少及其他经济活动的主要因素，在劳动生产率及其他条件不变的情况下，生产规模的扩大与国民收入的增加呈正比例变化，生产规模越大，所创造的国民收入越多，财政收入也越多。反之，生产规模萎缩也会导致国民收入和财政收入的减少。在制约财政收入的各个因素中，生产规模这一因素是最基本的因素，其他因素都将在它的基础上发生作用。

（2）劳动生产率

劳动生产率反映了生产活动中的劳动消耗与劳动成果之间的比值，它与劳动成果呈正比例变化，与劳动消耗呈反比例变化。这就是说，如果在对劳动消耗的补偿不变的情况下，提高劳动生产率，不但可以使所创造的国民收入得到增长，同时还改变了国民收入中 V 和 M 的构成，即 M 的比重增大，V 的比重减少[①]。因此，劳动生产率的提高为财政收入的增长速度超过国民收入的增长速度提供了可能。

（3）生产中的物耗水平

生产中的物耗包括两个方面：一是原材料等劳动对象的消耗，二是机器设备等劳动手段的消耗。物耗水平是生产技术水平的反映。在其他条件不变的情况下，采

---

① 根据马克思《资本论》中商品价值公式，V 是归劳动者个人消费的价值部分，是以劳动报酬的形式付给劳动者个人的部分；为了实现公平分配，可部分作为财政收入。M 是劳动者为社会创造的剩余产品价值，这是我国财政收入的主要来源。

用先进的生产技术，加强经济管理，降低物化劳动消耗在单位产品价值中的比重，可以使纯收入 M 增加。因此，物耗水平与财政收入呈反比例变化。物耗水平和劳动生产率这两个因素的综合则表现为生产的经济效益。

（4）国民经济结构

简单地讲，国民经济结构就是指国民经济中各部门的构成。它对财政收入的影响主要在于它的合理化。国民经济结构的主要体现就是国民经济结构的内在比例关系，包括部门结构、部类结构、产业结构、产品结构等。当这些结构的比例关系符合经济发展的客观要求时，经济运行就处在良性循环中，经济增长就会给公共财政收入带来充裕的财源；当这些比例关系失调时，经济发展就停滞、徘徊，甚至出现倒退，与此同时，公共财政收入的增长也会出现停滞和负增长。

从世界各国的现实情况看，发达国家的公共财政收入规模不论是其绝对量还是其相对量，都高于发展中国家，而在发展中国家中，中等收入国家又均高于低收入国家。根据国际货币基金组织世界经济展望（2013）的数据，2012 年，美国、英国、法国、日本一般政府收入占国内生产总值的比重分别为 31.76%、35.16%、51.96%、31.1%。而中国、印度分别为 22.64% 和 19.19%。再从几个发达国家的历史发展的纵向比较来看，英国、法国、美国 1880 年公共财政收入只相当于国民生产总值的 10% 左右，到 21 世纪，这一比例已经上升为 20%～40%。这也证明了经济决定财政的基本原理。

经济发展水平对财政收入规模的制约关系可以运用回归分析方法进行定量分析，回归分析是考察经济活动中的两组或多组经济数据之间存在的相关关系的数学方法，其核心是找出数据之间相关关系的具体形式，整理出历史数据，借以总结经验，预测未来。假设 Y 代表财政收入，X 代表国内生产总值，则有公式：$Y = a + bX$，其中 a 和 b 为待定系数。由此可确定这种相关关系是否存在，如果存在，可计算出 a 值和 b 值。b 值越大，财政收入和国民生产总值的相关度就越高。这里需要说明的是，尽管回归分析是一种科学的定量分析方法，但其应用也是有条件的，当有关经济变量受各种非正常因素影响较大时，应用回归分析就不一定能得出正确的结论。为了解决此类问题，在进行回归分析之前往往需要做一些数据处理，通常在数据中剔除非正常的和不可比的因素。

中外各国的经济实践表明，经济发展水平对公共财政收入的规模及其增长起着基础性制约作用。二者之间是源与流、根与叶的关系，源远才能流长，根深才能叶茂。

2. 科技创新和技术变迁的能力

生产技术水平蕴含于经济发展水平之中，并且对经济发展起着举足轻重的作用，较高的经济发展水平以较高的生产技术水平为支柱，所以对生产技术水平的分析是对经济发展水平分析的深化。

简单地说，生产技术水平是指生产中采用先进技术的程度，又可称之为技术进步。技术进步对财政收入规模的制约可从两个方面来分析：一是技术进步往往以生产速度加快、生产质量提高为结果。技术进步速度较快，GDP 的增长也较快，财政收入的增长就有了充分的财源。二是技术进步必然带来物耗比例降低。经济效益提高，产品附加值所占的比例上升。由于财政收入主要来自产品附加值，所以技术进步对财政收入的影响更为直接和明显。随着我国改革开放的不断深入，技术进步的速度正以前所未有的态势在加快，其对我国经济增长的贡献也日益突出，并且技术进步带来的经济效益的大幅度提高，直接对我国财政收入规模产生积极的影响。因此，促进技术进步、提高经济效益是增加财政收入首要的有效途径，在我国更是如此。

根据经济增长理论，判断一国经济增长的核心因素有三个：一是资本增长的潜力，二是生产结构的调整，三是科技创新和技术变迁、改进的程度。其中，受资本边际报酬递减规律所决定，资本投入对经济增长的影响虽然是巨大的，但其效应却是递减的。生产结构的调整对经济增长也具有巨大影响力，然而，生产结构的调整和升级却依赖于先进技术的支撑。实际上，经济增长、经济发展从根本上取决于科技创新和技术变迁的速度。科技创新与技术变迁之所以成为制约经济增长的最核心要素，是因为它能从根本上提高微观经济主体的自主创新能力和核心竞争力。而科技创新和技术变迁的结构，一方面使生产速度加快，生产质量提高，企业的竞争力增强；另一方面带来物耗比例降低，经济效益提高，产品附加值扩大，这必然会促进 GDP 的较快增长，并为公共财政收入的增长提供丰厚的财源。因此，对处于不同发展水平和发展阶段的国家来讲，正确评判自己的比较优势，选择适当的路径，积极鼓励和推动科技创新，加快技术改进和技术变迁的速度，是实现经济增长和经济发展、增加公共财政收入的根本途径。

受体制、财力投入和变迁路径等因素的影响和制约，我国科技创新和技术变迁的速度相对较慢，特别是我们具有较少提升核心竞争力的关键技术，这就极大地影响了我国经济增长的速度和可持续性，所以，"科技兴国"、"科技兴财"应成为我国长期坚持的基本国策。

3. 公共需求

一定时期政府需要多少财政收入，除了与当时的经济发展和生产技术水平有关以外，还与公共需求有着直接的关系。公共需求的扩大，客观上也要求财政收入规模必须随之扩大。纵观财政收入规模变化的历史可以发现，财政收入规模与公共支出规模一样，呈现不断增长的变化趋势。

引起公共需求增长的原因是多方面的，主要表现：（1）政府活动范围的扩大；（2）政府部门不断扩充和官僚主义行为的作用；（3）市场缺陷增大；（4）经济外部性范围扩大；（5）人们对公共产品需求的增加；（6）人口的增长和结构的变化。除此之外，军事费用的不断增长和物价上涨等因素，同样引起公共需求的增加。为了满足日益增长的公共需求，从绝对额看，财政收入规模必须随之扩大，但财政收入的相对规模是否相应扩大，还必须视经济发展和生产技术水平以及政府运用公共财政资源的效率等情况而定。如果经济发展及生产技术水平的提高快于公共需求的增长速度，政府运用公共财政资源的效率有较大的提高，则财政收入的相对规模会保持基本不变，甚至相对下降。

4. 收入分配政策和分配制度

如果说经济增长决定了财政赖以存在的物质基础，并对财政收入规模形成了根本性约束，那么政府参与社会产品分配的政策倾向则确定了财政收入的水平。我国改革开放以来的财政收入变化趋势大体走出了一条马鞍型的轨迹，而同时期 GDP 规模却是呈持续性增长态势。这说明，在一定时期内，在经济总量增长的前提下，财政收入规模（特别是相对规模）并非总是与其保持同样的变化格局。究其原因，主要是国家为适应经济改革深化的要求而调整分配政策所引起的。制约财政收入规模的另一个重要因素是政府的分配政策和分配体制。

所以，在不同的国家（即使经济发展水平是相同的）和一个国家的不同时期，财政收入规模也是不同的。一国政府在收入分配中越是追求公平，政府进行收入再分配的力度就会越大，政府要求掌握的财力就会越多。在国民收入或者社会产品水平同等的情况下，政府再分配的力度越大，财政收入规模就会越大。从收入分配的表现形式上看，其对财政收入规模的作用有两个：一是收入分配政策能够影响剩余产品在国民生产总值的比重，二是收入分配政策直接决定财政收入占剩余产品的份额。一般来说，计划经济体制国家比市场经济体制国家更强调收入分配公平，因而在剔除其他因素影响下，前者的财政规模会相对大一些。

从分配角度看，国民生产总值（GNP）由工资、利润、利息、折旧构成。在 GNP 一定时，其中任何一部分的分配额发生变化都可能引起政府、企业、居民个人之间分配关系的变化，从而引起公共财政收入规模的变化。分配制度和分配政策对财政收入规模的影响，具体表现为：一是政府通过分配制度规定固定资产的折旧办法、成本费用、列支标准、工资标准等，决定企业利润的大小，进而决定税源的大小。二是通过分配政策决定财政集中的程度，从而决定财政收入规模的大小。如在新中国成立之后的很长一段时间内，提倡"勤俭节约"、"勒紧裤带搞建设"，片面强调积累，忽视消费，公共财政收入占国民收入的比重相对较高。1953 年至 1978 年，公共财政收入占国民收入的比重平均为 34.3%。1979 年经济体制改革后，国民收入分配由高度集中于中央政府开始向企业和居民个人倾斜，公共财政收入占国民收入的比重呈现出不断下降的趋势，到 20 世纪 90 年代初已下降为 20% 左右。适当降低财政收入规模是经济体制改革的必然要求，但是财政收入占国民收入的比重过低，会造成财力过于分散，财政资金紧张，影响财政职能作用的发挥；为了加强政府的宏观调控能力，振兴国家财政，在党的十四届五中全会上，中央提出要"提高两个比重"的目标，即提高全国财政收入占国民收入的比重，提高中央财政收入占全国财政收入的比重。目前，公共财政收入相对规模指标下滑的势头已得到控制，财政集中程度有所回升。

收入分配政策对公共财政收入规模的制约主要表现在三个方面：一是收入分配政策决定剩余产品价值占整个社会产品价值的比例，进而决定财政分配对象的大小，即在 GDP 既定的条件下，剩余产品价值（M）占 GDP 的比重；二是收入分配政策决定财政集中资金的比例，即 M 中公共财政收入所占比重；三是财政分配政策的实施受经济运行态势的影响和制约，一般情况是，扩张性的财政政策可能会降低公共财政收入占 GDP 的比重，而紧缩性财政政策可能会提高公共财政收入占 GDP 的比重。

在其他因素不变的条件下，GDP 的分配格局是分配制度变革的反映和结果。在不同的经济体制和分配体制下，公共财政收入的规模及其增长速率取决于经济类型和分配制度本身的健全完善程度及制度执行的效率。我国正在进行的不断深化的市场化改革，使得市场在资源配置中发挥越来越强的基础性作用，收入分配中的按劳分配和按要素分配的结合，实际上也是突出了市场在分配领域中的作用。这种分配制度的变迁必然影响到公共财政收入的规模及增长速度。因此，公共财政收入相对比重的下降是正常的，问题在于要进一步健全制度，提高制度执行的效率，减少漏损，规范分配秩序，以使收入的分配更好地兼顾公平和效率。从以上分析可以看出，在经济体制改革中调整分配政策和分配体制是必要的，但必须有缜密的整体设计，并要考虑国家财政的承受能力。

5. 价格因素

财政收入是一定量的货币收入，它是在一定的价格体系下形成的，又是按一定时点的现价计算的，所以，由于价格变动引起的 GDP 分配的变化也是影响财政收入增减的一个不容忽视的因素。价格变动对财政收入的影响，首先表现在价格总水平升降的影响。在市场经济条件下，价格总水平一般呈上升趋势，一定范围内的上涨是正常现象，持续地、大幅度地上涨就是通货膨胀；反之，则为通货紧缩。随着价格总水平的上升而财政收入同比例的增长，则表现为财政收入的"虚增"，即名义增长而实际并无增长。在现实经济生活中，价格分配对财政收入的影响可能出现各种不同的情况。

（1）财政收入增长率高于物价上升率，其高出的部分为财政收入的实际增长；

（2）物价上升率高于财政收入增长率，财政收入名义上正增长，而实际上负增长，财政收入实际上是下降的；

（3）财政收入增长率与物价上升率大体一致，财政收入只有名义增长，而实际不增不减。

在现实经济生活中，价格分配对财政收入增减的影响，主要取决于两个因素：一是引发物价总水平上升的原因，二是现行的财政收入制度。

一般来说，连年的财政赤字通常是通货膨胀的重要原因。假如物价总水平的上升主要是由财政赤字引致的，即流通中过多的货币量是因弥补财政赤字造成的结果，国家财政就会通过财政赤字从 GDP 再分配中分得更大的份额；在 GDP 只有因物价上升形成名义增长而无实际增长的情况下，财政收入的增长就是通过价格再分配机制实现的。因此，财政收入的增量通常可分为两部分：一是 GDP 正常增量的分配所得，二是价格再分配所得。后者即为通常所说的"通货膨胀税"。决定价格对财政收入影响的另一个因素是现行财政收入制度。如果是以累进所得税为主体的税制，纳税人适用的税率会随着名义收入增长而提高，即出现所谓"档次爬升"效应；当然也会随着名义收入下降而降低档次，从而财政在价格再分配中所得份额将有所增减。如果实行的是以比例税率的流转税为主体的税制，这就意味着税收收入的增长率等同于物价上涨率，财政收入只有名义增长，而不会有实际增长。如果实行的是定额税，在这种税制下，税收收入的增长总要低于物价上涨率，所以财政收入即使有名义增长，而实际上必然是下降的。

另外，价格变动的情况不同，造成价格变动的原因不同，对财政收入规模的影响也不相同。在一定的财政收入制度下，当商品的比价关系向有利于高税商品（或行业）变动时，即高税商品价格涨幅大于低税商品价格涨幅时，财政收入会有更快的增长，即财政收入的规模将会变大；反之，当商品的比价关系向有利于低税商品（或行业）变动时，即低税商品价格涨幅大于高税商品价格涨幅时，财政收入的规模将会变小。

除了价格总水平外，价格结构性的变化也会引起财政收入的变化。因为不同商品的价格变化会引起不同部门或行业收入的变化，致使收入部门结构发生变化，会对财政收入规模产生影响。

表3－2　　　　　我国零售物价上涨率与财政收入增长率对比表　　　　单位:%

年份	零售物价上涨率	财政收入增长率
1984	2.8	20.20
1986	6.0	5.80
1994	21.7	19.99
2004	2.8	21.37
2005	0.8	20.08
2006	1.0	24.40
2007	3.8	30.30
2008	5.9	19.50
2009	−1.2	11.70
2010	3.1	21.30
2011	4.9	25.00
2012	2.0	12.90
2013	1.4	10.20
2014	1.0	8.60
2015	0.1	5.80
2016	0.7	4.50

资料来源：根据相关网站资料整理。

6. 战争等特殊因素

当一个国家面临战争、巨大的自然灾害以及严重的经济危机等特殊情况时，政府公共支出的数量会急剧增长。与此相适应，政府财政收入的规模也会相应有所扩大。这种扩大开始多是以债务收入的形式来实现的。但在战争、灾难和危机过后，面对债务的偿还时，政府自然而然地会提高税收的征收比重，从而使政府财政收入的绝对额和相对额较之以前有较大的提高而很难恢复到以前的水平。

7. 管理水平

财政收入总是通过设计收入制度和建立相关的征管机构来获得的。因此，在既定收入政策下，收入制度设计是否科学合理、征管机构的设置和工作是否讲求效率都会对征收成本和最终形成的财政收入规模产生影响。

适度的公共财政收入规模是保证资源配置高效、收入分配合理，经济社会稳定健康协调发展的重要条件。因为公共财政收入规模过小，政府应该办的事情办不了，必然会影响社会健康发展；而公共财政收入规模过大，必然会对私人部门产生排挤效应，影响甚至干扰市场机制的正常运行，降低经济运行的质量和效率。因此，合理确定公共财政收入的规模以及公共财政收入占 GDP 的比重具有重要的理论意义和实践意义。

讨论财政收入的规模，很容易让人思考：政府财政收入在一国的国民生产总值中究竟应占多大的比重合适。实际上这很难用一个十分准确的数字指标来衡量。一般情况下，应通过横向（国际上）和纵向（历史上）的比较，并考虑各种制约因素的影响来加以确定。而衡量财政收入的规模或比重是否合理，则应当以能否促进经济的发展和社会的进步为基本标准。

（二）　财政收入规模的确定

1. 合理确定财政收入规模的重要性

适度的财政收入规模是保证社会经济健康运行、资源有效配置、国民收入分配使用结构合理、财政职能有效发挥，从而促进国民经济和社会事业的稳定、协调发展的必要条件。具体地说，合理确定财政收入占 GDP 的比例的重要意义有以下几点。

（1）财政收入占 GDP 的比例影响资源有效配置

在市场经济中，市场主体主要包括企业、居民和政府三个部分。各个主体对国民经济和社会发展具有不同的职能作用，并以一定的资源消耗为实现其职能的物质基础。而社会经济资源是有限的，各利益主体对资源的占有、支配和享用，客观上存在着此增彼减的关系。按照边际效益递减规律，无论哪一个利益主体的资源投入增量超过了客观上所需要的数量，就整个社会经济资源配置而言，都不会实现资源配置的最优化。问题的焦点集中在政府对有限经济资源的集中配置程度，即财政收入占 GDP 的比重上。理想状态的集中度应是政府集中配置的资源与其他利益主体分散配置的资源形成恰如其分的互补关系，或者说，形成合理的私人产品与公共产品结构，使一定的资源消耗获得最优的整体效益。

（2）财政收入占 GDP 的比例影响经济结构的优化

在一定时期内，可供分配使用的国内生产总值是一定的，但经过工资、利息、利润、财政税收等多种分配形式的分配和再分配最终形成的 GDP 分配结构则有可能是多种多样的，分配结构不同对产业部门结构的影响也就不同。在 GDP 一定时，若政府财政集中过多，就会改变个人纳税人的可支配收入用于消费与投资的结构，税负过高也会降低企业纳税人从事投资经营的积极性。当然，在宏观财税负担一定时，若财税负担在不同产业部门、不同地区、不同所有制等之间的分布不合理，也会误导生产要素向财税负担相对较轻的产业、地区和所有制的不合理流动，而造成 GDP 的生产与分配结构失衡，影响整个国民经济的稳定协调发展。

（3）财政收入占 GDP 的比例既影响公共需要的满足，也影响个别需要的满足

经济生活中的任何需要（公共需要和个别需要）都要以 GDP 所代表的产品和劳

务来满足。政府征集财政收入的目的在于实现国家职能，满足公共需要。公共需要是向社会提供的安全、秩序、公民基本权利和经济发展的社会条件等方面的需要。其中，既有经济发展形成的公共需要，又有社会发展形成的公共需要。前者的满足，可直接推动社会经济发展；后者的满足，则可直接推动社会发展并间接推动经济发展。总之，满足公共需要实际上形成了推动经济、社会发展的公共动力。GDP 中除财政集中分配以外的部分，主要用于满足个别需要。个别需要是企业部门和家庭的需要，满足个别需要是经济生活中形成个别动力的源泉。个别动力对国民经济发展具有直接的决定作用，实际上，公共动力对经济社会的推动作用最终也要通过个别动力来实现。而个别动力对经济的决定作用也需要借助于公共动力的保障来实现。在 GDP 一定时，需要寻找公共需要满足程度与个别需要满足程度的最佳结合点，实际上也就是财政收入占 GDP 的合理比例。

2. 财政收入规模的确定

财政收入规模是由多种因素综合决定的，不仅在不同国家里财政收入规模有较大差异，而且在同一国家的不同历史时期，财政收入规模也不相同。因此，在现实财政经济生活中，很难用一成不变的固定数值或比例来衡量世界各国各个时期财政收入规模的合理性。当然，这也并不是说适度、合理的财政收入规模就无法测定。实际上，在一定的时间和条件下，衡量一国财政收入规模是否适度、合理，大致有一个客观标准。这个标准主要包括两个方面。

（1）效率标准

效率标准是指政府财政收入规模的确定应以财政收入的增减是否有助于促进整个资源的充分利用和经济运行的协调均衡为标准。

第一，资源利用效率。征集财政收入的过程，实际上是将一部分资源从企业和个人手中转移到政府手中的过程，转移多少应考察是否有助于提高整个资源的配置效率。若财政集中过多，虽然政府能为企业和居民提供良好的公共服务，但因相应地加重了微观主体的财税负担，使微观经济主体的活动欲望、扩张能力、自主决策能力等都因缺乏资源基础而受到不恰当的限制，不利于经济发展和提高效率；若财政集中过少，微观经济主体虽然因减轻了财税负担而有足够的活力从事投资和消费活动，但同时也会因政府缺乏经济资源导致公共服务水准下降，从而直接或间接地增加微观经济主体的单位产品消耗、提高交易成本和产生消费结构畸形等，出现资源配置和利用的低效浪费现象。总之，财政转移资源所产生的预期效率应与企业和个人利用这部分资源所产生的预期效率进行比较，若国家利用的效率高，则可通过提高财政收入占 GDP 的比重来实现转移；否则应降低这一比例。

第二，经济运行的协调均衡。一般来说，当经济处于良好态势时，财政收入规模应以不影响市场均衡为界限，这时的财政收入规模应该既能满足公共财政支出需要，又不对市场和经济发展产生干扰作用。当经济运行处于失衡状态时，财政收入规模就应以能够有效地矫正市场缺陷、恢复经济的协调均衡为界限。

（2）公平标准

公平标准是指在确定财政收入规模时应当公平地分配财税负担。具体地说，就是财政收入占 GDP 的比例要以社会平均支付能力为标准，具有相同经济条件的企业和个人应承担相同的财税负担，具有不同经济条件的企业和个人应承担不同的财税负担。在公平负担的基础上，确定社会平均支付能力，并据此确定财政收入规模，尤其是财政收入占 GDP 的比例。

第三节 财政收入结构

在探讨财政收入规模的同时，还必须对财政收入结构进行由浅入深的进一步分析。财政收入结构可以根据研究角度的不同和对实践分析的不同进行分析。目前，各国学者主要从财政收入分项目构成、财政收入所有制构成、财政收入部门构成等方面对财政收入结构进行分析。

一、财政收入分项目构成

财政收入分项目构成是按财政收入形式分析财政收入的结构及其变化趋势。

这种结构的发展变化是我国财政收入制度变化的反映。从财政收入的项目看，各国财政收入的主体都是税收收入，而国有资产收益和收费等只是财政收入的补充形式。

在过去的计划经济体制下，财政收入对国有企业主要采取上缴利润和税收两种形式。由于实行统收统支体制，区分上缴利润和税收并没有实质性的意义，而且长期存在简化税制、以利代税的倾向，所以直到改革前夕的 1978 年，以上缴利润为主的企业收入项目仍占财政收入的 50% 以上。改革开放后，随着经济体制改革的逐步深化，税收才逐步取代上缴利润，至今已占主导地位。1993 年的第一步"利改税"迈出了重要的一步，就是对国有企业开征企业所得税。1994 年的第二步"利改税"又将原先已经简并过的工商税重新划分为产品税、增值税、营业税和盐税，同时开征或恢复了资源税等其他一些税种，这就大大增强了税收的财政收入作用和经济调节作用。为了适度集中财力，1983 年开始征集能源交通重点建设基金，1989 年开始征集预算调节基金，1991 年又开始征集教育费附加。但随后对国有企业进行了改制并在较长一段时间内实行企业包干制。企业包干实际上就是将已经开征的国有企业所得税包干上缴，而且不是按固定比例上缴，是按包干合同分别核定每个企业上缴的金额或比例，实际上已经失去了税收的性质。但为了维持"利改税"已经取得的成果，在财政核算上仍将包干收入计入税收项下，这样在形式上维持了税收在财政收入中的主导地位。1994年，工商税实行全面改革，同时停止了能源交通重点建设基金和预算调节基金的征集，从此才最终奠定了税收在财政收入中的主导地位。1996年，各项税收占财政收入的95.3%，各项税收中工商税收占76.3%，工商税收中增值税、消费税、营业税共占88%，企业收入自1994年开始从财政收入项目中消失。这些数字说明，1978年改革开放以来，我国财政收入的比重逐年上升，非税收收入的比重逐年下降，直到今天，财政收入结构已发生了根本性的转变。这个转变既显示了我国四十多年改革的成果，又坚定了我国财税进一步改革的决心和信心。

表3-3反映了新中国成立以来财政收入的构成情况，从表3-3中我们可以看出，随着经济社会的发展，我国财政收入结构发生了不小的变化。

表3-3　　　　　　　　　　新中国成立以来财政收入的构成情况　　　　　　单位：亿元

年份	财政收入合计	税收	企业收入	企业亏损补贴	能源交通重点建设基金收入	其他收入
1950	62.17	48.98	8.69			4.50
1960	572.29	203.65	365.84			2.80
1970	662.90	281.20	378.97			2.73
1980	1159.93	571.70	435.24			152.99
1985	2004.82	2040.79	43.75	-507.02	146.79	280.51
1990	2937.10	2821.86	78.30	-578.88	185.08	430.74
1995	6242.20	6038.04		-327.77	17.42	514.51
2000	13395.23	12581.51		-278.78		1092.50
2005	31649.29	28778.54		-193.26		3064.01
2010	83101.51	73210.79				9.890.72
2011	103874.43	89738.39				14136.04
2012	117253.52	100614.28				16639.04
2013	129209.64	100530.70				18678.94
2014	140370.03	119175.31				21194.72
2015	152269.23	124922.20				27347.03
2016	159604.97	130360.73				29244.24

注：表中未含债务收入。

从表3-3可以看出，从新中国成立到改革开放初期，我国财政收入中来自企业的财政收入在多数年份里都占50%以上。但20世纪80年代中期以后在我国财政收入中来自税收的比重基本是在90%以上（见表3-4）。

表3-4　　　　　　　1994—2016年税收收入占财政收入的比重

年份	税收收入（亿元）	财政收入（亿元）	税收收入占财政收入的比重（%）
1994	5126.88	5218.10	98.3
1995	6038.04	6242.20	96.7
2000	12581.51	13395.23	93.9
2005	28778.54	31649.29	90.9
2010	73210.79	83101.51	88.1
2011	89738.39	103874.43	86.4
2012	100614.28	117253.52	85.4
2013	110530.70	129209.64	85.5
2014	119175.31	140370.03	84.9
2015	124922.20	152269.23	82.0
2016	130360.73	159604.97	81.7

二、财政收入所有制构成

财政收入所有制构成是指来自不同经济成分的财政收入所占的比重。这种结构分析的意义在于说明国民经济所有制构成对财政收入规模和结构的影响及其变化趋势，从而采取相应的增加财政收入的有效措施。

财政收入按经济成分分类，包括来自国有经济成分的收入和来自非国有经济成分的收入两个方面。对财政收入做进一步细分，则有来自全民所有制经济的收入、集体所有制经济的收入、私营经济的收入、个体经济的收入、外资企业的收入、中外合资企业的收入和股份制企业的收入。

一般而言，在整个经济中占主导地位的所有制经济将贡献较多的财政收入。我国经济以公有制为主体，国有经济居支配地位，同时允许并鼓励发展城乡个体经济、私营经济、中外合资经营企业和外商独资企业。在过去传统经济体制下，国有经济居绝对主导地位，自然财政收入主要来自国有经济。比如，在改革开放前的大部分时期，全民所有制经济（国有经济）在社会经济生活中财政收入占据了绝对的主导地位，财政收入则大部分来源于全民所有制经济，一般比重均在80%以上。

但自从改革开放以来，集体经济及其他非国有经济的发展速度远远超过国有经济，在GDP以及工业总产值中所占的比重迅速提高，而它们所提供的财政收入的增长速度却相对缓慢，同这些经济成分的增长速度不相称。出现这种情况的原因主要有以下几点：一是税率高的企业，如石化、烟酒等行业主要还是由国有企业经营，相应的国有经济上缴的比重较大。二是改革开放以来，长期未能实现税制的统一，特别是外商投资企业能够享受到许多内资企业不能享受的税收优惠政策，目前虽有改善，但是效果并不明显。这种税收政策的倾斜自然把重负压在国有经济身上。三是集体经济和个体经济以小型企业居多，征管难度较大，税收征管上存在抓大轻小的倾向，税收管理漏洞较大。

财政收入结构的这种变化趋势，是与中国经济体制的发展过程大体吻合的。新中国成立初期，个体和私营经济在国民经济中占有相当的比重，来自两者的财政收入占40%以上。随着社会主义改造的进行，国有经济和集体经济的比重急剧增加，"一五"时期来自国有经济的财政收入达69.40%，来自集体经济的达9.80%，个体和私营经济则退居次要地位，之后形成的经济体制使国有化程度进一步提高。1979年以后，随着经济体制改革的推进，集体和其他经济成分有了较快的发展，提供的财政收入逐年增加，国有经济的比重有所下降。

改革开放后，来源于国有经济的财政收入逐年下降，但仍然保持主导地位。混合所有制经济和民营经济虽然在国民经济中所占比重越来越大，但对财政收入的贡献却增长比较缓慢，与其经济增长速度并不相称。据国家统计局测算，在工业总产值中，国有经济目前只占到25%的比重，在全部财政收入中，却有60%以上仍然是由国有经济提供的。国有经济作为财政收入支柱的地位基本不会改变。造成财政收入结构与国民经济结构不相称的原因有两个方面：一是财政收入制度方面的原因，二是税收征管方面的原因。

三、财政收入的部门构成

财政收入的部门结构分析，在于说明各生产流通部门在提供财政收入中的贡献及其贡献程度，便于根据各产业的发展趋势和特点，合理组织财政收入，并开辟新的财源。这里的部门有双重含义：一是按传统意义上的部门分类，分为工业、农业、建筑业、交通运输业及服务业等；二是按现代意义上的产业分类，分为第一产业、第二产业和第三产业。这两种分类的依据虽然不一样，但对财政收入部分结构分析的意义却是一致的。

直接来自第一产业的收入，主要是农牧业税。由于我国第一产业劳动生产率较低，以及长期以来对这一产业贯彻稳定负担政策和轻税政策，农牧业税在全部财政收入中占的比重很小，农村税费制度改革前这一比重为3%~5%；20世纪90年代末，我国开始推行农村税费制度改革，来自第一产业的财政收入逐步减少，至2006

年我国废止了《农业税暂行条例》，农业进入了相对无税的时代。间接来自第一产业的收入，主要表现为由于工农业产品交换中存在"剪刀差"，使农业部门创造的一部分价值转移到以农产品为原料的轻工部门来实现。我国曾为了缩小"剪刀差"，大幅度提高农副产品收购价，但由于农业劳动生产率不可能迅速提高，工农产品的"剪刀差"不可能立即消除。因此，农业通过价格转移为财政提供收入的情况会依然存在。

第二产业是国民经济的主导。我国财政收入的绝大部分直接来自第二产业，因此，第二产业对财政收入的状况起决定作用。因为第二产业生产技术装备先进，劳动生产率高，创造的剩余产品价值多，同时，第二产业在我国主要是国有企业，创造的社会纯收入大部分上缴国家，所以第二产业是财政收入的最主要来源。过去我国工商税收是在生产环节征收，所以工业部门提供的财政收入在整个财政收入中所占的比重较高，1985年以前一直占到60%以上。随着税制的改革，主要是实行增值税以后，所占比重虽有所下降，但仍占40%左右，仍然是财政收入的主要来源。但财政收入能否随着第二产业生产的发展而相应增长，一是取决于企业的经济效益，二是取决于产业内部各行业的比例结构：轻重工业之间、基础工业与加工工业之间等的比例关系。只有企业经济效益提高，各行业之间比例关系合理协调，财政收入才能相应增长。所以，加快企业改革特别是国有大中型企业改革，促进国有资本保值增值，提高国有经济竞争力，放大国有资本功能，是财政收入增加的关键。

第三产业部门创造的价值也构成国民生产价值的一部分，同时也是构成财政收入的来源因素。第三产业产值在国民生产总值中的比重随经济发展程度而发生变化。随着社会生产力发展和科学技术的进步，第三产业产值占国民生产总值的比重越来越高，这是各国产业发展的一般趋势。与此同时，财政收入来源于第三产业的比重越来越高。在发达国家，第三产业创造的价值占GDP的比重已达60%，提供的财政收入占国家财政收入的50%以上，第三产业对于国民经济和财政收入的贡献度越来越高。而我国长期以来第三产业严重滞后，工业和农业两大生产部门创造的国民收入始终占国民收入总额的80%左右，两大部门，特别是工业部门提供的财政收入在财政收入总额中占据较高的比重，来自第三产业（主要为商业、交通运输业、建筑业等）的财政收入所占比重不高。

近年来，随着社会经济的发展，生产力水平的提高和价格体系的合理确定，第三产业在我国已经有了快速发展，特别是1994年我国工商税制改革以后，增值税的作用显著增强，以商业、交通运输业、邮政通信业等为龙头的第三产业提供的收入增长迅速，已占整个税收收入的40%以上。另外，随着我国房地产业和各种服务业的快速发展，这些行业已经成长为我国财政收入非常重要的来源。为此，必须加强对第三产业部门的管理，建立科学化、系统化的管理制度，并加强税收的征收管理，通过大力发展第三产业来进一步推动财政收入的不断增长。在注重从工农业部门筹集财政收入的同时，通过加强对第三产业部门的管理，提高从交通运输业、商业及其他部门筹集财政收入的能力，也是今后财政收入筹集工作的一项重要内容。

表 3-5　　　　　我国税收收入的产业部门构成　　　　单位：亿元、%

年份	第一产业		第二产业		第三产业	
	绝对值	占比	绝对值	占比	绝对值	占比
2010	78.21	0.10	40615.00	52.48	36701.00	47.42
2011	81.26	0.08	49797.00	52.02	45851.00	47.90
2012	120.35	0.11	54836.00	49.51	55808.00	50.38
2013	160.63	0.13	56721.00	47.28	63079.00	52.58
2014	203.91	0.16	60015.00	46.33	69322.00	53.51
2015	179.22	0.13	61476.70	45.20	74365.91	54.67
2016	234.91	0.17	60854.30	43.31	79414.83	56.52
2017	179.71	0.12	67876.82	43.58	87682.75	56.30

资料来源：根据 Wind 资讯计算而得。

由于各个国家的产业结构总是处在不断调整和变化中，因此，在行业间存在平均利润率作用的情况下，财政收入的部门结构分析可以通过不同部门提供的收入在全部财政收入中的比重来反映不同产业部门在国民经济中的地位，提供财政收入比重较高的部门通常在国民经济中处于较重要的地位，反之则地位较弱。这种结构状态如果与各产业在国民经济结构中的实际地位相一致，又与政府产业政策的取向基本一致，则可以维持目前政府与各部门之间的分配关系；而如果这种结构与各产业在国民经济中的实际地位不一致，则反映了财政现行分配政策上的偏向性。

本章小结

1. 财政收入是指政府为履行公共职能，满足公共支出的需要，依据一定的权力原则，通过国家财政集中的一定数量的国民收入。

2. 财政收入的原则：发展经济、广开财源的原则；合理确定财政收入数量界限的原则；兼顾国家、集体和个人三者利益的原则；区别对待、合理负担的原则。

3. 我国财政收入主要分类方法：按财政收入的形式，按财政收入的性质，按财政收入的管理方式，按财政收入的层次分类。

4. 财政收入规模是指一国政府在一个财政年度内所拥有的财政收入总水平，体现了国家对社会财力的集中程度，它可以从绝对量和相对量两个方面去分析。财政收入规模是衡量一国政府财力的重要指标，很大程度上反映了政府为社会提供公共产品和服务的能力。

5. 影响财政收入规模的因素包括经济发展水平和生产技术水平、分配政策和分配体制及价格因素。合理确定财政收入规模具有重大的意义。现代财政一般以效率标准和公平标准作为确定适当的财政收入规模的两个主要标准。从世界范围来看，发达国家财政收入占 GDP 的比重都较高，发展中国家由于受制于其经济发展水平和财政制度因素，这一比重相对较小。

6. 财政收入结构可以根据研究角度的不同和对实践分析的不同进行分析。目前，各国学者主要从财政收入分项目构成、财政收入所有制构成、财政收入部门构成等方面对财政收入结构进行分析。

本章重要概念

财政收入　公债　税收　规费　财政收入规模　财政收入结构　非税收入

复习思考题

一、名词解释
1. 财政收入
2. 财政收入形式
3. 财政收入来源
4. 财政收入规模
5. 预算内收入
6. 预算外收入
7. 财政收入结构

二、思考题
1. 财政收入的分类方法有哪些？
2. 财政收入有哪些形式，各自的主要特征是什么？你认为我国的哪些财政收入形式是合理的，为什么？
3. 衡量财政收入规模的指标有哪些？
4. 影响财政收入规模的因素有哪些？
5. 简述合理确定财政收入规模的重要性。
6. 如何合理确定财政收入的规模？
7. 如何从财政收入的产业来源角度理解财政收入结构？
8. 通货膨胀或通货紧缩对我国的财政收入规模各会有什么影响，作用机制分别是什么？

三、论述及思考题

试述衡量财政收入规模的指标及其影响因素，并分析其中哪一项起着决定作用。

四、案例讨论

我国财政收入规模的国际比较

一个国家财政收入占 GDP 的比重的高低受多种因素影响，但最根本的是取决于经济发展水平和政府职能范围的大小。一般经济发展水平越高，社会创造的剩余产品越多，可供政府运用的社会资源也就越多；政府职能越大，政府承担的社会事务越多，社会要求政府提供的公共产品和服务也就越多。这样，经济发展水平越高、政府职能越大的国家，财政收入占 GDP 的比重相应要高一些。因此，并没有一个统一公认的标准。

从可统筹安排财力的角度看，通常讲的财政收入占 GDP 的比重是指一般预算收入（包括税收收入和纳入一般预算管理的非税收入）占 GDP 的比重。2003—2007年，我国政府一般预算收入从 21715 亿元增长到 51304 亿元，占 GDP 比重从 16% 上升到 20%。其中，税收收入从 20017 亿元增长到 45622 亿元，占 GDP 的比重从 14.7% 上升到 17.7%。

除了一般预算收入以外，我国政府以行政权力和国有资产所有者身份集中的社会资源还包括政府性基金收入、财政专户管理资金收入、社会保险基金收入和土地出让收入四个部分。按照包括上述五个部分收入的大口径计算，2003—2007 年，我国政府财政收入从 32605 亿元增长到 77608 亿元，占 GDP 的比重从 24% 上升到约 30%，2008 年占 GDP 的比重约为 30%。

根据国际货币基金组织《政府财政统计年鉴（2007）》公布的 2006 年数据计算，全部 51 个国家的财政收入占 GDP 比重平均为 40.6%，21 个工业化国家的平均水平为 45.3%，30 个发展中国家的平均水平为 35.9%。其中，税收收入占 GDP 的比重的世界平均水平为 25.4%，工业化国家的平均水平为 29.5%，发展中国家的平均水平为 21.3%。

通过国际比较表明，我国政府财政收入占 GDP 比重不仅低于发达国家平均水平，而且低于发展中国家平均水平。

针对上述情况，根据正税清费的原则，通过进一步推进税费改革，规范财政收入秩序、优化财政收入结构，充分发挥税收筹集财政收入的主渠道作用，以增强政府的统筹协调和宏观调控能力，提高财政对政府履行公共服务职能的保障水平。

问题：

我国政府财政收入占 GDP 的比重为什么会低于发达国家及发展中国家的平均水平？

本章参考文献

［1］安秀梅．财政学（第三版）［M］．北京：中国人民大学出版社，2017．

［2］寇铁军，张晓红．财政学教程（第五版）［M］．大连：东北财经大学出版社，2018．

［3］王晓光．财政学［M］．北京：清华大学出版社，2018．

［4］唐祥来，康锋莉．财政学（第 2 版）［M］．北京：人民邮电出版社，2017．

［5］辛波．财政学［M］．北京：中国金融出版社，2011．

第四章
税收原理

学习目标

1. 掌握税收的概念和分类；
2. 了解税收原则的历史发展变化；
3. 熟悉我国税收的课税原则以及税负转嫁的形式和影响税负转嫁的因素。

第一节　税收概述

一、税收的基本概念

税收是国家（政府）公共财政最主要的收入形式和来源。税收的本质是国家为满足社会公共需要，凭借公共权力，按照法律所规定的标准和程序，参与国民收入分配，强制取得财政收入所形成的一种特殊分配关系。它体现了一定社会制度下国家与纳税人在征收、纳税的利益分配上的一种特定分配关系。

二、税收的形式特征

税收特征又称"税收的形式特征"，是指税收的分配形式区别于其他财政分配形式的质的规定性，与其他分配形式相比所具有的不同点。税收特征是由税收的本质决定的，是税收本质属性的外在表现，是区别税与非税的外在尺度和标志。税收的形式特征包括强制性、无偿性和固定性。

（一）强制性

税收的强制性是指税收是国家以社会管理者的身份，凭借政权力量，依据政治权力，通过颁布法律或政令来进行强制征收。负有纳税义务的社会集团和社会成员，都必须遵守国家强制性的税收法令，在国家税法规定的限度内，纳税人必须依法纳税，否则就要受到法律的制裁，这是税收具有法律地位的体现。强制性特征体现在两个方面：一方面税收分配关系的建立具有强制性，即税收征收完全是凭借国家拥有的政治权力；另一方面是税收的征收过程具有强制性，即如果出现了税务违法行为，国家可以依法进行处罚。

（二）无偿性

税收的无偿性是指通过征税，社会集团和社会成员的一部分收入转归国家所有，国家不向纳税人支付任何报酬或代价。税收这种无偿性是与国家凭借政治权力进行收入分配的本质相联系的。无偿性体现在两个方面：一方面是指政府获得税收收入后无须向纳税人直接支付任何报酬，另一方面是指政府征得的税收收入不再直接返还给纳税人。税收无偿性是税收的本质体现，它反映的是一种社会产品所有权、支配权的单方面转移关系，而不是等价交换关系。税收的无偿性是区分税收收入和其他财政收入形式的重要特征。

（三）固定性

税收的固定性是指税收是按照国家法令规定的标准征收的，即纳税人、课税对象、税目、税率、计价办法和期限等，都是税收法令预先规定了的，有一个比较稳定的试用期间，是一种固定的连续收入。对于税收预先规定的标准，征税和纳税双方都必须共同遵守，非经国家法令修订或调整，征纳双方都不得违背或改变这个固定的比例或数额以及其他制度规定。

三、税收的分类

税收分类是指按照一定的标准对各种税所进行的归类。即把相同或相似的税归为同一类，把不同的税归入不同类。它是研究税收特殊性和普遍性的一种方法，根据不同的研究需要和标准，可以产生不同的分类方法。税收分类有利于研究税制结构和税收负担，有利于分析研究税制的发展演变过程，有利于划分中央和地方各级财政收入，有利于加强税收管理。

（一）根据课税对象的属性分类

根据课税对象的属性分类，税收可分为流转税、所得税、财产税、资源税、行为税。

1. 流转税

流转税又称流转课税、流通税，指以纳税人商品流通环节的流转额或者数量以及非商品交易的营业额为征税对象的一类税收。流转税是商品生产和商品交换的产物，各种流转税（如增值税、消费税、关税）是政府财政收入的重要来源。

流转税的主要特征：

第一，以商品生产、交换和提供商业性劳务为征税前提，征税范围较为广泛，既包括第一产业和第二产业的产品销售收入，也包括第三产业的营业收入；既对国内商品征税，也对进出口的商品征税，税源比较充足。

第二，以商品、劳务的销售额和营业收入作为计税依据，一般不受生产、经营成本和费用变化的影响，可以保证国家能够及时、稳定、可靠地取得财政收入。

第三，一般具有间接税的性质，特别是在从价征税的情况下，税收与价格的密切相关，便于国家通过征税体现产业政策和消费政策。

第四，同有些税类相比，流转税在计算征收上较为简便易行，也容易为纳税人所接受。

2. 所得税

所得税又称所得课税、收益税，指国家对法人、自然人和其他经济组织在一定时期内的各种所得征收的一类税收。

所得税的主要特征：

第一，通常以纯所得为征税对象。

第二，通常以经过计算得出的应纳税所得额为计税依据。

第三，纳税人和实际负担人通常是一致的，因而可以直接调节纳税人的收入。特别是在采用累进税率的情况下，所得税在调节个人收入差距方面具有较明显的作用。对企业征收所得税，还可以发挥贯彻国家特定政策，调节经济的杠杆作用。

第四，应纳税税额的计算涉及纳税人的成本、费用的各个方面，有利于加强税务监督，促使纳税人建立、健全财务会计制度和改善经营管理。

3. 财产税

财产税是对法人或自然人在某一时点占有或可支配财产课征的一类税收的统称。财产是指法人或自然人在某一时点所占有及可支配的经济资源，如房屋、土地、物资、有价证券等。

财产税的主要特征：

第一，土地、房屋等不动产位置固定，标志明显，作为课税对象具有收入上的可靠性和稳定性。

第二，纳税人的财产情况，一般当地政府较易了解，适宜由地方政府征收管理，有不少国家把这些税种划作地方税收。如美国课征的财产税，当前是地方政府收入的主要来源，占其地方税收总额的80%以上。

第三，以财产所有者为纳税人，对于调节各阶层收入，贯彻量能负担原则，促进财产的有效利用，有特殊的功能。

4. 资源税

资源税是以各种应税自然资源为课税对象、为了调节资源级差收入并体现国有资源有偿使用而征收的一种税。资源税在理论上可区分为一般资源税和级差资源税，体现在税收政策上就叫作"普遍征收，级差调节"，即所有开采者开采的所有应税资源都应缴纳资源税；同时，开采中、优等资源的纳税人还要相应多缴纳一部分资源税。

资源税的主要特征：

第一，征税范围较窄。自然资源是生产资料或生活资料的天然来源，它包括的范围很广，如矿产资源、土地资源、水资源、动植物资源等。我国的资源税征税范围较窄，仅选择了部分级差收入差异较大，资源较为普遍，易于征收管理的矿产品和盐列为征税范围。随着我国经济的快速发展，对自然资源的合理利用和有效保护将越来越重要，因此，资源税的征税范围应逐步扩大。

第二，实行差别税额从价征收。2016 年 7 月 1 日，我国实行资源税改革，资源税征收方式由从量征收改为从价征收。

第三，实行源泉课征。不论采掘或生产单位是否属于独立核算，资源税均规定在采掘或生产地源泉控制征收，这样既照顾了采掘地的利益，又避免了税款的流失。这与其他税种由独立核算的单位统一缴纳不同。

5. 行为税

行为税是国家为了对某些特定行为进行限制或开辟某些财源而课征的一类税收。如针对一些奢侈性的社会消费行为征收娱乐税、筵席税，针对牲畜交易和屠宰等行为征收交易税、屠宰税，针对财产和商事凭证贴花行为征收印花税，等等。行为税收入零星分散，一般作为地方政府筹集地方财政资金的一种手段，行为课税的最大特点是征纳行为的发生具有偶然性或一次性。

行为税的主要特征：

第一，具有较强的灵活性。当某种行为的调节已达到预定的目的时即可取消。

第二，收入的不稳定性。往往具有临时性和偶然性，收入不稳定。

第三，征收管理难度大。由于征收面比较分散，征收标准也较难掌握，征收管理较复杂。

第四，调节及时。能有效地配合国家的政治经济政策，"寓禁于征"，有利于引导人们的行为方向，针对性强，可弥补其他税种调节的不足。

（二）根据税收的征收管理权和收入支配权分类

根据税收的征收管理权和收入支配权分类，税收可分为中央税、地方税和中央地方共享税。

1. 中央税

中央税是地方税的对称。由一国中央政府征收、管理和支配的一类税收。又称国家税，是根据税收的征收管理权及收入支配权进行的分类。在实行中央与地方分税制的国家，通常是将一些收入充足和稳定的税种作为中央税。

2. 地方税

地方税是中央税的对称。由地方政府征收的税。它属于地方财政的固定预算收入。按照1988年财政管理体制的划分，属于地方税的税种主要有：城市维护建设税、屠宰税、房产税、城镇土地使用税、耕地占用税、车船使用税、契税、牲畜交易税、集市交易税、筵席税等。

3. 中央地方共享税

中央地方共享税简称"共享税"。中央财政和地方财政按照一定比例分享收入的各种税。1994年以来我国的共享税经历了几次调整，截至2019年主要包括以下几种：（1）增值税，中央50%，地方50%；（2）证券交易税，中央97%，地方3%；（3）个人所得税，中央60%，地方40%；（4）企业所得税，中央60%（铁道部、各银行总行及海洋石油天然气企业收入除外），地方40%；（5）城市维护建设税，铁路运输、人民银行和各专业银行总行、保险公司等集中缴纳归中央，其他企业缴纳归地方；（6）资源税，海洋石油企业缴纳归中央，其他企业缴纳归地方。

（三）根据计税的标准分类

根据计税的标准分类，税收可分为从价税、从量税、复合税。

1. 从价税

从价税为从量税的对称，是按税收计征标准划分的一类税。凡是以课税对象的价格或金额，按一定税率计征的税种，都是从价税。一般来说，依据课税对象的价格或金额从价定率计算征税，可以使税收与商品或劳务的销售额、增值额、营业额以及纳税人的收益额密切相连，能够适应价格、收入的变化，具有一定的弹性，较为合理地参与国民收入的再分配。从价税的税负轻重与征税对象的价格或金额的高低成正比变化。税收负担比较合理，尤其在物价上涨时，税额也随之增加，能够保证税收的稳定。同时，从价税中的累进税其税负轻重还受到征税标准的高低与征税标准所适用的税率的高低成正比变化的影响。国家通过不同税率结构的设计，可以有效地实现量能纳税和公平税负，并达到各种调节目的。但从价税也有不足，实行从价税，价格提高税额增加，不利于改进商品包装；确定和计算从价税的价格和金额，无论在方法上还是手续上都比较复杂，给纳税人和税务机关增加一定困难，容易发生纠纷。

2. 从量税

从量税是以货物的数量、体积、重量等计量单位为计税标准的一种关税计征方法。从量税额计算的公式是：税额＝商品的数量×每单位从量税。我国也对啤酒、原油、感光胶片等进口货物采用从量税的课税标准。征收从量关税的特点是手续简便，可以无须审定货物的规格、品质、价格，便于计算。因单位税额固定，对质量次、价格廉的低档商品进口与高档商品征收同样的关税，对低档商品进口不利，因而对其保护作用比较大。国内价格降低时，因税额固定，税负相对增大，不利于进口，保护作用加强。为此，有的国家大量使用从量关税，尤其被广泛适用于食品、饮料和动物油、植物油的进口方面。美国约有33％税目栏是适用从量关税的，挪威从量关税也占28％。由于发达国家的出口商品多属较高的档次，相比发展中国家需承担高得多的从量关税税负。

3. 复合税

复合税是指对某种进（出）口货物同时使用从价和从量计征的一种关税计征方法。我国目前实行的复合税都是先计征从量税，再计征从价税。

（四）根据税收和价格的组成关系分类

根据税收和价格的组成关系分类，税收可分为价内税和价外税。

1. 价内税

价内税是价外税的对称。包含在产品价格内的流转税。它是计划价格体制下，国家提取企业盈利的一种重要课税方式。计划价格定价的一般原则为：产品价格由价值决定，价值则由产品成本（C＋V）和产品盈利（M）构成。其中 M 又可分解为产品利润（M1）和产品税金（M2）。因此，产品税金不仅是产品价格的合理部分，也是产品价值的有机部分。这种包含产品税金的价格，通常也称为含税价格。价内税有利于国家积累资金，调节产品利润水平，且是缓解价格矛盾的重要工具。

2. 价外税

价外税是价内税的对称。税款不包含在商品价格内的税。它是按照税收与价格的组成关系对税收进行的分类。一般来说，价外税是商品经济的产物。在市场经济条件下，生产经营者制定价格以生产价格为基础，生产价格由生产成本加平均利润两部分构成，这样国家以流通中商品为对象所征的税款，只能作为价格附加，称为价外税。价外税的变动不直接影响商品的价格和企业利润，税收透明度高，税收负担转嫁明显。

（五）依据税收负担的最终归宿可分为直接税和间接税

1. 直接税

直接税是指税负不能转嫁，而由纳税人直接负担的税收，如人头税、所得税、土地使用税、房产税等。税收以税负能否转嫁为标准，区分为直接税与间接税，但观点也不尽一致。有的以课税主体为标准，认为凡纳税人与负税人相同者，就为直接税；反之则为间接税。有的以立法者意图为标准，认为凡立法者预期税负不能转嫁的税，为直接税；反之则为间接税。有的以税收来源为标准，认为凡来源于财产和生产经营所得的税为直接税。

直接税的主要特征：

第一，直接税的纳税人较难转嫁其税负。

第二，直接税税率可以采用累进结构，根据私人所得和财产的多少决定其负担水平；同时，累进税率的采用，使税收收入较有弹性，在一定程度上可自动平抑国民经济的剧烈波动。

第三，直接税中的所得税，其征税标准的计算，可以根据纳税人本人及家庭等的生活状况设置各种扣除制度以及政府补助等，使私人的基本生存权利得到保障。

2. 间接税

间接税是指纳税人能将税负转嫁给他人负担的税收，如消费税、增值税、关税等。间接税通常通过提高商品售价或劳务价格等办法转嫁出去，最终由消费者负担。特别是其中的增值税和消费税，其组织收入和调节经济，配合国家产业政策的作用，越来越受到各国的重视。

间接税的主要特征：

第一，税款可以转嫁给第三者，而且在政府公共财政收入中相对不稳定。当政府向生产商或供应者收取税款，他们可把货品的价格提高，将部分或全部的税务负担转嫁给消费者。

第二，间接税几乎可以对一切商品和劳务征收，征税对象普遍，税源丰富；同时，间接税是从商品价格或劳务收费标准为依据予以课征，无论商品生产者和经营者的成本高低、有无盈利以及盈利多少，只要商品和劳务一经售出，税金即可实现。因此，间接税具有突出的保证财政收入的内在功能。

第三，间接税最终由消费者负担，故有利于节省消费，奖励储蓄。

第四，间接税的计算和征收，无须考虑到纳税人的各种复杂情况并可以采用比例税率，较为简便易行。

第二节 税收原则

一、税收原则的主要观点

（一）西方税收原则的发展

1. 威廉·配第的税收原则

从税收思想史的角度考察，税收原则的最早提出者是英国古典政治经济学创始人威廉·配第（William Petty，1623—1687）。威廉·配第一生写过不少经济著作，其中最著名的代表作是《赋税论》和《政治算术》。在这两本著作中，他比较深入地研究了税收问题，第一次提出了税收原则（他当时称之为"税收标准"）理论。

配第的税收原则是围绕公平负担税收这一基本观点来论述的。他认为当时的英国税制存在严重的弊端：紊乱、复杂，负担过重且极不公平。当时的英国处在早期资本主义阶段，封建的经济结构体制仍根深蒂固。表现在税收上，就是它"并不是依据一种公平而无所偏袒的标准来课征的，而是听凭某些政党或是派系的掌权者来决定的。不仅如此，赋税的征税手续既不简便，费用也不节省"。

由此，配第提出了税收应当贯彻"公平"、"简便"、"节省"三条标准。在他看来，所谓"公平"，就是税收要对任何人、任何东西"无所偏袒"，税负也不能过重；所谓"简便"，就是征税手续不能过于烦琐，方法要简明，应尽量给纳税人以便利；所谓"节省"，就是征税费用不能过多，应尽量注意节约。①

2. 攸士第的税收原则

继配第之后，德国新官房学派的代表人物攸士第（Johan Heinrich Gottlobsvon Justi，1750—1711）也对税收原则作出过相应阐述。

攸士第的代表作《国家经济论》共分两卷，在第二卷第一部分国家收入论中，他以征收赋税必须注意不得妨碍纳税的经济活动为出发点，就征收赋税的方法提出了以下六大原则：

（1）促进主动纳税的征税方法。即赋税应当自愿缴纳。

（2）不得侵犯臣民合理的自由和增加对产业的压迫。即赋税不要危害人民的生活和工商业的发展，也不要不正当地限制人民的自由。

（3）平等课税。即赋税的征收要做到公平合理。

（4）具有明确的法律依据，征收迅速，其间没有不正当之处。即赋税要确实，须对一定的目标征收，征收的方法也要得当。

（5）挑选征收费用最低的商品货物征税。即赋税的征收费用不能过度，须和国家的政治原则相适应。

（6）纳税手续简便，税款分期缴纳，时间安排得当。即赋税应在比较方便的时候，并为人民所接受的方式缴纳。②

攸士第有关税收原则的许多思想，对后人的影响很大。比如，英国的亚当·斯密在形成其著名的"税收四原则"中，就吸收攸士第税收原则的不少内容。斯密的

---

① 威廉·配第. 政治算术［M］//配第经济著作选集. 北京：商务印书馆，1981：72.
② 坂入长太郎. 欧美财政思想史［M］. 北京：中国财政经济出版社，1987：79－80.

第一税收原则（平等原则）就是攸士第的第三税收原则；斯密的第二税收原则（确实原则）也就是攸士第的第四税收原则；斯密的第三税收原则（便利原则）就是攸士第的第六税收原则；斯密的第四税收原则（最少征收费用原则）又正与攸士第的第二、第五税收原则相对应。由此可见攸士第在税收原则理论方面的贡献和地位。

3. 亚当·斯密的税收原则

第一次将税收原则提到理论的高度，明确而系统地加以阐述者是英国古典政治经济学家亚当·斯密（Adam Smith，1723—1790）。斯密所处的时代正是自由资本主义时期，当时的欧洲，政治上社会契约说思潮甚为流行，个人主义自由放任的经济学说也正风行当时。作为新兴资产阶级的代表人物，斯密极力主张"自由放任和自由竞争"，政府要少干预经济，政府的职能应仅限于维护社会秩序和国家安全。以这种思想为主导，斯密在其经济学名著《国民财富的性质和原因的研究》中提出了税收的四项原则：

（1）平等原则。即公民应根据自己的纳税能力来承担政府的经费开支，按照其在国家保护之下所获得收入的多少来确定缴纳税收的额度。"一切公民，都须在可能范围内，按照各自能力的比例，即按照各自在国家保护下享得收入的比例，缴纳国赋，以维持政府。""一个国家的各个人须缴纳政府费用，正如一个大地产的公共租地者须按照各自在该地产上所受益的比例，提供它的管理费用一样，"① 具有按利害关系比例缴纳贡献的义务。基于此，斯密主张，取消一切免税特权，即取消贵族僧侣的特权，让他们与普通国家一样依法纳税；税收"中立"，即征税尽量不使财富分配的原有比例发生变化，尽量不使经济发展受影响；税收依负担能力而课征，即依每个国民在国家保护之下所获得的收入课征。

（2）确实原则。即课税必须以法律为依据。"各公民应当完纳的赋税，必须是确定的，不得随意变更。完纳的日期、完纳的方法、完纳的数额，都应当让一切纳税人及其他人了解得十分清楚明白。如果不然，每个纳税人，就多少不免为税吏的权力所左右。"② 这一原则是为了杜绝税务官员任意专断征税，以及恐吓、勒索等行为。在他看来，税收不确实比税收不平等对公民的危害更大。

（3）便利原则。即税收的征纳手续应尽量从简。在时间上，应在纳税人收入丰裕的时候征税，不使纳税人感到纳税困难；在方法上，应力求简便易行，不让纳税人感到手续繁杂；在地点上，应将税务机关设在交通方便的场所，使纳税人纳税方便；在形式上，应尽量采用货币形式，以免纳税人因运输实物而增加额外负担。

---

① 亚当·斯密. 国民财富的性质和原因的研究（下卷）[M]. 北京：商务印书馆，1974：384.
② 亚当·斯密. 国民财富的性质和原因的研究（下卷）[M]. 北京：商务印书馆，1974：385.

（4）最少征收费原则。即在征税过程中，应尽量减少不必要的费用开支，所征税收尽量归入国库，使国库收入同人民缴纳的差额最小，征收费用最少。"一切赋税的征收，须设法使人民所付出的，尽可能等于国家所得的收入。如人民所付出的，多于国家所收入的"，那很可能是由于以下四种弊端之故：①税务官吏过多，这些官吏，不但要耗费大部分税款贪污中饱，而且为得额外收入而另征附加赋税；②税收妨碍了生产活动，使可供纳税的资源缩减乃至消失；③对逃税的处罚，没收逃税者的资本，导致他们破产，从而使他们丧失通过运用资本所获的收益，造成社会的损失；④税吏频繁地登门及可厌的稽查，常使纳税人遭受极不必要的麻烦、困扰和压迫，成为纳税人负荷的一些黑费用。因此，斯密认为，从税制的设计上排除这些东西，是贯彻最少征收费原则的关键所在。

4. 萨伊的税收原则

让·巴蒂斯特·萨伊（J. B. Say，1761—1832）是法国经济学家。他所处的时代是法国资产阶级革命后社会矛盾开始激化的时期。萨伊认为，政府征税就是向私人征收一部分财产，充作公共需要之用，课征后不再返还给纳税人。由于政府支出不具生产性，所以最好的财政预算是尽量少花费，最好的税收是税负最轻的税收。据此，他提出了税收的五项原则：

（1）税率最适度原则。政府征税事实上是剥夺纳税人用于满足个人需要或用于再生产的产品，所以税率越低，税负越轻，对纳税人的剥夺越少，对再生产的破坏作用也越小。

（2）节约征收费用原则。萨伊以税收征收费用对人民是一种负担，对国家也没有益处为由，主张节省征收费用。一方面尽量减少纳税人的负担烦扰，另一方面也不给国库增加困难。

（3）各阶层人民负担公平原则。当每个纳税人承受同样（相对的）税收负担时，每个人的负担必然是最轻的，如果税负不公平，不但损害个人的利益，同时有损于国家的收入。

（4）最小程度妨碍生产原则。他认为所有的税都是有害于再生产的。因为它妨碍生产性资本的积累，最终危害生产的发展。所以，对资本的课税应当是最轻的。

（5）有利于国民道德提高原则。税收除具有取得公共收入的作用外，还可作为改善或败坏人民道德、促进勤劳或懒惰以及鼓励节约或奢侈的有力工具。因此，政府征税必须着眼于普及有益的社会习惯和增进国民道德。

5. 瓦格纳的税收原则

19 世纪下半叶，德国新历史学派的代表人物阿道夫·瓦格纳（Adolf Wagner，1835—1917）集前人税收原则理论的大成，进一步发展了税收原则理论。瓦格纳所处的时代是自由资本主义向垄断资本主义转化和形成的阶段。当时资本日益集中，社会财富分配日益悬殊，社会矛盾甚为激烈。为了解决这些矛盾，以瓦格纳为代表的德国新历史学派倡导社会改良，主张国家运用包括税收在内的一切政府权力，调节社会生产。

瓦格纳认为，税收不能理解为单纯的从国民经济年产物中的扣除部分。除此之外，它还包括有纠正分配不公平的积极目的。也就是说，税收一方面有获得公共收入的纯财政的目的，另一方面又有运用权力对所得和财产分配进行干预和调整的社会政策的目的。以这种思想为基础，瓦格纳将税收原则归纳为四大项九小点（又称四项九端原则）：

（1）财政政策原则。又称为公共收入原则。即税收要以供给公共支出，满足政府实现其职能的经费需要为主要目的。具体又可分为收入充分和收入弹性两条原则。

①收入充分，是指在从非税收入来源不能取得充分的公共收入时，可依靠税收充分满足政府财政的需要以避免产生赤字。同时，由于社会经济的发展，政府职能将不断扩大，从而论证了公共支出持续、不断增长的规律，即前面所说的"政府活动扩张法则"。因此要求税收制度能够充分满足公共支出不断增长的资金需要。

②收入弹性，是指税收要能随着财政需要的变动而相应增减。特别是在财政需要增加或税收以外的其他收入减少时，可以通过增税或税收的自然增收相应地增加公共收入。

实现收入充分和收入弹性的原则，关键在于税制结构的合理设计。瓦格纳认为可以把间接税作为主要税种，它能够随着人口增加、国力增强以及课税商品的增多而使税收自动增加；但它也可能因社会经济情况的变化而使税收暂时下降，故还应注意以所得税或财产税作为辅助税种。

（2）国民经济原则。即政府征税不应阻碍国民经济的发展，更不能危及税源。在可能的范围内，还应尽可能有助于资本的形成，从而促进国民经济的发展。为此，他提出了慎选税源和慎选税种两条具体原则。

①慎选税源，是指要选择有利于保护税本的税源，以发展国民经济。从发展经济的角度考虑，以国民所得为税源最好。若以资本或财产为税源，则可能伤害税本。但瓦格纳同时强调，并不能以所得作为唯一的税源。如果出于国家的经济、财政或社会的政策需要，也可以适当地选择某些资本或财产作为税源。

②慎选税种，是指税种的选择要考虑税收负担的转嫁问题。因为它关系到国民收入的分配和税收负担的公平，所以，瓦格纳要求研究税收的转嫁规律。

（3）社会正义原则。税收可以影响社会财富的分配以至影响个人相互间的社会地位和阶级间的相互地位，因此税收的负担应当在各个人和各个阶级之间进行公平的分配，即要通过政府征税矫正社会财富分配不均、贫富两极分化的流弊，从而缓和阶级矛盾，达到用税收政策实行社会改革的目的。这一原则又分为普遍和平等两个具体原则。

①普遍，是指税收负担应普及到社会上的每个成员，每个公民都应有纳税义务。

②平等，是指应根据纳税能力大小征税，使纳税人的税收负担与其纳税能力相称。为此，他主张采用累进税制，对高收入者税率从高，对低收入者税率从低，对贫困者免税。同时对财产和不劳而获所得加重课税，以符合社会政策的要求。

（4）税务行政原则。这一原则体现着对税务行政管理方面的要求，是对亚当·斯密的税收三原则（第二至第四项原则）的继承和发展。具体包括三个方面内容：

①确实，即税收法令必须简明确实，税务机关和税务官员不得任意行事。纳税的时间、地点、方式、数量等须预先规定清楚，使纳税人有所遵循。

②便利，即纳税手续要简便，纳税时间、地点、方式等，要尽量给纳税人以便利。

③节省，即税收征收管理的费用应力求节省，尽量增加国库的实际收入。除此之外，也应减少纳税人因纳税而直接负担或间接负担的费用开支。

瓦格纳所提出的税收原则，是资本主义从自由市场竞争阶段进入垄断阶段，在社会矛盾激化过程中产生的多中心的税收原则。在他的税收原则中，各家的学说都得到了相应的归纳和反映。可以说，瓦格纳是前人税收原则理论的集大成者。

（二）我国税收原则思想

我国历史上的征税原则是比较丰富的。归纳起来，大致是从四个方面的需要出发而提出来的。一是从争取民心、稳定统治秩序出发，强调征税要合乎道义、公平、为公为民等原则。二是从发展经济的需要出发，强调征税要坚持适时、有度、培养税源等原则。三是从组织财政收入出发，强调征税要采用普遍、弹性、税为民所急等原则。四是从税务管理的要求出发，强调征税要贯彻明确、便利、统一、有常规、有效益等原则。这些原则之间既有相辅相成、相互促进的一面，又有相互矛盾、相互制约的一面。

二、现代西方税收原则

（一）自由竞争时期的税收原则

随着资本主义生产方式的出现，原有的税收制度已经不能满足经济发展的需要。最早提出税收原则的是英国古典政治经济学的创始人威廉·配第，他在《赋税论》（1662）和《政治算数》（1672）中首次提出了税收原则理论，即"公平、简便、节省"三原则，但其只做了初步解释，并没有归纳和系统阐述。18世纪德国官房学派代表人攸士第提出了课税的六项原则：采取自愿纳税的课税方法，课税不侵害人民的生活财产、不影响工商业发展，税赋应做到公平合理，课税要有明确的法律依据，挑选征收费用最低的商品征税，征税方法简便。攸士第的税收原则集中反映了新兴资产阶级利益的要求，但并没有将税收原则明确化、系统化。英国古典政治经济学家亚当·斯密第一个明确而系统地提出税收原则，他在 1776 年出版的《国富论》中提出了平等、确实、便利和最少征收费用原则。平等原则指一国国民都须在可能的范围内按各自的能力及享受的收入比例赋税；确实原则指课税要有明确的法律依据，税法要有稳定性，纳税的期限、方法及税额等要有具体的规定；便利原则指各种赋税的征纳日期、方法等都应方便纳税人；最少征收费用原则是指征税要尽量节约成本，人民交纳的税额必须尽可能多地归入国库。

继亚当·斯密之后，萨伊及西斯蒙第在税收原则上颇有建树。萨伊在《政治经济学概论》中提出了税率最适度、节约征收费用、各阶层税收负担公平、税收最小程度妨碍生产、征税有利于国民道德提高五项原则。西斯蒙第在他的《政治经济学新原理》中补充增加了不以资本作为课税对象而以收入作为课税对象、征税对象为纯收入、税收不损害纳税人最低生活费、税收不可驱使资本外流这四条原则。

（二）垄断资本主义阶段

资本主义国家进入到垄断阶段以后，经济飞速发展，资本大量集中，分配失衡，贫富两极分化严重。在这种社会背景下，德国新历史学派代表瓦格纳在《财政学》（1877—1901 年）中承认了国家对经济活动的干预作用，并反对自由经济政策，提出了四项九端的税收课税原则：第一，财政政策原则即课税应充分保证国家经费开支需要的原则。第二，国民经济原则即国家征税不能阻碍国民经济的正常有序发展，避免危及税源，在一定范围内帮助资本形成，促进国民经济发展，在选择税种时，需考虑税收负担转嫁问题，尽量选择难以转嫁或转嫁明确的税种。第三，社会公正原则即税收负担应平等分配给各阶层的人，课税应遍及社会上的每一个人，纳税按照其纳税能力纳税。第四，税务行政原则，即税法制定与实施应便于纳税人纳税，包括确实原则、便利原则及节省原则。其中的确实原则与便利原则与斯密的观点相同，但节省原则不仅要在税务部门征收时的征收费用少，而且从纳税人的角度来说，其纳税成本要尽可能地降低。瓦格纳税收原则体系集前人之大成，同时又区别于前人，首次提出了税收的财政政策和国民经济原则，其税收原则更表现了社会政策的特征，突出社会正义原则。瓦格纳的税收原则理论对其后各国税收政策的制定、税收制度的设计产生了广泛的影响。

（三）现代资本主义阶段

进入 20 世纪以后，资本主义社会出现了大萧条及滞胀等问题，针对这些问题，凯恩斯主义学派、货币学派、供应学派等的经济学家不同程度地对税收问题进行了研究，强调税收在资源配置、收入分配、稳定经济增长等方面的作用，在传统的平等原则和税收行政原则的基础上，补充了最佳配置资源和经济稳定与增长方面的税收原则。20 世纪 80 年代中后期，西方发达国家相继进行了税制改革，在经济效率原则上，主张由全面干预转向适度干预；在效率和公平原则之上，由纵向公平逐渐转为横向公平，由重视税收经济效率转向经济效率与税务行政效率并重，在两者的权衡上，由注重公平转向注重效率。1988 年，美国经济学家斯蒂格利茨提出最优税制原则：一是效率原则，即税收不应过分干预资源的有效配置；二是管理原则，即税制应明确简便，易于管理；三是灵活性原则，即税制能较自如（甚至自动）适应变化的宏观经济环境，维持经济稳定与促进经济增长；四是公平原则，即税制应通过对纳税者的区别对待而实现公平的目标；五是政治性原则，即税制应反映纳税者的偏好与政府政策意向。

三、我国税收原则

（一）财政原则

税收的财政原则的基本含义是：一国税收制度的建立和变革，都必须有利于保证国家的财政收入，也即保证国家各方面支出的需要。自国家产生以来，税收一直是财政收入的基本来源。改革开放后，我国财政收入尽管在增加，但是仍不能满足财政需求，由于财政体制造成我国中央政府的财力不能有效支撑国家正常运转，为此，1994 年实行分税制改革，改革后，中央和地方财政获得较大幅度提高，调动了中央和地方的积极性，财力得到保证，经济迅速发展。

（二）公平原则

税收公平原则，就是政府征税，包括税制的建立和税收政策的运用，应确保公平，遵循公平原则。税收的公平原则要求条件相同者缴纳相同的税（横向公平），而对条件不同者应加以区别对待（纵向公平）。研究公平问题，必须要联系由市场决定的分配状态。倘若由市场决定的分配状态已经达到公平的要求，那么，税收就应对既有的分配状态做尽可能小的干扰；倘若市场决定的分配状态不符合公平要求，税收就应发挥其再分配的功能，对既有的分配格局进行正向矫正，直到其符合公平要求。

税收公平，首先是作为社会公平问题而受到重视的。"不患寡而患不均"，社会公平问题历来是影响政权稳固的重要因素之一。税收本来就是政府向纳税人的无偿分配，虽然有种种应该征税的理由，但从利益的角度看，征税毕竟是纳税人利益的直接减少，因此，在征税过程中，客观上存在利益的对立和抵触，纳税人对征税是否公平、合理，自然就分外关注。如果政府征税不公，则征税的阻力就会很大，偷逃税收严重时还会引起社会矛盾乃至政权更迭。

以纳税能力作为公平标准，在理论上称为能力说。如何判断纳税能力，在理论上又有客观说和主观说之分。按照客观说，纳税能力应依据纳税人所拥有的财富、取得的收入或实际支付能力等客观指标来确定。而主观说则强调纳税人因纳税所感到的效用的牺牲或说效用的减少应相同，或者纳税后的边际效用相同。

公平标准除能力说外，还有受益说，即以享受政府公共服务的多少作为衡量公平的标准。根据这种标准，从政府公共服务中享受相同利益的纳税人，意味着具有相同的福利水平，因此，应负担相同的税，以体现横向公平；享受到较多利益的纳税人，则具有较高的福利水平，因此，应负担较高的税，以实现纵向公平。现实中对公路的课税以及社会保障方面往往有所体现，但在许多情况下受益水平是不好衡量的。

税收的社会公平之所以重要，不仅是由于上面已提到的公众对之关注和反应，而且是人类文明进步的一种反映。人类社会从尊卑贵贱、等级分明的社会发展到提倡人人平等的文明社会，公民的平等权得以确立和强化。反映到税收上来，也自然要求同等对待，即要求税收也要遵循公平原则，取消免税特权。而公平标准之所以从绝对公平过渡到相对公平，并强调纵向公平，则是因为，在资本主义经济发展过程中出现了贫富两极分化，这一方面激化了社会矛盾，使绝对公平失去了社会基础，要求富人多纳税的呼声日高；另一方面，两极分化也在客观上导致市场经济运行的结构性矛盾，不可避免地出现社会有效需求不足，需要政府通过税收来调节收入分配，以减少贫富差距，缓解社会矛盾和经济矛盾。同时，随着政府职能的扩大，财政支出急剧增加，从而加大征税压力，而税收的分配对象是国民财富，要拓宽税源，提高税负，自然需要更多地依靠纳税能力较强的富裕阶层，即需要考虑按纳税能力征税。

之所以强调税收的经济公平，是与经济的发展分不开的。经济的发展使公司、企业成为重要的纳税主体，它们与个人相比，要求经济方面的公平比社会公平更迫切、更现实。而且，经济公平也是税收效率原则的必然要求。税收效率原则也是税收的重要原则之一，而效率与公平是辩证统一的，特别是经济公平是以效率为目标的，要使税收有效率，就需要经济公平。

税收公平，特别是经济公平，对我国向市场经济体制转轨过程中的税制建设与完善具有重要的指导意义。我国市场发育还不健全，造成不公平竞争的外部因素较多，同时，适应市场经济发展要求的税制体系也有待进一步完善，因此，如何使税制更具公平，以为市场经济发展创造一个公平合理的税收环境，是我国进一步税制改革的重要研究课题。

（三）　效率原则

税收效率原则，就是政府征税，包括税制的建立和税收政策的运用，应讲求效率，遵循效率原则。要求政府征税有利于资源的有效配置和经济机制的有效运行，提高税务行政的管理效率。它可以分为税收效率原则和税收本身的效率原则两个方面。

税收不仅应是公平的，而且应是有效率的，这里的效率通常有两层含义：一是行政效率，也就是征税过程本身的效率，它要求税收在征收和缴纳过程中耗费成本最小；二是经济效率，就是征税应有利于促进经济效率的提高，或者对经济效率的不利影响最小。

税收的经济效率是税收效率原则的更高层次。经济决定税收，税收又反作用于经济。税收分配必然对经济的运行和资源的配置产生影响，这是必然的客观规律。但税收对经济的影响是积极的还是消极的，影响的程度如何、范围多大，则是有争议的，在认识上也存在一个不断的发展过程。反映到税收的经济效率方面，则有不同层次的理解。首先是要求税收的"额外负担"最小。税收的额外负担，简单地说就是征税所引起的资源配置效率的下降，它是税收行政成本以外的一种经济损失，即"额外负担"，因此，相对于税收行政成本，通常又将之称为税收的经济成本。因此，从逻辑上讲，在政府必然要征税的前提下，自然要求政府征税要尽量减少对经济行为的扭曲，再加上不同的征税方式对经济的影响或说扭曲程度是不同的，因此，政府应选择合理的征税方式，以使税收的额外负担最小。那么，怎样的征税方式对经济的扭曲更小呢？通常认为，要保持税收中性。

总之，遵循行政效率是征税的最基本、最直接的要求，而追求经济效率，则是税收的高层次要求，它同时也反映了人们对税收调控作用的认识的提高。

（四）　适度原则

税收适度原则，就是政府征税，包括税制的建立和税收政策的运用，应兼顾需要与可能，做到取之有度。这里，"需要"是指财政的需要，"可能"则是指税收负担的可能，即经济的承受能力。遵循适度原则，要求税收负担适中，税收收入既能满足正常的财政支出需要，又能与经济发展保持协调和同步，并在此基础上，使宏观税收负担尽量从轻。

如果说公平原则和效率原则是从社会和经济角度考察税收所应遵循的原则，那么，适度原则是从财政角度对税收的量的基本规定，是税收财政原则的根本体现。满足财政需要是税收的直接目标和首要职能，因此，不少学者都将满足财政需要作为税收的首要原则。政府征税，选择的税源要充沛，收入要可靠；弹性原则要求税收应具有良好的增收机制，以便在财政支出增加或其他非税收入减少时，确保税收收入能相应增加。显然，这些都只是从财政需要方面来要求税收的，并没有考虑经济的现实可能。因此，作为对税收的原则性要求，是不够全面的。首先，财政支出本身具有刚性，具有存在无限扩张的动力，税收一味地以满足财政支出需要为目标，势必会助长财政支出的过度膨胀。其次，若单以满足财政需要为目标，则易引起增税压力，使税负过重。因此，科学的税收财政原则强调的不应只是收入充裕，而应是收入适度，也就是说，从财政角度看，税收应遵循适度原则。

其实，适度原则并不排斥收入充裕的要求。拉弗曲线就是反映了这一原理，即税收收入并不总是与税负成正比的，税负（率）越高，不等于收入越充裕，而可能是相反，即当税负（率）超过某个临界点后，实际所实现的税收收入可能反而下降，因为税负过高会导致税源的萎缩。这说明税负过高和过低都不好，税负过低，不能满足政府的正常支出需要；税负过高，则不仅不会增加收入，反而会制约经济的发展。作为理论上的原则要求，从性质上说，适度就是兼顾财政的正常需要和经济的现实可能，从量上说，就是力求使宏观税负落在或接近拉弗曲线上的最佳点。

（五）法治原则

税收的法治原则，就是政府征税，包括税制的建立和税收政策的运用，应以法律为依据，依法治税。法治原则的内容包括两个方面：税收的程序规范原则和征收内容明确原则。前者要求税收程序——包括税收的立法程序、执法程序和司法程序法定，后者要求征税内容法定。税收的法治原则是与税收法学中的"税收法律主义"相一致的。

第三节　税收负担与税负转嫁

一、税收负担

税收负担是指纳税人因向政府缴纳税款而承担的货币损失或经济福利的牺牲。税收负担的轻重同国家财政收入的多少、经济调控的力度和政权的兴衰等都有密切关系。因此，它历来是税收理论研究和税收制度设计的一个重要问题。中外古今学者对税收负担都曾提出过各种不同的见解：有主张"敛从其薄"，即轻税负；有主张"取民有度"，即税负要符合能力原则；还有主张"世有事即役繁而赋重，世无事即役简而赋轻"，即税负轻重应视国家需要而定；更有探求"最佳税负"，即某种能够带来国家财政收入最大化的税负量度。

（一）宏观税负

宏观税收负担是一定时期内（通常是一年）国家税收收入总额在整个国民经济体系中所占的比重。这实际上是从全社会的角度来考核税收负担，从而可以综合反映一个国家或地区的税收负担总体情况。

衡量宏观税收负担关键是选择一个社会总产出指标。如何核算社会总产出，国际上曾存在两种核算体系，一是前苏联的宏观统计体系即物质产品平衡表体系（MPS），二是联合国的国民经济账户体系（SNA）。1993 年后，全世界开始实行联合国的 SNA 核算体系。抛弃了社会总产值这一反映经济活动总量的指标。目前衡量全社会经济活动总量比较通行，并可进行国际比较的指标，一是国内生产总值（GDP），二是国民收入（NI）。因而衡量宏观税收负担状况的指标也就主要有两个：国内生产总值税收负担率，简称 GDP 税负率；国民收入税收负担率，简称 NI 税负率。其计算公式如下：

$$国内生产总值税负率 = 税收总额／国内生产总值$$

$$国民收入税负率 = 税收总额／国民收入$$

在国民经济账户体系（SNA）下，国内生产总值税负率对于衡量税收水平具有较多的优越性。国内生产总值按收入来源地统计。在开放经济中，为避免双重征税，各国政府在征税时均优先行使地域税收管辖权。其税收基础即国内生产总值。而居民税收管辖权只适用于本国居民在外国投资或提供劳务所取得的所得，征税的多少一般取决于本国税率高于外国税率的幅度，在许多情况下为零。这使税收只与国内生产总值而非国民生产总值具有对应关系，以国内生产总值税负率衡量税收总水平相对而言更准确。国际经济组织对各国税收水平的衡量，主要使用国内生产总值税收负担率。

（二）微观税负

微观税收负担是指纳税人实纳税额占其可支配产品的比重。流转税存在税负转嫁问题，因此衡量微观税负比衡量宏观税负复杂。简单地把企业或个人缴纳的全部税收除以其毛收入总额，有时并不能真实地反映其税收负担水平。

衡量企业和个人税负水平首先要考虑不转嫁税即直接税的负担情况。既然是不转嫁税，纳税人与负税人是一致的，纳税人实际缴纳的税款占其获得收入的比重可以反映其直接税负担水平。直接税（主要是所得税和财产税）负担率可用直接税占纯收入的比重作为直接税负担率。

纯收入直接税负担率＝企业或个人一定时期实际交纳的所得税和财产税／企业或个人一定时期获得的纯收入，纯收入直接税负担率说明企业或个人拥有的纯收入中，有多大份额以直接税形式贡献于国家。这一指标可用于进行不同企业、不同个人税负轻重的对比；可用于说明同一微观经济主体不同历史时期的税负变化；还可用于说明法定或名义税负水平与纳税人实纳税款的差距，这一差距反映国家给予纳税人的各种税收优惠以及非法的税收漏洞。

除纯收入直接税负率指标外，通常还会用总产值（或毛收入）税负率、增加值税负率、净产值税负率作为参考性指标。

总产值（毛收入）税负率 = 企业（或个人）缴纳的各项税收/企业总产值（或个人毛收入）

增加值税负率 = 企业缴纳的各项税收/企业增加值

净产值税负率 = 企业缴纳的各项税收/企业净产值

全部税负率指标只能作为衡量微观税负的参考性指标，纳税人到底负担多少间接税要看间接税转嫁或被转嫁的程度，这是不容易量化确定的。总产值、增加值、净产值全部税收负担率只是名义负担率而非实际负担率。但通过这一差异的分析，可以看出税负在各行业、企业的分布状况，了解税负的公平程度以及税收政策的实施状态，为税制进一步完善提供决策依据。

（三）影响因素分析

税收负担必须考虑需要和可能两个方面的情况，因此，一个国家在制定税收政策、确定总体税收负担时，必须综合考虑国家的总体经济发展水平，并根据不同的经济调控需要，来制定税收负担政策。一般来看，影响税收负担水平的主要因素有以下几点。

1. 社会经济发展水平

一个国家的社会经济发展总体水平，可以通过国民生产总值和人均国民生产总值这两个综合指标来反映。国家的国民生产总值越大，总体负担能力越高。特别是人均国民生产总值，最能反映国民的税收负担能力。一般而言，在人均国民收入比较高的国家，社会经济的税负承受力较强。世界银行的调查资料也表明，人均国民生产总值较高的国家，其税收负担率也较高，人均国民生产总值较低的国家，其税收负担率也较低。

中国人均国民生产总值比较低，属于发展中国家。国家通过税收能够积累多少资金，社会总体税收负担应如何确定，不取决于人们的主观愿望，也不能只考虑国家的需要，必须首先考虑社会经济体系和纳税人的承受能力。只有税收负担适应本国经济发展水平和纳税人的承受能力，税收才能在取得所需财政收入的同时，刺激经济增长，同时提高社会未来的税负承受力。如果税收负担超出了经济发展水平，势必会阻碍社会经济的发展。

2. 国家的宏观经济政策

任何国家为了发展经济，必须综合运用各种经济、法律以及行政手段，来强化宏观调控体系。国家会根据不同的经济情况采取不同的税收负担政策。如在经济发展速度过快过热时，需要适当提高社会总体税负，以使国家集中较多的收入，减少企业和个人的收入存量，抑制需求的膨胀，使之与社会供给总量相适应。此外，还要根据经济情况的发展变化，在征收中实行某些必要的倾斜政策和区别对待办法，以利于优化经济结构和资源配置。

3. 税收征收管理能力

由于税收是由国家无偿征收的，税收征纳矛盾比较突出。一个国家的税收征收管理能力，有时也对税收负担的确定有较大的影响。一些国家的税收征收管理能力强，在制定税收负担政策时，就可以根据社会经济发展的需要来确定，而不必考虑能否将税收征上来。而在一些税收征管能力较差的国家，可选择的税种有限，勉强开征一些税种，也很难保证税收收入，想提高税收负担也较困难。

税收政策的核心是税收负担。在税收总体负担确定的情况下，各种纳税人具体的税收负担状况主要受税制本身所规定的各种计税要素的影响。这些要素直接决定了谁是纳税人，应该负担多少税收。税收政策的具体实施主要通过以下方面来进行：一是确定课税对象，以确定谁是纳税人；二是确定税率的高低；三是确定计税依据；四是确定对谁减免税，怎么减免税；五是加重哪些纳税人或课税对象的税收负担。

二、税负转嫁

（一）税负转嫁的概念

税负转嫁是指纳税人将所缴纳的税款通过各种途径和方式转由他人负担的行为和过程。最终承担税款的人则被称为负税人。在市场经济条件下，纳税人在商品交换过程中通过税负转嫁的途径来追求自身利益的最大化，是一种普通的经济现象。

税负转嫁的特征有：

第一，税负转嫁是税收负担的再分配。其经济实质是每个人所占有的国民收入的再分配。没有国民收入的再分配，不构成税收负担的转嫁。

第二，税负转嫁是一个客观的经济运动过程。其中不包括任何感情因素。至于纳税人是主动去提高或降低价格，还是被动地接受价格的涨落，是与税负转嫁无关的。纳税人与负税人之间的经济关系是阶级对立关系，还是交换双方的对立统一关系，也是与税负转嫁无关的。

第三，税负转嫁是通过价格变化实现的。这里所说的价格，不仅包括产出的价格，而且包括要素的价格。这里所说的价格变化，不仅包括直接地提价和降价，而且包括变相地提价和降价。没有价格变化，不构成税负转嫁。

（二）税负转嫁的形式

税负转嫁方式主要有前转、后转、混转、旁转、消转、税收资本化等方式。

1. 税负前转

前转是指纳税人将其所纳税款顺着商品流转方向，通过提高商品价格的办法，转嫁给商品的购买者或最终消费者负担。前转是卖方将税负转嫁给买方负担，通常通过提高商品售价的办法来实现。在这里，卖方可能是制造商、批发商或零售商，买方也可能是制造商、批发商、零售商，但税负最终主要转嫁给消费者负担。前转是顺着商品流转顺序从生产到零售再到消费的，因此也叫顺转。前转的过程可能是一次，也可能经过多次，例如对棉纱制造商征收的棉纱税，棉纱制造商通过提高棉纱出厂价格将所缴纳的税款转嫁给棉布制造商，棉布制造商又以同样的方式把税负转嫁给批发商，批发商再以同样方式把税负转嫁给零售商，零售商也以同样方式把税负转嫁于消费者身上。前转顺利与否要受到商品供求弹性的制约。税负前转实现的基本前提条件是课税商品的需求弹性小于供给弹性。当需求弹性大时，转嫁较难进行；供给弹性大时，转嫁容易进行。

2. 税负后转

后转即纳税人将其所纳税款逆商品流转的方向，以压低购进商品价格的办法，向后转移给商品的提供者。例如对某种商品在零售环节征税，零售商将所纳税款通过压低进货价格，把税负逆转给批发商，批发商又以同样的方式把税负逆转给制造商，制造商再以同样方式压低生产要素价格把税负逆转于生产要素供应者负担。税负后转实现的前提条件是供给方提供的商品需求弹性较大，而供给弹性较小。在有些情况下，尽管已实现了税负前转，但也仍会再发生后转的现象。

3. 税负混转

混转又叫散转，是指纳税人将自己缴纳的税款分散转嫁给多方负担。混转是在税款不能完全向前顺转，又不能完全向后逆转时采用。例如织布厂将税负一部分用提高布匹价格的办法转嫁给印染厂，一部分用压低棉纱购进价格的办法转嫁给纱厂，一部分则用降低工资的办法转嫁给本厂职工等。严格地说，混转并不是一种独立的税负转嫁方式，而是前转与后转等的结合。

4. 税负旁转

旁转是指纳税人将税负转嫁给商品购买者和供应者以外的其他人负担。例如纳税人用压低运输价格的办法将某课税对象的税负转嫁给运输者负担。

5. 税负消转

消转是指纳税人用降低课税品成本的办法使税负在新增利润中求得抵补的转嫁

方式。即纳税人在不提高售价的前提下，以改进生产技术、提高工作效率、节约原材料、降低生产成本，从而将所缴纳的税款在所增利润中求得补偿。因为它既不是提高价格的前转，也不是压低价格的后转，而是通过改善经营管理、提高劳动生产率等措施降低成本增加利润，使税负从中得到抵消，所以称之为消转。有合法消转和非法消转两种形式。前者指采用改进技术、节约原材料等方法，从而降低成本求得补偿；后者指采用降低工资、增加工时、增大劳动强度等方法，从而降低成本求得补偿。采用第二种形式一般遭到雇员的反对，所以纳税人一般采用第一种形式。但消转要具备一定的条件，如生产成本能递减、商品销量能扩大、生产技术与方法有发展与改善的余地、物价有上涨趋势以及税负不重等。

6. 税收资本化

税收资本化又称赋税折入资本、赋税资本化、税负资本化。它是税负转嫁的一种特殊方式。即纳税人以压低资本品购买价格的方法将所购资本品可预见的未来应纳税款，从所购资本品的价格中做一次扣除，从而将未来应纳税款全部或部分转嫁给资本品出卖者。比如甲向乙购买一幢房屋，该房屋价值为 50 万元，使用期限预计为 10 年，根据税法规定每年应纳房产税 1 万元。甲在购买之际将该房屋今后 10 年应纳的房产税 10 万元从房屋购价中做一次扣除，实际支付买价 40 万元。对甲来说，房屋价值 50 万元，而实际支付 40 万元，其中的 10 万元是甲购买乙的房屋从而"购买"了乙的纳税义务，由乙付给甲以后代乙缴纳的税款。实际上，甲在第一年只需缴纳 1 万元的房产税，其余的 9 万元就成为甲的创业资本。这就是税收资本化。它一般表现为课税资本品价格的下降。赋税折入资本必须具备一定的条件：课税对象必须是资财，每年均有相同的税负，另有不予课税或轻税的资财可购，课税品必须具有资本价值等。

（三）影响税负转嫁的因素

影响税负转嫁的因素主要包括市场状况、供需弹性、成本变化、税收种类、有无未实现盈利以及政治管辖范围等因素。税负转嫁的一般规则是同这些因素相联系的。

1. 税负转嫁与价格自由变动的规则

价格自由变动是税负转嫁的基本前提条件。税负转嫁涉及课税商品价格的构成问题，税负转嫁后存在于经济交易之中，通过价格变动实现。课税不会导致课税商品价格的提高，也就没有转嫁的可能，税负由卖方自己负担。课税以后，若价格增高，税负便有转嫁的条件。若价格增加少于税额，则税负由买卖双方共同承担。若价格增加多于税额，则不仅税负转嫁，卖方还可以获得额外收益。因此可以说，没有价格自由波动，就不存在税负转嫁。

2. 税负转嫁与供求弹性法则

供需弹性是影响税负转嫁最直接的因素。在自由竞争的市场上，课税商品价格能否增高，不是供给一方或需求一方愿意与否的问题，而是市场上供需弹性的压力问题。一般来说，对商品课征的税收往往向没有弹性的方向转嫁，税负转嫁与供需弹性存在方向相反的关系。需求弹性越大，税负越向供给者转嫁；供给弹性越大，税负越向需求者转嫁。此即为税负转嫁的一般法则。

3. 税负转嫁与成本变动规则

在成本固定、递增和递减三种场合，税负转嫁有不同规则。成本固定的商品，所课之税有全部转嫁买方的可能；成本递增商品，所课之税转嫁于买方的金额可能少于所课税款额；成本递减商品，不仅所课之税可以完全转嫁给买方，还可获得多于税额的价格利益。

4. 税负转嫁与课税制度的关系

间接税税负易于转嫁，直接税税负不易转嫁。如对人的所得课税，较难转嫁；而对于商品课征的消费税等，则较易转嫁。课税范围广的，即课税能遍及同一性质所有或大部分商品的，转嫁易，反之则难转嫁。如茶和咖啡同属饮用商品，如果课税于茶而咖啡免税，当茶价增加时，饮茶者改饮咖啡，以致茶的消费减少。此时茶商则不敢把全部税款加于茶价之内，也即转嫁较难。

第四节 税收的经济效应

税收效应是税收作用所产生的效果，即税收对经济和社会的影响。经济决定税收，税收影响经济。税收对经济的影响是十分广泛的。对某一种商品、所得或行为征税，不但可能直接影响纳税人的收入，从而影响其生产、工作的积极性，以及对生产与消费商品的选择，而且还可能间接影响国民经济其他方面（如储蓄、投资等），甚至影响社会生活方面（如对政府的感激或抱怨等）。

一、税收经济效应的作用机制

（一）税收的收入效应

税收的经济效应是指纳税人因国家课税而在其经济选择或经济行为方面作出的反应，或者从另一个角度说，是指国家课税对消费者的选择以至于生产者决策的影响，也就是通常所说的税收的调节作用。税收的经济效应表现为收入效应和替代效应两个方面，各个税种对经济的影响都可以分解成这两种效应，或者说，税收对相关经济变量的影响都可以从这两个方面进行分析。因此，税收经济效应的作用机制是分析税收经济影响的基本原理。

税收的收入效应是指税收将纳税人的一部分收入转移政府手中，使纳税人的收入下降，从而降低商品购买量和消费水平，下面以图4－1来说明。

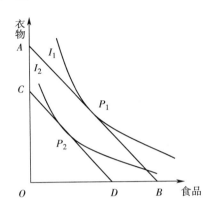

图4－1 税收的收入效应

在图4－1中，水平轴和垂直轴分别计量食品和衣物两种商品的数量。假定纳税人的收入是固定的，而且全部收入用于购买食品和衣物，两种商品的价格也是不变的，则将纳税人购买两种商品的数量组合连成一条直线，即图中 AB 线，此时纳税人对衣物和食品的需要都可以得到满足。纳税人的消费偏好可以由一组无差异曲线来表示，每条曲线表示个人得到同等满足程度下在两种商品之间选择不同组合的轨迹。由于边际效应随数量递减，无差异曲线呈下凹状。AB 线与无数的无差异曲线相遇，但只与其中一条相切，即图中的 I_1，切点为 P_1。在这一切点（P_1）上，纳税人以其限定的收入购买两种商品所得到的效用或满足程度最大，即用于衣物的支出为 P_1，与轴线的垂直距离乘以衣物的价格，用于食品的支出为 P_1 与轴线的水平距离乘以食品价格。

若政府决定对纳税人课征一次性税收（如个人所得税），税款相当于 AC 乘以衣物价格或 BD 乘以食品价格，那么，该纳税人购买两种商品的组合线由 AB 移至 CD。CD 与另一条无差异曲线 I_2 相切，切点为 P_2。在这一切点上，纳税人以其税后收入购买两种商品所得到的效用或满足程度最大，即用于衣物的支出为 P_2 与轴线的垂直距离乘以衣物价格，用于食品的支出为 P_2 与轴线的水平距离乘以食品价格。

由以上分析可以看出，由于政府课征一次性税收而使纳税人在购买商品的最佳选择点由 P_1 移至 P_2，这说明在政府课税后对纳税人的影响，表现为因收入水平下降从而减少商品购买量或降低消费水平，而不改变购买两种商品的数量组合。

（二） 税收的替代效应

税收的替代效应是指税收对纳税人在商品购买方面的影响，表现为当政府对不同的商品实行征税或不征税、重税或轻税的区别对待时，会影响商品的相对价格，使纳税人减少征税或重税商品的购买量，而增加无税或轻税商品的购买量，即以无税或轻税商品替代征税或重税商品，以图 4 – 2 来说明。

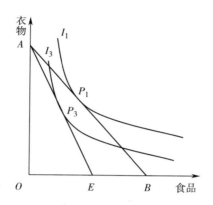

图 4 – 2 税收的替代效应

仍假定政府不征税或征税前纳税人购买两种商品的组合线为 *AB*，最佳选择点仍为 P_1。现假定只对食品征税，税款为 *BE* 乘以食品价格，对衣物不征税。在这种情况下，该纳税人则会减少食品的购买量，对购买两种商品的组合线便由 *AB* 移至 *AE*，与其相切的无差异曲线则为 I_3，切点为 P_3。在这一切点上，纳税人以税后收入购买商品所得效用或满足程度最大，即用于衣物的支出为 P_3 与轴线的垂直距离乘以衣物价格，用于食品的支出为 P_3 与轴线的水平距离乘以食品价格。

由此可见，由于政府对食品征税而对衣物不征税，改变了纳税人购买商品的选择，其最佳点由 P_1 移至 P_3，这意味着纳税人减少了食品的购买量，相对增加衣物的购买量，从而改变了购买两种商品的数量组合，也使消费者的满足程度下降。

二、税收的经济影响

（一） 税收对劳动供给的影响

1. 税收对劳动供给的收入效应和替代效应分析

在市场经济中，劳动者对劳动和收入的选择包括是否工作、是否努力工作，这就是通常所说的人们对工作以取得收入或是享受闲暇之间进行的选择。通常我们用收入表示人们拥有的产品或服务的数量和份额，休闲表示人们拥有的空闲时间。当然，工作时间越多和工作质量越高，收入就越多，生活就越富裕，但要取得收入就要放弃闲暇，要取得更多的收入就得放弃更多的闲暇。人们对两者之间的取舍取决于许多因素，诸如个人的偏好，工资率的高低（即闲暇的机会成本），其他收入水平的高低等，此外还有政府征税的因素。税收对劳动供给的影响是通过税收的收入效应和税收的替代效应来表现的。

（1）税收对劳动供给的收入效应。税收对劳动供给的收入效应是指征税后减少了个人可支配收入，促使其为维持既定的收入水平和消费水平，而减少或放弃闲暇，增加工作时间。税收的替代效应是指由于征税使劳动和闲暇的相对价格发生变化，劳动收入下降，闲暇的相对价格降低，促使人们选择闲暇以替代工作。税收对劳动产生的这两种效应，如果是收入效应大于替代效应，征税对劳动供给主要是激励作用，它促使人们增加工作；如果收入效应小于替代效应，征税对劳动供给就会形成超额负担，人们可能会选择闲暇替代劳动。在各税种中，个人所得税对劳动供给的影响较大，在个人收入主要来源于工资收入，且工资水平基本不变的前提下，征收个人所得税通过对人们实际收入的影响来改变人们对工作和闲暇的选择。

我们以简单比例所得税为例，以图 4 - 3 来描述。

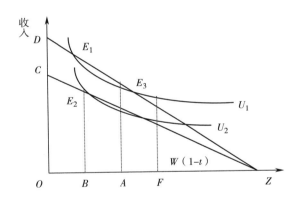

图 4 - 3　比例税对劳动供给的效应

在不征收个人所得税的条件下，个人的收入线是 DZ，其斜率是由放弃 1 小时的闲暇而增加的净收入决定的，即所谓净工资率（以 W 表示），假定它是既定的。数量 Z 是个人所能占有的最大的闲暇量，即完全不工作，也就没有任何收入。在这个无差别曲线中，个人的最大化效用点是无差别曲线 U_1 与收入线的相切点 E_1，该点所决定的闲暇时间是 OA 单位。既然工作就等于没有闲暇，这表明劳动供给的数量等于 AZ。假定对全部劳动所得征收比例所得税，税率为 t，工资率固定为 W。因征税收入线向内转移到 CZ，其斜率为 $W(1-t)$，新的收入线与新的无差别曲线 U_2 相交于 E_2 点，该点所决定的工作时间为 ZB；与 E_1 点相比，E_2 点表明劳动供给增加了，增加的数量为 BA（$ZB - ZA$），这是征收比例所得税的总效应。现在把从 E_1 点到 E_2 点的移动分解为税收对劳动供给的替代效应和收入效应。

（2）税收对劳动供给的替代效应。如前所述，税收对劳动的替代效应，指的是政府征税会使闲暇与劳动的相对价格发生变化，闲暇价格相对降低了，引起个人以闲暇代替劳动，它表明的是纯粹的价格变化效应，这种效应可用图 4-3 中的 E_3 点来说明。该点是平行于收入线 CZ 的新收入线与原无差别曲线 U_1 相切的点。由于闲暇价格已经下降了，个人会享用更多的闲暇时间。从图 4-3 可以看出，多出的闲暇时间或劳动供给减少是 AF，这就是税收对劳动供给的替代效应。税收对劳动供给的收入效应指的是，政府征税会直接减少个人的可支配收入，从而促使纳税人为维持既定的收入水平而增加工作时间，减少闲暇时间。它表明只是减少了个人收入，而并未改变闲暇与劳动的相对价格。由于说的是效用降低，也可以说无差别曲线 U_1 向下平行移至 U_2，表现在图 4-3 中是从 E_3 点移至 E_2 点。可见，收入效用是使闲暇减少或劳动供给增加的数量 FB。

从图 4-3 可知，收入效用与替代效用呈反方向运动，前者刺激人们更加努力工作，后者促使人们减少劳动供给；后者使劳动供给减少的数量为 AF，与 BF 比较，净效用是增加劳动供给 $BA(BF-AF)$，但这是本例的情况。个人工作时间是减少还是增加，最终取决于收入效应与替代效应的对比，本例是收入效应大于替代效应，也可能是两种效应相互抵消，或某种效应占优。

2. 我国的实际情况

由于我国是一个劳动力供给十分充裕的大国，目前又处于经济转轨时期，劳动力供需状况具有一定的特殊性，因此要结合我国的实际情况来看待关于税收对劳动供给影响的理论对我国的实践意义。对我国现实情况而言，可以说个税对劳动力的供给虽有影响，但是影响有限，原因如下：一是真正纳入税收征管范围的都是有固定工作收入的人群，覆盖面比较窄；二是尽管实行年收入 12 万元以上需要申报纳税制度，但是具体实行效果不理想；三是居民的纳税意识不强，纳税理念缺乏。随着税收体系的不断完善，税收对劳动力供给的影响应当符合经济理论。

（二）税收对居民储蓄的影响

1. 税收对居民储蓄的收入效应和替代效应

影响居民储蓄行为的两个主要因素是个人收入总水平和储蓄利率水平。个人收入水平越高，储蓄的边际倾向越大，储蓄率越高；储蓄利率水平越高，对人们储蓄的吸引力越大，个人储蓄意愿越强。税收对居民储蓄的影响，主要是通过个人所得税、利息税和间接税影响居民的储蓄倾向及全社会的储蓄率。

对个人所得是否征税及征税的多少，会影响个人实际可支配收入，并最终影响个人的储蓄率。在对储蓄的利息所得不征税的情况下，征收个人所得税对居民储蓄只有收入效应，即征收个人所得税会减少纳税人的可支配收入，迫使纳税人降低当前的消费和储蓄水平。由于征收个人所得税，个人的消费与储蓄水平同时下降了。因此，税收对储蓄的收入效应是指在对个人所得征税后，个人的实际收入（或购买力）下降，会按他既定的收入减少当前消费。对储蓄利息（收益）征利息税，会减少储蓄人的收益，从而降低储蓄报酬率，影响个人的储蓄和消费倾向。具体来说，当对储蓄利息征税时，使得当前的消费与未来消费的相对价格发生了变化，即未来消费的价格变得昂贵了，而当前的消费价格相对下降了，个人将增加当前的消费，于是产生了收入效应和替代效应。此时的收入效应在于对利息征税降低了个人的实际收入，他会用既定的收入减少当前或未来的消费；而替代效应是指在对利息所得征税后，减少了纳税人的实际税后收益率，使未来的消费价格变得昂贵了，降低了人们储蓄的意愿，从而引起纳税人以消费代替储蓄。

总之，所得税与储蓄之间的关系可以归纳为以下几点：（1）税收对储蓄的收入效应的大小取决于所得税的平均税率水平，而替代效应的大小取决于所得税的边际税率高低；（2）边际税率的高低决定了替代效应的强弱，所得税的累进程度越高，对个人储蓄行为的抑制作用越大；（3）高收入者的边际储蓄倾向一般较高，对高收入者征税有碍于储蓄增加；（4）减征或免征利息所得税将提高储蓄的收益率，有利于储蓄。

2. 我国的实际情况

近年来，我国家庭储蓄增长速度很快，2014年底城乡居民储蓄存款余额已超过117万亿元以上。就我国的情况而言，税收对储蓄的影响并不明显，这说明人们对储蓄的态度还取决于税收以外的诸多因素，如居民未来消费的预期、其他投资渠道等，因此，应该适当地运用税收杠杆促进储蓄向投资转化。

（三）税收对投资的影响

1. 税收影响投资的原理

劳动力和资本是基本的生产要素，储蓄虽然为投资提供了重要的资金来源，但是税收对储蓄的效应分析不能代替税收对投资的效应分析。因为储蓄主要由家庭完成，而投资大部分是由企业完成。家庭进行储蓄和企业进行投资各有其不同的动机，实践说明，储蓄未必都转化为投资。

投资是经济增长的重要决定因素，而投资决策是由投资的净收益和投资的成本决定的。税收对投资的影响，主要是通过征收企业所得税的税率、税前抵扣和税收优惠等措施影响纳税人的投资收益和投资成本。投资者关心的不是毛收益率，而是净收益率。假定投资量为 Q，毛收益为 R，则毛收益率为 $r = R/Q$，假定企业所得税税率为 t，则净收益率为 $r(1-t)$，再假定市场利率为 i，投资者从追求最大利润的动机出发，则要求 $r(1-t) \geq i$，而能否实现这个要求，在很大程度上将取

决于税率 t 的高低。从投资的结果来看，$r(1-t)$ 可能大于或等于 i，也可能小于 i，即出现亏损，这就是说存在一个投资风险问题。显然，由于课征企业所得税增加了投资风险，而税收却不能为投资者承担风险。虽然有些国家的税收制度允许投资者在纳税时进行亏损结转，即用以前或以后年份的利润减冲亏损，但即使这样也不可能完全消除投资风险，在通货膨胀严重的年份更是如此。此外，对投资征收企业所得税，一般都允许从应税所得中扣除折旧和科研费用，这种措施对鼓励投资起着重要作用。

2. 税收对投资的替代效应和收入效应分析

税收对投资的影响同样是通过替代效应和收入效应来实现的，可以采取同样的分析方法。课征公司所得税，会压低纳税人的投资收益率，如果因此而减低了投资对纳税人的吸引力，导致投资者减少投资而以消费替代投资，就是发生了税收对投资的替代效应。税收对投资的替代效应可以用图 4-4 来说明。

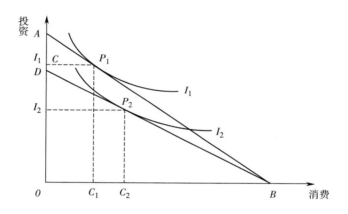

图 4-4　征税对投资的替代效应

在图 4-4 中，纵轴代表纳税人对投资的选择，横轴代表对消费的选择。政府课税前，纳税人对投资和消费的组合用 AB 线表示。AB 与无差异曲线 I_1 在 P_1 点相切，表明 P_1 点所决定的投资和消费组合可给纳税人带来最大的效用。现假定政府对企业征收企业所得税，若纳税人因此而减少投资，其对投资和消费的选择组合线会从 AB 向内旋转至 DB，DB 与新的无差异曲线 I_2 在 P_2 点相切，此切点决定了纳税人税后可获得最大效用的最佳组合。即投资额变为 I_2，小于税前的 I_1，消费额为 C_2，大于税前的 C_1，说明投资者因政府征收企业所得税而减少了投资，增加了消费。

如果征税和提高税率减少了投资者的税后净收益，而投资者为了维持过去的收益水平趋向于增加投资，这是税收对投资的收入效应。税收对投资的收入效应可以用图 4-5 来说明。

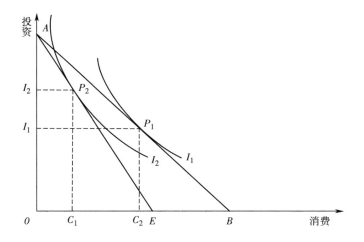

图 4 – 5　税收对投资的收入效应

图 4 – 5 表明，若纳税人因政府课税而倾向于增加投资，对投资和消费的选择组合会从 AB 向内旋转至 AE。AE 与新无差异曲线 I_2 在 P_2 点相切，这一切点决定了纳税人税后对投资与消费选择的最佳组合点，即他选择 I_2 为投资额，大于税前的 I_1，选择 C_2 为消费额，小于税前的 C_1，说明纳税人因政府征税而增加了投资。

3. 税收对吸引国外直接投资的影响

以上是对税收对投资影响的一般分析，而对吸引外国直接投资的影响则存在一些特殊问题。一般而言，发展中国家吸引外资都给予内资所不能享受的特殊优惠措施。如允许加速折旧，向后推移纳税义务；实行未分配利润减税或再投资退税，鼓励将利润留在国内再投资；减低税率或定期免税。但外国投资者是否会真正得到税收优惠的好处或者能够得到多少，还取决于投资者的居住国和东道国之间的国际税收关系。投资者的居住国对纳税人在东道国的已税收入可以实行三种不同的处理方法，即免税法、扣除法和抵免法。采取免税法，则居住国对投资者来源于投资国的利润免于征税，投资者可以全部享受东道国给予的全部税收优惠。采取扣除法，居住国允许投资者从应税所得中扣除已在东道国缴纳的税款，投资者实际得到的利润将取决于投资国税率的高低，二者呈反向关系。采取抵免法，居住国首先按本国税法规定计算出一个税额，然后从该税额中减去已在投资国缴纳的税款。不过，在东道国已缴纳的税款有一个最高抵免额，如果是比例税率，该抵免额就是纳税人在投资国的所得额按居住国税率计算的税额。在这种抵免法的情况下，东道国低税政策的好处，并不会使投资者得到利益，结果是税收优惠从东道国转移到了投资者的居住国。

（四）税收对个人收入分配的影响

收入分配是否公平是现代社会普遍关注的一个社会问题，税收作为一种调整收入分配的有力工具，已经越来越受到关注。因为政府通过征税不仅可以对高收入者课以高税，抑制高收入者的收入，而且还可以通过转移支付提高低收入者的收入，改善收入分配状况。

1. 个人所得税是调节收入分配的最有力工具。在各种收入来源既定的情况下，个人间收入分配的结果及其差距在很大程度上取决于个人所得税的征税状况。因为个人所得税具有两大特点：一是个人所得税直接对纳税人的所得综合或分类进行征税，即使实行比例税率也体现了支付能力原则，即高收入者多征，低收入者少征；二是可以实行累进税率制度，税率随着收入级次的提高而提高，收入水平越高，适用税率越高，从而具有较强的再分配作用。因此，个人所得税对个人间的收入分配，特别是对抑制收入差距的扩大具有特殊的功能。

2. 税收支出也是影响收入分配的重要工具。政府可以通过对许多项目作出不予课税、税额抵免、所得扣除等特殊规定，增加低收入阶层的实际收入。实现这一目标的途径有两条：一是直接对低收入阶层的许多纳税项目给予税收优惠照顾，这些项目包括医疗费用扣除、儿童抚养费用扣除、劳动所得抵免、老年人和残疾人所得扣除、失业福利扣除、社会保险扣除等；二是对有助于间接增加低收入阶层收入或减少低收入者消费支出的行为给予税收优惠照顾，如高收入者向慈善机构、公益事业机构等单位的捐款，给予免税待遇，以鼓励慷慨解囊举办社会福利事业。

3. 社会保险税是实现收入再分配的良好手段。社会保险税是以纳税人的工薪所得作为征税对象的一种税收，在为全体居民提供社会保障基金的同时，也发挥了高收入群体和低收入群体之间的再分配作用。

4. 所得税指数化是减轻通货膨胀的收入分配扭曲效应的一种方法。税收指数化即按照每年消费物价指数调整应税所得的适用税率和纳税扣除额，以便剔除通货膨胀所造成的名义所得上涨的影响。在实行累进个人所得税制的情况下，通货膨胀对个人收入的再分配将产生重大影响。比如，通货膨胀使所有纳税人一律产生"档次爬升"现象，相对而言，就加重了低收入阶层的税收负担。从各国实践来看，所得税指数化是消除通货膨胀以及累进税率机制产生的扭曲的收入分配效应的有力措施，税收指数化主要有四种方法：（1）特别扣除法。即从纳税人的应税所得额中，按一定比例扣除因通货膨胀所增加的名义所得部分。（2）税率调整。即按通货膨胀上涨指数，降低各级距的边际税率，使调整后的税率级距维持在原有效税率的实际水平上。（3）指数调整法。即依据物价指数或相关的指定指标指数，调整个人所得税中的免税额、扣除额以及课税级距等，以消除通货膨胀期间的名义所得增加部分。（4）实际所得调整法。即将各年应税所得还原为基年的实际所得，适用基年的免税额、扣除额及课税级距，求得纳税义务后，再以物价指数还原计算应纳税额。

三、税收与经济发展

（一）税收与经济发展关系的理论观点

税收与经济发展之间存在着密切的关系，这是不争的事实，但关于税收对经济发展的作用，不同的学派却有不同的看法。

早在 18 世纪的自由资本主义时代，以亚当·斯密为代表的古典经济学派认为社会的中心问题是增加社会财富，但不需要政府干预，税收不过是为了维持"廉价政府"而取得收入的手段。斯密甚至认为，一切税收都是减少社会各阶层的收入，影响资本积累，或直接减少投资资本，是阻碍资本主义经济发展的因素，因而主张"税不重征"。19 世纪下半叶和 20 世纪初，自由资本主义向垄断资本主义转变，出现资本的积聚和集中，贫富的两极分化加剧，阶级矛盾激化。在这种形势下，以阿道夫·瓦格纳为代表的社会政策学派，打着社会政策和讲坛社会主义的旗号，一方面，反对自由主义经济政策，承认国家具有干预经济的作用，另一方面，谋求矫正收入分配不公的社会问题。他明确指出，从社会政策的意义上来看，赋税不仅是满足财政的需要，同时也是出于纠正和调整国民所得的分配和国民财产的分配的目的。也就是说，瓦格纳突破了税收仅仅是财政收入手段的传统观点，认为税收也是一种经济调节手段，因而主张扩大消费税，对奢侈品和财产的课税要重于对劳动所得的课税，同时对劳动所得实行累进税制，以缩小正在扩大的收入分配差距。20 世纪 30 年代资本主义经济遭到空前的大危机，熨平经济的周期波动并促进经济增长成为经济学界最关注的问题，于是爆发了"凯恩斯革命"。凯恩斯学派认为，资本主义经济危机的根源在于有效需求不足，主张政府干预，实施需求管理政策，而且以财政政策为主要手段。美国经济学家汉森认为，税收是调节经济，避免经济危机，保持经济发展的有效手段，并预言"税收的变动是调节经济短期波动的很有效的武器，在将来，反商业循环措施的税率的调节，也许将取代利率变动过去所占的地位"。萨缪尔森强调税收既是经济本身的"自动稳定器"，又是政府可运用的稳定经济的"人为稳定器"。进入 20 世纪 70 年代，美国经济出现前所未有的经济停止和通货膨胀并存的"滞胀"现象，而凯恩斯主义在"滞胀"面前束手无策，于是凯恩斯主义威信扫地，反对凯恩斯主义的供给学派应运而生。供给学派认为，需求管理政策不能解脱经济的"滞胀"，只有从资本和劳动力投入的数量和质量及其使用效率着手，才能恢复经济的活力，因而主张实行"供给管理政策"，而主要载体则是减税政策。

（二）供给学派的税收观点

1. 供给学派的三个基本命题

西方经济学将供给学派的税收观点归结为以下三个基本命题。

（1）高边际税率会降低人们的工作积极性，而低边际税率会提高人们的工作积极性。边际税率是指增加的收入中要向政府纳税的数额所占的比例，比如，当你增加 100 元收入，要向政府纳税 50 元，则边际税率为 50%。从劳动供给的角度看，如果边际税率过高，就会降低劳动人员的税后工资率，人们就会选择不工作、少工作或不努力工作，即减少劳动供给；如果实行低边际税率，就可以增强人们的工作积极性，从而增加劳动供给。从劳动需求的角度看，如果边际税率过高，企业会因为纳税后从劳动赚得的收益减少，就会减少劳动需求；如果实行低边际税率，企业就会增加劳动需求。因此，供给学派认为，降低边际税率可以增加劳动的供给和需求，从而增加税后总供给。

（2）高边际税率会阻碍投资，减少资本存量，而低边际税率会鼓励投资，增加资本存量。这里的投资包括物质投资和人力投资。因为过高的边际税率会降低税后的投资收益，自然会影响人们的投资积极性，会根据边际税率的情况酌情减少投资；反之，降低边际税率则会增强人们的投资积极性。因此，供给学派认为，降低边际税率，可以刺激投资增加，从而增加税后总供给。

（3）边际税率的高低和税收收入的多少不一定按同一方向变化，甚至可能按反方向变化。供给学派认为，高边际税率助长地下的"黑色经济"泛滥，助长纳税人逃税的动机，反而会减少税收收入；降低边际税率，会使纳税人心安理得地纳税，从而增加税收收入。

2. 拉弗曲线

供给学派的三个基本命题可以从供给学派的代表人物拉弗设计的"拉弗曲线"得到说明，拉弗曲线是说明税率与税收收入和经济增长之间的函数关系的一条曲线。下面以图 4-6 来说明。

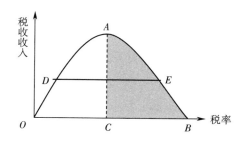

图 4-6 拉弗曲线

图 4-6 中横轴代表税率，纵轴代表税收收入或经济增长。税率从原点开始为 O，然后逐级增加至 B 点时为 100%；税收收入从原点向上计算，随着税率的变化而变化。税收收入与税率的函数关系呈曲线 OAB 状态（抛物线形），当税率逐级提高

时，税收收入也随之增加，税率提高至 OC 时，税收收入达到最大，即 CA；税率一旦超过 OC，税收收入反而会呈减少趋势，当税率上升到 OB（100%）时，税收收入将因无人愿意从事工作和投资而降为零。供给学派把"CAB"区域，即图中的阴影部分，称为税率"禁区"。当税率进入禁区后，税率越提高，税收收入越减少。供给学派认为，美国 20 世纪 80 年代初期的税率处于禁区，要恢复经济增长势头，就必须降低边际税率。此后，在美国的带动下，全世界曾掀起一阵以减税为核心的税制改革浪潮。

拉弗曲线至少阐明了以下三个方面的经济含义：

（1）高税率不一定取得高收入，而高收入也不一定要实行高税率。因为高税率会挫伤生产者和经营者的积极性，削弱经济行为主体的活力，导致生产停滞或下降。

（2）取得同样多的税收收入，可以采取两种不同的税率，如图中的 D 点和 E 点，税收收入是相等的，但 D 点的税收负担很轻。由于低税负刺激了工作意愿、储蓄意愿和投资意愿，促进经济增长，随着经济的增长，税基扩大，税收收入自然增加。

（3）税率、税收收入和经济增长之间存在着相互依存、相互制约的关系，从理论上说应当存在一种兼顾税收收入与经济增长的最优税率。因此，保持适度的宏观税负水平是促进经济增长的一个重要条件。

3. 马斯顿的经验分析

世界银行经济学家凯思·马斯顿选择了具有可比性的 20 个国家 20 世纪 70 年代的经验数据，对宏观税率（指税收收入占 GDP 的比重）的高低对经济增长率的影响进行了实证分析，基本结论是：较低的宏观税率对提高本国的经济增长率具有积极的促进作用。

宏观税率作为一种政策变量，对经济增长率的影响可以利用回归分析来研究。马斯顿就 20 世纪 70 年代 20 个样本国家的平均宏观税率进行了回归分析。回归分析结果表明：低收入国家的税收变量系数是 −0.57，考虑到投资和劳动力增长后的税收变量系数是 −0.30；而高收入国家的税收变量系数分别为 −0.34 和 −0.08。这表明，宏观税率提高对经济增长的消极影响，在低收入国家比在高收入国家要严重得多。

从上述分析可以看出，低税收比率促进经济增长，主要是通过两种机制实现的：一是较低的宏观税率可以导致较高的要素收益率，而较高的收益率会刺激这些生产要素的总供给，从而提高总产出水平；二是低税国家的各种税收刺激，将使资源从低生产率部门或经济活动转移到高生产率部门或经济活动，从而提高资源使用的整体效率。

（三） 减税政策评析

1. 对供给学派税收主张的理论争议

供给学派在理论上强调供给对国民产出的作用，在政策上则强调政府在调节供给方面发挥作用，特别是突出了减税政策。供给学派的减税主张一提出，受到当时美国总统里根和英国首相撒切尔的青睐，在西方国家曾掀起一股减税的浪潮。但有些经济学家对供给学派所说的减税效应提出怀疑，指出供给学派关于减税会增加劳动供给的学说是以劳动供给与劳动者税后工资收入正相关为前提的，而税后工资收入的增加，一方面可以通过替代效应使劳动供给增加，另一方面又会通过收入效应使劳动供给减少，因而减税即使能增加劳动供给，其作用也是微乎其微的。减税虽然会增加私人储蓄和投资，但同时也会减少财政收入，从而减少财政支出和政府投资，否则就会增加财政赤字。所以，只有当减税所增加的私人投资大于相应减少的政府投资时，才能增加社会总投资。而且由于税收乘数小于财政支出乘数，因而等额减税和减少财政支出，乘数效应是下降的。

应当明确，凯恩斯学派和供给学派在对待减税问题上是共同的，二者的差别是，前者的减税主张是从需求效应出发，主张降低个人所得税的平均税率，目标是刺激广大低收入者的消费需求，后者则是从供给效应出发，主张降低个人所得税的边际税率，目标是刺激高收入者的投资供给。因此，许多经济学家认为，减税既会影响需求也会影响供给，在短期内影响需求是主要的，而影响供给的作用是微小的，从长期来看，减税对供给的影响则较大，可以提高产出水平，也可以抑制通货膨胀。

2. 美国减税政策实例分析——减税政策并非万能的灵丹妙药

从实施减税政策的实践来考察，美国具有典型意义。减税政策是一种扩张性财政政策，只适于经济衰退时期，恢复经济的活力并刺激经济的增长。扩张性财政政策的主要措施有两种：一是增加财政支出，二是实行减税政策。美国自20世纪30年代大危机以来曾多次实施扩张性财政政策，在实施扩张性财政政策中，有时没有实行减税政策，有几次实行了减税政策，而减税政策有的取得了成功，有的则归于失败。对减税实例进行具体分析，对市场经济国家财政政策的抉择和实施有重要的借鉴意义。

（1）罗斯福新政没有实行减税政策。为后人津津乐道的罗斯福新政，是一种扩大政府支出的扩张性财政政策，主要用于公共工程和工作救济（即以工代赈），而没有采取减税政策。新政伊始曾谨慎地采取了一些适度增税措施，这是出于以下的考虑：一是大萧条使税基骤然减少，为了满足反萧条的扩大政府支出的需要，不能减税。二是为了避免财政赤字的过大，罗斯福倾向于赤字的税收融资，减少债务融资。三是为了避免增加所得税会加剧经济萧条，主要是增加烟、酒和汽油等的消费税和货物税。在《1935年税收法》中，则提高了个人所得税和遗产税的最高税率，对公司所得税实行累进课税，并于同年建立并实施了美国的社会保障税。尽管后人对新政的增税政策有所非议，但历史实践是不能否认的，罗斯福新政的反萧条政策取得了巨大成功。

（2）20世纪60年代"肯尼迪—约翰逊政府的减税政策"，是减税政策取得成功的范例。为了克服艾森豪威尔政府时期长期经济增长缓慢状态，肯尼迪于1961年入主白宫后提出并于1964年约翰逊上台后开始实行增长性财政政策。增长性财政政策的基本含义是，不仅萧条时期，即使经济回升时期，只要实际产出低于潜在（即充分就业）的产出水平，都要实行扩张性财政政策刺激经济的增长。而增长性财政政策的核心是实行减税政策。《1994年减税法案》可以说是美国历史上到当时为止的最大的一次减税行动，降低个人所得率约20%，边际税率从20%～91%降到14%～70%的范围，公司所得税率由52%降到48%。1964年减税政策不仅扩大了总需求，增加了总产出，降低了失业率，GNP增长率1964年和1965年分别达到7.1%和8.3%，失业率由肯尼迪上台之初的6.6%降到1964年的5.2%，1965年又进一步降到4.5%。1964年减税政策为什么会取得成功？主要经验是：①准确的估计形势。由于前任总统艾森豪威尔在任8年内经济增长缓慢，存在经济增长的较大潜力。②慎重的决策。事前曾提出增支和减税两种方案，而且总统经济顾问委员会认为增加支出比减税具有更大的乘数效应，但考虑增支方案会遭到国会反对，而减税方案易于通过，从政治程序上考虑采取减税方案为妥。③当时税率较高，存在减税空间，个人所得税率最高达91%，最低为20%。④减税与控制财政支出相结合，防止了赤字的扩大。⑤扩张性财政政策与扩张性货币政策相配合，保证货币供给扩大的需要，防止利率的上升。但是，对任何政策都要看到它的两面性，增长性财政政策刺激了20世纪70年代的经济增长，而到80年代经济受到供给方面的冲击而导致"滞胀"，增长性财政政策的持续扩张效应也难辞其咎。

（3）20世纪80年代里根政府的减税政策的惨败，是减税政策失败的范例。共和党人里根于1981年入主白宫后，随着凯恩斯主义的衰落，反政府干预而信奉自由放任政策的新保守主义崛起，里根政府的经济政策主要来自供给学派和货币学派的政策主张。主要内容是限制政府规模，减税优先策略，平衡预算，同时，为了治理70年代遗留下来的"滞胀"，把抑制通货膨胀作为首要调控目标，实行松财政、紧货币的政策搭配。里根的税收优先策略是基于供给学派关于降低税率会随之带来税收收入增长进而实现预算平衡的思路。里根制定了一个美国历史上最大的减税法案——1981年《经济复兴税收法》，但减税政策事与愿违，却带来了赤字大爆炸。1981年前任总统卡特卸任时预算赤字是789亿美元，1982年猛增到1279亿美元，

1983 年则高达 2078 亿美元。由于高赤字依次导致了高债务、高利率、高汇率、高贸易赤字，里根的减税政策遭到惨败。失败的主要原因是：①里根高估了供给学派提倡的减税可以带来增加税收收入的效应。②控制支出的计划脱离实际，难以实现，里根政府制定了一个庞大的国防预算，仅"星球大战计划"就要消耗 1 万亿美元，而将削减预算支出寄希望于削减社会福利支出，然而社会福利支出属于刚性的"权利和强制支出"，这就注定了削减支出计划难以实现。③松财政与紧货币的政策搭配是遭到惨败的关键，里根将赤字债务化转为赤字货币化，导致利率上升，利率上升又导致汇率上升，汇率上升又导致巨额的贸易赤字。

（4）2017 年 11 月，美国众议院共和党人公布了 429 页的《减税与就业法案》(*Tax Cuts and Jobs Act*)，对企业与家庭进行减税，鼓励企业带回留存在海外的收入，阻止就业与企业外流。美国此次推出的税改法案，旨在扩大美国就业，刺激投资以及促进经济发展，以重振美国制造业的雄风；减税将可能吸引美国海外资本回流，且美国过去税率较高的行业将有较大获益。然而，此次税改法案对美国同样存在着负面效应。一是增加美国债务和预算赤字，美国外溢的债务将会对全球的资金流动产生影响。二是税改主要利好富人阶层，将加剧贫富分化。特朗普政府提高遗产税起征点以及增加个人替代性最低限额税（AMT）等举措仅使得高收入人群得到税收减免，低收入人群的最低税率反而有所上浮。长期来看，税改将进一步加剧美国阶层分化，侵蚀经济长期稳定增长的基础。三是美国将成为新的避税天堂，造成国际不公平竞争。美国的税改计划会给各国带来一定的压力，或将引起全球竞争性减税，不仅会一定程度上削减美国税改的正面效应，还会引发国际的不公平竞争。

通过减税实例的分析说明，减税政策是实施扩张性财政政策的一种选择，但减税政策并非一剂万能的灵丹妙药。减税政策必须审时度势，适应当时的具体条件，并需要相关政策的有效配合，才能取得预期效果。

众所周知，我国的积极财政政策取得了巨大的成功，但我国实行积极财政政策的同时并没有实行减税政策，这也有力地说明了扩张性财政政策不一定要实行减税政策。

本章小结

1. 税收是指国家为了向社会提供公共产品、满足社会共同需要、按照法律的规定，参与社会产品的分配、强制、无偿取得财政收入的一种规范形式。

2. 税收的形式特征：强制性、无偿性、固定性。

3. 税收根据课税对象的属性，可分为流转税、所得税、财产税、资源税、行为税；根据征收管理权和收入支配权可分为中央税、地方税和中央地方共享税；根据计税的标准分类可分为从价税、从量税、复合税；根据税收和价格的组成关系可分为价内税和价外税；依据税收负担的最终归宿，可分为直接税和间接税。

4. 税收原则：效率原则和公平原则。

5. 税负转嫁是指纳税人将所缴纳的税款通过各种途径和方式转由他人负担的行为和过程，最终承担税款的人则被称为负税人。

6. 税收的经济效益分析。

本章重要概念

税收　税收分类　税收原则　税负转嫁　税收效应

复习思考题

一、简答题

1. 简要说明税收的性质及其含义。

2. 说明一下税负转嫁的方式与条件。

3. 税收产生的效应有哪些？

二、案例讨论

2017 年 12 月 22 日，美国总统特朗普签署并发布《减税和就业法案》。特朗普政府称该法案旨在通过减税等一系列措施为美国工人提供更多的工资和就业机会，为美国公司创造更公平的竞争环境，以促进经济增长。试分析该法案的出台对全球尤其是中国经济的影响。

本章参考文献

［1］陈共．财政学（第九版）［M］．北京：中国人民大学出版社，2017.

［2］王晓光．财政与税收（第四版）［M］．北京：清华大学出版社，2018.

第五章
税收制度

学习目标

1. 掌握税收制度的含义、构成要素、类型；
2. 了解中国税收制度的发展历程；
3. 熟悉中国的主要税种；
4. 依据税收知识，学会计算税收收入。

第一节 税收制度概述

一、税收制度的内涵

税收制度一般是指国家通过立法程序规定的各种税收法令和征收管理办法的总称，其核心是主体税种的选择和各种税的搭配问题。税收制度有广义和狭义之分。狭义的税收制度是指国家以法律或法令形式确定的各种课税办法的总和，包括税种的设置、各税种的具体内涵，体现税收的征纳关系；广义的税收制度是指税收基本法规、税收征收管理体制、税收征收管理制度以及国际机关之间因税收管理而发生的各种关系。

二、税收制度的要素

各国税收制度不尽相同，但主要构成要素基本相同，包括税收主体、税收客体、税率、纳税环节、纳税期限、违章处理等。

（一）税收主体

税收主体是指当一国政府凭借政权组织税收活动时，政府与纳税人之间会产生特定的税收法律关系，在这种税收法律关系中的主体统称为税收主体。它又可分为税收征税权主体和纳税权主体两类，是在税收分配过程中行使征税权利的主体，也是税收法律关系的权利主体，是税法中规定的享有权利和承担义务的当事人。税收是以国家为主体的特殊分配形式，所以征税主体只能是国家，而不是其他主体。在我国，征税主体的具体部门有税务部门、财政部门和海关。纳税主体主要包含纳税人、扣缴义务人、纳税担保人等。

（二）税收客体

税收客体又称课税对象，是指税法规定的征税的标的物，一个税种对什么征税，在法学上称为纳税客体，是税法结构中最基本的因素，是区别不同税种的主要标志。如消费税的课税对象是特定的应纳税消费品，增值税的课税对象是增值额。

（三）税率

税率是指税额与税收客体的数量关系或比例关系。税率是计算税额的尺度，也是衡量税负轻重与否的重要标志。中国现行的税率主要有比例税率、定额税率、累进税率。

1. 比例税率

即对同一征税对象，不分数额大小，规定相同的征税比例。中国的增值税、营业税、城市维护建设税、企业所得税等采用的是比例税率。比例税率在适用中又可分为三种具体形式：单一比例税率、差别比例税率、幅度比例税率。

2. 定额税率

定额税率是税率的一种特殊形式。它不是按照课税对象规定征收比例，而是按照征税对象的计量单位规定固定税额，所以又称为固定税额，一般适用于从量计征的税种。其优点是：从量计征，不是从价计征，有利于鼓励纳税人提高产品质量和改进包装，计算简便。但由于税额的规定同价格的变化情况脱离，在价格提高时，不能使国家财政收入随国民收入的增长而同步增长，在价格下降时，则会限制纳税人的生产经营积极性。在具体运用上又分为以下几种：

（1）地区差别税额：即为了照顾不同地区的自然资源、生产水平和盈利水平的差别，根据各地区经济发展的不同情况分别制定的不同税额。

（2）幅度税额：即中央只规定一个税额幅度，由各地根据本地区实际情况，在中央规定的幅度内，确定一个执行数额。

（3）分类分级税额：把课税对象划分为若干个类别和等级，对各类各级由低到高规定相应的税额，等级高的税额高，等级低的税额低，具有累进税的性质。

3. 累进税率

累进税率指按征税对象数额的大小，划分若干等级，每个等级由低到高规定相应的税率，征税对象数额越大税率越高，数额越小税率越低。累进税率因计算方法和依据的不同，又分以下几种：

（1）全额累进税率：即对征税对象的金额按照与之相适应等级的税率计算税额。在征税对象提高到一个级距时，对征税对象金额都按高一级的税率征税。

（2）全率累进税率：它与全额累进税率的原理相同，只是税率累进的依据不同。全额累进税率的依据是征税对象的数额，而全率累进税率的依据是征税对象的某种比率，如销售利润率、资金利润率等。

（3）超额累进税率：即把征税对象按数额大小划分为若干等级，每个等级由低到高规定相应的税率，每个等级分别按该级的税率计税。

（4）超率累进税率：它与超额累进税率的原理相同，只是税率累进的依据不是征税对象的数额而是征税对象的某种比率。

在以上几种不同形式的税率中，全额累进税率和全率累进税率的优点是计算简便，但在两个级距的临界点税负不合理。超额累进税率和超率累进税率的计算比较复杂，但累进程度缓和，税收负担较为合理。

（四）纳税环节

纳税环节主要是指税法规定的征税对象在从生产到消费的流转过程中应当缴纳税款的环节。纳税环节有广义和狭义之分。广义的纳税环节指全部课税对象在再生产中的分布情况。狭义的纳税环节特指应税商品在流转过程中应纳税的环节。商品从生产到消费要经历诸多流转环节，各环节都存在销售额，都可能成为纳税环节。但考虑到税收对经济的影响、财政收入的需要以及税收征管的能力等因素，国家常常对在商品流转过程中所征税种规定不同的纳税环节。按照某种税征税环节的多少，可以将税种划分为一次课征制或多次课征制。合理选择纳税环节，对加强税收征管、有效控制税源、保证国家财政收入的及时、稳定、可靠，方便纳税人生产经营活动和财务核算，灵活机动地发挥税收调节经济的作用，具有十分重要的理论和实践意义。

（五）纳税期限

纳税期限是负有纳税义务的纳税人向国家缴纳税款的最后时间限制。它是税收强制性、固定性在时间上的体现。任何纳税人都必须如期纳税，否则就是违反税法，受到法律制裁。确定纳税期限，要根据课税对象和国民经济各部门生产经营的不同特点来决定。如流转课税，当纳税人取得货款后就应将税款缴入国库，但为了简化手续，便于纳税人经营管理和缴纳税款（降低税收征收成本和纳税成本），可以根据情况将纳税期限确定为1天、3天、5天、10天、15天或1个月。

（六）违章处理

违章处理是对纳税人违反税收法规行为所采取的处罚措施，它保证税收法令的贯彻执行，体现税收的强制性。税收违章行为包括：

（1）违反税务管理基本规定，如纳税人未按规定办理税务登记、纳税申报等。

（2）偷税，纳税人伪造、变造、隐匿、擅自销毁账簿、记账凭证，或者在账簿上多列支出或者不列、少列收入，或者经税务机关通知申报而拒不申报或者进行虚假纳税申报，不缴或者少缴应纳税款的。

（3）逃税，纳税人逃避追缴欠税。

（4）骗税，纳税人骗取国家出口退税。

（5）抗税，纳税人以暴力、威胁方法拒不缴纳税款。

第二节　税收制度的类型

税制类型是指一国实行征收一种税还是多种税的税制。税收制度的类型主要分为单一税制和复合税制两种类型。

一、单一税制

古往今来，单一税制并没有在哪个国家真正实施过，只是在理论上不断出现这种主张。单一税制的理论主张较多，而且都与不同时期的政治主张、经济学说相呼应，其理论依据及其经济基础各有差异，大致可归为四类。

1. 单一土地税论

单一土地税制最初是在 18 世纪由古典政治经济学奠基人之一、法国重农学派创始人魁奈明确提出并在 19 世纪中叶由美国经济学家亨利·乔治所倡导的一种单一税制主张，但两者的主张有些出入。前者认为，只有土地（农业）才生产剩余产品，形成土地所有者的纯收益，故应课征于土地而不能转嫁。否则，课之于他物，最终还要由土地纯收益负担。这就是单一土地税制中的土地纯收益税论。亨利·乔治主张的单一土地税实质上是一种土地价值税。按照他的观点，每年要对土地所有者所获得的经济租金征收 100% 或接近 100% 的税款。因为经济租金完全是一种不劳而获的剩余，这种剩余不应归土地所有者占有而应交给国家，足以支付国家的全部费用而有余。同时还认为，实行单一税制可消除不平等和贫困，是促进经济发展的税收政策工具。因为它取消对资本和劳动力的一切税收，从而促进这些生产要素的发展，而且有利于土地国有化。

2. 单一消费税论

这一主张早在 17 世纪利益说刚刚萌芽时，英国思想家霍布斯就以此为理论依据，主张单一消费税制。他认为，消费税可以反映人民得自国家的利益。19 世纪中叶，德国经济学家普费菲等则从税收的社会原则出发，主张税收应以个人支出为课征标准，认为只有消费税能遍及全体人民，人人消费则人人纳税，符合税收的普遍原则。同时还认为，消费是纳税人的纳税能力的体现，消费多者，负税能力大；消费少者，负税能力小，故符合税收的平等原则。

3. 单一财产税论

最早是由法国经济学家计拉丹提出的。他所指的资本基本上是指不产生收益的财产，认为课征单一财产税，既可以刺激资本用于生产，又可以促使资本的产生。这一派又分为两种观点：一种是美国学者所主张的以资本为课征标准，仅以不动产为限；另一种是法国学者主张的应以一切有形之资本为课征对象。

4. 单一所得税论

早在 16 世纪后期法国学者波丹曾主张过单一所得税制，但也承认在必要时可以关税等为辅。到了 18 世纪，德国税官斯伯利才明确提出单一所得税制，并在 19 世纪中叶后盛行于德国。德国社会民主党在 1869 年就曾以单一所得税制为纲领。

单一税制在税收的历史长河中一直停留于理论上的探讨，至今没有哪个国家付诸实施。单一税制的主张之所以能产生，可能出于以下几点原因：（1）仅课征一种税，对社会的生产与流通的危害较小。（2）纳税人易于明了其应纳税额，少苛扰之弊。（3）稽征手续简单，减少征收费用。但由于单一税制弊端累累，故无一国实行过。从财政收入上看，收入少、弹性小、逃税的可能性大；从社会政策上看，课税范围窄、不普遍，有失公平；从经济发展上看，就某一课税对象课以重税，枯竭税源，阻碍国民经济平衡发展。基于以上原因，单一税制的弊大于利，而它的弊在很大程度上被复合税制所克服。因此，各国税制古往今来都是复合税制，所以，我们常说的税收制度都指复合税制。

二、复合税制

复合税制（Multipletaxes System）是指在一个税收管辖权范围内，同时课征两种以上税种的税制。各国之所以采用复合税制，主要是因为这种税制符合经济运行的要求。就复合税制本身而言，在税制体系内部税种之间，有相互协调、相辅相成的作用；就财政收入而言，税源广、灵活性大、弹性充分；就税收政策而言，具有平均社会财富、稳定国民经济的功能；就税收负担而言，既公平合理又普遍。因此，复合税制是一种比较科学的税收制度。当然，复合税制也不是一出现就很完备，既有它的历史发展过程，又有它的完善条件或标准。

既然复合税制是由多种税组成的，而每一种税又是对不同的课税对象或不同的纳税人课征的，那么，为了保持复合税制应有的优势，就要慎重选择税种和税源。

经济学家们认为，税种的选择首先要考虑到各税种能否符合税制原则的要求，也就是要从财政收入上、经济发展上以及社会政策上考虑每种税的可行性。其次，还要考虑每种税之间的关系，使其各自有自己的税源，达到既不影响政府收入又不增加人民负担的目的。税源的选择不能侵及税本。税源可分为财产、所得和收益。一般认为，适宜作为税源者是所得和收益，而所得则是最适宜的税源。因为以所得作为税源，在既不侵蚀资本又不影响国民消费的情况下就会有源源不断的所得发生。选择税率则要视不同税种而定。一般来说，古老的直接税适用定额税率，商品课税适用比例税率，所得课税适用累进税率。

在理论上，对复合税制结构的分类多种多样。以存续性划分，分为经常税和临时税；以课征对象划分，分为对人税、对物税和对行为税；以缴纳方式划分，分为实物税、货币税和劳役税；以课税目的划分，分为一般税和特别税；以课税客体性质划分，分为所得税、商品税和财产税等，不一而足。不过，最为普遍的分类方法是以税收负担方式为标准，划分为直接税和间接税。复合税制下的税种不论怎样归类，其中的各税种都是在一定条件下产生和发展起来的；不论是社会政治因素、经济状况，还是财政经济理论的影响，归根到底都是由生产力发展水平决定的。在不同的生产力发展阶段，复合税制的主体税种是不同的。

第三节 税制结构

一、税制结构概念

税制结构又称税制体系。税收制度整体内部的分类、层次、构成、比例以及相互关系的总和。它是社会经济制度及其变化在税收领域中的反映，是社会经济现象在税收制度上的具体体现。一般地说，税制结构主要包括以下内容：（1）税制中税收分类及构成。（2）税类中税种的布局及构成。即每一类税中由哪些税种构成，哪一种或哪几个税种为主，相互之间如何配合等。（3）税制要素（即纳税人、征税对象、税率等）构成的选择和设置。（4）征管层次和地区、部门间的税类、税种组合和协调。

二、税制结构模式

我国的税制结构模式是指由主体税特征所决定的税制结构类型。

1. 以商品和劳务税为主体的税制结构模式

以商品和劳务税为主体的税制结构模式就其内部主体税特征而言，又称以间接税为主的税制结构模式，还可以进一步分为以下两种类型。

（1）以一般商品和劳务税为主体。也就是对全部商品和劳务，在产制、批发、零售及劳务服务等各个环节实行普遍征税。一般商品税具有普遍征收、收入稳定、调节中性等特点。一般商品税在课税对象确定上，既可以对收入全额征税，也可以对增值额征税。前者称为周转税（产品税），征收简便易行，但重复课税，不利于专业化协作；后者称为增值税，可避免重复征税但对征管有较高要求。

（2）以选择性商品和劳务税为主体。也就是对部分商品和劳务，在产制、批发、零售及劳务服务等环节选择性征税。选择性商品税具有特殊调节作用。

2. 以所得税为主体的税制结构模式

以所得税为主体的结构模式就其内部主体税特征而言，又称以直接税为主的税制结构模型。可进一步分为以下三种类型：

（1）以个人所得税为主体。以个人所得税为主体税一般是在经济比较发达的国家，个人收入水平较高，收入差异较大，需运用个人所得税来稳定财税收入，促进个人收入的公平分配。

（2）以企业所得税为主体。在经济比较发达，又实行公有制经济的国家，在由间接税制向直接税制转换过程中，有可能选择以企业所得税而不是个人所得税为主体税。

（3）以社会保障税为主体。在部分福利国家，政府为实现社会福利经济政策，税制结构已由个人所得税为主体转向社会保障税为主体。

3. 商品劳务税和所得税双主体的税制结构模式

双主体税制结构模式是指在整个税制体系中，商品劳务税和所得税占有相近比重，在财政收入和调节经济方面共同起着主导作用。一般来说，在由商品劳务税为主体向所得税为主体的税制结构转换过程中，或由所得税为主体扩大到商品劳务税的过程中，均会形成双主体税制结构模式。从发展的角度看，这种税制模式是一种过渡性税制结构模式，最终会被其中一种主体税取代其双主体地位。

第四节　主要税收

一、流转税

（一）增值税

增值税是就商品价值中增值额课征的一个税种，它是我国商品课税体系中的一个新兴税种。

增值税于 1954 年始建于法国，以后在西欧和北欧各国迅速推广，现在已成为许多发达国家和发展中国家广泛采用的一个国际性税种。增值额是指企业生产商品过程中新创造的价值，相当于商品价值中扣除生产中消耗的生产资料价值 C 之后的余额，即 V + M 部分。具体到一个生产单位，增值额是指纳税人的商品销售收入或劳务收入扣除外购商品额后的余额。增值税的最大特点是在就一种商品多次课征中避免重复征税。这一特点适应社会化大生产的需要，在促进生产的专业化和技术协作、保证税负分配相对公平等方面，有较大功效。增值税还有其他一些优点，诸如：增值税采取道道课税的课征方式，并以各企业新创造的价值为计税依据，可以使各关联企业在纳税上互相监督，减少乃至杜绝偷税、漏税。因为上游企业漏税必然使下游企业多纳，在经济利益原则驱使下，下游企业必然主动监督上游企业的纳税情况；增值税的课征与商品流转环节相适应，但税收额的大小又不受流转环节多少的影响；企业的兼并和分解都不影响增值税税额，可以保证收入的稳定；对于出口需要退税的商品可以实行"零税率"，将商品在国内已缴纳的税收一次全部退还给企业，比退税不彻底的一般流转税更能鼓励外向型经济的发展。

一般而言，增值税的计税依据是商品和劳务价款中的增值额，但各国的增值税制度对购进固定资产价款的处理有所不同，据此增值税可分为三种类型：一是生产型增值税。计税依据中不准许抵扣任何购进固定资产价款，就国民经济整体而言，计税依据相当于国民生产总值，称之为生产型增值税；二是收入型增值税，只准许抵扣当期应计入产品成本的折旧部分，就国民经济整体而言，计税依据相当于国民收入，称之为收入型增值税；三是消费型增值税，准许一次全部抵扣当期购进的用于生产应税产品的固定资产价款，就国民经济整体而言，计税依据只包括全部消费品价值，称之为消费型增值税。由于计税依据有差别，因而不同类型增值税的收入效应和激励效应是不同的。从财政收入着眼，生产型增值税的效应最大，收入型增值税次之，消费型增值税最小；从激励投资着眼，则次序相反。西方国家采用生产型增值税者较少，普遍采用后两种类型。

我国自 20 世纪 80 年代开始试行增值税，当时的增值税是由原产品税转化过来的，仅限于对部分工业品征收，而且设置多档税率。1994 年全面改革工商税制时，增值税被列为改革的核心内容，其目标是按国际上通行的做法，在我国现存条件下，建立一种比较完整的增值税课征机制，使之符合市场经济的要求。

1993 年 12 月 13 日发布的《中华人民共和国增值税暂行条例》的主要内容有：

（1）增值税的征收范围。增值税征收范围包括在我国境内销售货物和提供加工、修理修配劳务以及进口货物，即不仅包括货物的生产、批发、零售和进口商品，而且包括提供加工、修理修配，同时，对视同销售货物、混合销售行为和兼营行为作出特殊规定。

（2）增值税的纳税义务人。增值税的纳税义务人是所有销售应税货物和提供应税劳务的工商企业及其他单位和个人。原缴纳工商统一税的外商投资企业，因已通过法律程序废止工商统一税，也属于增值税的纳税人。

（3）增值税税率。税率采取一档基本税率和一档低税率的模式，基本税率为17%，低税率为13%。除条例规定的适用低税率的五类商品外，根据国务院的决定，对农业产品、金属矿采选产品、非金属矿采选产品增值税税率也为13%。对出口商品实行零税率，即出口商品不但不必纳税，而且在报关出口后可以退还已缴纳的全部税款。自2002年1月1日起，生产企业自营或委托外贸企业代理出口自产货物，除另有规定外，增值税一律实行免、抵、退税管理办法。

（4）实行价外计算办法。现行增值税的基本税率（17%）是在原有的产品税、增值税和营业税的基础上转换而来的，原来的产、增、营三税都是价内税，即价税合一，以含税价格作为计税依据。现行的增值税则实行价外税，即将原来含税价格中的价和税分开，并以不含税价格作为计税依据，在零售以前各环节销售商品时，专用发票上要求分别填写税金和不含税金的价格。据测算，原商品的含税价格中税款所占的比重平均为14.5%左右，即100元的商品价格中大体包含税款14.5元。现行增值税实行价外计税办法以后，首先要求按现行税率将原含税价格换算为不含税价格，计算公式是：含税价格÷（1＋税率），即100元÷（1＋17%）＝85.5元，应缴税款则是85.5元×17%＝14.5元。因此，由于实行价外计税办法，实行17%的基本税率，从国民经济整体来看，仍保持原来的总体税负水平，更不意味着在原含税价格（100元）之外另加17%的税金。在零售环节，消费者购买的商品为自己使用，已不存在税款抵扣问题，为了照顾我国广大消费者的习惯心理，零售环节仍实行价、税合一的办法。

（5）按购进扣税法计算应纳税额，实行根据发货票注明税金进行税款抵扣制度。应纳税额＝当期销项税额－当期进项税额，销项税额＝销售额×税率。准予从销项税额中抵扣的进项税额为下列扣税凭证上注明的增值税税额：从销售方取得的增值税专用发票上注明的税额；从海关取得的完税凭证上注明的税额。购进免税农产品原材料从2002年1月1日起准予按照买价和13%的扣除率计算进项税额，从当期销项税额中扣除。外购货物（固定资产除外）所支付的运输费用，以及一般纳税人销售货物所支付的运输费用，根据运费金额7%的扣除率计算进项税额，但随同运费支付的装卸费、保险费等其他杂费不得计算进项税额。外购的资本性固定资产中所含的税款，计算应纳税额时不得扣除，因而我国1994年税制改革实行的增值税属于生产型增值税。

（6）对年销售收入小于规定的额度且会计核算不健全的小型纳税人，实行简易征收办法。商业企业属于小规模纳税人的，其适用的征收率为4%，商业企业以外的其他企业属于小规模纳税人的适用6%的征收率。在降低小规模纳税人增值税征收税率的同时，寄售商店代销寄售商品、典当业销售死当物品、销售旧货、经批准的免税商店零售免税货物，增值税征收率也降为4%。

（7）按规范化办法计算纳税的增值税纳税人要进行专门的税务登记，并使用增值税专用发票，以便建立纳税人购销双方进行交叉审计的稽核体系，增强增值税自我制约偷漏税和减免税的内在机制。

（二）消费税

消费税的课税对象是消费品和消费行为，是1994年工商税制改革中新设置的一种商品课税。凡从事生产和进口应税消费品的单位和个人均为消费税的纳税人。在对商品普遍征收增值税的基础上，选择少数消费品再征收一道消费税，主要是为了调节消费结构，引导消费方向，保证国家财政收入。对烟、酒、汽油等消费品实行高税率或单独设置税种课以较重的税收，是国际上普遍的做法。从1994年税制改革方案的设计上看，消费税的收入是由原税制的产品税、增值税中分离出来的一部分收入所构成，属于新老税制收入的转换，并不是额外向消费者再加一道税。征收消费税商品的价格中，过去就含有产品税、增值税，而且比例相对较高，现在按照统一税率征收增值税后，对这些商品征收的税款比过去减少，把减少的税款通过设置消费税这个税种进行单独征收，并没有增加这些商品的总体税收负担，即征收消费税的消费品基本上维持了改革前的税负水平。

消费税征收范围的选择，当时主要是考虑以下几个方面的因素：一是流转税制格局调整后税收负担下降较多的产品；二是非生活必需品中一些高档、奢侈的消费品；三是从保护身体健康、生态环境等方面的需要出发，不提倡也不宜过度消费的某些消费品；四是一些特殊的资源性消费品。在种类繁多的消费品中，征收消费税的为数极少。《中华人民共和国消费税暂行条例》中确定征收消费税的品目有11个，包括：烟、酒、化妆品、护肤护发品、贵重首饰、汽油、柴油、汽车轮胎、摩托车、小汽车、烟花爆竹等。消费税采取从价定率和从量定额两种征税办法。从价定率的办法是根据商品销售价格和税法规定的税率计算征税，包括雪茄烟、烟丝、化妆品等；从量定额的办法是根据商品销售数量和税法规定的单位税额计算征税，对黄酒、啤酒、汽油、柴油适用从量定额计算办法，如汽油的应纳税额＝销售数量（升）×0.2；对粮食白酒、薯类白酒、卷烟采用从价定率和从量定额混合计算方法，其应纳税额＝应税销售数量×定额税率＋应税销售额×比例税率，如粮食白酒

189

定额税率为每斤（500 克）0.5 元，比例税率为 25%。消费税根据不同的税目或子目确定相应的税率或单位税额。消费税实行价内征收的办法。从价定率征收，以含有消费税税金而不含增值税税金的消费品价格为计税依据。消费税从理论上说最终是由消费者负担的，但为了减少纳税人的数量，从而降低征收费用，防止税款流失，消费税的纳税环节确定在生产环节。

消费税自实施以来，对组织财政收入和引导消费方向发挥了重要作用，但随着经济形势的发展变化，在征收范围、税目设置、税率结构等方面逐渐出现一些不相适应的问题，因此，自 2006 年 4 月 1 日起对消费税制度进行重大调整。这次调整突出两个重点：一是突出环境保护和资源节约，二是突出合理引导消费并间接调节收入分配。比如，对高尔夫球及球具和游艇等高档消费和消费品开征消费税，对已具有大众消费特征的护肤护发品停征消费税，提高白酒、小汽车税率。调整的主要内容是：（1）新增高尔夫球及球具、高档手表、游艇、木制一次性筷子、实木地板等税目。增列成品油税目，原汽油。柴油税目作为该税目的两个子目，同时新增石脑油、溶剂油、润滑油、燃料油、航空煤油 5 个子目。（2）取消"护肤护发品"税目。（3）调整部分税目税率。现行 11 个税目中，涉及税率调整的有白酒、小汽车、摩托车、汽车轮胎几个税目。2008 年 11 月财政部、国家税务总局按照国务院关于实施成品油价格和税费改革的要求，曾联合下发通知，决定从 2009 年 1 月 1 日起调整成品油消费税政策。主要内容是：（1）提高成品油消费税单位税额。汽油、石脑油、溶剂油、润滑油消费税单位税额由每升 0.2 元提高到每升 1.0 元；柴油、航空煤油和燃料油消费税单位税额由每升 0.1 元提高到每升 0.8 元。（2）调整特殊用途成品油消费税政策。对进口石脑油恢复征收消费税。航空煤油暂缓征收消费税。对用外购或委托加工收回的已税汽油生产的乙醇汽油免征消费税。用自产汽油生产的乙醇汽油，按照生产乙醇汽油所耗用的汽油数量申报纳税。对外购或委托加工收回的汽油、柴油用于连续生产甲醇汽油、生物柴油的，准予从消费税应纳税额中扣除原料已纳的消费税税款。2010 年 12 月 31 日前，对国产的用作乙烯、芳烃类产品原料的石脑油免征消费税；对进口的用作乙烯、芳烃类产品原料的石脑油已缴纳的消费税予以返还。成品油消费税政策调整是成品油价格和税费改革的重要内容之一，对促进节能减排和经济结构调整、规范政府收费行为和公平社会负担，都具有非常重大的意义。2009 年 1 月 1 日修订增值税暂行条例过程中，鉴于营业税、消费税与增值税之间存在较强的相关性，为了保持这三个税种相关政策和征管措施之间的有效衔接，有必要同时对消费税条例进行相应修改，内容是：（1）将 1994 年以来出台的政策调整内容，更新到新修订的消费税条例中，如部分消费品（金银首饰、铂金首饰、钻石及钻石饰品）的消费税调整在零售环节征收、对卷烟和白酒增加复合计税办法、消费税税目税率调整等。（2）与增值税条例衔接，将纳税申报期限从 10 日延长至 15 日，对消费税的纳税地点等规定进行了调整。

（三）关税

1. 关税的定义

关税是对进出国境的货物或物品征收的一种税，我们提到的关税通常是指进口关税和出口关税两种。

2. 关税的分类

按货物或物品的流向，关税可分为进口税、出口税、过境税或转口税；按征税目的，关税分为财政关税和保护关税；按计税标准，关税分为从价关税、从量关税、复合关税、选择关税和滑动关税；按关税政策标准，关税分为普通关税、优惠关税和加重关税。

3. 征收关税的目的

一是国家财政收入的来源之一。西方国家在 20 世纪初关税税收占其总收入的 40% 以上，如今由于所得税地位的提升，发达国家关税占总税收的比例不到 5%。二是可以保护民族经济。征收关税让外国产品在本国的售价提升，本国国内的同类产品拥有价格优势。

4. 我国现行关税制度

（1）征税对象

关税的征税对象是准许进出境的货物和物品。货物是指贸易性商品，物品指入境旅客随身携带的行李物品、个人邮递物品、各种运输工具上的服务人员携带进口的自用物品、馈赠物品以及其他方式进境的个人物品。

（2）税率

为适应对外开放不断发展的需要，我国关税的税率从新中国成立至今经过多次变革。主要方面是按照国际通行的《海关合作理事会商品分类目录》对税则、税目重新编排，大幅度地降低税率。我国现行关税的主要特点是只对少量出口商品征收出口税，并且税负较轻。对进口商品按必需品、需用品、非必需品、限制进口品分别制定不同的税率。同时，对同种商品按国际惯例实行普通税率和最低税率两种税率，对与我国有贸易协定的国家的进口商品，按最低税率课征，对其他商品适用普通税率。自 1947 年《关税及贸易总协定》创立，经历多年发展变革，目前发达国家的平均关税税率大概在 5% 的水平，发展中国家大概在 15% 的水平。我国为加入世界贸易组织曾多次降低关税税率。加入世界贸易组织后，我国降低关税税率的速度更快了，截至 2018 年，中国加权平均关税税率在 3.5% 左右，仅略高于发达国家。依据国际经验，随着一国国民经济实力的强大，关税收入占财政收入比重会逐渐下降，关税作为财政收入的来源的功能将被逐渐弱化。于是，调节对外贸易将成为关税政策最为主要的目标。

（3）计税依据

关税以进出口货物的完税价格作为计税依据。完税价格分为两种情况：第一是进口货物的完税价格，指把一般贸易项下的进口货物以海关审定的成交价格为基础的到岸价格作为完税价格。如果无法经过海关审定确定进口货物的到岸价格，则把下列价格作为完税价格：①从该进口货物同一出口国或者地区购进的，相同或者类似货物的成交价格；②从该进口货物的相同或类似货物在国际市场上的成交价格；③从该进口货物的相同或类似货物在国内市场上的批发价格，减去进口关税进口环节其他税收和进口后的运输、储存、营业费用及利润后的价格；④海关用其他合理方法估定的价格。纳税人向海关申报的价格并不一定等于完税价格，只有经过审核并接受的申报价格才能作为完税价格。第二是出口货物的完税价格，出口货物应当以海关审定的货物售予境外的离岸价格扣除关税后作为完税价格。当离岸价格不能确定时，完税价格由海关估定。

（4）关税的计量

关税的计量方法是以进出口货物的完税价格或货物数量为计税依据，按规定的适用税率或单位税额，以从价计征、从累计征或者国家规定的其他方式计征。

①从价税的计税方法

从价税是一种最常见的计征关税的方法，它以进（出）口货物的完税价格作为计税依据，以应征税额占货物完税价格的百分比作为税率，货物进口时，以此税率与进口货物完税价格相乘计算应征税额。

其计算公式如下：

应纳税额 ＝ 应税进（出）口货物数量 × 单位税价格 × 适用税率

②从量税的计税方法

从量税是以进口商品的数量、体积、质量等计量单位作为计税基准的一种计征关税的方法。其计算公式如下：

应纳税额 ＝ 应税进（出）口货物数量 × 单位货物税额

二、所得税

（一）所得税概述

1. 所得税的特点

所得课税是对所有以所得额为课税对象的税种的总称。所得课税是一种优缺点十分鲜明的税类，它具有四个方面的特征和优点：（1）税负相对公平。所得课税是以纯收入或净所得为计征依据，并一般实行多所得多征、少所得少征的累进征税办法，合乎量能课税的原则。同时，所得课税往往规定起征点、免征额及扣除项目，可以在征税上照顾低收入者，不会影响纳税人的基本生活。（2）一般不存在重复征税问题，不影响商品的相对价格。所得课税是以纳税人的总收入减去准予扣除项目后的应税所得额为课征对象，征税环节单一，只要不存在两个以上课税主体，则不会出现重复征税，因而不致影响市场的运转。所得税的应税所得额不构成商品价格的追加，且不易转嫁，因而一般不会干扰各类商品的相对价格。（3）有利于维护国家的经济权益。在国际经济交往与合作不断扩大的现代社会，跨国投资和经营的情况极为普遍，于是就必然存在跨国所得。对跨国所得征税是任何一个主权国家应有的权益，这就需要利用所得税可以跨国征税的天然属性，参与纳税人跨国所得的分配，维护本国权益。（4）课税有弹性。所得来源于经济资源的利用和剩余产品的增加，从长远来看，随着资源利用效率的提高，剩余产品也会不断增长，因而所得课税不仅税源可靠，而且可根据国家的需要灵活调整，以适应政府支出的增减。所得课税也存在某些缺陷，主要是：①所得税的开征及其财源受企业利润水平和人均收入水平的制约；②所得税的累进课税方法会在一定程度上压抑纳税人的生产和工作积极性的充分发挥；③计征管理也比较复杂，需要较高的税务管理水平，在发展中国家广泛推行往往遇到困难。另外，有一种观点认为同商品课税相比所得税的经济调节功能较弱，不易有效地体现政府的经济政策。

2. 所得课税的功能

所得税是国家筹措资金的重要手段，也是促进社会公平分配和稳定经济的杠杆，所得税的后两种功能在当今社会备受重视，并成为各国社会政策和经济政策的主要传导工具。所得税是一种有效的再分配手段。它通过累进课征可以缩小社会贫富和企业之间实际收入水平的差距；通过减税免税对特殊困难的纳税人给予种种照顾，从而缓解社会矛盾，保持社会安宁。税收的社会政策主要是指所得税政策。所得税也是政府稳定经济的重要工具。所得税的弹性较大，因此政府可以根据社会总供给和总需求的平衡关系灵活调整税负水平，抑制经济波动：当经济增长速度过快，总需求过旺时，提高所得税税负水平；当经济处于萧条时期，社会总需求萎缩时，降低所得税税负水平。由于所得税一般实行累进税率，当经济过热、社会总需求过大时，企业和个人的所得会大幅度增加，原来按较低税率纳税的人要改按较高税率纳税，税收收入会自然增加，从而可以抑制纳税人的投资和消费冲动，维持经济稳定；反之，当经济萧条、纳税人收入下降时，适用税率自动下降，又可以刺激投资和消费，促进经济复苏。具有这种功能的所得税被称为"内在稳定器"和"人为稳定器"。所得税内在的稳定功能，在西方发达国家构成国家财政政策的核心内容。

（二）我国现行所得课税的主要税种

1. 企业所得税

我国现行所得课税的主要税种有企业所得税、个人所得税以及土地增值税。下面分别按所得课税的主要税种简要介绍各税种的课税对象、纳税人、税率和计征方法等税制中的主要问题。

我国自改革开放以来，内资、外资企业一直实行两种不同的所得税法规。于1991年曾将分别适用于外商投资企业和外国企业的两种企业所得税制合并为《中华人民共和国外商投资企业和外国企业所得税法》，于1994年将适用于内资的国有、集体和私营企业所得税条例合并为《中华人民共和国企业所得税暂行条例》，由此形成内资、外资企业两套企业所得税制度并存的格局。然而，两种税制之间存在很大的差异，诸如：基本税率，内资企业为33%，外资企业为15%和24%；外资企业在低税率的基础上还享受"两免三减半"及行业特殊减半的优惠；税前扣除标准，内资实行计税工资，外资实行全额扣除；外商再投资可以退还部分或全部已缴所得税款，内资企业不能享受；等等。显然，由于名义税率和优惠待遇的不同，形成实际税收负担率存在较大的差异，内资企业为25%左右，而外资企业仅有11%左右，在统一的市场下使内资企业长期处于非公平竞争的地位。因此，我国加入世界贸易组织以后，按照世界贸易组织规则的非歧视原则统一内资、外资企业所得税法，即实行"两税合一"。经多年的酝酿和论证，2007年我国重新制定了《中华人民共和国企业所得税法》，3月16日经第十届全国人民代表大会第五次会议通过，8月1日实施。2018年12月29日第十三届全国人民代表大会常务委员会第七次会议通过第十三届全国人民代表大会常务委员会第七次会议决定修改。将第五十一条第一款中的"非居民企业在中国境内设立两个或者两个以上机构、场所的，经税务机关审核批准"修改为"非居民企业在中国境内设立两个或者两个以上机构、场所，符合国务院税务主管部门规定条件的"。

《中华人民共和国企业所得税法》的主要内容如下：

纳税人。在中华人民共和国境内，企业和其他取得收入的组织（统称企业）为企业所得税纳税人。企业分为居民企业和非居民企业。居民企业是指依法在中国境内成立，或者依照外国（或地区）法律成立但实际管理机构在中国境内的企业。非居民企业是指依照外国（地区）法律成立且实际管理机构不在中国境内，但在中国境内设立机构、场所的，或者在中国境内未设立机构、场所，但有来源于中国境内所得的企业。

税率。企业所得税的税率为25%。非居民企业取得《中华人民共和国企业所得税法》第三条第三款规定的所得，适用税率为20%，第三条第三款规定的所得是指

"非居民企业在中国境内未设立机构、场所的，或者虽设立机构、场所但取得的所得与其所设机构、场所没有实际联系的，应当就其来源于中国境内的所得缴纳企业所得税"。

应税所得额。企业每一纳税年度的收入总额，减除不征税收入、免税收入、各项扣除以及允许弥补的以前年度亏损后的余额，为应纳税所得额。收入总额为企业以货币形式和非货币形式从各种来源取得的收入，包括销售货物收入、提供劳务收入、转让财产收入、股息红利等权利性投资收益、利息收入、租金收入、特许权使用费收入、接受捐赠收入、其他收入。不征税收入有财政拨款、依法收取并纳入财政管理的行政事业性收费和政府性基金、国务院规定的其他不征税收入。该法还明确规定了准予扣除和不得计算扣除的费用和支出。

税收优惠。国家对重点扶持和鼓励发展的产业和项目，给予企业所得税优惠，如从事农、林、牧、渔业项目的所得、从事国家重点扶持的公共基础设施项目投资经营的所得、从事符合条件的环境保护、节能节水项目的所得、符合条件的技术转让所得免征所得税；国家需要重点扶持的高新技术企业，减按15%的税率征收企业所得税；创业投资企业从事国家需要重点扶持和鼓励的创业投资，可以按投资额的一定比例抵扣应纳税所得额；企业的固定资产由于技术进步等原因，确需加速折旧的，可以缩短折旧年限或者采取加速折旧的方法；企业综合利用资源，生产符合国家产业政策规定的产品所取得的收入，可以在计算应纳税所得额时减计收入；企业购置用于环境保护、节能节水、安全生产等专用设备的投资额，可以按一定比例实行税额抵免；等等。

2. 个人所得税

我国的《中华人民共和国个人所得税法》于1980年9月10日经第五届全国人民代表大会第三次会议审议通过，随后，经过全国人大常委会1993年10月31日第一次修正、1999年8月30日第二次修正、2005年10月27日第三次修正、2007年6月29日第四次修正、2007年12月29日第五次修正、2011年6月30日第六次修正，形成现行个人所得税法。

2011年的修正主要是对工薪所得税的修正，2018年8月31日，修改《个人所得税法》的决定通过，基本减除费用标准调至每月5000元，2018年10月1日起实施。新《个人所得税法》规定：居民个人的综合所得，以每一纳税年度的收入额减除费用六万元以及专项扣除、专项附加扣除和依法确定的其他扣除后的余额，为应纳税所得额。减税向中低收入倾斜。新《个人所得税法》规定，历经此次修法，个税的部分税率级距进一步优化调整，扩大3%、10%、20%三档低税率的级距，缩小25%税率的级距，30%、35%、45%三档较高税率级距不变。多项支出可抵税。

今后计算个税，在扣除基本减除费用标准和"三险一金"等专项扣除外，还增加了专项附加扣除项目。新《个人所得税法》规定：专项附加扣除，包括子女教育、继续教育、大病医疗、住房贷款利息或者住房租金、赡养老人等支出，具体范围、标准和实施步骤由国务院确定，并报全国人大常委会备案。标志着我国个人所得税制度逐步走向法制化、科学化、规范化和合理化。

现行《个人所得税法》的主要内容如下：

第一，个人所得税的课税对象和纳税人。个人所得税的课征对象是个人所得。按税法规定，在中国境内有住所，或者无住所而在境内居住满一年的个人，从中国境内和境外取得的所得，依照本法规定缴纳个人所得税。在中国境内无住所又不居住或者无住所而在境内居住不满一年的个人，从中国境内取得的所得，依照本法规定缴纳个人所得税。应纳税的个人所得包括：（1）工资、薪金所得；（2）个体工商户的生产、经营所得；（3）对企事业单位的承包经营、承租经营所得；（4）劳务报酬所得；（5）稿酬所得；（6）特许权使用费所得；（7）利息、股息、红利所得；（8）财产租赁所得；（9）财产转让所得；（10）偶然所得；（11）经国务院财政部门确定征税的其他所得。

第二，个人所得税规定了三种不同的税率：

（1）综合所得（工资、薪金所得，劳务报酬所得，稿酬所得，特许权使用费所得），适用7级超额累进税率，按月应纳税所得额计算征税。该税率按个人月工资、薪金应税所得额划分级距，最高一级为45%，最低一级为3%，共7级。

（2）经营所得适用5级超额累进税率。适用按年计算、分月预缴税款的个体工商户的生产、经营所得和对企事业单位的承包经营、承租经营的全年应纳税所得额划分级距，最低一级为5%，最高一级为35%，共5级。

（3）比例税率。对个人的利息、股息、红利所得，财产租赁所得，财产转让所得，偶然所得和其他所得，按次计算征收个人所得税，适用20%的比例税率。

第三，应纳税所得额的计算：应纳税所得额＝月度收入－5000元（起征点）－专项扣除（三险一金等）－专项附加扣除－依法确定的其他扣除。

个税专项附加扣除如下：

子女教育：纳税人的子女接受全日制学历教育的相关支出，按照每个子女每月1000元的标准定额扣除。

继续教育：纳税人在中国境内接受学历（学位）继续教育的支出，在学历（学位）教育期间按照每月400元定额扣除。同一学历（学位）继续教育的扣除期限不能超过48个月。纳税人接受技能人员职业资格继续教育、专业技术人员职业资格继续教育的支出，在取得相关证书的当年，按照3600元定额扣除。

大病医疗：在一个纳税年度内，纳税人发生的与基本医保相关的医药费用支出，扣除医保报销后个人负担（指医保目录范围内的自付部分）累计超过 15000 元的部分，由纳税人在办理年度汇算清缴时，在 80000 元限额内据实扣除。

住房贷款利息：纳税人本人或者配偶单独或者共同使用商业银行或者住房公积金个人住房贷款为本人或者其配偶购买中国境内住房，发生的首套住房贷款利息支出，在实际发生贷款利息的年度，按照每月 1000 元的标准定额扣除，扣除期限最长不超过 240 个月。纳税人只能享受一次首套住房贷款的利息扣除。

住房租金：纳税人在主要工作城市没有自有住房而发生的住房租金支出，可以按照以下标准定额扣除：

（1）直辖市、省会（首府）城市、计划单列市以及国务院确定的其他城市，扣除标准为每月 1500 元；

（2）除第一项所列城市以外，市辖区户籍人口超过 100 万的城市，扣除标准为每月 1100 元；市辖区户籍人口不超过 100 万的城市，扣除标准为每月 800 元。

赡养老人：纳税人赡养一位及以上被赡养人的赡养支出，统一按照以下标准定额扣除：

（1）纳税人为独生子女的，按照每月 2000 元的标准定额扣除；

（2）纳税人为非独生子女的，由其与兄弟姐妹分摊每月 2000 元的扣除额度，每人分摊的额度不能超过每月 1000 元。可以由赡养人均摊或者约定分摊，也可以由被赡养人指定分摊。约定或者指定分摊的须签订书面分摊协议，指定分摊优先于约定分摊。具体分摊方式和额度在一个纳税年度内不能变更。

3. 土地增值税

土地增值税的征税对象，是转让国有土地使用权、地上建筑物及其附着物（简称转让房地产）所取得的收入，减除相关的成本、费用及税金后的余额，即转让房地产的增值额，我国的土地增值税是一种财产税，但按其课征对象则属于所得课税的性质。

不分经济性质，不分内外资企业及中外籍人员，不论是专营还是兼营房地产，只要在中华人民共和国境内转让房地产并取得收入的单位和个人，都是土地增值税的纳税义务人。土地增值税是 1994 年税制改革新开征的一个税种。

20 世纪 80 年代后期，我国开始尝试土地使用制度的改革，实行国有土地使用权的有偿出让、转让。1990 年 5 月，国务院发布了《中华人民共和国城镇国有土地使用权的出让和转让暂行条例》，对国有土地使用权的出让和转让做了界定，为土地使用权成为生产要素进入市场提供了法律保障。近年来，我国房地产业迅猛发展，在改善人民群众居住条件，合理配置土地资源，充分发挥土地效益，改善投资环境，增加财政收入等诸多方面都起到了一定作用。但是房地产市场在发展的同时也存在一些问题，主要是由于房地产市场的管理制度尚不健全，交易行为尚不规范，使得转让土地使用权及房地产经营者获得过高利润。为促进房地产业健康发展，完善房地产业的税收制度，国家决定开征土地增值税对转让房地产过程中取得高收入者进行专门的调节。

三、资源税与财产税

（一）资源税与财产税的一般特征

人类的财富有两类：一是大自然赐予的各种资源，如土地、河流、矿山等；二是人类经过劳动，利用已有资源制造出的社会财产，如房屋、机器设备、股票证券等。两类财富有时是难以截然分开的，如土地，既是一种自然资源，又是一种社会财富，而且两类财富具有某些相同或类似的性质。与此相适应，对两类财富的课税也具有某些相同的特点和作用。

对自然资源的课税称为资源税。资源税有两种课征方式：一是以自然资源本身为计税依据，这种自然资源必须是私人拥有的；二是以自然资源的收益为计税依据，这种自然资源往往为国家所有。前一种资源税实质上就是财产税，即对纳税人拥有的自然财富的课征，它与对纳税人拥有的其他形式财产的课税并没有根本的差别。很多国家的自然资源为私人拥有，因而这些国家只有财产税而没有资源税。财产税也有两种课征方式：一是以财产价值为计税依据，二是以财产收益为计税依据。而第二种财产税又与资源课税有密切联系，如果是对自然财富收益的课税，往往可以纳入资源课税。很明显，财产课税和资源课税具有较强的同一性。有一种观点认为，财产课税和资源课税的划分主要由政府思考问题的标准不统一所致，这并不是没有道理的。

财产课税和资源课税的特征可以归纳为以下几点：（1）课税比较公平。个人拥有财产的多寡往往可以反映他的纳税能力，对财产课税符合量能纳税原则。企业或个人占用的国家资源有多和少、有和无的差别，有质量高低的差别，而这种差别又会直接影响纳税人的收益水平，课税可以调节纳税人的级差收入，也合乎受益纳税原则。（2）具有促进社会节约的效能。对财产的课税可以促进社会资源合理配置，限制挥霍和浪费。对资源的课税可以促进自然资源的合理开发和使用，防止资源的无效损耗。（3）课税不普遍，且弹性较差。这是财产课税和资源课税固有的缺陷。无论是财产课税还是资源课税都只能选择征税，不可能遍及所有财产和资源，因而征税范围较窄。同时，由于财产和资源的生成和增长需要较长时间，速度较慢，弹性较差，因而财产课税和资源课税都不可能作为一个国家的主要税种，一般是作为地方税种。

（二）现行资源税

资源税的课税对象是开采或生产应税产品的收益，开采或生产应税产品的单位和个人为资源税的纳税人，它的作用在于促进资源的合理开发和利用，调节资源级差收入。资源税分别由国家税务局和地方税务局负责征收管理，所得收入由中央政府与地方政府共享。我国于 1984 年 10 月开征资源税，按当时的条例规定，征收范围包括原油、煤炭、金属矿产品和非金属矿产品，但根据当时价格不能大动的情况，为了避免企业既得利益受到影响，资源税实际征税只限于少数煤炭、石油开采企业。资源税开征时，是按照资源产品销售利润率确定税率征收的。1986 年鉴于资源产品销售利润率下降的情况，为了稳定资源税收入，决定将资源税计税办法在原设计税负的基础上，改为按产量和销量核定税额从量征收。我国还有一个属于资源税性质的税种，即历史上延续下来的盐税。盐税与资源税相同之处在于，它也是按照不同盐产区资源条件不同，确定不同的税额从量征收的；不同之处是盐税普遍征收，包括国家储备盐在动用时也要补缴盐税，并且盐税征税定额相对而言比资源税要高得多。

现行的资源税体现了三个原则：一是统一税政，简化税制，将盐税并入资源税，作为其一个税目，简化原盐税征税规定；二是贯彻了普遍征收、级差调节的原则，扩大了资源税的征税范围并规定生产应税资源产品的单位和个人都必须缴纳一定的资源税；三是资源税的负担确定与流转税负担结构的调整做了统筹考虑，一部分原材料产品降低的增值税负担转移到了资源税。

1994 年税制改革后资源税的征税范围包括所有矿产资源，征税品目有原油、天然气、煤炭、其他非金属矿原矿、黑色金属矿原矿、有色金属矿原矿和盐。资源税实行按产品类别从量定额计算征税的办法，设置有上下限的幅度税额，同类产品资源条件不同，税额也不相同。

随着社会经济的迅速发展，我国矿产资源产业的市场化、现代化不断推进，矿产资源在国民经济中的重要地位日益显现。从国际国内市场看，矿产价格增长较快，矿产开采企业的利润也相应增长，而我国在资源产业中普遍存在着严重浪费和破坏环境的现象。因此，于 2004 年对山东、陕西、山西、青海、内蒙古五省区煤炭资源税单位税额进行调整，2005 年又调整了河南等 12 个省区市煤炭资源税单位税额，调整了全国原油天然气资源税单位税额，还调整了部分金属矿产品的资源税单位税额。自 2007 年 8 月 1 日起上调铅锌矿石、铜矿石和钨矿石的资源税，其中，铅锌矿一等矿山的矿石，资源税由原来每吨 4 元调整为每吨 20 元；铜矿一等矿山矿石由原来每吨 1.6 元调整到 7 元；钨矿三等矿山矿石由每吨 0.6 元提高到 9 元。这是自资源税开征以来第一次大幅度调整这三类矿石的资源税，预示着为了贯彻节能减排方针，将加快资源税改革的步伐。

资源税是以各种自然资源为课税对象，体现国有资源有偿使用原则，发挥保护资源、有效利用资源并调节级差收入的作用。1994 年税制改革，我国首次对矿产资源全面征收资源税，此后相当长一段时间里，相关税率几乎没有较大的变化，同时从量计征也一直延续下来。随着国际市场资源价格的普遍上涨，过低的资源税水平和从量计征方式已经不能发挥有效利用和保护资源的效应，也不符合转变经济发展方式和建设资源节约型社会的宏观目标。因此，资源税改革的目标是提高税率，改革计征方式。从 2004 年开始，政府相继对石油、天然气等多种资源产品的单位税额进行了调整，调整范围和规模逐步扩大，在 2006 年还开征了被称为"暴利税"的石油特别收益金，这些措施实际上已经拉开了资源税改革的帷幕。显然，在资源产品价格偏低的条件下，通过调高税率能够真实地反映级差地租，有利于资源的节约和合理开发，使得开发行为走向规范的轨道。但是，现行资源税仍采取从量计征的方式，对课征对象分别以吨或立方米为单位征收固定的税额。在国际市场资源价格普遍上涨的情况下，从量征收不受价格变动影响，只与数量有直接关系，而与资源价格及资源价格的变动脱钩，因而，在调整资源税负的同时，必须将计征方式由从量计征改为从价计征，从而将税收与资源市场价格直接挂钩。

经国务院批准，曾于 2010 年 6 月 1 日起在新疆进行原油天然气资源税改革试点后，2010 年 12 月 1 日起又在其他西部省（区）进行了这项改革试点，将原油天然气资源税由"从量定额"改为"从价定率"即按照应纳税资源产品的销售收入乘以规定的比例税率计征。从实践情况看，改革试点运行平稳，成效明显。按照"十二五"规划纲要提出的全面推进资源税改革的要求，总结改革试点的成功经验，国务院决定，修改资源税暂行条例，增加规定从价定率的资源税计征办法，自 2011 年 11 月 1 日起施行，在全国范围内实施资源税改革。2016 年 7 月 1 日，我国实行资源税改革，资源税征收方式由从量征收改为从价征收。2018 年 12 月 23 日，资源税法草案首次提请十三届全国人大常委会第七次会议审议，这意味着资源税暂行条例将上升为法律。

（三）现行财产税

财产税是历史上最悠久的税收，是现代国家三大税收体系之一，具有其他税种不可替代的作用。财产税是对纳税人拥有或支配的应税财产就其数量或价值额征收的一类税收的总称。财产税在我国的香港称为物业税。财产税不是单一的税种名称，而是一个税收体系。财产税可分为两大类：一类是对财产的所有者或者占有者课税，包括一般财产税和个别财产税；另一类是对财产的转移课税，主要是遗产税、继承税和赠与税。我国现行的具有对财产课税性质的税种有房产税、城市房地产税、土地使用税、耕地占用税、车船税和契税，土地增值税也属于财产税的一个税种。

当前的财产税具有以下特征：（1）财产税收入比重偏低，限制了其应有功能的发挥。（2）财产课税制度设计不尽规范、计税依据、税额标准不够科学。（3）财产课税收入较少，无法体现财产课税的主体地位。（4）计税依据不合理。（5）税制改革相对滞后，与经济发展脱节。1994年出台的税制改革，其侧重点是流转税和所得税的改革，而对财产税的触动不大。如现行房产税法是1986年颁布的《房产税暂行条例》，现行车船使用税的基本规范也是于1986年颁布的《车船使用税暂行条例》，有的税种是在20世纪50年代出台而至今基本上仍按当时的税法执行，如城市房地产税、车船使用牌照税等。另外还有一些应该开征的财产税税种至今尚未开征，如遗产与赠与税。我国财产税改革的方向是：整合税种、统一名称、统一内外税制，扩大征收范围，建立既符合世界贸易组织原则，又适合我国国情的大财产税制。改革的主要内容大体是：①统一名称，整合税种。明确界定财产税的属性，本着"简化税制"的原则，跳出现行模式，取消诸多并存的税种，统一内外税制，建立统一的财产税。具体而言，就是单设"财产税"一个税种，再按财产的形态和类型以列举法有选择性地设置若干个税目，如可在财产税税种下分别设置"房地产"、"固定资产"、"车船"、"遗产"等多个税目。比如，整合现行的房产税、城市房地产税、城镇土地使用税和耕地占用税设置"房地产"税目。②拓宽税基，扩大财产税的调节范围。按照财产税的税种属性特征，在财产不同的存续形态下合理选择课征点，扩大财产税的覆盖面。从课税环节来看，财产税应主要涵盖财产保有和转让环节，对财产持有、让与、自然增值等一定时点上的财产存量和增量课税。从课征对象来看，在保有环节主要包括不动产，兼顾有形动产，如企业的机器设备、车船等也应纳入。同时，还应包括其他具有财产价值的权利，如永久使用权、所有权、支配权、处置权等。从课征地域来看，要将财产税扩大到农村，体现普遍课征的原则。从纳税人来看，按照属人和属地相结合的原则，既对中国居民在中国境内、境外的财产征税，也对外国居民在中国境内的财产征税。随着分配制度的改革，个人住宅商品化和家庭财产的积累，财产税的纳税人要进一步扩大到自然人。③可以考虑适度分权。鉴于我国幅员辽阔、财产税税基具有非流动性的特征，在税收管理上应适度向地方放权，可以采取中央设定税种、地方政府有权决定开征停征和税率高低的管理模式。④提高财产税的比重，充分发挥财产税的功能。目前我国财产税的税基窄、税额小、比重低，制约了该税种的税制功能的全面发挥。当前，在经济转轨时期，地方政府的职能和权限正日益受到重视，财产税的税源日益丰沛，有必要也有可能为地方提供一定比例的固定收入，作为地方财力的后盾。

本章小结

1. 税收制度一般是指国家通过立法程序规定的各种税收法令和征收管理办法的总称，其核心是主体税种的选择和各种税种的搭配问题。税收制度有广义和狭义之分。

2. 税收制度的构成要素主要包括税收主体、税收客体、税率、纳税环节、纳税期限、违章处理等。

3. 税制类型是指按照一定标准对税收制度进行分类而形成的类别模式。税收制度基本可以分为单一税制和复合税制两种类型。

4. 保证税务管理活动实施的法律、法规、规章、规范构成税收管理制度。税收管理制度有广义和狭义之分。

5. 加强税收管理制度建设能够保护征纳双方的利益、实现税收职能、完善法规体系。

6. 我国主要税种的介绍。

本章重要概念

税收制度　税收主体　税制类型　税收管理制度

复习思考题

一、简答题

1. 税收制度的要素有哪些？

2. 税制结构主要有哪些类型？

3. 税收管理制度的主要功能是什么？

二、案例讨论

20世纪80年代末90年代初，中国的财政收入占GDP的比重和中央财政收入占整个财政收入的比重迅速下降，中央政府面临前所未有的财政状况。正因为如此，党中央、国务院决定于1994年进行一场具有深远影响的分税制改革。分税制的实行，使中国的财政秩序为之大改，中央财政重获活力。

1994年，我国实行分税制改革后，搭建了市场经济条件下中央与地方财政分配关系的基本制度框架。在分税制的运行过程中，这个体制框架发挥出了一系列的正面效应，同时也逐渐显露和积累了一些问题。

请结合所学说明1994年我国税改产生了哪些积极作用，存在的问题有哪些？对今天我国税制的启示是什么？

本章参考文献

［1］康玺，秦悦.改革开放四十年税收制度改革回顾与展望［J］.财政科学，2018（8）.

［2］王晓光.财政与税收（第四版）［M］.北京：清华大学出版社，2018.

第六章
公　债

学习目标

1. 掌握公债的产生、发展及公债的性质、特征和概念；
2. 理解公债的偿还方式和流通市场；
3. 了解公债的管理方法和公债负担的含义；
4. 熟悉我国公债发展、分类以及流通市场。

第一节　公债概述

作为一个财政范畴，在历史时序上公债出现比税收更晚。其产生有两个条件：第一是经济方面，当商品经济发展到了一定的阶段，社会具备相对充裕的闲置资金和比较健全的信用制度。第二是财政方面，当国家财力不充裕时，有调度资金的需求。

一、公债的含义与特征

简单来说，公债就是国家各级政府的债务或负债。它作为一种债务收入，是国家或政府采用信用方式以债务人的身份收取的。税收与公债同是政府财政收入的形式，但两者有很大区别，主要体现在以下两个方面。

第一，财政作用不同。公债是指政府通过信用方式筹集资金，虽然可以暂时解决短期的财政困难，但要用以后的收入来偿还。这实际上是一种税收的预支，马克思称之为"税收的预征"，他在《资本论》中这样写道："募债的方法，在政府有额外开支时，固然使纳税人可以在当时不立即感到负担，但结果总有增加税负的必要。"而税收则不同，税收不需要偿还，它是一种国家的实际财政收入，不存在"寅吃卯粮"的问题。

第二，形式特征不同。从无偿性来看，国家与公债认购者是一种债权债务关系。公债认购者作为债权人，到期要收回本息。国家作为债务人，到期要还本付息。这与税收的无偿性显然不同；从强制性来看，公债作为一种信用关系，国家和公债认购者在法律上的地位平等，要坚持自愿认购的原则，不能采取强制措施。而税收是国家的一种强制征收，无论纳税人是否自愿，都必须依法纳税，否则要受到法律的制裁；从固定性来看，认购公债当然不可能具有像税收那样固定性的特征。只有在一些特殊情况下国家才会发行公债。

二、公债的种类

按不同的分类标准，公债可以分为：内债和外债；地方公债和国家公债；可转让公债和不可转让公债；短期公债、中期公债和长期公债；强制公债和自愿公债；凭证式公债和记账式公债；固定利率公债和浮动利率公债。

（一）内债和外债

按照发行地域的不同，公债可以分为内债和外债。内债是国家政府在本国境内发行的公债，其认购主体通常局限于本国公民和经济实体，内债的债权人是本国的公民、法人或其他组织；外债是国家政府在本国境外发行的公债，外债的债权人主要是外国政府、国际金融组织、外国的银行、外国企业和个人。

（二）地方公债和国家公债

按照债务主体的不同，公债可以分为地方公债和国家公债。地方公债是地方政府发行的公债，所筹资金由地方政府支配，债券到期后由地方政府负责还本付息。国家公债，即国债，是中央政府发行的公债，所筹资金归中央政府支配使用，债券期满后由中央政府负责还本付息。

（三）可转让公债和不可转让公债

按照流通性的强弱，可将公债分为可转让公债和不可转让公债。可转让公债又称上市公债，是能够在债券市场上自由流通买卖的公债，可转让公债允许投资者在需要时随时兑现公债，这会降低投资的机会成本，提高投资效率。不可转让公债又称非上市公债。这种公债流动性很差，只能由政府对购买者到期还本付息。为了顺利发行这种公债，国家政府通常需要在利率、偿还方式等方面给予更优惠的条件，必要时还要给予保值贴补。

（四）短期公债、中期公债和长期公债

按照偿还期限的长短，可将公债划分为短期公债、中期公债和长期公债。短期公债又称流动公债，通常指 1 年期以内的政府债务。它主要的特点是非常灵活，政府可以根据需要随时发行。其时间一般以周为单位，其内容包括政府向中央银行的直接短期贷款、透支和国库券等。中期公债一般指 1 年到 10 年的政府债券，政府可以根据不同的财政项目制定不同的期限，因而是弥补年度预算赤字的主要手段。长期公债的期限通常在 10 年以上，还包括永久公债。其一般多用于特定的公共支出项目融资。

（五）强制公债和自愿公债

按照发行性质的差异，可将公债分为强制公债和自愿公债。强制公债是国家以强制购买的方式发行的公债，认购主体无论愿意与否，均必须购买。自愿公债是指国家以国家信用为基础，以经济利益吸引而发行的公民自愿认购的公债。这是一种完全意义上的国家信用行为，现代各国的公债一般都是自愿公债。

（六）凭证式公债和记账式公债

以发行的凭证为标准，公债可以分为凭证式公债和记账式公债。凭证式公债指国家不印刷实物债，采取填制公债收款凭证的方式发行的公债。凭证式公债类似于储蓄，但又优于储蓄，又被称为储蓄式公债，对那些偏好储蓄的个人投资者来说是理想的投资方式，在具备安全性的同时，保管、兑现也很方便。记账式公债是利用账户通过电脑系统完成公债发行、兑付的全过程，又称无纸化公债，不但可以记名、挂失，安全性好，而且发行成本低、时间短、效率高、交易手续简便，是目前世界各国发行公债的主要形式。

（七）固定利率公债和浮动利率公债

按照公债存续期内利率是否变动，公债可分为固定利率公债和浮动利率公债。固定利率公债的利率在发行时就确定下来了，利率不会随着今后市场物价和银行利率的变动而变动，是利息支付只需用既定利率来还本付息的公债。浮动利率公债是指利率随市场物价或银行利率变动而变动的公债。这种公债通常在通货膨胀比较严重的时期采用，可以在高通货膨胀的情况下促进公债的销售。

三、公债的功能

（一）财政角度

总体来说，财政支出具有稳定和持续增长的特征。但由于经济发展具有波动性，所以通常在一个年度中财政支出和收入不是完全匹配的。公债作为财政收入的补充形式，具有弥补赤字、解决财政困难的功能。从长期来看，发行公债还是筹集建设资金的有效手段。通过公债筹资，政府在资源配置上具备了更强的能力。尤其是在调整经济结构、促进重点领域和重要产业的发展中，公债起到了重要的作用。对那些投资大、周期长、见效慢的项目，公债为其提供了有力的支撑。

（二）政策角度

公债是政府调控经济的重要政策工具，起到了刺激经济、拉动需求及调控宏观经济平稳运行的作用。经济低谷时，经济增速降低，社会失业率上升，政府要采取扩张性的财政政策对经济进行调节，这其中一个非常重要的手段就是通过增加公债的发行来扩大财政支出，提高社会总需求和资源利用效率，从而使经济尽快走出困境。实施扩张性财政政策的手段之一就是增加公债的发行量，它实质上是以预算赤字和增加政府负债为代价，促进经济稳定和持续增长。在这种情况下如果增发公债，会有利于政府长期目标的实现。在经济低谷时还依旧追求财政平衡的话，就意味着放弃了财政应有的职能，这不仅会使财政失衡，而且也不利于未来正常的收入增长，最终的财政收支也难以保持平衡。当然，在一般情况下，一旦公债发行规模过大，就会导致需求过度膨胀，引发物价大幅度上涨。

从货币政策的运用来看，公债还是中央银行的重要操作对象。当商业银行把公债当作流动性较强的金融资产持有时，中央银行可以在金融市场上通过公开市场业务，进行公债的买卖，从而十分有效地调节商业银行的资金，进而影响到商业银行的贷款和投资，调控了社会的货币供应量，达到刺激或抑制社会总需求的效果。

四、公债的产生与发展

公债产生于奴隶社会，在封建社会缓慢发展，在资本主义社会迅速壮大。综观公债的发展史，公债的发展历程可以分为五个阶段。

（一）古代公债阶段

这一阶段是公元前4世纪到公元12世纪末。据史料记载，公元前4世纪，在古代希腊和古代罗马，就出现了政府向寺院、商人和高利贷者借债的现象，这是公债的起源。胡寄窗书中曾写到，战国时期，东周的一位国王周赧王就曾向高利商人借债。当时，周赧王的辖地已经非常小，税收无法满足王室日常的资金需要，于是借债就成为自然而然的事情。

欧洲进入封建社会后，各国的国土一般都比较小，国家之间又频繁地爆发战争，再加之自然灾害频繁，财政经常入不敷出，于是国家借债的现象也时有发生。如英格兰的亨利三世就曾向他的兄弟、主教们与宗教团体、贵族借债。综观这一时期，公债的萌芽阶段有以下特点：第一，从借债的对象来看，主要集中于寺院、商人、贵族和高利贷者；第二，借入资金的主要用途是王室的日常开支以及战争需要；第三，从偿还的利率来看，都具有高利贷的性质；第四，从偿还形式来看，一般采取货币形式，有时也采用实物形式，公债常常被用于冲抵税负。

（二）　现代公债初步发展阶段

这一阶段是 12 世纪末到 16 世纪末。现代公债相比于古代公债，主要在于信用形式的不同：古代公债属于高利贷信用，而现代公债则是资本主义的信用形式。马克思这样论述过："公共信用制度即公债制度，在中世纪的热那亚和威尼斯就已经产生，到工厂手工业时期流行于整个欧洲，殖民地制度以及它的海外贸易与商业战争是公共信用制度的温室，所以它首先在荷兰确立起来。公债，即国家的让渡，不论在专制国家、立宪国家还是共和国，总是给资本主义时代打上自己的烙印。"也就是说，现代公债制度只有以资本主义生产关系为背景才得以产生和发展。12 世纪末期，现代公债在当时世界经济中心——意大利产生。当时，佛罗伦萨、威尼斯及热那亚的政府相继向当地的金融业借债，到了 15 世纪，意大利的很多城市都相继效仿发行了公债。公债的发行也逐渐扩展到了欧洲其他地区。

与封建制度下的公债不同，这一阶段的公债有以下几个方面的特点：第一，公债的举债对象变成了金融业者与银行，利率也比古代公债低了很多。第二，公债的用途主要是弥补财政收入的不足，主要是为发动战争筹措资金，比如，尼德兰革命使得西班牙、法国和英国政府纷纷向大银行家和大商人借款。第三，从这时起，公债的期限开始走向长期化。早在 13 世纪，很多城市为了缓解财政困难，开始发行一种叫作"年金"的长期公债。意大利正是当时在长期公债领域长期公债做得最成功的。1407 年，热那亚就出现了由一些债权人组成的银行，即圣乔治银行。1619 年，在威尼斯地区成立了吉罗银行。这些银行直接向公众发行债券来募集资金，由于这些债券是在政府的支持下在市场流通，公众对它们的信任度很高。第四，政府经常会违约。比如，西班牙国王腓力二世曾颁布法令，将政府未还清的债务共计 700 万达克转为利息为 5% 的年金，这实际上是宣告政府信用即将瓦解。1631 年，吉罗银行发行的公债由于政府的违约，市场价值缩水到了面值的 70%。

（三）　自由资本主义时期的继续发展阶段

尼德兰革命爆发后，欧洲第一个资产阶级共和国荷兰成立。随着商业资本主义的迅速发展，荷兰的现代公债制度逐渐发展起来。荷兰为了应付战争，在 1527 年发行了终身年金。荷兰政府拥有充足的财政收入，又提供了高利率，所以政府发行的债券在市场上很受追捧。尽管发行公债很成功，但由于筹集到的资本未用于工业化，在英国取得了光荣革命的胜利后，其经济就迅速地超越了荷兰。当时，为了应付各种战争，英国政府发行了很多种债券。为了减轻政府债务负担，英国成立了南海公司，允许债券持有者将债券转换成此公司的股票。"南海泡沫"后，英国政府通过了一些法案，这才逐渐恢复了政府信誉。公债在这一阶段最大的特点在于发债的主体转变成了资产阶级政府，英国在这一时期首次提出了债转股的概念，其债券市场也得到了一定程度的发展。不过，这一阶段发债的原因依然是为了弥补因战争等因素导致的财政赤字。

（四）垄断资本主义时期的迅速发展阶段

长期以来，美国等西方国家奉行预算平衡的财政政策，只有在出现财政赤字的时候才会被动地发行公债，这一情况在 1929 年的"大危机"爆发以后发生了改变。罗斯福推行的"新政"抛弃了过往政府所奉行的预算平衡政策，国家开始大规模干预经济。随着政府对经济的干预逐渐深入，政府的财政逐渐入不敷出，于是公债的规模迅速攀升。以美国为例，从 1930 年到 1939 年短短十年间，美国联邦政府债务总额从 162 亿美元增加到 404 亿美元。第二次世界大战的爆发使得美国联邦政府的公债余额从 1941 年的 562 亿美元上升到 1945 年的 2587 亿美元。第二次世界大战以后，美国继续实行干预国家经济的政策，又先后发动了朝鲜战争、越南战争，政府债务余额继续攀升。欧洲的主要国家和美国在公债余额上的变化趋势基本是一致的：第一次世界大战时期，债务余额急速攀升；第一次世界大战后，各国的债务余额有所下降；"大危机"过后，各国纷纷效仿美国开始干预经济；第二次世界大战时期，公债余额继续攀升；在"滞胀"的前夜，各国债务也迅速上升，但并未取得刺激经济的预期效果。

（五）"滞胀"后的稳步发展阶段

西方经济体在 20 世纪 60 年代末到 70 年代初经历了"滞胀"时代。此后，各国政府对公债进行了一定的反思。80 年代，各国开始有意识地控制公债规模。美国在 90 年代大力削减政府的支出并严格控制公债的发行。同时期的欧洲参与货币一体化的国家签署了《马斯特里赫特条约》，此条约明确规定了各国的公债负担率不超过 60%。即便如此，欧美国家的公债负担率仍然非常高，公债规模也逐步扩张。2011 年底，美国国债规模在 9.9 万亿美元，截至 2018 年底，美国的国债规模逼近 22 万亿美元，比 2017 年又多出了 2 万亿美元。公债规模持续扩张的主要原因有以下几点：第一，政府的财政支出持续上升，发行公债作为重要的财政收入来源很难降低规模。第二，欧美经济体的经济增长一般比较缓慢，在税收制度既定的条件下，财政收入很难提高。尽管如此，各国政府都已经意识到了控制债务规模的重要性，特别是欧债危机的发生，再次敲响了控制债务规模的警钟。

纵观公债发展的历程，我们看到如下发展趋势：第一，从借债的目的来看，首先是满足政府的日常开支和战争需要，战争自始至终在公债的发行原因中都占有重要的地位。其次是用于宏观调控、干预国家的经济，再次是通过借新债来还旧债。第二，从借债对象的时间顺序来看，最先是向寺院、贵族等少数群体借债，之后向金融业者借债，最后是向全体公众借债。第三，债务的利率从高利贷逐渐走向市场利率的形式。第四，从公债的功能来看，最初仅仅是起到弥补财政赤字的作用，后来发展到筹集建设资金，再后来公债具有了宏观调控经济的功能。

第二节　公债的发行、偿还与流通

一、公债的发行

公债的发行指公债售出或被认购的过程，它是公债运行的起点和基础环节，其最主要的内容是确定公债的发行条件和发行方式。

（一）公债的发行条件

公债的发行条件指对公债发行的一系列规定，如公债发行额、期限、发行价格、利率等，其中，发行价格和发行利率是最关键的。公债发行条件的不同，不仅会直接影响到政府的债务负担和认购者的利益，而且还会关系到公债能否顺利发行。

1. 公债发行额

公债发行额指发行公债的数量。主要受到政府资金需求、市场承受力、政府信誉以及债券类型等因素的影响。如果公债发行额定得过高，会带来销售困难，进而损害到政府信誉，还会对二级市场的转让价格产生不良影响。因此，政府一定要科学地预测公债的发行额。

2. 公债期限

公债发行期限指公债发行日到还本付息日这段时间。公债期限的确定与政府资金使用周期、市场利率的变化趋势、市场的发达程度以及投资者的偏好等因素密切相关。

3. 公债的发行价格

公债的发行价格指公债在市场上的出售或购买价格，不一定等于公债的面值。公债发行价格的高低取决于公债利率与市场利率的差值、政府信誉的高低等。以面值为参考，公债的发行价格分为平价、溢价及折价三种。

（1）平价发行，即发行价格等于面值。投资者按面值购买公债，政府按面值取得收入，到期同样按面值偿还本金。只有在政府拥有良好的信誉时，投资者才愿意按面值认购公债，政府才能按平价完成发行任务。

（2）折价发行，即发行价格低于面值。投资者按低于面值的价格购买公债，政府按这一折价取得收入，到期偿还等于面值的本金。折价发行一般会让公债销售比较顺利，可以更快地完成政府的发行任务。

（3）溢价发行，即发行价格高于面值。投资者按高于面值的价格购买公债，政府按这一价格取得收入，到期偿还相当于面值的本金。只有在公债利率高于同期市场利率时，政府才能顺利进行溢价发行公债。

4. 公债发行利率

公债发行到期时，政府不仅要偿还本金，还要支付一定的利息，付息多少取决于公债的发行利率。公债利率的确定不仅要考虑发行需要，还要兼顾偿还的压力。发行利率通常是参照市场利率、政府信用、社会资金供给量以及公债的期限结构与发行时机等。

除了以上四个主要的发行条件，公债的发行条件还包括公债的票面金额、公债的名称和编号、公债的发行对象和发行目的、公债发行与交款的时间等。

（二）公债的发行方式

公债的发行方式，即政府销售公债的具体方法和形式。公债的发行方式主要包括连续经销法、承购包销法、向个人直接发售法和公募招标法。

1. 连续经销法

连续经销法也称出卖发行法，通常用来向小额投资人发行不可上市的债券，有时也销售可上市的中长期公债。如果公债发行量很大，市场利率不稳定，则要采用连续经销法来保证发行数量和利率的灵活性。连续经销法可分为两种：一是通过政府债券经纪人直接在二级市场上销售新发行的债券，首先由经纪人包销，这样对投资人来说其实与买二手债券没有区别；二是通过银行和邮局的分支机构在柜台上向投资人代理销售。为保证公债的顺利销售，新发行公债的票面利率要和相同剩余期限正在市场中交易的二手债券的收益率保持一致，如果证券市场比较发达则采用第一种方法，这样公债经纪人可以根据市场利率变动随时调整公债的发行价格。通过银行柜台代理销售的公债灵活性不足，因为银行系统或邮政系统分布在全国各地，而公债的价格在全国市场上不可能同时变化。为解决要随市场利率变化调整债券价格这个问题，应同时发行一种或少数几种债券，同时将债券期限标准化。

2. 承购包销法

承购包销法，即政府和承购包销团签订承购包销合同来销售公债的方式。承销人一旦承销公债，就会向社会分销，分销不出去的部分由承销人自己购买。自20世纪90年代中后期，承购包销成为我国国债发行的主要方式。世界上很多国家也都采用这种方式发行公债。公债的承购包销首先要组成一个承购包销团，其次要确定公债发行条件和承销份额等。承购包销法分为两种：一种是固定份额法，该方法有利于更早安排资金；另一种是变动份额法，该方法有利于根据承销者状况随时调整，更加灵活。

3. 向个人直接发售法

向个人直接发售，即债券发行人不委托专门的证券发行机构，而是亲自向投资者推销债券。一般有三种情况：第一种是各级财政部门或代理机构销售公债，需要单位和个人自行认购，第二种是 20 世纪 80 年代的摊派方式，是具有强制性的认购；第三种是私募定向方式，财政部发行公债的对象是特定投资者，例如，对银行、保险公司、养老基金等，定向发行特种国债、专项国债等。直接发售一般是在私募性质的公债中采用，不适宜于公募债券。直接发售有四个特点：一是直接与发行对象见面，由财政部与认购者沟通；二是有特定的发行对象——机构投资者，公债不在市场上流通；三是发行条件直接通过谈判确定；四是发行者要自己承担发行风险。直接发售的优点是可以降低发行费用，可以直接了解到投资者的投资要求和投资意向；缺点是发行单位自己发债，自己推销，自己宣传，不但工作量巨大，还很容易让投资者产生不信任感。

4. 公募招标法

公募招标法可分为价格招标和利率招标。公债招标的公债认购价格或收益率等不是由政府决定，而是在市场上通过投标竞价来决定。招标有两种具体方式：竞争性招标和非竞争性招标。竞争性招标就是投标者把认购价格和数量交给招标人，招标人据此开标并决定中标的依据，出价高者胜出。而非竞争性招标同样采用竞争性招标的方式开标，参加投标的投资者都可以买到公债，中标价格为竞争性招标部分价格的加权平均数。

二、公债的偿还

公债偿还涉及偿债资金的筹措方式、公债的还本方式、公债利息的支付方式等内容。

（一）偿债资金的筹措方式

主要有以下三种方式：

1. 建立偿债基金

政府每年从财政收入中拨出一笔资金，专门用于偿还公债，不可以挪作他用。在公债未还清时，为了让债务逐年减少，每年的拨款不能减少，所以偿债基金也叫"减债基金"。这种方式虽然不乏有国家在尝试，但往往都会因为偿债基金常被挪用而以失败告终。

2. 财政预算列支

政府将每年的公债偿还数作为财政支出的一个项目而列入当年的支出预算，比如"债务还本支出"，由正常的财政收入来保证公债的偿还。这种方式只有在财政收入比较充裕的情况下才可以做到。

3. 举借新债

举借新债就是通过发行新债为到期债务筹措资金。目前，这种方式是世界上许多国家偿还公债的基本手段。

（二）公债的还本方式

1. 分期逐步偿还法

即对同一种债券规定若干个还本期，每期偿还一定比例，债券到期时，本金全部偿清。这种方法一般多为地方公债采用，可以满足投资者的不同需要。比如，美国对地方政府所发行的公债规定要用这种方法偿还。

2. 抽签轮次偿还法

即在公债偿还期内，定期按债券号码抽签来确定偿还一定比例的债券，直至全部债券都偿清为止。这种方法不管公债认购的早晚，仅以是否中签为准，中签的债权人可以先收回本金，一般是把债券号码作为抽签的依据。

3. 到期一次偿还法

即在债券到期日按票面额一次性偿清全部债务。我国在 1985 年以后发行的公债一般都采取这种还本方式。

4. 市场购销偿还法

即在债券期限内，政府定期或不定期地从证券市场上赎回一定比例的债券，债券期满时已全部或大部分被政府所持有。这种偿还方式只能用于可转让债券。

5. 以新替旧偿还法

即通过发行新债券来兑换到期的旧债券，简称发新债还旧债，这实际上可以看作是债务的延期。具体做法是：继续沿用原来的债权凭证（或收款单），采用新的转换债利率，采取推迟偿还、分段计息的做法。严格来说，这种偿还方式中政府并没有按期偿还公债，不利于维护政府的信用，因此应该较少使用。

（三）公债利息的支付方式

政府在付息资金来源上，如果一直采用举借新债的方法筹集资金，那么公债规模必然会越来越大，最终超出了合理的范围。因此，政府在付息资金来源上没有多大的选择余地，世界各国的通行做法是把公债利息的支付列入财政支出。利息的支付方式主要分为以下三种。

1. 预扣利息。指适用于短期通过预先将应付债息从公债认购价格中扣除的折价公债。

2. 按期分次支付利息。适用于中、长期公债。这类公债附有息票，支付利息的时候要将息票剪掉，即"剪息票"。

3. 到期一次支付利息。即债券利息与本金一起偿还。这种方式多适用于期限较短或是超过一定期限后可随时兑现的债券。

三、公债市场

公债市场是公债的交易市场，涉及公债市场的类型、公债市场的交易方式等内容。

（一）公债市场的类型

1. 发行市场和流通市场

根据市场交易的不同层次，公债交易市场可以分为发行市场和流通市场。公债发行市场又称公债一级市场，是指以发行债权的方式筹集资金的场所。公债流通市场又称公债二级市场，一般是公债承销机构与投资者之间的交易，也包括投资者与政府之间的交易以及投资者相互之间的交易。目前我国的国债二级市场建立了银行间市场、证券交易所市场、试点商业银行记账式国债柜台交易市场三个相互补充的市场。公债的一级市场与二级市场是整个公债交易市场的两个重要组成部分，两者相辅相成，协同发展。首先，公债一级市场是二级市场的前提和基础。任何种类的公债，都必须在一级市场上发行，政府必须通过一级市场来实现预定的筹资计划；一级市场上公债的发行要素如发行条件、发行时间、发行价格、发行利率等，都对二级市场上公债的价格及流动性产生了重大影响。其次，公债二级市场是公债顺利发行的重要保证。如果一种公债的流动性好，收益率高，投资者就会更积极地认购，公债的发行就比较顺利；反之，公债的发行就比较困难。

2. 场内交易市场和场外交易市场

根据市场交易的组织形式不同，公债交易市场可分为场内交易市场和场外交易市场。场内交易市场即在指定的交易场所从事公债交易，如上海证券交易所。场内交易市场的特点有：（1）有集中、固定的交易场所和交易时间；（2）有相对严密的组织和管理规则；（3）采用公开竞价的交易方式，时间优先，价格优先；（4）有完善的交易设施和较高的操作效率。

不在固定交易场所从事交易的市场即为场外交易市场，如银行间市场、柜台交易市场等。场外交易市场的对象一般是未在交易所挂牌上市的公债，但也包括部分上市公债。场外交易市场的特点包括：（1）可以为个人投资者投资公债提供更方便的交易条件；（2）场外交易的覆盖面更广，价格形成机制更灵活，更方便中央银行进行公开市场操作；（3）有利于商业银行大规模地以低成本买卖公债；（4）有利于促进各市场之间的收益率趋于平衡。

（二）公债市场的交易方式

在公债市场上，公债的交易一般会采用现货、期货、回购、期权四种方式。

1. 现货交易。即以政府发行的原始公债为交易对象，买卖双方成交后在 2 ~ 3 个营业日内进行券款交割的方式。1992 年底以前，我国公债交易全部采用这种方式。

2. 期货交易。即根据期货交易法规，由期货交易所依公债品种设计出相应的标准期货合约，买卖双方以公债期货合约为交易对象，成交后一般并不进行券款交割，主要是在合约到期前对冲平仓。人们从事期货交易的目的有两个：一是套期保值，用来规避利率风险。二是投机，根据对市场利率走势的预期买卖期货获取利润。

3. 回购交易。在现券交易的基础上，买卖双方初次成交一段时间后，卖方再按双方事先约定的价格将自己所卖出的公债从买方那里购买回来。这种交易实际上是以公债买卖为媒介的一种资金借贷。1993 年 12 月，我国在上海证券交易所开办了公债回购交易。目前我国在场内交易中，回购交易所占的比例远远大于现货交易。

4. 期权交易。公债交易双方订立合同，在约定的时间内，可以用约定好的价格买进或卖出合同中指定的公债，也可以放弃买进或卖出这种公债。期权交易实际上是一种选择权交易。买卖双方在签订期权交易合同后，买方可以在买进或不买进之间进行选择；即使买方对期权交易中的公债价格变化趋势判断错误，最大的损失也不过是购买期权时的期权费，因此期权交易的风险比期货交易要小。目前，我国尚不允许进行公债期权交易。

第三节　公债负担及公债管理

一、公债负担的含义

公债负担是指公债的债务由谁来负责偿还，涉及政府、债权人以及纳税人。

公债负担可以理解为政府在偿还债务时所形成的财政负担。这首先指的是债务人负担，但是公债负担也有可能是债权人的负担。例如，当债权人由于认购数量过大而影响到认购人自身的资金调度时，便形成了债权人负担；还有，当政府到期不能履行还本付息的义务时，给债权人带来经济损失，也会形成债权人负担。公债由政府负责偿还，由于政府的主要收入来源是税收，所以又构成了纳税人的负担。现今国家公债的本金都是通过发行新债的形式解决，但是公债的利息支出一般由税收来承担。政府公债规模过大，特别是市场利率又很高时，政府为了支付利息要征收更多的税，这直接形成纳税人的经济负担。公债发新还旧的还本方式还会将这一代人的公债负担转化到下一代，甚至下几代人的公债负担，即公债的代际负担。

由于公债计量的货币价值会随着时代的发展而变化，虽然有时是通货紧缩，但是更多的时候是通货膨胀，这样公债负担又可以分为货币负担和实际负担。货币负担即名义负担，就是纳税人要缴纳的一定数量的货币资金。而公债的实际负担则是未来为偿还债务的纳税人蒙受的消费损失、工作时间损失或社会福利的损失等。公债的实际负担其实具有很大的变数。由于公债资金用于资本性支出，其收益可能会高于公债成本，这时公债不仅不会构成政府的负担，而且还会让政府利用财务杠杆更好地发展经济，这时也不会产生偿还风险，同时债权人购买公债完全出于自愿，所以也不形成债权人负担。虽然说公债的利息支出来源于税收，但是如果把公债筹措的资金用于增加公共品或准公共品，进而使国民经济效益提高，这会有利于提高纳税人的利益，也同样不构成纳税人负担。如果说一国经济持续稳定发展，且政权不会更替，则政府可以一直通过发新还旧的方式偿还本金，实质上国债的本金永远无须偿还，每一代人都不需要承担公债本金的负担。此外，如果公债本金形成的资产能够创造出更大的价值，并且这项资产随同公债传给下一代，也不会产生公债的代际负担。

二、公债负担的数量界限

政府作为国家的权力机构，其发行的公债必须依赖税收或是发行新债的收入来偿债，这必然会对政府的财政收支状况产生影响。所以，政府需要控制发债的规模和结构。公债负担也必然有其数量界限。确定这一界限的主要指标是公债负担率、公债依存度、公债偿债率和公债借债率。

1. 公债负担率

公债负担率指一定时期的公债累积额占同期国内生产总值的比重，即公债余额与 GDP 的比值。其计算公式是：

公债负担率 ＝（当年公债余额 ÷ 当年 GDP）× 100%

根据国际经验，发达国家的公债余额最多不能超过当年 GDP 的 45%。发达国家财政收入占 GDP 的比重约为 45%，即把当前的财政收入总额视为公债余额的最高警戒线。1991 年《马斯特里赫特条约》规定，欧盟成员国的公债负担率最高限为 GDP 的 60%。20 世纪 90 年代以来，西方各国公债负担率呈迅速上升趋势，美国、英国和法国等发达国家的公债负担率上升很快，特别是美国次贷危机出现以后尤为明显。

2. 公债依存度

公债依存度是用来说明财政支出中依靠公债来实现的比例，通常是指当年的公

债发行收入与财政支出的比值。由于口径不同,计算公式也有所不同:

公债依存度 = 当年公债发行额／中央财政支出(本级支出)或公债依存度

= 当年公债发行额／全部财政支出

如果一国规定公债只能由中央政府发行,则第一个公式比较准确;如果一国允许地方政府发债,则第二个公式更合适。如果只是考察中央政府的公债依存度,则使用第一个公式;如果只是考察地方政府的公债依存度,则第二个公式的财政支出改为地方总支出比较科学。国际上有一个公认的公债依存度安全线,即一国财政的公债依存度为 15%~20%,中央财政的公债依存度为 25%~30%。

3. 公债偿债率

公债偿债率是指当年到期还本付息的公债总额占当年财政收入的比例,这个指标反映了政府对公债的还本付息能力,其计算公式为

公债偿债率 = (当年还本付息额 ÷ 当年财政收入) × 100%

公债需要清偿,所以公债规模必然会受到政府财政收入状况的制约。一国政府偿债能力与该国的经济发展水平和财政收入规模密切相关,经济发展水平越高,财政收入越多,政府的偿债能力也就越强。但偿债能力并不等同于一国的经济发展水平与财政收入规模。财政收入规模也不等同于偿债能力。因为政府的很多支出是规定性支出,必须用于满足社会公共需要。从国际经济来看,公债偿债率处于 7%~15% 的范围内是安全的。

4. 公债借债率

公债借债率是指一个国家当年公债发行额与当年 GDP 的比值,其计算公式是:

借债率 = (当年公债发行额／当年 GDP) × 100%

该指标衡量了一个国家当年对公债的利用程度或一国经济总量对国债新增额度的承担能力。西方国家经验数字是 3%~10%,最高应不超过 10%。

三、公债管理

发行公债作为政府筹措资金、调控经济的重要手段,如果不加以控制管理,必然会给政府的财政收支带来不利影响,从而直接影响到政府和公民的利益。公债管理主要分三个角度:公债规模、公债结构和公债余额管理。

(一) 公债规模

衡量一国公债的规模既可用绝对量指标,也可用相对量指标。公债绝对量指标包括:公债余额,是指当年新债额与历史累积额之和,公债发行额,是指公债在某一年的发行额,公债还本付息额,是指政府在某一年度的公债偿还额。不同国家的经济发展水平不同,财政收支结构也有很大差异,往往使用绝对量指标不能准确反

映一国的公债负担水平与公债风险。国际上衡量公债规模的相对量指标主要有公债负担率、公债依存度、公债偿债率和公债借债率。

（二）公债结构

公债结构指不同种类或不同性质的公债的相互搭配以及各类公债收入来源的有机结合，主要有以下三个方面内容。

1. 公债的期限结构

公债的期限结构是指不同期限公债在公债总额中的不同占比。按期限长短，公债可分为短期公债、中期公债和长期公债。不同期限的公债在债权转让和政府支配公债的时间方面有所不同，在使用、偿还等方面的特点也不一样，所以对财政的负担以及国民经济的影响也不同。短期公债较易发行，同时也是弥补当年财政赤字的最佳手段，但在使用上会受到很大限制；中期、长期公债尤其是长期公债，是政府筹措建设资金的有力手段，但发行较为困难，一个合理的公债期限结构，应该是短期、中期、长期公债以合适的比例并存的结构，尽量避免某一期限的债务过于集中，这样不仅可以满足不同投资者的投资需求，又可以满足政府不同的筹资需要，同时还分散了还债压力，避免所有债券同时到期政府难以负担。

2. 公债的持有者结构

公债的持有者结构也称公债的资金来源结构，指在公债总额中不同性质的承购主体持有公债的占比结构。公债的承购主体可以是个人、企事业单位和金融机构等。不同承购主体持有公债的比例不同，对公债的发行成本及公债的宏观经济调节功能均会产生不同的影响。如果个人持有较大的比例，则公债的资金来源就会比较分散，筹资成本也会较大。此时公债的收入再分配作用更多地表现为消费基金向积累基金的转化，因此对激活消费需求、扩大投资规模、推动经济迅速发展有重要意义。如果从事生产经营活动的企事业单位持有比重较大的公债，则由于承购主体比较集中，承购数额较大，发行成本也就比较低。但在这种情况下，公债的收入再分配作用主要表现为积累基金内部结构的调整。如果公债为弥补财政赤字被用于非生产性支出，还会引起积累基金向非生产性支出的转化。在公债的持有者结构中，金融机构持有公债的比例会对货币流通量产生影响。在不同的经济条件下，应按照国家经济发展的要求，选择适当的公债持有者结构。

3. 公债的利率结构

公债的利率结构是指不同利率水平的公债在公债总额中的占有比例。公债的利率水平既会影响公债的发行，又会影响公债的偿还。在现实生活中，决定公债利率结构最为重要的因素是公债的期限结构，合理的期限结构是合理的利率结构的前提条件。利率水平越高，公债投资者的利益越大，公债的发行也越顺利。但利率水平同时也会决定付息的数额，利率越高，政府的公债负担越重，政府承受的债务规模就越大。短期、中期和长期公债分别适用于不同的利率。确定合理的利率结构，要考虑到社会经济发展中资金的供求状况、证券市场上的平均利率水平、公债的使用方向等因素，同时还要兼顾发行的需要和偿还的可能。

（三）公债余额管理

政府往往不具体限定当年的公债发行额度，而是通过设定一个年末不允许突破的公债余额上限，从而达到科学管理公债规模的目的。

1. 公债余额管理的统计口径

公债余额包括中央政府历年预算赤字和盈余相互冲抵后的赤字累积额，向国际金融组织和外国政府借款统借统还部分（包括统借自还转统借统还部分）以及经立法机关批准发行的特别公债累积额，是中央政府之后年度必须偿还的公债价值总额，可以客观地反映公债负担情况。

2. 公债余额管理制度的有效性和必要性

一种观点认为公债余额管理制度应该取消，立法机构不应该管制行政机构的发债规模。理由是：

（1）设计一个简洁并且能适应经济周期不同阶段的公债余额管理指标是非常困难的。每个国家的经济发展阶段不同，所处的经济周期也可能不同。因此，公债余额管理指标的设定难度很大，国际上很难有一个统一标准。

（2）公债余额限额的提高，没有从根本上对政府开支进行限制。例如，1990 年以来，尽管美国国会先后近 10 次提高公债余额限额，但这并没有有效约束财政赤字的持续攀升。

（3）政府预算追求的基本目标应该是收支平衡，设立公债余额上限，客观上承认了财政赤字存在的合理性，所以它不是一个减少财政赤字的有效办法。正是出于这个理由，美国国会预算办公室多次呼吁废除公债余额上限制度。

（4）公债余额规模由整个财政预算收支决定，财政预算一经立法机构审批，实际上公债余额就已经确定，因此立法机构完全没有必要画蛇添足，再规定一个公债余额上限。1979 年，美国审计总署就主张废除美国公债限额制度，它认为目前在美国财政支出中，只有大约三分之一的支出是机动开支，其他支出均为强制性支出。所以，美国总统和财政部在支出方面的调控余地不大，没有必要再加以控制。

另一种观点则认为公债余额管理制度仍然具有重要意义。理由是：

（1）公债余额管理可以让立法机构有效地控制政府预算。信息不对称的存在使得立法机构无法对政府部门的支出项目逐一审议。设定一个公债余额上限，立法机构就控制了政府的经费总额，更利于政府合理配置财政资金，提高资金使用效率。

（2）公债余额管理制度能够有效遏制财政总支出的膨胀。政府的财政拨款项目很容易导致支出的膨胀，设置公债余额上限，对财政纪律的强化有重要作用。即便有些利益集团意识到某项拨款政策的出台与公债余额有一定关联，但由于公债余额是整个财政收入和支出政策综合运行的结果，利益集团不会对争取提高公债余额抱有太大兴趣。

3. 公债余额管理的指标

（1）公债存量绝对数管理

美国等国家的立法机构设定一个公债余额上限。在此限额下，政府可自行决定公债的品种、规模、时间和发行方式。但是绝对额管理制度存在很多问题。随着经济增长和居民收入消费水平的提高，公债投资需求呈现上升趋势，公债余额也应该随之提高；随着社会保障基金储备增长，市场要有更多的公债存量需求。在很多国家，社保基金的唯一投资对象就是公债，因此，社保基金积累额增加必然要求公债发行额增加；控制公债绝对额可能会阻碍金融市场的发展。公债是以国家信用为支撑的，经常被市场看成无风险投资，其收益率作为无风险收益率是金融市场所有包含市场风险和信用风险的金融产品的定价基准。公债作为金融产品定价的基础，在金融体系中占有着重要的地位，是其他金融产品不可替代的。因此，如果长时期不对公债余额上限进行调整，公债存量过小会导致市场交易不活跃，进而严重制约整个金融市场的发展。

（2）公债增量绝对数管理

目前英国、法国、日本和加拿大等国的立法机构每年只审批国家的预算赤字或预算盈余额度，公债借新还旧的那部分，立法机关通常不做过多干涉，直接授权财政部门自行运作，无须审批。这就相当于只审批公债规模的变动量。虽然公债存量管理与增量管理在操作方式上有所不同，但二者本质上都是控制公债余额，其目的和实施效果是一致的。

（3）比例上限

比例上限是一种相对量指标。例如公债负担率反映了当年的公债余额占 GDP 的比重。与绝对量相比，相对量指标考虑了经济的发展，有更强的指导意义。

（4）黄金准则

即在一个经济周期内，经常性预算应保持平衡或盈余，公共部门的借款只可以用于投资，不得有经常性支出。除英国外，德国也有黄金准则的规定，《德国基本法》第 115 条第 1 项第 2 款将公共债务（联邦政府借贷总额）限制不得超过预算案内所预估投资总数。

（5）复合式上限

即同时考虑到上述各种限制的方法。例如，我国《关于实行公债余额管理的意见》规定：在每年向全国人民代表大会作预算报告时，报告当年年度预算赤字和年末公债余额限额，全国人民代表大会予以审批。从这一规定可以看出，我国进行的公债余额管理既控制了公债存量，又控制了公债增量。

第四节　我国公债

一、我国公债的起源与发展

我国现代意义上的公债起始于清朝末期。1894 年，清政府为支付甲午战争军费，由户部向官商巨贾发行当时被称作"息借商款"的公债，发行总额为白银 1100 多万两。甲午战争之后，清政府为交付赔款，又发行了公债，总额为白银 1 亿两。自清政府开始发行公债以后，旧中国发行了大量公债来维持财政平衡，从北洋政府到国民党政府先后发行了数十种债券。

新中国成立后，我国政府于 1950 年 1 月发行了人民胜利折实公债，实际发行额折合人民币为 2.6 亿元，该债券于 1956 年 11 月 30 日全部偿清。1954—1955 年，我国又累计发行了 5 次国家经济建设公债，累计发行 35.44 亿元，至 1968 年全部偿清。此后的 20 余年内，我国停止发行任何债券。直到 1981 年，为平衡财政预算，财政部开始发行国库券，发行对象为企业、政府机关、团体，部队、事业单位和个人。1989 年，我国政府发行了只对企事业单位不对个人的特种债券。该债券从 1989 年起共发行了 4 次，期限均为 5 年。

1989 年，在银行实行保值贴补率政策后，财政部开始发行国有保值贴补的保值公债。计划发行额为 125 亿元，期限为 3 年，发行对象是城乡居民、个体工商户、各种基金会、保险公司及有条件的公司，其年利率随银行 3 年期定期储蓄存款利率浮动，加上保值贴补率，再加 1 个百分点，1989 年保值公债实际发行了 87.43 亿元，未发行完的部分，转入 1990 年继续发行。1991 年我国开始试行国债发行的承购包销；1992 年，我国开办了国债期货交易，但由于国债期货投机过于频繁，且风险控制不佳，监管力度不够，国务院于 1995 年批准国债期货市场暂时停止交易。1996 年，我国公债市场发生了很大的变动，主要表现在国债方面：首先是财政部把以往国债集中发行改为按月滚动发行，增加了国债发行的频率；其次是国债品种逐渐多样化，对短期国债首次实行了贴现发行，并新增了最短期限为 3 个月的国债，还首次发行了按年付息的十年期和七年期附息国债；再次是在承购包销的基础上，对可上市的 8 期国债采取了以价格或划款期为标的的招标发行方式；最后是当年发行的国债以记账式国库券为主，逐步让国债走向无纸化。1996 年至今，我国公债市场由托管走向集中，开始逐渐呈现"三足鼎立"之势，即全国银行间债券交易市场、深沪证交所公债市场和柜台交易市场。

二、我国公债的分类

按发行的主体分类，我国公债可以分为国债和地方政府债。其中，国债以发行的凭证为标准，可分为凭证式国债和记账式国债。凭证式国债即国家不印刷实物券，采取填制"国库券收款凭证"的方式来发行的国债，具有与储蓄相似又优于储蓄的特点，通常被称为"储蓄式国债"，是那些以储蓄为主要目的的个人投资者的理想投资方式，安全性好，易于保管并且兑现方便。记账式国债是利用账户通过电脑系统完成国债发行、兑付的全过程，又称无纸化国债，可以记名、挂失。安全性高，发行成本低、时间短、效率高，交易手续简便，是目前世界各国发行国债的主要形式。我国的地方政府债按照资金用途和偿还来源，一般分为一般责任债券和专项债券。一般责任债券指地方政府为缓解资金压力发行的债券，专项债券指为筹集资金建设某项具体工程而发行的债券。

三、我国公债的市场

（一） 证券交易所公债市场

我国存在上海证券交易所公债市场和深圳证券交易所公债市场。在交易所市场内，参与者包括除商业银行和信用社以外的所有金融类、非金融类机构和个人投资者。证券公司、保险公司和基金公司等都是重要参与者。

交易所采用自动撮合、集合竞价的交易方式，与一对一询价、报价的寻找交易对手的程序不同，集合竞价免除了关于结算条件的谈判，完全可以依靠指令完成全部交易过程，十分高效。个人和中小投资者的小规模交易很方便。同时采用净价结算的方式，为债券交易提供担保，投资者不必承担结算风险，也同样适用于小额交易。交易所公债市场与股票市场密切相连，是股市资金的蓄水池和集散地。由于我国目前的债券市场是从交易所公债市场发展过来的，它的运行过程更为广大的投资者所熟悉。目前，交易所公债市场是个人投资者购买公债的渠道，也是中小企业进行投资的一个重要方向。

（二） 银行间债券市场

银行间债券市场和柜台市场统称为场外市场。发达国家的债券交易大多是在场外市场一对一询价进行的，原因是：首先债券本身价格波动幅度相比股票小很多，投机性不足，不用通过连续竞价形成比较公正的价格。大型金融机构如果采用集中撮合竞价，很容易以巨量的买卖指令影响债券价格。其次债券种类繁多，发行条件也不尽相同，目前交易所的技术条件难以承担。我国银行间债券市场的发展推动了公债的发行，保证了公债在一级市场的销售，对我国顺利实施财政政策发挥了重要作用，是央行公开市场业务操作的基础。银行间债券市场的交易系统由两部分组成，即全国银行同业拆借中心和中央国债登记结算有限责任公司，前者是前台部门，负责债券的清算，后者是后台部门，负责债券的托管和结算。银行间债券市场采用无形市场、个别询价、个别清算的场外交易方式。近年来，银行间债券市场发展迅速，现券交易量持续攀升。随着金融机构进入银行间债券市场实行准入备案制，推出国有银行记账式国债柜台交易试点（2002 年 10 月，央行发布《关于中国工商银行等 39 家商业银行开办债券结算代理业务有关问题的通知》，将批准开办债券结算代理业务的商业银行扩展至 39 家，并进一步准许其接受非金融机构法人委托，代理买卖银行间市场债券）。全国银行间债券市场受到社会的广泛关注。参与者主要是商业银行，以及保险公司、信用社、证券公司、财务公司、基金公司等各类金融机构。

（三）柜台交易市场

柜台交易市场就是通过商业银行营业网点和邮政储蓄网点向个人投资者和机构投资者发行凭证式国债。这种发行方式最大的优点是便于个人投资者认购国债。但由于政府规定凭证式国债可以提前兑付，不可以流通，这样就出现了一个问题，就是凭证式国债的提前兑付的资金必须由承销机构垫付，因为财政部只有在国债到期时才将款项拨给承销机构，所以提前兑付的风险一直是由负责承销的商业银行来承担的。比如，如果市场利率上调了，投资者必然会转向收益更高的金融资产，他们会急于提前兑付国债取得资金，一旦出现这种情况，商业银行会承担很大的压力。为了有效地解决提前兑付带来的流动性风险，有必要找到一种凭证式国债的替代品。记账式国债正是一种非常好的替代品，它可以有效地减少商业银行的流动性风险。

对我国来说，柜台交易市场具有很多的积极作用。首先，相对于银行来说，柜台交易市场可以利用现有的设备，开辟出一个新的市场，极大地提高了银行的效率。其次，柜台交易国债业务作为银行的中间业务，为银行增加了中间业务收入，带来了潜在的投资群体，提高了银行的经营效益。最后，把银行间债券市场的记账式国债与柜台交易国债市场连接起来，可以间接让更多投资者进入银行间债券市场，提高了债券的流动性。

本章小结

1. 公债就是国家各级政府的债务或负债。税收与公债同是政府财政收入的形式，但两者有很大区别，主要体现在以下两个方面：财政作用不同、形式特征不同。

2. 公债按不同的标准可以有不同的分类：内债和外债；地方公债和国家公债；可转让公债和不可转让公债；短期公债、中期公债和长期公债；强制公债和自愿公债；凭证式公债和记账式公债；固定利率公债和浮动利率公债。

3. 公债的发行指公债售出或被认购的过程，它是公债运行的起点和基础环节，其最主要的内容是确定公债的发行条件和发行方式。

4. 公债偿还涉及偿债资金的筹措方式、公债的还本方式、公债利息的支付方式等内容。

5. 公债市场是公债的交易市场，涉及公债市场的类型、公债市场的交易方式等内容。

6. 公债负担是指公债的债务由谁来负责偿还，涉及政府、债权人以及纳税人。

7. 确定公债负担界限的主要指标是公债负担率、公债依存度、公债偿债率和公债借债率。

8. 公债管理主要分为三个角度：公债规模、公债结构和公债余额管理。

9. 我国公债可以分为国债和地方政府债；其中，国债以发行的凭证为标准，可分为凭证式国债和记账式国债；我国的地方政府债按照资金用途和偿还来源，一般分为一般责任债券和专项债券。

10. 我国公债的市场包括证券交易所公债市场、银行间债券市场、柜台交易市场。

本章重要概念

公债　内债　外债　地方公债　国家公债　可转让公债　不可转让公债　凭证式公债　记账式公债　固定利率公债　浮动利率公债　公债负担　公债负担率　公债依存度　公债余额管理　公债结构　凭证式国债　记账式国债

复习思考题

一、简答题

1. 公债通常有哪些种类？

2. 衡量公债的规模有哪些指标？利用这些指标，分析一下我国公债规模是否适度？

3. 什么是公债余额管理? 我国有必要进行公债余额管理吗?

4. 我国的公债市场有哪些? 它们的区别和联系是什么?

二、案例讨论

欧债危机,即欧洲主权债务危机,是指在 2008 年国际金融危机发生后,希腊等欧盟国家爆发的主权债务危机。欧债危机是美国次贷危机的延续和深化,其本质是政府的债务负担超过了自身的承受范围而引起的违约风险。

欧洲的债务危机从希腊的主权债务危机开始。2009 年 12 月,惠普将希腊信贷评级由 A - 级下调至 BBB + 级,前景展望为负面,希腊的主权债务问题凸显。12 月 11 日,希腊政府数据显示,国家负债高达 3000 亿欧元,创下历史新高。12 月 15 日,希腊发售 20 亿欧元国债。12 月 16 日,标准普尔将希腊的长期主权信用评级由 A - 级下调为 BBB + 级。12 月 22 日,穆迪 2009 年 12 月 22 日宣布将希腊主权评级从 A1 级下调到 A2 级,前景展望为负面。2010 年 3 月进一步发酵,开始向"欧猪五国"(葡萄牙、意大利、爱尔兰、希腊、西班牙)蔓延。美国三大评级机构连连下调希腊等债务国的信用评级。2010 年 5 月底,惠普宣布将西班牙的主权评级从 AAA 级下调至 AA + 级。至此,希腊债务危机逐步向欧洲蔓延。

2011 年 7 月,穆迪将葡萄牙的主权评级连降四级下调至 Ba2 级,将爱尔兰评级下调至 Ba1 级,维持其"负面"展望。2011 年 11 月 25 日,葡萄牙主权评级遭惠普降至垃圾级别,即由 BBB - 级降至 BB + 级,前景展望为负面。穆迪下调匈牙利本外币债券评级一个级别至 Ba1 级,是垃圾级中的最高级,前景展望为负面。2011 年 11 月 28 日,穆迪称欧洲的债务危机正在威胁全部欧洲主权国家的信贷情况,意味着即使 Aaa 评级的德国、法国、奥地利和荷兰都有危险。至此,欧洲债务危机已经蔓延全欧洲,成为全球金融和经济挥之不去的噩梦,对世界经济带来了极大的负面影响。

结合背景资料,谈一谈欧债危机产生的原因,思考欧债危机对中国经济有哪些影响? 给了我们怎样的政策启示?

本章参考文献

[1] 王晓光. 财政与税收(第四版)[M]. 北京:清华大学出版社,2010.

[2] 唐祥来,康锋莉. 财政学(第 2 版)[M]. 北京:人民邮电出版社,2017.

[3] 安秀梅. 财政学(第三版)[M]. 北京:中国人民大学出版社,2017.

第七章
政府预算及预算管理体制

学习目标

1. 清楚政府预算的含义、原则、组成及分类；
2. 掌握政府预算的编制、审批、执行和决算过程的内容；
3. 理解预算管理体制的含义和内容；
4. 了解我国分税制改革的主要内容。

第一节　政府预算

一、政府预算的含义、原则和组成

（一）政府预算的含义

政府预算也称国家预算，是指经法定程序审核批准的具有法律效力的政府年度财政收支计划。政府预算是政府有计划地筹集、分配和管理财政资金的重要工具，是政府调控和监督经济和社会发展的主要财政机制，也是财政管理的主导环节。

从内容上看，政府预算包括预算收入和预算支出两个部分，政府的全部收支项目及其规模都应当纳入政府预算。从形式上看，政府预算是按一定的政策意图和制度标准将财政收入和支出分门别类地列入特定的计划表格，可以全面反映政府集中掌握的财政资金的来源、规模流向和结构。从性质上看，政府预算需要通过国家权力机关审查批准后才能生效并实施，是具有法律效力的重要文件。其内容和程序体现了国家权力机关及全体公民对财政活动的监督，往往通过预算法的形式来规制。我国现行的政府预算的法律规范是 2015 年 1 月 1 日起实施的《中华人民共和国预算法》。

（二）　政府预算的原则

政府预算的原则是指导一国预算立法、编制及执行等阶段所必须遵循的原则。政府预算原则伴随着政府预算制度的产生而产生，并随着社会经济和预算制度的发展而不断发展。预算原则在不同历史时期具有不同的侧重，在早期预算原则更注重控制性，将预算作为监督和控制政府财政收支的工具；随着财政收支内容的日趋复杂，开始强调预算的周密性和预算技术的改进；从财政功能预算理论产生以来，预算原则中更注重政府预算的功能性作用，即通过合理地运用预算功能来实现国家的整体利益。目前具备较大影响力且被世界上大多数国家广泛接受的预算原则主要包括以下五项：

1. 完整性原则

完整性原则是指政府预算应该包括全部的财政收入和支出，必须反映政府的一切财政活动，不允许有政府预算规定范围外的其他财政活动。政府预算应当包括全部法定收支项目，不能少列收支、虚假收支或预算外收支，使收支计划能完整地反映实际收支内容。

2. 统一性原则

统一性原则是指各级政府的预算收入和支出都要按统一的预算科目、方法、口径和程序加以计算和全额编列，不应当只列入收支相抵后的净额。在分级财政体制中，统一性原则要求各级政府的预算共同组成统一的政府预算，不能以临时预算或者特种基金等形式另外编制预算。

3. 可靠性原则

可靠性原则是指预算收支每一个项目的数字指标都必须依据充分确实的资料，运用科学的计算方法，作出准确切实的预测，并进行正确的计算与填列，不得假定、估算或编造数据，谋求政府预算的稳定和可靠。

4. 公开性原则

公开性原则是指全部财政收支必须经过国家权力机关审查批准，而且要采取一定形式向社会公众全面公开。政府预算反映政府的活动范围、方向与政策，与全体公民的切身利益息息相关，让公民了解财政收支情况有利于监督政府行为和提高预算效率。

5. 年度性原则

年度性原则是指政府必须按照法定的财政年度编制预算，要反映全年的财政收支活动，同时不允许将不属于本财政年度的财政收支列入本年度的政府预算中。财政年度也称预算年度，是法定的政府预算收支计划的起止日期。根据财政年度起止时间的不同，预算年度有历年制和跨年制两种形式。历年制是按公历计，即每年的

1 月 1 日起至 12 月 31 日止。如我国及法国等国的预算年度均采用历年制。跨年制是指一个预算年度跨越两个公历年度，主要考虑与本国立法机构的会期、宗教习俗、预算收入与工农业经济的季节的相关性等因素。如英国、日本、印度等国家将预算年度定为本年的 4 月 1 日至次年的 3 月 31 日，美国则将预算年度定为本年的 10 月 1 日至次年的 9 月 30 日。

（三）政府预算的组成

政府预算的组成是指政府预算的组织结构。我国的政府预算由中央预算和地方预算组成。地方预算由各省、自治区、直辖市总预算组成。

我国现行的预算组成体系是与分级的政权结构相适应的。一般来说，有一级政府就有一级财政，有一级财政也就有一级财政预算。我国《宪法》规定，国家机关由全国人民代表大会、国务院、地方各级人民代表大会和各级人民政府组成。与政权结构相适应，同时结合我国的行政区划，相应设立五级预算：中央预算；省、自治区、直辖市预算；设区的市的预算、自治州的预算；县、自治县、不设区的市预算、市直辖区预算；乡、民族乡、镇预算。我国现行预算体系如图 7－1 所示。

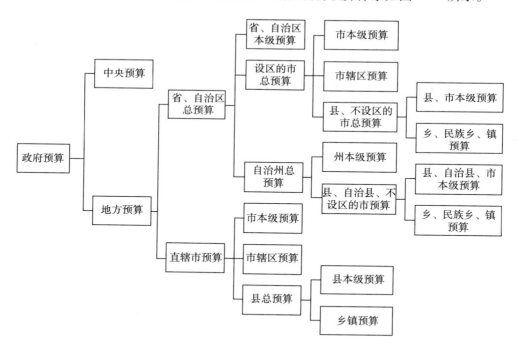

图 7－1 我国现行的政府预算体系

每一级预算又可分为总预算、本级预算和单位预算。地方各级总预算由本级预算和汇总的下一级总预算组成；下一级只有本级预算的，下一级总预算即指下一级的本级预算。没有下一级预算的，总预算即指本级预算。本级预算由各部门单位预算组成，各部门单位预算由各级主管部门所属行政事业单位预算汇编而成。行政事业单位预算是经批准的各级政府机关及所属行政事业单位在某一预算年度内的收入与支出计划，是政府预算的重要组成部分和处理政府财政与行政事业单位预算资金缴拨的基本依据（如图 7-2 所示）。

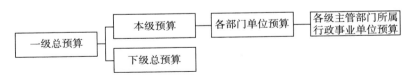

图 7-2　我国政府一级预算的体系

二、政府预算的分类

最初的政府预算过程即将财政收支数字按一定程序填入特定的表格，程序十分简单。因此，政府预算也被称作政府收支一览表。随着经济社会的发展，为了实现预算的各种功能，政府预算工作也日趋复杂。在实际运用中，根据预算活动中的各种主要关系，建立了不同形式的政府预算组织形式和预算分类方法。目前按照不同的标准，政府预算可划分为以下几类。

（一）按政府的级次分类，政府预算可以分为中央预算和地方预算

在现代社会，大多数国家实行多级预算。比如，联邦制国家的政府预算通常由联邦政府预算、州政府预算和地方政府预算组成。我国根据《中华人民共和国预算法》的规定，实行一级政府一级预算，预算级次的设置与政权体系的层次基本对应，设立中央政府预算和省、市、县、乡政府预算。不具备设立预算条件的乡、民族乡、镇，经省、自治区、直辖市政府确定，可以暂不设立预算。

1. 中央预算

中央预算是指中央政府预算，是经法定程序批准的中央政府的年度财政收支计划，包括中央本级预算、中央对地方的税收返还和转移支付预算。从中央预算收入和支出构成分析，中央预算收入包括中央本级收入和地方向中央的上缴收入，中央预算支出包括中央本级支出、中央对地方的税收返还和转移支付。中央预算是中央履行职能的基本财力保证，在政府预算体系中占据主导地位。

2. 地方预算

地方预算是地方政府预算，是经法定程序批准的地方各级政府的年度财政收支计划的统称，由各省、自治区、直辖市总预算组成。地方各级总预算由本级政府预算（简称本级预算）和汇总的下一级总预算组成。没有下一级预算的，总预算即指本级预算。从地方预算收入和支出构成分析，地方各级政府预算收入包括地方本级

收入、上级政府对本级政府的税收返还和转移支付、下级政府的上缴收入。地方各级政府预算支出包括地方本级支出、对上级政府的上解支出、对下级政府的税收返还和转移支付。地方预算是保证地方政府职能实施的财力保证，在预算管理体系中居于基础性地位。

（二）按预算编制的形式分类，政府预算可分为单式预算和复式预算

1. 单式预算

单式预算是将政府的全部财政收支汇集编入一个统一的总预算之中，形成一个收支项目安排对照表。单式预算的优点是符合预算的完整性原则，整体性强且清晰明了。单式预算可以统一反映政府未来年度可以筹集和使用的社会产品总量，在便于政府统筹安排财政资金的同时，清晰地反映政府财政的全貌，便于立法机关审批和公众监督预算收支的实施。但其缺点是没有把全部的财政收支按经济性质分列和分别汇集平衡，不利于政府对复杂的经济活动进行深入分析。

2. 复式预算

复式预算把预算年度内的全部财政收支按收入来源和支出性质分别编成两个或两个以上的预算，从而形成两个或两个以上的收支对照表。复式预算的典型形式是双重预算，即按经济性质把财政收支分别编入经常预算和资本预算（又称普通预算和特别预算、经费预算和投资预算、统一基金预算和贷款基金预算等）。虽然各国使用的复式预算名称和具体项目不尽相同，但从内容上看，经常预算主要包括政府一般行政性支出，如政府日常活动的经费支出以及一般性的拨款等。经常预算的收入来源，主要包括各项税收收入以及部分非税收入。在一般情况下，经常预算应保持收支平衡并有结余，结余额转入资本预算。资本预算主要包括政府的各项资本性支出，如政府对公营企业的投资、对公共工程项目的投资、战略物资储备、政府贷款以及偿还国债等支出。政府的资本预算收入来源，主要包括经常预算转来的结余额、国债收入等。复式预算的另外一种形式是多重预算，即由一个主预算和若干个分预算组成。

复式预算与单式预算相比，由于它将财政收支分别按其性质编入不同的预算之中，各项收支之间建立了明确的对应关系，可以比较准确地反映财政收支的平衡状况，便于政府更加科学合理地使用资金，有利于国家对经济活动进行深入分析和控制调节。

3. 我国的复式预算构成

我国曾一度编制单式预算，目前已不再编制单式预算。2018年修订的《中华人民共和国预算法》规定：中央预算和地方各级政府预算按照复式预算编制，预算包括一般公共预算、政府性基金预算、国有资本经营预算、社会保险基金预算，一般

公共预算、政府性基金预算、国有资本经营预算、社会保险基金预算应当保持完整、独立。政府性基金预算、国有资本经营预算、社会保险基金预算应当与一般公共预算相衔接。

（1）一般公共预算

一般公共预算是对以税收为主体的财政收入，安排用于保障和改善民生、推动经济社会发展、维护国家安全、维持国家机构正常运转等方面的收支预算。

（2）政府性基金预算

政府性基金预算是对依照法律、行政法规的规定在一定期限内向特定对象征收、收取或者其他方式筹集的资金，专项用于特定公共事业发展的收支预算。政府性基金预算应当根据基金项目收入情况和实际支出需要，按基金项目编制，做到以收定支。

（3）国有资本经营预算

国有资本经营预算是对国有资本收益作出支出安排的收支预算。国有资本经营预算应当按照收支平衡的原则编制，不列赤字，并安排资金调入一般公共预算。我国从2008年开始编制中央国有资本预算，地方政府国有资本经营预算编制情况各不相同。我国的中央本级国有资本经营预算于2010年首次提交全国人民代表大会审查。

（4）社会保险基金预算

社会保险基金预算是对社会保险缴款、一般公共预算安排和其他方式筹集的资金，专项用于社会保险的收支预算。社会保险基金预算应当按照统筹层次和社会保险项目分别编制，做到收支平衡。我国自2010年开始试编社会保险基金预算，包括企业职工基本养老保险基金、失业保险基金、城镇职工基本医疗保险基金、工伤保险基金、生育保险基金等内容。2011年之后编制范围进一步扩大到新型农村社养老保险基金、城镇居民基本医疗保险基金和城镇居民养老保险基金。中央社会保险基金预算于2013年首次提交全国人民代表大会审查。至此，国务院向全国人民代表大会提交了完整的四本预算。

复式预算体系下，一般公共预算、政府性基金预算、国有资本经营预算、社会保险基金预算之间的关系是既相对独立但又有机衔接的。四本预算的相对独立性主要体现在：从形式上看，由于四本预算在各自承担的预算功能、编制原则、编制方法等方面存在较大的差异，要按各自功能和定位来编制四本预算。国有资本经营预算、政府基金预算和社会保险基金预算不再和一般公共预算混合编制，而是作为公共财政算的附加预算上报全国人民代表大会。从平衡方式上看，四本预算力求分别实现收支平衡，在此基础上实现整体平衡。四本预算的有机衔接体现在，作为政府预算体系的基础的一般公共预算可以和相对独立的政府性基金预算、国有资本经营预算和社会保险基金预算之间进行适当调剂，以求统筹兼顾。

（三）按计划指标的确定方法分类，政府预算可分为零基预算和增量预算

1. 零基预算

零基预算是对新的预算年度财政收支计划指标的确定，不考虑以前年度的收支执行情况，而是以"零"为基础，结合经济发展情况及财力可能，从根本上重新评估各项收支的必要性及其所需金额的一种预算形式。零基预算的核心是打破基数加增长的预算编制方法，预算项目及其金额的确定不受以往年度"既成事实"的限制，强调一切从计划的起点开始，从合理性和可能性出发，改进本年度预算执行过程中花钱不当或方法不妥的地方，有利于加强预算管理，提高预算的科学性。但零基预算要求高，耗时长，工作量大，若运用不够得当，就不能排除不合理因素的影响，不利于调整利益格局和发挥预算职能。

2. 增量预算

增量预算是指预算年度的财政收支计划指标的确定，是以上年度财政收支执行数为基础再考虑新的年度国家社会经济发展需要加以调整确定。因此，增量预算与以前财政年度财政收支的执行情况及新的财政年度国家经济发展趋势密切相关。增量预算的最大特点是保持了政府预算的连续性，但是随着财政收支规模的不断扩大，这种方法可能会导致当期预算不科学、预算调整过多、约束性差等一系列问题。

（四）按预算支出的分类汇总依据分类，政府预算可以分为功能预算和部门预算

1. 功能预算

功能预算是一种不分组织单位和开支对象，而是按照政府的概括目标或职能对开支进行分类的预算方法。其优点是便于了解政府在行使各职能方面的财政支出是多少，缺点是部门没有一本完整的预算，各部门预算只反映预算内收支但不反映预算外资金，难以全面、准确地反映分部门财政收支状况。

2. 部门预算

部门预算是由政府各部门编制，经财政部门审核后报立法机关审议通过，反映部门所有收入和支出的预算，即一个部门一本预算。部门预算的收支分类是按政府的组成结构来进行的，即按所属预算单位进行分类。这种分类方式可以明确政府各部门的收支规模和财政权力，可以完整地反映政府的活动范围和方向，增强了预算的透明度和调控力。部门预算是市场经济国家普遍采用的预算编制方法。

三、政府预算的编制、审批、执行和决算

预算的基本程序有四个阶段：编制、审批、执行和决算，这四个阶段构成了一

个预算周期。在预算形成与执行的过程中，财政部门是编制预算、预算拨款和预算监督管理的政府职能机构。

政府预算的编制是政府预算周期的起点，各级政府预算在各级政府的领导下，由各级财政部门负责组织编制。各级预算应当根据年度经济社会发展目标、国家宏观调控总体要求和跨年度预算平衡的需要，参考上一年预算执行情况、有关支出绩效评价结果和本年度收支预测，按照规定程序征求各方面意见后，进行编制。各级政府依据法定权限作出决定或者制定行政措施，凡涉及增加或者减少财政收入或支出的，应当在预算批准前提出并在预算草案中作出相应安排。

按照《中华人民共和国预算法》的要求，中央一般公共预算中必需的部分资金，可以通过举借国内和国外债务等方式筹措，举借债务应当控制适当的规模，保持合理的结构。对中央一般公共预算中举借的债务实行余额管理，余额的规模不得超过全国人民代表大会批准的限额。国务院财政部门具体负责对中央政府债务的统一管理。地方各级预算按照量入为出、收支平衡的原则编制，除法律另有规定外，不列赤字。

经国务院批准的省、自治区、直辖市的预算中必需的建设投资的部分资金，可以在国务院确定的限额内，通过发行地方政府债券举借债务的方式筹措。举借债务的规模，由国务院报全国人民代表大会或者全国人民代表大会常务委员会批准。省、自治区、直辖市依照国务院下达的限额举借的债务，列入本级预算调整方案，报本级人民代表大会常务委员会批准。举借的债务应当有偿还计划和稳定的偿还资金来源，只能用于公益性资本支出，不得用于经常性支出。除此之外，地方政府及其所属部门不得以任何方式举借债务。各级预算支出应当依照本法规定，按其功能和经济性质分类编制。

政府预算草案形成后，必须经过法律程序审核批准，才构成正式的政府预算计划。政府预算的审批权限属于各级立法机构，在我国即各级人民代表大会。各级立法机构每年定期召开会议，履行审批政府预算的职权。全国人民代表大会审查中央和地方预算草案及中央和地方预算执行情况的报告；批准中央预算和中央预算执行情况的报告；改变或者撤销全国人民代表大会常务委员会关于预算、决算的不适当的决议。全国人民代表大会常务委员会监督中央和地方预算的执行；审查和批准中央预算的调整方案；审查和批准中央决算；撤销国务院制定的同宪法、法律相抵触的关于预算、决算的行政法规、决定和命令；撤销省、自治区、直辖市人民代表大会及其常务委员会制定的同宪法、法律和行政法规相抵触的关于预算、决算的地方性法规和决议。

按照现行《预算法》的规定，中央预算由全国人民代表大会审批，地方各级预算由本级人民代表大会审批。在履行审批手续之前，财政部门要代表政府向人民代表大会报告政府预算草案编制的方针政策、收支安排的具体情况、存在的问题和采取的措施。报告后，经过一般性讨论质疑、常设委员会的专业性审查后，提交全体代表表决通过。经过立法程序审核批准后的政府预算即为正式的政府预算，产生法律效力，成为年度预算活动的法定依据。这一政府预算将由财政部门按照级次逐级下达，由各级政府和预算执行机构遵照执行。

四、我国政府部门如何进行预算编制

（一）政府预算的编制准备工作

编制政府预算是一项系统工程，因此在预算编制前要做好各项准备工作，以使预算能够正确反映当年经济的发展情况和政府所要达到的政策目标。

（1）宏观经济规划

政府预算反映的是规定年度的财政收支计划，因此编制政府预算时首先要考虑的是计划年度的宏观经济规划，对未来的经济形势进行预计和分析，以真实反映当年的经济发展实际情况。

（2）中期支出框架

根据计划年度的国民经济宏观规划，财政部门要拟定下年度收支指标，作为各级财政部门编制预算草案的依据，在确定中期支出框架时，要掌握的信息包括：本年度预计收支完成数、下一年度国民经济的社会发展计划控制数、各地及各部门提出的计划年度收支建议数、影响计划年度预算收支的不利因素和历年预算收支规律等。

（3）年度预算限额

依据下一年度的经济发展形势预测和历年的收支规律，按照国务院颁发编制下年度预算草案的指示，确定计划年度的预算收支限额。

（4）预算收支分类

政府预算收支科目是政府预算收支科学划分的综合总分类，由财政部统一制定，预算科目分为收入科目和支出科目"两列"，各列按包括范围的大小及管理的需要又分为"五级"，由大到小依次划分为"类"、"款"、"项"、"目"和"节"。为了适应经济发展和预算管理的需要，我国每年都会对预算收支科目进行调整、修订。从1997年开始，政府预算收支科目分为一般预算收支科目和基金预算收支科目两大部分。1998年预算收支科目修订后分为三部分，即一般预算收支科目、基金预算收支科目和债务预算收支科目，现行预算科目的设置可概括为"两列五级三部分"。财政部于2011年对政府收支分类科目又做了重新调整，删除了预算外收支科目，增设了国有资本经收支科目和社会保险基金预算收支科目,各级财政部门按照新的政府收支科目编制预算、政府性基金预算、国有资本经营预算和社会保险基金预算。

(二) "两上两下" 的部门预算编制程序

政府预算的编制一般采用自上而下和自下而上,上下结合,逐级汇总的程序,国务院一般于每年第四季度向各省、自治区、直辖市和中央各部门下达编制下一年度预算草案的指示,提出编制预算草案的原则和要求。财政部在国务院下达指示后,具体部署编制预案的工作,如制发收支科目、报表格式,明确编制预算的具体要求和方法,并具体安排财政收支计划。此后,各部门预算的编制经历了上报、下核、再上报、再下核的过程,我们习惯称之为"两上两下"的部门预算编制程序。

"一上",部门编报预算建议数上报财政部。单位提出概算,行政单位根据预算年度工作计划、工作任务和收支增减因素,提出包括财政预算拨款收入、预算外资金收入、其他收入和各项支出组成的收支概算,逐级汇总后由主管部门报送同级财政部门。

"一下",财政部下达预算控制限额。财政部门与有预算分配权的部门审核部门预算建议数后,下达预算控制数或预算指标。财政部门根据本级人民代表大会批准的财政预算及本级政府批准的财政预算外资金收支计划,参照行政单位编报的收支概算,按照预算编报审批原则测算、分配下达单位预算指标,包括财政预算拨款指标和预算外资金核拨数额。行政单位应当按照规定程序逐级报送主管预算单位或者财政部门审批。

"二上",部门上报预算。行政单位根据财政分配的预算指标,核实调整单位各项收支,按照预算编报的要求,正式编制年度收入和支出预算,经主管预算单位审核汇总后报送同级财政部门。

"二下",财政部批复预算。财政部根据全国人民代表大会批准的中央预算草案

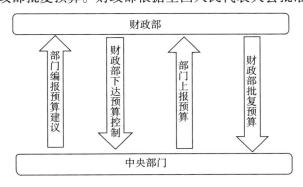

图 7-3 我国中央部门预算 "两上两下"

批复部门预算。财政部门对上报的行政单位预算，应进行认真审核，在规定期限内批复下达部门预算；主管部门再在部门预算的范围内批复单位预算。单位预算经财政部门、主管预算单位批准后作为预算执行的依据。依据法律规定，政府预算草案只有经国家权力机关审查和批准后才能正式成为政府预算。

在实际操作过程中，结合预算改革的要求和深化程度，各财政年度对"上"和"下"的具体内容进行必要的调整。在"两上两下"的过程中，各部门与财政部可随时就预算问题进行协商、讨论，及时、充分地交流有关预算信息。

（三）政府预算的执行

政府预算的执行是指经法定程序批准的预算进入具体实施阶段，包括组织预算收入、拨付预算资金和预算调整等内容。各级预算由本级政府组织执行，各级政府是预算执行的组织领导机关，各级政府财政部门在本级政府的领导下具体负责预算的组织实施，各级预算收入征收部门是负责预算收入的征收管理机关，国家金库是具体经办预算收入的收纳及库款支拨的机关，一般由本国中央银行经理或代理，实行委托国库制，有关各部门、各单位是部门预算和单位预算的执行主体。县级以上各级政府全部收入和支出都纳入国库单一账户体系进行管理，实行国库集中收付制度。国库集中支付制度就是对预算资金分配、资金使用、银行清算及资金到达商品和劳务供应者账户的全过程集中进行全面的监控制度。首先，财政部门在国库或国库指定的代理银行开设统一的账户，各单位在统一账户下设立分类账户，实行集中管理，预算资金不再拨付给备单位分设账户保存。其次，各单位根据自身履行职能的需要，可以在经批准的预算项目和额度内自行决定所要购买的商品和劳务，但要由财政部门直接向供应商支付货款，不再分散支付。最后，除某些特殊用途外，购买商品和劳务的资金都要通过国库直接拨付给商品和劳务供应商。通过建立集中支付制度，财政部门则可以掌握资金的最终流向，杜绝在预算执行中克扣、截留、挪用等现象，有利于反腐倡廉。

1. 政府预算收入的执行

预算收入征收部门必须依照法律、行政法规的规定，及时、正确、足额征收应征的预算收入，不得违反法律、行政法规规定，擅自减征、缓征或者免征应征的预算收入；有预算收入上缴任务的部门和单位，必须依照法律、行政法规和国务院财政部门规定，将应当上缴的预算资金及时、足额地上缴国家金库，不得截留、占用、挪用或者拖欠。按照法律、行政法规和国务院财政部门规定，对特定专用资金可以设立财政专户，但财政专户必须纳入国库单一账户体系管理。《预算法》第六十六条规定：各级一般公共预算年度执行中有超收收入的，只能用于冲减赤字或者补充预算稳定调节基金。

2. 政府预算支出的执行

在财政部门拨付资金和主管部门转拨资金时，要做到按预算拨款、按预算级次拨款、按规定的程序拨款和按进度拨款。在保证资金供应的同时，财政部门和参与预算执行的各部门、各单位要加强预算支出的控制管理。如《预算法》第十三条规定：经人民代表大会批准的预算，非经法定程序，不得调整。各级政府、各部门、各单位（建议改成政府各部门、各单位）的支出必须以经批准的预算为依据，未列入预算的不得支出。具体来说，一是要控制支出用途，确保预算资金按预算规定的用途使用；二是要控制支出范围，不得任意扩大预算资金的开支范围；三是要控制支出标准，严格执行国家规定的开支标准；四是要建立健全控制管理体系，建立健全会计核算和财务管理制度，确定支出效果的考核标准，以有效发挥资金使用效益；五是推行政府集中采购制度节约支出费用。政府采购是指各级国家机关、事业单位和团体组织，使用财政性资金采购依法制定的集中采购目录以内的或者采购限额标准以上的货物、工程和服务的行为。由于政府采购按照公平、公正、公开的原则运作，便于社会各界监督，因而也被称为"阳光下"的采购。目前，我国政府采购的规模和范围不断扩大，取得了良好的经济和社会效益。已经初步建立了以《中华人民共和国政府采购法》为统领、以部门规章为依托的政府采购法律制度体系，"采管分离、机构分设、政事分开、相互制约"的工作机制基本形成，以集中采购为主导、公开招标为主要采购方式的政府采购格局逐步强化，依法采购水平全面提升。

3. 预备费的设置

预备费是各级总预算中不规定具体用途的当年后备基金，主要用于解决预算执行过程中发生的某些临时急需和事前难以预料的特殊开支。在各国的预算中，一般都设有预备费，但名称不尽相同。如美国称为后备基金，日本称为预备费，罗马尼亚称为预算后备基金。我国在《预算法》中明确规定：各级政府应当按照本级政府公共预算支出额的1%～3%设置预备费，用于当年预算执行过程中的严重自然灾害救灾、突发公共事件处理、重大政策调整增加的支出及其他难以预见的临时性支出。各级政府预备费的动用方案，由本级政府财政部门提出，报本级政府决定。

4. 预算调整

预算调整是指在预算执行过程中对原定政府预算的收支指标或项目所做的改变，必须经同级人民代表大会常务委员会批准。预算调整实际上是通过改变预算收支规模或改变收入来源或支出用途，组织新的预算平衡的重要方法，预算调整的措施有动用预备费、预算的追加追减、经费流用、预算划转等。

（1）动用预备费

在预算执行中，如果发生较大的自然灾害和经济上的重大变革，发生原来预算没有列入而又必须解决的临时性开支等情况，可以动用预备费。

（2）预算追加追减

在原核定预算收支总数不变的情况下，追加追减预算收入或收支数额。各部门、各单位需要追加、追减收支时，均应编制追加、追减预算，按照规定的程序报经主管部门或者财政部门批准后，财政机关审核并提经各级政府或转报上级政府审定通过后执行。

（3）经费流用

经费流用也称"科目流用"，是在不突破原定预算支出总额的前提下，由于预算科目之间调入、调出和改变资金使用用途而形成的预算资金再分配，而对不同的支出科目具体支出数额进行调整。

（4）预算划转

预算划转即由于行政区划或企事业、行政单位隶属关系的改变，在改变财务关系的同时，相应办理预算划转，将其全部预算划归新接管地区和部门。

各级政府对于必须进行的预算调整，应当编制预算调整方案，并提请本级人民代表大会常务委员会审查和批准，未经批准，不得调整预算。在预算执行中，因上级政府返还或者给予补助而引起的预算收支变化，但不属于预算调数的应向本级人民代表大会常务委员会报告有关情况。

（四）政府预算的决算

政府决算是指经过法定程序批准的年度政府预算执行结果的会计报告，包括报表和文字说明两部分。尚未经过法定程序批准之前的年度政府预算执行结果的会计报告称作决算草案。

政府决算反映年度政府预算收支的最终结果，也是国民经济活动在财政上的集中反映。通过编制政府决算可以系统地整理和积累财政统计资料，总结一年来各项经济活动的重要经验。同时，也可以总结一年来预算工作的经验，为提高下一年度预算工作水平创造条件。

政府决算的组成与政府预算的组成基本相同，每级预算都要编制决算。政府决算的编审，是从执行预算的基层单位开始，自下而上逐级进行编审汇总而成的。年度终了，先由各级执行预算的基层单位编制单位决算，报送同级财政部门。财政部门将单位决算汇总编制本级决算，并同政府一级财政决算一起汇总编制本级总决算，报送上级财政部门。如此逐级上报，最后由财政部将地方财政决算和中央财政决算汇总编成政府决算，并提请全国人民代表大会审核批准。

五、我国政府预算的改革

改革开放以来，为了加强预算管理，提高支出效益，中央和地方各级财政部门以及其他预算支出部门进行过不少探索。近年来，我国相继实施了多项预算改革措施，使得我国的预算管理水平和预算透明度有一定提高。我国政府预算制度的改革演进历程主要如下：

（一）初步改革阶段（1992—1998 年）

1992 年 10 月，中国共产党第十四次全国代表大会报告将我国经济体制改革的目标确定为"建立社会主义市场经济体制"，这标志着我国的改革开放进入一个新的时期。为了适应社会主义市场经济发展的要求，强化预算管理，我国开始对传统的政府预算制度进行改革。

1. 实施《政府预算管理条例》

针对当时预算管理中存在的问题，在总结几十年预算管理经验的基础上，国务院于 1991 年 10 月 21 日颁布《政府预算管理条例》，自 1992 年 1 月 1 日起实施。该条例的贯彻执行、对于加强预算管理、强化预算职能，起到了积极的规范作用。

2. 实行复式预算

《政府预算管理条例》规定，从 1992 年开始，政府预算采用复式预算的编制办法。将各项财政收支按不同的经济性质分解为经常性预算和建设性预算两大部分。1994 年通过的《预算法》第二十六条规定："中央预算和地方各级政府预算按照复式预算。"1995 年 11 月 2 日通过的《中华人民共和国预算法实施条例》规定，复式预算分为政府公共预算、国有资产经营预算、社会保障预算和其他预算。但实际复式预算的编制只是在原有收支的基础上对单式预算收支科目按性质用途的简单划分，复式预算的功能并未能充分发挥。

3. 实施《预算法》

1994 年 3 月 22 日，第八届全国人民代表大会第二次会议通过了《预算法》，自 1995 年 1 月 1 日起实施。《预算法》共有十一章七十九条。《预算法》对预算管理的基本原则、预算管理级次、预算组成体系、预算年度、预算管理职权和预算收支等基本问题以及预算编制、预算审查与批准、预算调整、决算、监督等预算环节做了明确规定，对预算违法行为的具体表现和对违法单位的处罚措施也作出了规定。《预算法》颁布实施，对于健全预算的管理和监督有着十分重要的意义。

4. 实施新的预算会计制度

随着财政体制的重大改革，预算会计主体的业务内容和客体的运行方式也随之发生变化，在计划经济条件下形成的预算会计制度已不适应新形势的要求。1997 年财政部出台包括《财政总预算会计制度》、《行政单位会计制度》、《事业单位会计制度》和《事业单位会计准则（试行）》在内的新的预算会计制度，并于1998年1月起在全国范围内统一实施。

5. 完善预算外资金管理办法

国务院于1996年7月发布了《关于加强预算外资金管理的决定》，将预算外资金严格定义为财政性资金，要求各单位向财政部门报送预算外资金收支计划，并提出"收支两条线"的基本管理模式，为预算外资金管理指明了基本方向。与此相适应，财政部先后制定了《预算外资金管理实施办法》、《中央预算外资金财政专户管理暂行规定》等配套文件。

6. 部分地方政府开始实施政府预算改革

安徽省（自1994年起）、河南省（自1994年起）、湖北省（自1993年起）、云南省（自1995年起）、深圳市（自1995年起）等省市结合自身的财政预算现状，借鉴国外经验，突破"基数法"编制预算的框架，实行零基预算改革。

（二）改革深化阶段（1998—2013年）

1998年，随着建立公共财政框架这一财政改革目标的确立，我国的政府预算制度改革速度开始加快，改革措施逐步深入。1999年9月，财政部在《关于改进2000年中央预算编制的意见》中指出，2000年将选择部分中央部门作为编制部门预算的试点单位，细化报送全国人民代表大会预算草案的内容。以此为标志，我国的预算制度改革全面进入深化阶段。为克服传统政府预算制度的弊端，财政部相继实施了以下预算改革措施。

1. 编制部门预算

部门预算是指政府部门依据国家有关政策法规及其履行职能的需要，由基层预算单位开始编制，逐级上报、审核、汇总，经财政部门审核后提交立法机关依法批准的涵盖部门各项收支的年度财政收支计划。通俗地讲，就是"一个部门一本账"。部门预算由收入预算和支出预算组成，支出预算包括基本支出预算和项目支出预算，采取自下而上的编制方式，实行"两上两下"的编制程序。通过部门预算改革细化了预算编制，提高了预算编制的科学化水平，完善了预算分配机制，推进了预算支出标准体系建设，强化了预算执行管理，增强了预算执行的有效性。

为克服传统预算编制内容不完整、编制方法落后等弊端，2000年，财政部首先在教育部、农业部、科技部以及劳动和社会保障部等部门进行部门预算改革试点。2002年，中央各部门按照基本支出项目支出分别编制部门预算，进一步细化中央部门预算，并在所有行政单位和部分比照国家公务员制度管理的事业单位实行试点，按照定员定额和项目库的方法编制部门预算。2005年，全国各省本级和计划单列市开始全面推行部门预算改革，部分地市县也开始试行部门预算编制方法，与公共财政相适应的部门预算框架初步建立。

2. 深化"收支两条线"管理改革

自 20 世纪 90 年代末以来，我国加大了"收支两条线"管理改革的力度。1999年颁布的《关于行政事业性收费和罚没收入实行收支两条线管理的若干规定》，对收支两条线管理办法作出了更为详尽的规定。2004—2007 年，在对部分预算外收入纳入预算或实行收支脱钩管理的基础上，总结经验，逐步扩大试点范围。自 2011 年起，将各级政府所有非税收入纳入预算管理，全面取消预算外资金，并健全非税收入预算管理制度。结合由一般公共预算、政府性基金预算、国有资本经营预算组成的政府预算体系建设，对非税收入实行分类预算管理，将属于一般公共预算收入性质的行政事业性收费、罚没收入、国有资源（资产）有偿使用收入以政府名义接受的捐赠收入等纳入一般公共预算管理，与税收收入一起统筹安排使用；将具有以收定支、专款专用性质的政府性基金、土地出让收入、彩票公益金等纳入政府性基金预算管理，专项用于支持特定基础设施建设和社会事业发展；国家以所有者身份从国家出资企业取得的国有资本经营收益纳入国有资本经营预算管理，主要用于支持国有企业改革发展和社会保障等民生支出，保证财政预算的统一性和完整性，提高预算约束力和透明度。

（1）改进政府收支分类体系

我国原有的政府预算收支科目分类方法是计划经济时期参照苏联模式确定的。虽然之后做过一些调整，但其基本分类方法一直与市场经济国家存在较大差别。从1999 年起，财政部开始着手研究如何构建适应公共财政管理要求的政府收支分类体系。2004 年，财政部完成新的《政府收支分类改革方案》的前期设计工作。2005年 3 月，开始进行试点，并于 2007 年 1 月 1 日起在全国范围内正式实施政府收支分类改革。改革后的政府收支分类体系包括收入分类、支出功能分类和支出经济分类三部分。

①收入分类。按收入来源和性质，将预算收入分为税收收入、社会保险基金收入、非税收入、贷款转贷回收本金收入、债务收入、转移性收入六类。

②支出功能分类。支出功能分类主要反映政府活动的不同功能和政策目标，具体分为一般公共服务支出、外交支出、国防支出、公共安全支出、教育支出、科学技术支出、文化体育与传媒支出、社会保障和就业支出、社会保险基金支出、医疗卫生支出、节能环保支出、城乡社区事务支出、农林水事务支出、交通运输支出、资源勘探电力信息等事务支出、商业服务业等事务支出、金融监管等事务支出、地震灾后恢复重建支出、国土资源气象等事务支出、住房保障支出、粮油物资储备事

务支出、预备费、国债还本付息支出、其他支出和转移性支出等类级科目。

③支出经济分类。支出经济分类主要反映政府支出的经济性质和具体用途，包括工资福利支出、商品和服务支出、对个人和家庭的补助、对企事业单位的补贴、转移性支出、赠予债务利息支出、债务还本支出、基本建设支出、其他资本性支出、贷款转贷及产权参股、其他支出。这次政府收支分类改革是新中国成立以来财政分类统计体系最为重大的一次调整，直接关系到政府预算的公开透明与政府职能的合理转换。

（2）加强预算绩效管理改革

随着我国财政支出规模不断增长，财政支出的效益问题越来越受到关注。2011年我国召开了首次全国预算绩效管理工作会议，正式提出全过程预算绩效管理思想，明确预算绩效管理由事后监督转向全过程的监督。随后，财政部出台了《关于推进预算绩效管理的指导意见》，对预算绩效管理工作进行具体部署。2012年，财政部制定了《预算绩效管理工作规划（2012—2015年）》，极大地拓展了预算绩效管理各环节的广度和深度。2013年财政部印发了《预算绩效评价共性指标体系框架》，为绩效评价工作奠定了重要的技术基础。

（三）重点推动和改革攻坚阶段（2013年至今）

2013年11月，党的十八届三中全会召开，通过了《中共中央关于全面深化改革若干重大问题的决定》。决定重点指出：要改进预算管理制度，完善税收制度，建立事权和支出责任相适应的制度，明确提出了财税体制改革的三大领域：预算、税制、中央和地方财政关系，并将预算改革置于改革先锋的位置。2014年8月31日，《预算法》修正案终于正式通过，于2015年1月1日起实施，为预算制度改革提供了强有力的法律依据。2017年10月18日，习近平总书记在十九大报告中对过去我国财税体制改革取得的进展进行肯定的同时，提出"建立全面规范透明、标准科学、约束有力的预算管理制度，全面实施绩效管理"，对预算改革提出了更高的要求，特别是约束有力与绩效管理。十九大报告关于我国预算管理制度的总体部署，在认识和理念上有许多创新之处，突出强调了预算绩效管理，对前一阶段预算管理制度改革的总结、完善、具体化和细化，增加了预算技术、预算监督、预算效率的新内容，标志着我国预算管理制度改革进入更高阶段、更深层次、更广领域，体现了党中央对我国预算管理制度改革的新思考、新战略、新举措。2018年12月29日，第十三届全国人民代表大会常务委员会第七次会议通过《关于修改〈中华人民共和国产品质量法〉第五部法律的决定》，《预算法》完成第二次修正，将第八十八条中的"监督检查本级各部门及其属各单位预算的编制、执行"修改为"监督本级各部门及其所属各单位预算管理有关工作"，将预算监督的内容从编制、执行拓展至预算管理的各方面。

第二节　预算管理体制

一、预算管理体制的含义和内容

（一）预算管理体制的含义

预算管理体制是处理中央和地方以及地方各级政府之间的财政关系的基本制度。预算管理体制的核心是各级预算主体的独立自主程度以及集权和分权的关系问题。预算管理体制是政府预算编制、执行、决算以及实施预算监督的制度依据和法律依据，是财政管理体制的主导环节。

（二）预算管理体制的内容

预算管理体制的根本任务是通过划分预算收支范围和规定预算管理职权，促使各级政府明确各自的责权利，发挥各级政府理财的积极性，促进国民经济和社会事业发展。预算管理体制的内容主要包括以下几个方面：

1. 预算管理主体和层次的规定

政府预算管理级次的规定与一国的政权机构和行政区划存在密切联系。由于各国的政权机构和行政区划的特点不同，政权级次以及预算级次的划分也不尽相同，我国的政权机构分为五级，相应的预算管理主体也分为中央、省、市、县、乡五级。

2. 政府预算管理权限的划分

预算管理权指政府预算方针政策、预算管理法律法规的制定权、解释权和修订权，国家预决算的编制审批权，预算执行、调整和监督权等。

3. 预算收支范围的划分

预算收支范围的划分，是在中央和地方政府之间划分收支范围以及确定划分收支范围的方法等问题的总称。预算收支范围的划分反映了各级预算活动的范围和财力分配的大小，是正确处理中央与地方之间分配关系的重要方面。一般公共预算收入包括各项税收收入、行政事业性收费收入、国有资源（资产）有偿使用收入、转移性收入和其他收入。一般公共预算支出按照其功能分类，包括一般公共服务支出，外交、公共安全、国防支出农业、环境保护支出，教育、科技、文化、卫生、体育支出，社会保障及就业支出和其他支出。一般公共预算支出按照其经济性质分类，包括工资福利支出、商品和服务支出、资本性支出和其他支出。

4. 预算调节制度和方法

预算收支范围的划分并不能完全解决各级政府财政收支的均衡问题，因而须在既定的预算收支划分的基础上进行收支水平的调节，这种调节称为转移支付制度。具体来说，政府间财政转移支付实质上是存在于政府间的一种再分配形式。它是以各级政府之间所存在的财政能力差距为基础，以实现各地公共服务水平的均等化为主旨而实行的一种财政资金转移或财政平衡制度。

二、我国预算管理体制的沿革

新中国成立以来实行过多种预算管理体制，根据财力的集中与分散、财权的集权与分权的程度不同，可将我国预算管理体制大体上分为以下四种类型。

（一）统收统支的预算管理体制

统收统支的预算管理体制也称高度集中的预算管理体制，这种体制的基本特点是财力与财权高度集中于中央，地方组织的财政收入全部上缴中央，地方一切开支由中央核拨。这种"统收统支"的预算管理体制使地方的财权很小。除了新中国成立初期外，我国在20世纪60年代的三年经济调整时期和"文化大革命"时期的某些年份里，曾实行过这种类型的体制。这在当时特定的历史条件下对集中必要的财力恢复和调整国民经济起过积极的作用，但它不利于发挥地方各级财政部门当家理财的积极性。

（二）以中央集权为主，适当下放财权的预算管理体制

这种预算管理体制的特点是财力和财权的相当大部分仍集中在中央，同时给地方一定的机动财力和财权，但都比较小。在这种体制下，由中央统一制定预算政策和制度，地方实行分级管理，由中央核定地方收支指标，由中央统一进行地区间的调剂，收大于支的地方向中央财政上缴收入，支大于收的地方则由中央财政给予补助。在1953—1980年的多数年份里，实行的就是这种体制。它比统收统支体制前进了一大步，但仍不利于充分调动地方的积极性。

（三）多种形式的预算包干体制

这种预算管理体制的特点是在中央统一领导和统一计划下，地方有较大的财权，地方财力大大增强，预算包干体制对原体制有重大突破，是我国预算管理体制的一次重大改革，这种体制充分调动了地方理财的积极性，但也存在不少问题，这些问题主要是指：中央集中的财力过小，中央财政收入占全部财政收入的比重下降，中央财政负担过重；中央与地方的收入之间相互挤占，关系没有理顺；地方财力大大增强，多投资于利润大、见效快的项目，加剧了当时的经济过热现象。

（四）分税制分级预算管理体制

分税制是我国现行预算管理体制，是我国在借鉴国际上发达国家的先进经验并结合我国国情的基础上，于1994年实行的在分税制基础上的分级预算管理体制。其

基本内容是：根据中央政府和地方政府的不同职能划分支出范围，按税种来划分中央收入和地方收入；分别设置机构，分别征税；中央预算通过转移支付制度实现对地方预算的调剂和控制。《中华人民共和国预算法》规定：国家实行中央和地方分税制。国家实行财政转移支付制度。财政转移支付应当规范、公平、公开，以推进地区间基本公共服务均等化为主要目标。财政转移支付包括中央对地方的转移支付和地方上级政府对下级政府的转移支付，以为均衡地区间基本财力、由下级政府统筹安排使用的一般性转移支付为主体。

三、分税制预算管理体制

（一）分税制的含义

分税制是指在中央与地方之间以及地方各级之间，以划分各级政府事权为基础、以税收划分为核心相应明确各级财政收支范围和权限的一种分级财政管理体制。分税制的内涵极为丰富，包括分税、分权、分征、分管。分税是按地方事权和地方预算支出需要，把税收划分为中央税、地方税、中央和地方共享税。分权是指划分各级政府在税收方面的立法权、征管权和减免权。分征是指分别设置国税和地税两套税务机构，分别征税。中央政府设置国家税务局，负责中央税和共享税的征收：地方政府设置地方税务局，负责地方税的征收，以保证各级税收收入能够稳定、足额入库。分管是指中央政府和地方政府分别管理和使用各自的税款，涵养税源，不得相互混淆、平调或挤占。建立规范化的中央预算对地方的转移支付制度，实现中央对地方的宏观调控和调节地区之间的财力分配，这是实现分税制预算管理体制的关键。

（二）分税制的内容

1. 中央与地方的事权和支出划分

依据现行中央政府与地方政府事权的划分，中央财政主要承担国家安全、外交和中央国家机关运转所需经费，调整国民经济结构、协调地区发展、实施宏观调控所必需的支出以及由中央直接管理的事业发展支出，中央主要承担国防、武警、重点建设，中央单位事业经费和中央单位职工工资五大类支出。具体包括：国防费、武警经费、外交和援外支出、中央级行政管理费、中央统管的基本建设投资、中央直属企业的技术改造和新产品研制费、地质勘探费、由中央财政安排的支农支出、由中央负担的国内外债务的还本付息支出，以及中央本级负担的公检法支出和教育文化科学等各项事业费支出。地方财政主要承担本地区政权机关运转所需支出以及本地区经济、事业发展所需支出。其包括地方行政管理费，公检法支出，部分武警经费，民兵事业费，地方统筹的基本建设投资地方企业的技术改造和新产品研制经费，支农支出，城市维护和建设经费，地方文化、教育卫生等各项事业费，价格补贴支出以及其他支出。

2. 中央与地方收入的划分

根据事权与财权相结合的原则，按税种划分中央与地方的收入，将维护国家权益、实施宏观调控所必需的税种划分为中央税；将同经济发展直接相关的主要税种划分为中央与地方共享税；将适合地方征管的税种划为地方税，并充实地方税种，增加地方税收收入。

中央固定收入包括关税、海关代征增值税、消费税、中央企业所得税、地方银行和外资银行及非银行金融企业所得税、铁道部门、各银行总行、各保险总公司等集中缴纳的收入（包括所得税、利润和城市维护建设税）、中央企业上缴利润等。从 2004 年开始，出口退税由中央与地方共同负担。

地方固定收入包括地方企业上缴利润，城镇地使用税，固定资产投资方向调节税，城市维护建设税（不含铁道部门、各银行总行、各保险总公司集中缴纳的部分），房产税，车船使用税，印花税，屠宰税，耕地占用税，契税，遗产税和赠与税，土地增值税，国有土地有偿收入等。

中央与地方共享收入包括增值税、资源税、证券交易印花税、企业所得税和个人所得税等。其中，增值税中央分享 75%，地方分享 25%；资源税按不同的资源品种划分，大部分资源税作为地方收入，海洋石油资源税作为中央收入；证券交易印花税原定中央与地方各分享 50%，1997 年以后对证券交易印花税的分享比例进行了几次调整，到 2002 年中央为 97%，地方为 3%；所得税方面除铁路运输、国家邮政、中国银行、农业银行、工商银行、建设银行、国家开发银行、中国进出口银行、中国农业发展银行、中石化及中海油等企业外，其他企业所得税和个人所得税收入实行中央与地方按统一比例分享，2003 年以后中央分享 60%，地方分享 40%。

3. 各级政府间实行转移支付制度

国家实行财政转移支付制度。财政转移支付应当规范、公平、公开，以推进地区间基本公共服务均等化为主要目标。财政转移支付包括中央对地方的转移支付和地方上级政府对下级政府的转移支付，以为均衡地区间基本财力、由下级政府统筹安排使用的一般性转移支付为主体。

按照法律、行政法规和国务院的规定可以设立专项转移支付，用于办理特定专项转移支付定期评估和退出机制。市场竞争机制能够有效调节的事项不得设立专项转移支付。上级政府在安排专项转移支付时，不得要求下级政府承担配套资金，但按照国务院的规定应当由上下级政府共同承担的事项除外。

从实际执行情况来看，1992 年党的十四大提出建立社会主义市场经济体制的目标后，在立足国情的基础上，借鉴成熟市场经济国家的经验，相继实施了分税制财政体制改革、所得税收入分享改革和出口退税负担机制改革等措施，符合市场经济一般要求的政府间财政关系框架初步形成。

与行政管理体制相适应，现行财政体制遵循"统一领导，分级管理"的基本原则。按现行财政体制安排，中央政府仅与省级政府进行收支划分和转移支付，省以下财政体制由各地省级政府在中央指导下，结合本地实际情况确定。从目前的情况看，大部分地区都按照分税制的要求，划分了省以下各级政府的收支范围，并建立了较为规范的省对下转移支付体系。

在市场经济体制下，需要按照收入的内在属性，将税基流动性较强、地区间分布不均衡收入变化具有周期性或波动性，以及税负易转嫁的税种划为中央收入。如消费税，宏观调控功能较强，留给地方不仅难以实现公平，而且会产生逆向调节，像烟酒类商品的消费税。再如企业所得税，企业所得税与宏观经济景气相关，波动性较强，特别是随着总部经济的发展，投资多元化与企业兼并重组的常态化，税源容易在地区间转移，造成地区间苦乐不均。因此，中央适度集中这些收入，既符合税种属性也有利于宏观调控。

我国地区间发展差异较大，经济发展不平衡，社会发展水平差距较大，自然条件也千差万别，中央财政适度集中财力有利于实施有效的地区均衡政策，推动基本公共服务均等化，促进区域协调发展。我国东部地区人口相对较少，但却是财政收入的"主产区"。2018 年，东部地区人口占全国的 42%，公共财政收入占全国的 60%；中西部地区人口占 58%，公共财政收入仅占 40%。如果地区间经济相对均衡、税源分布相对均匀，中央财政确实可以少集中一些，但在东西差距较为明显的现实国情下，中央如果不适度集中收入并通过转移支付等支持中西部地区发展，地区间财力差距会更大，公共服务均等化、地区间协调发展、社会和谐等就无从谈起。因此，中央保持一定的财力集中度，既有利于建立和完善社会主义市场经济体制、推动科学发展，又有利于增强宏观调控能力、推动地区间基本公共服务均等化，具有重要的政治和经济意义。

第三节　我国的分税制改革

一、分税制改革的指导思想

新中国成立以来，伴随着各个历史阶段政治和经济形势的变化，财政体制经历了多次改革，总体的改革取向是由集权逐步走向分权。在新中国成立之初的国民经济恢复时期，实施的是高度集权的"统收统支"财政体制。从第一个五年计划开始，逐步过渡到"统一领导、分级管理"财政体制。改革开放后，为调动地方政府的积极性，实行了多种形式的"分级包干"财政体制。

但财政包干体制由于不适应社会主义市场经济发展的要求，出现了诸多弊端，主要表现为：税收调节功能弱化，影响统一市场的形成和产业结构优化；国家财力偏于分散，制约财政收入合理增长，特别是中央财政收入比重不断下降，弱化了中央政府的宏观调控能力；财政分配体制类型过多，不够规范等。

为了进一步理顺中央与地方的财政分配关系，更好地发挥国家财政的职能作用，增强中央的宏观调控能力，促进社会主义市场经济体制的建立和国民经济持续、快速、健康地发展，国务院在立足社会主义市场经济体制的基本要求和借鉴国外成功做法的基础上，决定于1994年1月1日起改革地方财政包干体制，对各省、自治区、直辖市以及计划单列市实行分税制财政管理体制。分税制改革的主要指导思想包括：

（1）正确处理中央与地方的分配关系，调动两个积极性，促进国家财政收入合理增长。既要考虑地方利益，调动地方发展经济、增收节支的积极性，又要逐步提高中央财政收入的比重，适当增加中央财力，增强中央政府的宏观调控能力。为此，中央要从今后财政收入的增量中适当多得一些，以保证中央财政收入的稳定增长。

（2）合理调节地区之间财力分配。既要有利于经济发达地区继续保持较快的发展势头，又要通过中央财政对地方的税收返还和转移支付，扶持经济不发达地区的发展和老工业基地的改造。同时，促使地方加强对财政支出的约束。

（3）坚持统一政策与分级管理相结合的原则。划分税种不仅要考虑中央与地方的收入分配，还必须考虑税收对经济发展和社会分配的调节作用。中央税、共享税以及地方税的立法权都要集中在中央，以保证中央政令统一，维护全国统一市场和企业平等竞争。税收实行分级征管，中央税和共享税由中央税务机构负责征收，共享税中地方分享的部分，由中央税务机构直接划入地方金库，地方税由地方税务机构负责征收。

（4）坚持整体设计与逐步推进相结合的原则。分税制改革既要借鉴国外经验，又要从我国的实际出发。在明确改革目标的基础上，办法力求规范化，但必须抓住重点，分步实施，逐步完善。当前要针对收入流失比较严重的状况，通过划分税种和分别征管堵塞漏洞，保证财政收入的合理增长；要先把主要税种划分好，其他收入的划分逐步规范；作为过渡办法，现行的补助、上解和有些结算事项继续按原体制运转；中央财政收入占全部财政收入的比例要逐步提高，对地方利益格局的调整也宜逐步进行。总之，通过渐进式改革先把分税制的基本框架建立起来，在实施中逐步完善。

二、分税制改革的主要内容

（一）1994 年分税制改革的主要内容

1992 年，财政部选择了天津、辽宁、沈阳、大连、浙江、青岛、武汉、重庆和新疆九个地区进行了分税制财政管理体制改革试点，为全面推行分税制做了必要的前期准备。1993 年 12 月 15 日，国务院发布了《关于实行分税制财政管理体制的决定》（国发〔1993〕85 号），决定从 1994 年 1 月 1 日起改革地方财政包干体制，对各省、自治区、直辖市以及计划单列市实行分税制财政管理体制。这次财税体制改革主要是针对包干体制的弊端提出的，新中国成立以来改革力度最大、范围最广、影响最为深远的一次财税制度创新，是我国财政管理体制的一次重大调整。通过这次改革，基本上建立起了适应社会主义市场经济发展要求的财政管理体制框架。

具体而言，1994 年分税制财政体制改革的主要内容包括：

1. 划分中央与地方的财政支出范围

中央财政主要承担国家安全、外交和中央国家机关运转所需经费，调整国民经济结构、协调地区发展、实施宏观调控所必需的支出以及由中央直接管理的事业发展支出；地方财政主要承担本地区政权机关运转所需支出以及本地区经济、社会事业发展所需支出。具体支出划分情况见表 7－1。

表 7－1　　　　　　　1994 年中央与地方支出范围的划分表一

中央财政支出	国防费，武警经费，外交和援外经费，中央级行政管理费，中央统管的基本建设投资，中央直属企业的技术改造和新产品试制经费，地质勘探费，由中央财政安排的支农支出，由中央负担的国内外债务还本付息支出，以及由中央本级负担的公检法支出和文化、教育、卫生、科学等各项事业费支出
地方财政支出	地方行政管理费，公检法经费，民兵事业费，地方统筹安排的基本建设投资，地方企业的技术改造和新产品试制经费，地方安排的农业支出，城市维护和建设经费，地方文化、教育、卫生等各项事业费，价格补贴以及其他支出

2. 划分中央与地方收入

将维护国家权益、涉及全国性资源配置、实施宏观调控所必需的税种划归中占全国财政收入的大头；将同经济发展直接相关的主要税种划为共享税；将适合地方征管的税种划为地方税，并充实地方税税种增加地方税收入（具体收入划分情况见表 7－2）。分设国税与地税两套税务机构，国税机构负责征收中央税和共享税，地税机构负责征收地方税。国税机构的设立强化了中央政府对中央税和共享税的征收管理，也在相当程度上消除了地方政府对中央税收收入的影响。

表 7 - 2　　　　　　　　　　1994 年中央与地方的收入划分表二

中央固定收入	关税，海关代征的消费税和增值税，消费税，中央企业所得税，地方银行和外资银行及非银行金融企业所得税，铁道部门、各银行总行、各保险总公司等集中缴纳的收入（包括营业税、所得税、利润和城市维护建设税），中央企业上缴利润等。外贸企业出口退税，除 1993 年地方实际负担的 20% 部分列入地方财政上缴中央基数外，以后发生的出口退税全部由中央财政负担
中央与地方共享收入	增值税、资源税、证券交易（印花）税。增值税中央分享 75%，地方分享 25%。资源税按不同的资源品种划分，海洋石油资源税作为中央收入，其他资源税作为地方收入。证券交易（印花）税，中央与地方各分享 50%
地方固定收入	营业税（不含铁道部门、各银行总行、各保险总公司集中缴纳的营业税），地方企业所得税（不含上述地方银行和外资银行及非银行金融企业所得税），地方企业上缴利润，个人所得税，城镇土地使用税，固定资产投资方向调节税，城市维护建设税（不含铁道部门、各银行总行、各保险总公司集中缴纳的部分），房产税，车船使用税，印花税，屠宰税，农牧业税，对农业特产收入征收的农业税（简称农业特产税），耕地占用税，契税，土地增值税，国有土地有偿使用收入等

3. 建立中央对地方税收返还制度

为保证地方的既得利益，争取地方政府对分税制改革的支持，建立税收返还制度。税收返还数额的计算以 1994 年为基期，按分税后地方净上划中央的收入数额（消费税 + 75% 的增值税 - 中央净下划收入），作为中央对地方税收返还的基数，基数部分全部返还给地方。为进一步确保地方的既得利益，设定税收返还"增长"与"扣减"办法。将税收返还与各地区当年上缴中央金库的"两税"（消费税和增值税的 75%）的增长率相挂钩。税收返还的增长率按各地区"两税"增长率的 1∶0.3 系数确定。各地区的"两税"每增长 1%，税收返还增长 0.3%；如果 1994 年以后上划的中央收入达不到 1993 年的基数，则相应扣减税收返还数额。

4. 实行过渡期转移支付

考虑到实行公式化、规范化的财政转移支付制度的条件尚不成熟，从 1995 年起，中央对财力薄弱地区实施过渡期转移支付，作为分税制财政体制改革的配套措施。其基本思路是，从中央财政每年增收的收入中拿出一部分，试行按公式化分配方法，用于对少数民族地区和贫困地区的转移支付，以调节这些地区的最低公共服务水平。过渡时期转移支付办法在一定程度上调节了地区间最低公共服务水平差距，更重要的意义还在于进行了实行中央与地方之间规范化转移支付制度的试验，也推动了地方各级之间转移支付制度的建设。

5. 妥善处理原体制补助与上解事项

为保证新旧体制的顺利转换，原包干体制下的分配格局暂定不变。原体制中央对地方的补助继续按规定补助。原体制地方上解仍按不同体制类型执行：实行定额上解的地区，按原规定的上解额，继续定额上解；实行递增上解的地区，按原规定继续递增上解；实行总额分成的地区和分税制试点地区，暂按递增上解办法，即按1993年实际上解数，并核定4%的递增率，每年递增上解。为进一步规范分税制财政体制，从1995年起，凡实行递增上解的地区，一律取消递增上解，改为按各地区1994年的实际上解额实行定额上解。

（二）分税制财政体制运行过程中的调整与规范

1994年后，中央根据分税制运行状况以及经济形势发展的需要，沿着1994年的改革思路与路径，对分税制财政体制进行了一系列的调整与完善。在分税制改革后的二十年间，财政体制的改革主要着重于对收入划分的调整与政府间转移支付的完善，并未对事权和支出责任划分进行大的调整。2013年11月，党的十八届三中全会提出建立现代财政制度，并明确了建立现代财政制度的三大任务：改进预算管理制度、完善税收制度、建立事权和支出责任相适应的制度。自此，中央与地方事权与支出责任划分改革被提上重要议事日程。

1. 1994年后中央与地方收入划分的主要调整与变动

（1）提高证券交易印花税中央分享比例

证券交易印花税的税源来自全国各地，但仅在上海和深圳征收，并由上海和深圳分享50%的收入。随着证券交易市场的迅速发展，证券交易印花税有了较大幅度的增长，其他地区对此种分享方式提出异议。为妥善处理不同地区间的财政分配关系，从1997年1月1日起，中央分享比例提高至80%，后又提高到88%；自2000年10月1日起，中央分享比例调整为91%，并分三年调整到97%。自2016年1月1日起，将证券交易印花税全部调整为中央收入。

（2）实施所得税收入分享改革

自2002年1月1日起，实施所得税收入分享改革，规定除铁路运输、中国邮政、中国工商银行、中国农业银行、中国银行、中国建设银行、国家开发银行、中国农业发展银行、中国进出口银行、中国石油天然气股份有限公司、中国石油化工股份有限公司以及海洋石油天然气企业等企业缴纳的企业所得税继续作为中央收入外，其他企业所得税和个人所得税收入实行中央和地方按比例分享。2002年的分享比例是中央政府和地方政府各50%；自2003年起，将中央政府的分享比例提高到60%。中央财政因此增加的收入全部用于对地方（主要是中西部地区）的一般性转移支付。

（3）建立中央和地方的出口退税共同负担机制

自2004年起，以2003年出口退税实退指标为基数，对超基数部分的应退税额，由中央与地方按 75:25 的比例分别承担。但因沿海出口退税较多的省份，尤其是口岸城市反映出口退税负担过重，自 2005 年 1 月 1 日起，各地区出口货物所退增值税中，超基数部分的退税额，地方分担的比例从原来的 25% 降至 7.5%。

（4）成品油税费改革

自 2009 年 1 月 1 日起，实施成品油价格和税费改革。此项改革取消了地方政府的公路养路费等六项收费，以提高成品油消费税单位税额、不再新设立燃油税的方式，利用现有税制、征收方式和征管手段，实现成品油税费改革。成品油税费改革的实施，有助于规范政府收费行为、促进节能减排和结构调整、平衡社会负担、依法筹措交通基础设施维护和建设资金。

（5）其他中央与地方政府间收入划分的调整

营业税：1997 年至 2001 年，将金融保险业营业税税率由 5% 提高至 8% 增加的收入归中央财政；自 2001 年起，为支持金融保险业改革，将金融保险业营业税税率每年下调一个百分点，由 8% 降至 5%。自 2012 年 1 月 1 日起，铁道部门集中缴纳的铁路运输企业营业税（不含铁路建设基金营业税）由中央收入调整为地方收入，铁道部门集中缴纳的铁路建设基金营业税仍作为中央收入。自 2016 年 5 月 1 日起，全面推行"营改增"试点，取消营业税，过渡期（2~3 年）增值税收入中央与地方五五分成。

增值税：为进一步完善分税制财政体制，从 2016 年起，中央对地方实施增值税定额返还，对增值税增长或下降地区不再增量返还或扣减。

车辆购置税：自 2001 年起开征车辆购置税，其收入全部归中央政府。

船舶吨税：自 2001 年重新将船舶吨税纳入预算管理，收入全部归中央政府。

环境保护税：自 2018 年 1 月 1 日开征环境保护税，其收入全部作为地方收入。

经多次调整后，现行中央与地方的收入划分情况见表 7-3。

表 7-3　　　　　　　　　　现行中央与地方的收入划分

中央固定收入	关税，海关代征的消费税和增值税，消费税、船舶吨税，车辆购置税、未纳入共享范围的中央企业所得税，证券交易（印花）税，中央企业上缴的利润等
中央与地方共享收入	增值税（中央分享 50%，地方分享 50%）；纳入共享范围的企业所得税和个人所得税（中央分享 60%，地方分享 40%）；资源税按不同的资源品种划分，海洋石油资源税作为中央收入，其他资源税作为地方收入
地方固定收入	城镇土地使用税、城市维护建设税、房产税、车船税、印花税（不含证券交易印花税），耕地占用税、契税、烟叶税、土地增值税、环境保护税、地方企业上缴的利润、国有土地有偿使用收入等

2. 改革国税、地税征管体制

2015 年 12 月 24 日，中办、国办联合下发了《深化国税、地税征管体制改革方案》。方案要求，根据深化财税体制改革进程，结合建立健全地方税费收入体系，厘清国税与地税、地税与其他部门的税费征管职责划分，着力解决国税、地税征管职责交叉以及部分税费征管职责不清等问题。

2018 年 3 月 17 日，国务院机构改革方案经第十三届全国人大第一次会议第五次全体会议表决通过。方案明确规定，改革国税、地税征管体制。将省级和省级以下国税、地税机构合并，具体承担所辖区域内各项税收、非税收入征管等职责。国税、地税机构合并后，实行以国家税务总局为主与省（区、市）人民政府双重领导的管理体制。

3. 1994 年后中央对地方税收返还和转移支付制度的完善

（1）税收返还制度的发展与规范

实施所得税基数返还。从 2002 年 1 月 1 日开始，改革原来按企业的行政隶属关系划分所得税收入的办法，对企业所得税和个人所得税收入实行中央和地方按比例分享。为照顾地方政府的既得利益，在所得税分享改革的同时，实施所得税基数返还。

实施成品油税费改革税收返还。2009 年实施成品油价格和税费改革后，取消原有的公路养路费等六项收费。为了确保成品油价格和税费改革的平稳实施，保障交通基础设施养护和建设等需要，逐步推动全国交通均衡发展，中央财政对各地因取消"六费"减少的收入给予税收返还。

将地方上解收入纳入税收返还。2009 年，简化中央与地方财政结算关系，将出口退税超基数地方负担部分专项上解等地方上解收入也纳入税收返还，将地方上解与中央对地方税收返还做对冲处理（冲抵返还额），相应取消地方上解中央收入科目。1994 年分税制改革以后，我国逐步建立了以财力性转移支付和专项转移支付为主的转移支付制度。

（2）政府间转移支付制度的健全

以中央财政为主的财政转移支付制度是我国最主要的转移支付制度。其中，财力性转移支付是中央财政为弥补欠发达地区的缺口、缩小地区间财力差距、实现基本公共服务均等化，安排给地方财政的补助资金以及中央出台减收增支政策对财力薄弱地区的补助。专项转移支付是中央财政为实现特定的宏观政策及事业发展战略目标，以及对委托地方政府代理的一些事务或中央地方共同承担事务进行补偿而设立的补助资金，需按规定用途使用。1995 年后，财力性转移支付和专项转移支付的规模逐步扩大，所占比重不断上升。

2009 年，中央进一步规范财政转移支付制度，将中央对地方的转移支付简化为一般性转移支付、专项转移支付和税收返还。具体变化包括：将财力性转移支付改为一般性转移支付；将补助数额相对稳定、原列入专项转移支付的教育、社会保障和就业、公共安全、一般公共服务等支出纳入一般性转移支付；原体制补助列入一般性转移支付；原体制上解列入税收返还。"税收返还和体制补助与上解"简化为"税收返还"。

2009 年后，中央对地方的税收返还与转移支付结构继续优化。以保持既得利益为目的的税收返还的比重持续下降，自 2009 年的 17.19% 下降到 2015 年的 9.11%。中央政府加大了一般性转移支付力度，清理整合专项转移支付项目，将需要较长时期安排补助经费，且数额相对固定的项目，划转列入一般性转移支付，提高一般性转移支付的规模和比例，具有明显财政均等化效果的一般性转移支付增长较快，一般性转移支付的比重从 2009 年的 39.62% 上升至 2016 年的 53.64%。

4. 1994 年后省以下财政体制的改革与规范

2000 年前后，虽然我国财政收入持续增长，但不少地方，尤其是西部欠发达地区出现了县乡财政困难。一些基层政府公用经费不足，甚至到了难以正常运转的地步。为化解县乡财政困境，财政部推进了以下改革。

（1）创新省对县、县对乡财政管理方式

2005 年后，在财政部的推动下，各地区不断探索创新省以下财政管理方式，推进了省直管县和乡财县管改革。省直管县财政管理模式能够更好地发挥省级财政在省辖区域内对财力差异的调控作用，有助于缓解县级财政困难，减少财政管理级次，降低行政成本；乡财县管改革有助于集中和加强乡镇收入管理，控制和约束乡镇支出需求，统一和规范乡镇财务核算，遏制和缩减乡镇债务规模，提高县乡财政管理水平。

（2）构建县级基本财力保障机制

2005 年，中央财政安排 150 亿元，建立"三奖一补"县乡财政困难激励约束机制。此项政策的实施调动了省市财政向基层加大转移支付力度的积极性，对提高基层公共服务能力，保障基层政权运转能力发挥了积极作用。2010 年 9 月，为进一步增强财力薄弱地区基层财政保障能力，财政部印发了《关于建立和完善县级基本财力保障机制的意见》（财预〔2010〕443 号），全面部署建立和完善县级基本财力保障机制。这一机制以"保工资、保运转、保民生"为目标，按照"明确责任、以奖代补、动态调整"的基本原则，由中央财政根据工作实绩对地方实施奖励。

2011 年 2 月，财政部向地方转发相关文件，要求地方各级政府在今后 3 年建立和完善县级基本财力保障机制。文件明确，地方财政是建立县级基本财力保障机制的责任主体。同时，财力保障县自身也要加强收入征管，增加财政收入，并严格控制精减财政供养人员，优化支出结构。文件要求，到2013年仍存在县级基本财力缺口的地区，中央财政相应扣减该地方的均衡性转移支付或税收返还，直接用于补助财力缺口县。

在中央财政的引导和激励下，各地积极采取措施，努力提高县级基本财力保障水平，基本财力保障尚有缺口的县的个数和缺口额大幅减少。截至2012年底，县级基本财力保障机制全面建立，基本消除了县级基本财力保障缺口，全面实现了基层政府"保工资、保运转、保民生"的既定政策目标。

5. 推进中央与地方财政事权和支出责任划分改革

改革开放以来，中央与地方财政关系经历了从高度集中的统收统支到"分灶吃饭"，包干制，再到分税制财政体制的变化，财政事权和支出责任划分逐渐明确，特别是1994年实施的分税制改革，初步构建了中国特色社会主义制度下中央与地方财政事权和支出责任划分的体系框架，为我国建立现代财政制度奠定了良好基础。但在很长的一段时期，我国的财政体制改革着重于中央与地方收入划分的调整与中央对地方税收返还与转移支付的规范，中央与地方财政事权和支出责任划分不同程度地存在不清晰、不合理、不规范等问题。

为科学、合理划分中央与地方财政事权和支出责任，2016年8月，国务院印发《关于推进中央与地方财政事权和支出责任划分改革的指导意见》。意见明确规定，财政事权是一级政府应承担的运用财政资金提供基本公共服务的任务和职责，支出责任是政府履行财政事权的支出义务和保障。合理划分中央与地方财政事权和支出责任是政府有效提供基本公共服务的前提和保障，是建立现代财政制度的重要内容，是推进国家治理体系和治理能力现代化的客观需要。

根据该意见，推进中央与地方财政事权和支出责任划分改革的主要内容是推进中央与地方财政事权划分。一是适度加强中央的财政事权，逐步将国防、外交、国家安全、出入境管理、国防公路、国界河湖治理、全国性重大传染病防治、全国性大通道、全国性战略性自然资源使用和保护等基本公共服务确定或上划为中央的财政事权；保障地方履行财政事权，逐步将社会治安、市政交通、农村公路城乡社区事务等受益范围地域性强、信息较为复杂且主要与当地居民密切相关的基本公共服务确定为地方的财政事权；减少并规范中央与地方共同的财政事权，逐步将义务教育、高等教育、科技研发、公共文化、基本养老保险、基本医疗和公共卫生、城乡居民基本医疗保险、就业、粮食安全、跨省（区、市）重大基础设施项目、建设和环境保护与治理等体现中央战略意图、跨省（区、市）且具有地域管理信息优势的基本公共服务确定为中央与地方的共同财政事权，并明确各承担主体的职责。二是完善中央与地方支出责任划分。中央的财政事权由中央承担支出责任，地方的财政事权由地方承担支出责任，中央与地方共同财政事权根据基本公共服务的属性，区分情况划分支出责任。

该意见确定了推进中央与地方财政事权和支出责任划分改革的时间安排：

2016 年：有关部门要按照意见的要求，研究制定相关基本公共服务领域改革具体实施方案。选取国防、国家安全、外交、公共安全等基本公共服务领域率先启动财政事权和支出责任划分改革。同时，部署推进省以下相关领域财政事权和支出责任划分改革。

2017—2018 年：总结相关领域中央与地方财政事权和支出责任划分改革经验，结合实际、循序渐进，争取在教育、医疗卫生、环境保护、交通运输等基本公共服务领域取得突破性进展。参照中央改革进程，加快推进省以下相关领域财政事权和支出责任划分改革。

2019—2020 年：基本完成主要领域改革，形成中央与地方财政事权和支出责任划分的清晰框架。及时总结改革成果，梳理需要上升为法律法规的内容，适时修订相关法律、行政法规，研究起草政府间财政关系法，推动形成保障财政事权和支出责任划分科学、合理的法律体系督促地方完成主要领域改革，形成省以下财政事权和支出责任划分的清晰框架。

2018 年 2 月，国务院办公厅印发《基本公共服务领域中央与地方共同财政事权和支出责任划分改革方案》。方案提出，要坚持以人民为中心，坚持财政事权划分由中央决定，坚持保障标准合理适度，坚持差别化分担，坚持积极稳妥推进，力争到 2020 年，逐步建立起权责清晰、财力协调、标准合理、保障有力的基本公共服务制度体系和保障机制。方案明确指出，一是将由中央与地方共同承担支出责任、涉及人民群众基本生活和发展需要的义务教育、学生资助、基本就业服务等基本公共服务事项，列入中央与地方共同财政事权支出范围。二是制定基本公共服务保障国家基础标准。参照现行财政保障或中央补助标准，制定义务教育公用经费保障、免费提供教科书、中等职业教育国家助学金、城乡居民基本养老保险补助等 9 项基本公共服务保障的国家基础标准。三是规范基本公共服务领域中央与地方共同财政事权和支出责任分担方式，主要实行中央与地方按比例分担。四是在一般性转移支付下设立共同财政事权分类分档转移支付，对共同财政事权基本公共服务事项予以优先保障。

（三）分税制改革的成效

1994 年实行的分税制改革搭建了社会主义市场经济条件下中央与地方财政分配关系的基本制度框架。分税制实施 20 余年来，其运行情况良好，基本达到预期的目标，主要表现在以下几个方面。

1. 建立分级财政体制的基本框架，规范了各级政府间的财政关系

1994年分税制改革通过以事权划分为基础界定中央与地方的支出范围，按税种的归属划分中央与地方的收入范围，分设国税与地税机构，建立中央对地方的税收返还制度以及实行过渡期转移支付制度等措施，初步构建起社会主义市场经济条件下的分级财政体制。1994年后，中央根据分税制运行状况以及经济形势发展的需要，沿着1994年的改革思路与路径，又对分税制财政体制进行了一系列的调整与完善。

分税制财政体制按照兼顾各方利益关系、事权与财权相结合的原则，以法律法规形式对中央与地方政府的事权、财权加以明确界定和划分，并以较为规范的政府间转移支付制度实现各级政府事权与财力的基本匹配，使各级财政都能够在法律规范的体制框架内行使各自的职责。显然，作为市场经济条件下政府间财政关系的承载体，分税制财政体制所顾及的利益范围较之前的财政包干体制更为完整，中央与地方的共同利益以及自身利益均得到承认与体现，从而跳出了传统财政体制下仅强调中央或地方某一方财政利益的限制，基本实现了财政体制的稳定与明晰。

2. 财政收入稳定增长机制已逐步建立，并确立了中央财政的主导地位

1994年分税制改革较好地处理了国家与企业、个人的分配关系，规范了中央与地方的分配关系，调动了各级政府促进经济发展、加强税收征管、依法组织收入的积极性，建立起财政收入稳定增长机制。分税制改革后，我国财政收入保持了较快的增长势头，财政实力不断壮大（见表7-4）。1993—2016年，全国财政收入由4348.95亿元增加到159604.97亿元；全国财政收入占国内生产总值的比重则由12.3%提高到21.5%。

表7-4 分税制改革后我国财政收入以及中央财政收入增长变化趋势

单位：亿元、%

年份	国内生产总值	全国财政收入	全国财政收入占GDP的比重	中央财政收入	中央财政收入占全国财政收入的比重
1993	35673.2	4349.0	12.2	957.5	22.0
1994	48637.5	5218.1	10.7	2906.5	55.7
1995	61339.9	6242.2	10.2	3256.6	52.2
1996	71813.6	7408.0	10.3	3661.1	49.4
1997	79715.0	8651.1	10.9	4226.9	48.9
1998	85195.5	9876.0	11.6	4892.0	49.5

续表

年份	国内生产总值	全国财政收入	全国财政收入占GDP的比重	中央财政收入	中央财政收入占全国财政收入的比重
1999	90564.4	11444.1	12.6	5849.2	51.1
2000	100280.1	13395.2	13.4	6989.2	52.2
2001	110863.1	16386.0	14.8	8582.7	52.4
2002	121717.4	18903.6	15.5	10388.6	55.0
2003	137422.0	21715.3	15.8	11865.3	54.6
2004	161840.2	26396.5	16.3	14503.1	54.9
2005	187318.9	31649.3	16.9	16548.5	52.3
2006	219438.5	38760.2	17.7	20456.6	52.8
2007	270092.3	51321.8	19.0	27749.2	54.1
2008	319244.6	61330.4	19.2	32680.6	53.3
2009	348517.7	68518.3	19.7	35915.7	52.4
2010	412119.3	83101.5	20.2	42488.5	51.1
2011	487940.2	103874.4	21.3	51327.3	49.4
2012	538580.0	117253.5	21.8	56175.2	47.9
2013	592963.2	129209.6	21.8	60198.5	46.6
2014	641280.6	140370.0	21.9	64493.5	45.9
2015	685992.9	152269.2	22.2	69267.2	45.5
2016	740060.8	159605.0	21.6	72365.6	45.3
2017	820754.3	172592.8	21.0	81123.4	47.0

数据来源：国家统计局。

实施分税制财政体制后，逐步建立了中央财政收入稳定增长机制，为提高中央本级收入占全国一般公共预算收入的比重提供了必要条件。通过实施1994年分税制改革和2002年所得税收入分享改革，中央财政集中了主体税种的大部分收入。在一般公共预算收入中，中央财政收入占全国财政收入的比重逐步上升，1993—2017年，中央本级收入占全国一般公共预算收入的比重由22.0%提高到47.0%。中央财政收入规模的壮大，增强了中央政府的宏观调控能力，促进了国民经济的持续稳定快速发展和国家的长治久安。

3. 促进了资源优化配置和产业结构调整

现行的财政管理体制也在一定程度上促进了地方各级政府经济行为的合理化，推动了资源优化配置和产业结构调整。在财政包干制下，税收增量的大部分留给了地方，这在一定程度上刺激了地方政府发展税多利大的加工工业的积极性，从而导致经济结构趋同，地区封锁和条块分割现象愈演愈烈。实行分税制后，调整了中央和地方之间的收入分配格局。分税制改革将来自工业产品的增值税的大部分和消费税的全部均划归中央，这在很大程度上限制了地方盲目发展税多利大产业的倾向，从而为解决市场封锁和地方保护主义问题提供了较好的条件。过去一直难以解决的小酒厂、小烟厂、小棉厂等重复建设的状况也得到了有效的控制。同时，现行分税制体制把与农业有关的税种和来自第三产业的税种划归地方，从而激发了地方发展第三产业的积极性，加大了这方面的资金投入。

从全国情况看，实行分税制后，各地普遍根据分税制后的财源结构和本地区的实际情况，寻找新的经济增长点，积极培植新的财源，并纷纷将投资重点转向了农业、基础产业、服务业和地方的优势、特色产业。分税制在引导地方政府经济行为和投资行为的合理化、促进资源优化配置和产业结构合理调整等方面发挥了良好作用。

4. 促进了财政资金供给范围合理调整和财政支出结构优化

分税制改革初步理顺了政府间的责权关系，在政府间初步建立了各司其职、各负其责、各得其利的约束机制和费用分担、利益共享的机制。税种、税源按财政管理体制划定的标准分属中央政府或地方政府，各级财政预算的财力来源、规模约束明显增强，自收自支、自求平衡的责任明显加重。因此，分税制财政体制强化了对地方财政的预算约束，提高了地方坚持财政平衡、注重收支管理的主动性和自主性。

三、全面深化分税制改革

我们需要看到，1994 年分税制财政体制改革是基于当时的历史条件构建起的一个制度框架，为争取地方政府对改革的最大支持，采取了照顾地方既得利益的体制安排，在很大程度上仍带有旧体制的印记。虽然经过多年的调整与完善，但由于受到各种客观因素的制约，既有财政体制距离规范的分级财政体制仍有一定差距。主要表现在以下方面：政府间事权与支出责任划分不清晰、不合理和不规范；政府间收入划分不尽合理；政府间转移支付有待完善；省以下财政体制有待规范等。针对上述问题，2013 年 11 月中共十八届三中全会提出，"必须完善立法、明确事权、改革税制、稳定税负、透明预算、提高效率，建立现代财政制度，发挥中央和地方两个积极性"。2014 年 6 月中共中央政治局会议审议通过的《深化财税体制改革总体方案》明确指出，"调整中央和地方政府间财政关系，在保持中央和地方收入格局大体稳定的前提下，进一步理顺中央和地方收入划分，合理划分政府间事权和支出责任，促进权力和责任、办事和花钱相统一，建立事权和支出责任相适应的制度"。2016 年 3 月通过的《国民经济和社会发展第十三个五年规划纲要》强调，"围绕解决中央地方事权和支出责任划分、完善地方税体系、增强地方发展能力、减轻企业负担等关键性问题，深化财税体制改革，建立健全现代财税制度"。2017 年 10 月，习近平同志所做的党的十九大报告从全局和战略的高度强调加快建立现代财政制度，并明确了深化财税体制改革的目标要求和主要任务。党的十九大报告关于财税体制改革的论述集中在"贯彻新发展理念，建设现代化经济体系"部分，提出要"加快建立现代财政制度，建立权责清晰、财力协调、区域均衡的中央和地方财政关系。建立全面规范透明、标准科学、约束有力的预算制度，全面实施绩效管理。深化税收制度改革，健全地方税体系"。总之，深化分税制财政体制改革是建立现代财政制度的重要内容，是推进国家治理体系和治理能力现代化的客观需要。具体而言，还需要从以下方面深化分税制财政体制改革。

（一）积极稳妥推进中央与地方财政事权与支出责任划分改革

中央与地方财政事权和支出责任划分改革是建立科学规范政府间关系的核心内容，是完善国家治理结构的一项基础性、系统性工程，对全面深化经济体制改革具有重要的推动作用。各地区、各部门应遵照中央政策部署，切实履行职责，密切协调配合，积极稳妥推进中央与地方财政事权和支出责任划分改革。财政事权和支出责任划分与教育、社会保障、医疗卫生等各项改革紧密相连、不可分割，还要将财政事权和支出责任划分改革与加快推进相关领域改革相结合。既通过相关领域改革为推进财政事权和支出责任划分创造条件，又将财政事权和支出责任划分改革体现和充实到各领域改革中，形成良性互动、协同推进的局面。随着中央与地方财政事权和支出责任划分改革的推进，地方的财政事权将逐渐明确。对属于地方的财政事权，地方政府必须履行到位，确保基本公共服务的有效提供。中央要在法律法规的框架下加强监督考核和绩效评价，强化地方政府履行财政事权的责任。

（二）考虑税种属性，进一步理顺中央和地方收入划分

根据税种属性特点，遵循公平、便利和效率等原则，合理划分税种，将收入周期性波动较大、具有较强再分配作用、税基分布不均衡、税基流动性较大、易转嫁的税种划为中央税，或中央分成比例大一些；将其余具有明显受益性、区域性特征、对宏观经济运行不产生直接重大影响的税种划为地方税，或地方分成比例大一些，以充分调动两个积极性。

（三）完善转移支付制度

合理划分中央和地方事权与支出责任，逐步推进转移支付制度改革，形成以均衡地区间基本财力、由地方政府统筹安排使用的一般性转移支付为主体，一般性转移支付和专项转移支付相结合的转移支付制度。属于中央事权的，由中央全额承担

支出责任，原则上应通过中央本级支出安排，由中央直接实施；随着中央委托事权和支出责任的上收，应提高中央直接履行事权安排支出的比重，相应减少委托地方实施的专项转移支付。属于中央地方共同事权的，由中央和地方共同分担支出责任，中央分担部分通过专项转移支付委托地方实施。属于地方事权的，由地方承担支出责任，中央主要通过一般性转移支付给予支持，少量的引导类、救济类、应急类事务通过专项转移支付予以支持，以实现特定政策。

（四）进一步完善省以下财政体制

为实现省域内财力均衡，增强基层保障能力，促进基本公共服务均等化，应从以下方面调整和完善省以下财政体制。

（1）加快省以下财政事权和支出责任划分。将部分适宜由更高一级政府承担的保持区域内经济社会稳定、促进经济协调发展等基本公共服务职能上移，将适宜由基层政府发挥信息、管理优势的基本公共服务职能下移，并根据省以下财政事权划分、财政体制及基层政府财力状况，合理确定省以下各级政府的支出责任，避免将过多支出责任交给基层政府承担。

（2）加快地方税收体系建设，为地方政府提供持续、稳定的财力支持。结合我国实际，可以确定省级以零售环节销售税为主体税种，市县级以财产税和资源税为主体税种，适当简并现行房地产相关税种，开征统一的房地产税，适时开征遗产税和赠予税，以完善财产税体系，使地方政府及其财政有固定的能够基本满足其提供地方性纯公共产品与服务的需要。

（3）完善省以下转移支付制度，实现省以下各级政府间基本财力的均衡。强化省级政府责任，省级政府应加大区域内财力调节力度，逐步缩小省以下地方政府财力差距。

（4）进一步健全县级基本财力保障机制，根据政策变化调整保障水平，不断完善奖补办法，加大对各地区的指导和帮助力度。

（5）继续推进省直管县财政管理方式改革，不断充实、完善改革的内容和方式，强化乡镇财政管理，充分发挥乡镇财政的职能作用。

本章小结

1. 政府预算是指经法定程序审核批准的具有法律效力的政府年度财政收支计划。目前，影响较大并为世界大多数国家所接受的预算原则有完整性、统一性、可靠性、公开性和年度性。政府预算的组织结构可以从纵向和横向两个方面来了解。从纵向角度来看，我国由中央、省、市、县、乡五级预算组成；从横向角度来看，一级预算具体可分为总预算、本级预算和单位预算。

2. 依据不同的分类标准和依据，政府预算可以划分为不同的种类。按政府的级次分类，政府预算可以分为中央预算和地方预算；按预算编制的形式分类，政府预算可分为单式预算和复式预算；按计划指标的确定方法分类，政府预算可分为零基预算和增量预算；按预算支出的分类汇总依据分类，政府预算可以分为功能预算和部门预算。

3. 预算的基本程序有四个阶段：编制、审批、执行和决算。

4. 预算管理体制是处理中央和地方以及地方各级政府之间的财政关系的基本制度。预算管理体制的核心是各级预算主体的独立自主程度以及集权和分权的关系问题，我国现行预算管理体制是分税制。分税制是在划分中央与地方政府事权的基础上，按税种划分各级政府收入的一种预算管理体制。

5. 1994 年的分税制改革是新中国成立以来改革力度最大、范围最广影响最为深远的一次财税制度创新，是我国财政体制的一次重大调整。通过这次改革，基本上建立起了适应社会主义市场经济发展要求的财政体制框架。从 1994 年运行至今，分税制财政体制显现出良好的经济与政策效应，基本适应了社会主义市场经济体制的内在要求。应坚持分税制改革的基本方向，完善以分税制为基础的分级财政体制，建立事权和支出责任相适应的财政体制。

本章重要概念

政府预算　预算管理体制　单式预算　复式预算　零基预算　增量预算　功能预算　部门预算　分税制　预算外资金　预算管理体制

复习思考题

一、简答题

1. 简述政府预算的原则。
2. 简述我国国库集中支付制度的内容。
3. 简述预算管理体制的内容。
4. 简述分税制预算管理体制的内容。
5. 如何进一步深化分税制改革？

二、案例讨论

自财税体制改革以来，我国财政部门针对地方政府及有关部门的预算外资金规定了"收支两条线"的管理方式，目的是从制度和源头上防止"截留挪用"、私设小金库等问题。但是，多年来，为什么这一现象屡禁不止？是制度设计上出了问题吗？请以公开报道的实例来讨论这一问题。

本章参考文献

［1］陈共．财政学［M］．北京：中国人民大学出版社，2004.

［2］丛树海．财政支出学［M］．北京：中国人民大学出版社，2002.

［3］程晋烽．中国公共卫生支出的绩效管理研究［M］．北京：中国市场出版社，2008.

［4］财政部预算司．财政热点聚焦［M］．北京：中国财政经济出版社，2007.

［5］段治平，辛波．财政与税收［M］．北京：北京交通大学出版社，2008.

［6］邓子基，林志远．财政学［M］．北京：清华大学出版社，2005.

［7］辛波，朱志强．金融学［M］．北京：中国金融出版社，2011.

第八章
财政政策

学习目标

1. 掌握财政平衡与财政赤字的概念；
2. 熟悉财政政策的内容；
3. 了解财政政策与货币政策的配合；
4. 清楚我国财政政策的实践。

第一节 财政平衡与财政赤字

一、财政平衡

财政平衡是指在预算年度内，财政收支在量上的对比关系。财政收支的对比有三种结果：一是收大于支，表现为财政结余；二是支大于收，表现为财政逆差，或者说财政赤字；三是收支相等。国家预算作为一种平衡表，收与支是恒等的，财政结余或财政赤字不过是从某种政策含义上就收支的经济内容特别是就收入要素的分析得出的结果。从经济内容上分析，财政收支相等在理论上讲是可以成立的，但在经济的实际运行中，财政收支完全相等的情况几乎是不存在的，而且当今世界各国年年有预算结余的国家也很少，预算逆差倒是收支对比的常态。就现代市场经济国家而言，财政赤字已经是一种世界性的经济现象。财政平衡不过是把收支对比的一种理想状态作为预算编制和执行追求的目标和考核目标而已。因此，在研究财政平衡和财政赤字之前，必须首先明确应当如何理解财政平衡，树立科学的财政平衡观。

（一）财政平衡是一种相对的平衡

任何事物在运行中不平衡都是绝对的，而平衡都是相对的，财政平衡也是如此。

所谓平衡，不过是某个时点上（如一个财政年度）的平衡。对财政平衡不能做绝对的理解，实际上也不存在绝对的平衡，只要财政结余或赤字不超过一定的数量界限，就可以视为是财政收支的平衡状态。一般认为：如果财政收支的差额占财政收入的3%，即只要处于［－3%，＋3%］这个区间，财政收支就属于平衡状态。在实际生活中略有结余和略有赤字都应视为基本平衡，两者都是财政平衡的表现形式，因而财政平衡追求的目标是基本平衡或大体平衡。

（二）　静态平衡与动态平衡

静态平衡是从当年角度实现财政平衡，而动态平衡则是从长远观点寻求财政平衡。同任何事物的发展一样，财政收支平衡是在收与支这对矛盾不断产生又不断解决的过程中实现的，实际上，在静态平衡中就包含着动态平衡的因素，因为平衡毕竟是某一时点上出现的瞬时现象，或者是在平衡表上的形式表现。例如某些年份有赤字，但如果将某些有结余的年份结合起来，从动态上看，财政收支仍可能是平衡的，在一个财政年度内也是如此，有时可能收大于支，也有时可能支大于收，即平衡不断被打破，又不断达到新的平衡。实行年度滚动预算，建立跨年度预算平衡机制，就是从动态平衡观出发的。

（三）　局部平衡与全局平衡

研究财政平衡还要有全局观点，不能就财政平衡论财政平衡。财政状况是国民经济运行的综合反映，财政收支是宏观经济的重要指标，财政政策又是宏观调控体系的重要组成部分，如果把财政部门看作国民经济的一个部门，财政收支是国民经济货币收支体系中的一类货币收支，同其他货币收支即同家庭部门、企业部门以及对外部门的货币收支有着密切的联系，是相互交织、相互转化的，而且是互补余缺的。只有从国民经济全局出发，研究财政平衡，才可能通过分析得出财政平衡状况的原因和后果，探寻到改善财政状况的对策，也才有可能运用财政政策有效地调节经济运行，达到优化资源配置，公平分配以及稳定和发展的目标。

（四）　中央预算平衡与地方预算平衡

根据我国过去的财政体制，一般是把中央财政与地方财政合到一起，从总体上进行考察。这种考察虽然可反映国家财政收支的全貌，却不能反映中央与地方政府各自收支的对比情况。比如1979年以来出现的财政赤字主要是中央财政赤字，地方财政除少数年份出现赤字外，多数年份均为结余，而地方的结余又可以抵补中央财政赤字。也就是说，中央财政实际存在的赤字比国家公布的财政赤字数要大得多。我国实行分税制改革以后，地方财政已经成为一级相对独立的财政主体，在中央预算与地方预算分立的情况下，分别考察中央预算的平衡与地方预算的平衡就是十分必要的了。

（五） 预算赤字、 决算赤字与赤字政策

预算赤字、决算赤字和赤字政策几个概念是有区别的，预算赤字是指在编制预算时在收支安排上就有赤字；但预算列有赤字，并不意味着预算执行的结果也一定有赤字，因为在预算执行的过程中可以通过采取增收节支的措施，实现收支的平衡。决算赤字是指预算执行结果支大于收，出现赤字。决算有赤字，可能是因为预算编制时就有赤字，也可能是预算执行过程中出现新的减收增支的因素而导致赤字。预算赤字或决算赤字，从财政政策的指导思想上说，并不一定是有意识地安排赤字，也并非在每一个财政年度都出现，只是由于经济生活中的一些矛盾一时难以解决，而导致的个别年度或少数年度的赤字。赤字政策则完全不同。赤字政策是指国家有意识地运用赤字来调节经济的一种政策，也即通过财政赤字扩大政府支出，实行扩张性财政政策，刺激社会有效需求的增长。因此赤字政策不是个别年度或少数年度存在赤字，它的主要标志是连续多年安排预算赤字，甚至是巨额赤字。

（六） 真实平衡与虚假平衡

研究财政平衡还必须密切注意财政平衡的真实性，有时也可能出现虚假的平衡，即假平衡（或虚结余）真赤字。虚假平衡是怎样发生的呢？在传统体制时期虚假平衡主要是由于统购包销制度而形成的。由于当时的统购包销制度，在工商之间缺乏明确的权责关系，使质量不合格、品种不对路的商品由生产单位转移到商业部门，在商业部门向生产部门支付货款后，生产部门上缴了税收和利润，这种税利是一种没有物资保证的虚假收入，用虚假收入抵补真实的支出，就形成虚假的收支平衡。这种虚假平衡出现在 1958 年、1959 年 1960 年这三年。在当前的体制下，这种虚假平衡主要表现为由隐性债务和或有债务形成的"财政性挂账"。比如，应补未补的企业亏损补贴、应补未补的粮食亏损补贴、欠补社会保障缺口等，这些隐性债务和或有债务构成隐性财政赤字，抵减了当年现实的财政赤字。财政虚假平衡有较大的隐蔽性，会使人们产生一种错觉，即在实际上已存在赤字的情况下，还可能误认为财政状况良好，从而导致决策上的失误。从这一点看，虚假平衡比公开的赤字有更大的危害性。

二、财政赤字

（一） 财政赤字的计量口径

财政赤字（或结余）的计量口径不同，得出的财政收支所处的状态也会有所差别，计量财政赤字（或结余）可以有以下两种不同的口径：

$$赤字或结余 =（经常收入 + 债务收入）-（经常支出 + 债务支出）$$

$$赤字或结余 = 经常收入 - 经常支出$$

两种口径的差别在于，债务收入是否计入经常收入之中，以及债务清偿是否计入经常支出之中。第一种方法将债务收入视为经常收入，相应的债务还本付息也列入经常支出。这种方法计算的赤字称为"硬赤字"。而按照第二种方法，债务收入将不被列为经常收入，相应的债务的偿还也不作为经常支出，但将利息的支付列入经常支出。这种方法计算的赤字称为"软赤字"。一般来说，按照第二种计量口径计算的结果要比按照第一种计量口径计算的结果大得多。

各个国家采用的财政赤字计算方法各不相同。比如前苏联历来将债务收入作为经常收入。日本则把国债按照用途的不同分为建设国债和赤字国债，将赤字国债的收入作为经常收入。绝大多数国家采用第二种计量口径。比如美国等西方国家一般不将债务收入列为经常收入。第二种计量口径还被国际货币基金组织所采用，国际货币基金组织编制的《政府财政统计年鉴》就是按照这种方法来计算各国的财政赤字或结余，具体定义为

财政赤字或结余 =（总收入 + 无条件赠款）-（总支出 + 净增贷款）

其中，总收入包括税收收入和非税收入（不含债务收入），无条件赠款包括外国政府和本国其他各级政府的赠款和国际组织赠款。总支出包括行政国防、文教卫生、社会福利、经济事务和服务支出以及国际利息等支出。净增贷款是指本期政府对国内其他各级政府、国内金融机构、国内非金融公共企业的贷款和对国外的贷款减去各项贷款还款后的余额。按照国际货币基金组织出版的《国际金融统计年鉴》中的解释，在确定赤字或结余时，将贷款减去还款列为支出，是因为这种贷款被认为是追求政府政策目标的一种手段。

在我国的实践中，不同时期采用了不同的财政赤字或结余的计量口径，1950年发行人民币胜利折实公债和1981年发行国库券，都明确发行国债的目的是为了弥补财政赤字，在预算上不将国债收入列为正常收入。1954年发行国家经济建设公债，以及1981—1993年一直将国债收入列为预算收入，相应地把国债的还本付息列入预算支出。为了更准确地反映财政收支状况，1994年我国调整了财政赤字的计算方法，债务收入不作为财政收入，债务的本息支出也不包含在财政支出中，而是单独编制"国家债务预算"，减轻了此前对财政赤字的低估程度，但是由于债务的利息支出未列入经常支出，实际上在一定程度上仍低估了赤字。2000年，我国进一步调整，将债务的本金与利息分离，将利息支出列入经常性支出。

（二）财政赤字的类型

1. 总赤字与原始赤字

按照计算方法的不同，可以将财政赤字分为总赤字与原始赤字。经济学在研究财政赤字与经济运行的关系时，通常将不包含国债利息的赤字叫作原始赤字；原始

赤字加上债务利息支出就是总赤字。在理论上，提出和分析基本赤字的主要意义在于探讨财政赤字规模的极限，特别是长期赤字的可行性问题。

2. 周期性赤字与结构性赤字

按照产生的经济背景和原因的不同，可以将财政赤字分为周期性赤字与结构性赤字。赤字变化的一部分是经济周期波动的反映，是由于经济周期的波动而自动地产生的，这部分赤字称为周期性赤字。周期性赤字是由经济周期的波动决定的，体现经济运行对财政平衡的决定作用，是一种内生变量，随着经济周期的波动而增减。结构性赤字是指发生在已给定的充分就业水平（如失业率不超过 4% ~ 5%）条件下的赤字，也称为充分就业赤字。结构性赤字是由政府财政政策的变量决定的，是一种外生变量，体现财政政策变量对经济的影响。

（三） 财政赤字规模的衡量指标

财政赤字的数额说明了当年财政收支的执行结果，但不能说明这种结果对经济运行有什么影响和有多大影响，也不能进行国际比较。因此，应该选择相对的指标来衡量财政赤字的规模。

通常有两个指标可以衡量财政赤字的规模：一是赤字依存度，即财政赤字占财政支出的比例；二是财政赤字率，即财政赤字占国内生产总值（GDP）的比例。这是两个不同的指标，反映的经济内涵是不同的，前者说明一国在当年的总支出中有多大比例是依靠财政赤字来实现的；后者说明一国在当年以赤字支出的方式动用了多大比例的社会资源。

三、财政赤字对经济的影响

（一） 财政赤字与货币供给

财政赤字和通货膨胀并没有必然的联系，财政赤字是否会引发通货膨胀，与赤字规模大小有关，但更主要的还取决于赤字的弥补方式。一般弥补财政赤字的方法有两种：债务化融资和货币化融资。是否会带来通货膨胀，关键要看这种弥补方式是否具有"创造货币"的性质。

1. 债务化融资

通过发行国债为赤字融资被称为债务化融资或赤字债务化。通过发行国债弥补财政赤字只是资金在部门间的转移，一般不会增加货币供给。如居民、企业和商业银行购买国债，不过是这些部门暂时不用资金的使用权被转移给政府部门，不会增加基础货币量，从而也不会扩大货币供给量，但会导致 M_1 和 M_2 的结构变化，对市场均衡会产生一定影响。因为居民、企业和商业银行购买国债，购买时表现为商业银行在中央银行的准备金减少，但财政支出后，准备金又会恢复，准备金不变，则货币供给规模也不变，因而财政赤字只是替代了其他部门需求而构成总需求的一部分，并不增加总需求规模，一般不会导致通货膨胀。当然在特殊情况下，政府不得已将赤字债务化转变为赤字货币化时，那么通过发行国债融资的财政赤字仍然会导致通货膨胀。

2. 货币化融资

政府借助其对货币发行的垄断权，通过货币创造为赤字融资被称为货币化融资。而货币创造又有两种方式：一种是直接的方式，即财政部直接向中央银行借款或透支；另一种是间接的方式，即财政部向公众出售国债，随后中央银行在公开市场上购入国债。

通过货币创造为财政赤字融资会直接增加基础货币量，进而按照货币乘数的作用扩大货币供应量，因而通过货币创造为财政赤字融资，是将新的需求叠加在原有需求之上，从而对总需求具有较强的扩张作用，因而极有可能导致通货膨胀，但是否会导致通货膨胀，则不是肯定的，还需要进行具体分析。若财政借款未突破这个基础货币增量，就不会产生货币供给过度和通货膨胀。

我国在 1995 年之前，一部分财政赤字是通过向中央银行直接借款或透支弥补。1995 年通过的《中华人民共和国中国人民银行法》规定：中央银行不得向财政提供借款和透支，也不得直接购买政府债券。因此发行国债是我国唯一的弥补赤字的方法，当然中央银行可以通过公开市场业务购买国债，间接地为财政赤字融资。

（二）运用 IS—LM 模型对财政赤字效应的分析

现代经济学通过 IS—LM 模型来研究商品市场和货币市场的相互作用，运用 IS—LM 模型可以全面地表达财政赤字的经济效应。

IS—LM 模型中的 IS 曲线和 LM 曲线在固定的价格水平条件下决定总产出和利率。其中 IS 曲线描述了商品市场均衡条件下利率和总产出的组合，LM 曲线描述了货币市场均衡条件下利率和总产出的组合。由于利率上升将导致投资支出下降从而引起均衡产出下降，因此 IS 曲线向下倾斜。由于总产出增加将导致货币需求增加从而引起均衡利率上升，故而 LM 曲线向上倾斜。IS 曲线和 LM 曲线的交点同时决定产出和利率，在这一交点上，货币市场和商品市场同时达到均衡。运用 IS—LM 模型可以分析不同融资机制的不同经济效应，可以分析财政赤字的挤出效应，还可以进一步分析财政赤字的长期效应。

（三）财政赤字不同融资机制的不同经济效应分析

1. 债务化融资的经济效应分析

在图 8－1 中，Y_1 是处于潜在水平的产出，对应的利率为 r_1，商品市场和货币市场的均衡点为 Q_1。如前所述，如果向居民、企业和商业银行发行国债为财政赤字融

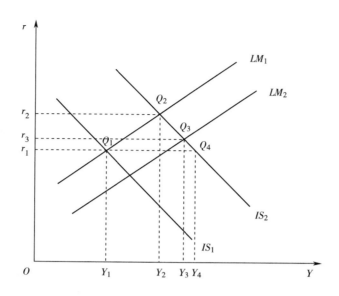

图 8 - 1　运用 IS—LM 模型分析财政赤字的经济效应

资，那么，一般而言，货币供给量不会发生变化，可以合理假定 LM 曲线基本上保持不动。图 8 - 1 描绘了扩张性财政政策（增加支出、减少税收或两者某种程度的组合导致财政赤字的增加）对总产出和利率的影响。财政赤字的增加使 IS_1 曲线移至 IS_2，商品市场和货币市场的均衡点移至点 Q_2（IS_2 和 LM_1 的交点）。这样，财政赤字增加导致产出增至 Y_2，利率升至 r_2。产出的增加和利率的提高说明财政赤字的增加直接增加了总需求，或削减税收可以通过增加可支配收入增加消费支出，从而增加总需求；总需求增加促进了产出的增加，而产出的增加相应地增加了货币需求。但由于利率相应地由 r_1 提高到 r_2，抵消了货币供给量的增加，因而债务化融资不会带来货币供给量的扩张并导致通货膨胀后果。如果实行紧缩性财政政策（通过减少政府支出或增加税收从而减少财政赤字），则它的效应与图 8 - 1 描绘的过程正好相反。这将减少总需求，使 IS 曲线左移，从而使总产出减少，利率降低。

2. 货币化融资的经济效应分析

如果中央银行通过增加基础货币的方式为财政赤字融资，那么与通过债务化融资的等额的财政赤字相比，财政赤字的增加会使产出以更大的幅度增加，同时，利率上升的幅度更小，甚至保持不变或降低。如图 8 - 1 所示，由于为财政赤字融资，中央银行增加了基础货币，货币供应量会增加，于是 LM_1 就相应地右移到 LM_2，相应的均衡点为交点 Q_3。与交点 Q_2 相比，产出更大（$Y_3 > Y_2$），利率降低（$r_2 > r_3$）。这是因为，政府支出增加导致产出增加，产出增加促使货币需求量上升，由于中央银行通过增加货币供应满足了货币需求的增长，因而抑制了利率的上升，也抑制了利率上升对私人支出的挤出效应，但由此却有可能导致通货膨胀。

（四）财政赤字的挤出效应

挤出效应是政府为了平衡财政预算赤字，采取发行政府债券的方式，向私人借贷资金市场筹措资金，从而导致市场利率上升，私人投资和消费因而相应地下降。这就是公共支出造成的财政赤字对私人投资和消费的挤出效应。我们同样运用图8－1来分析财政赤字的挤出效应。为了分析财政赤字的挤出效应，观察图8－1应当关注几个均衡点，并对这几个均衡点进行对比：（1）当进行债务化融资而没有增加货币供给量时，均衡点由交点 Q_1 上升到交点 Q_2，将新的均衡点 Q_2 与初始的均衡点 Q_1 相比可以说明，由于财政赤字增加了政府支出，产出和利率同时提高。（2）均衡点 Q_4 是原始利率 r_1 和产出 Y_4 所对应的均衡点，说明在利率没有提高的条件下，由于财政赤字增加了总需求从而扩大了货币供给量，促进了产出达到较高的水平 Y_4。（3）将均衡点 Q_1、Q_2、Q_4 对比，在均衡点 Q_2 上，产出之所以只是上升到 Y_2 而没有达到 Y_4 的水平，是因为利率的提高排斥了私人投资或消费，减弱了政府支出增加的扩张效应，财政赤字产生了挤出效应。因此 Y_4 和 Y_2 表明了财政赤字的挤出效应。比如，当实行扩张性财政政策引致利率上升，从而导致私人投资或消费减少时，就产生了挤出效应。至于挤出效应的规模到底有多大，即财政赤字对总产出的扩张效应在多大程度上被挤出效应抵消，在不同情况下则有所不同。

1. 完全挤出效应

如果经济处于充分就业水平，当财政扩张增加需求时，由于经济中没有可利用的闲置资源，所以财政赤字不能增加总产出，只是提高了均衡利率。这样，由于利率上升而挤出的私人投资或消费规模正好等于财政赤字或其增加额。这种扩张性财政政策并不引起产出增加的情况，通常被称为完全挤出效应。

2. 不完全挤出效应

只要经济是处于还没有达到充分就业的状态，一般就不会发生完全挤出。财政扩张将增加总产出，但是同时也提高利率，因此挤出只是一个程度问题。总需求增加提高了收入，从而储蓄水平随收入上升而上升。储蓄增加反过来有可能为较高的财政赤字融资而不会完全挤出私人支出。可以通过公式 $S = I + (G - T)$ 来说明。该式是从封闭经济中的国民收入恒等式推导出来的。其中，S 代表私人储蓄，I 代表私人投资，$(G - T)$ 代表政府支出和政府收入的差额，即财政赤字。由该式可知，在储蓄和净出口既定的条件下，赤字增加必然降低私人投资。简言之，当财政赤字增加时，政府必须借款来支付其财政赤字。政府借款使用了部分私人储蓄，供私人借款来作为投资支出的储蓄剩余部分因此减少。但如果由于收入上升，储蓄随着政府支出的增加而增加，那么，投资就没有必要一对一地下降。在存在失业的经济中，由于总需求增加提高了总产出，储蓄也相应地增加，所以，挤出是不完全的；储蓄将增加，利率不会上升到完全挤出私人投资的程度。

3. 无挤出效应

在没有达到充分就业水平从而产量有可能增加的情况下，当政府支出增加时，由于中央银行能够通过增加货币供应来配合财政扩张，因此，利率可以不升高，从而也不会发生挤出现象。如果在财政扩张过程中，中央银行为了阻止利率上升而增加了货币供应，那么由于收入增加而导致的超额货币需求就会由增加的货币供应来满足，利率就不会上升，也就不会发生挤出效应。

（五）财政赤字的长期效应

图 8-2 描述了扩张性财政政策对产出和利率的长期影响。扩张性财政政策导致的财政赤字增加使 IS_1 曲线右移至 IS_2，在短期经济活动移至点 Q_2（IS_2 和 LM_1 的交点），此时利率上升到 r_2，产出增加到 Y_2。由于产出 Y_2 超过潜在产出 Y_n，故价格开始上涨，真实货币余额开始下降，LM 曲线左移。只有当 LM 曲线移至 LM_2 且均衡点为点 Q_3，即产出再次回到潜在产出水平 Y_n 时，价格水平才会停止上升，LM 曲线才不会继续位移。结果，在点 Q_3 所代表的长期均衡位置上，利率升到更高的 r_3，产出则维持在潜在产出水平 Y_n 上。实际上，长期中发生的是完全的挤出效应：价格水平上升使得 LM 曲线移至 LM_2，从而使得利率大幅度升到 r_3，导致私人支出下降到这种程度，足以完全抵消财政赤字增加的扩张性效应。因此，从 IS—LM 模型来考察，虽然短期 IS—LM 模型里 LM 曲线并不是垂直的，不会发生完全的挤出效应，但在长期里的确会发生。

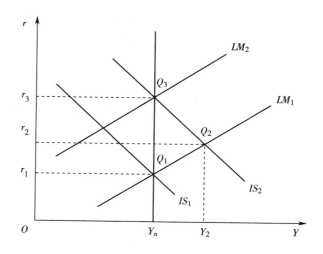

图 8-2　运用 IS—LM 模型分析财政赤字的长期经济效应

四、我国的财政收支状况

新中国成立以来，在财政工作中一直坚持"收支平衡，略有结余"的方针，但在许多年份也出现了赤字。按照当时的统计口径，1950—1978 年的 29 年中 10 年有赤字，而在 1979—2018 年的 40 年中除了 1985 年、2007 年之外，按现行口径计算，每年都有赤字。最近 20 多年我国财政平衡情况如表 8 – 1 所示。

表 8 – 1　　　　　　　　　　我国财政平衡情况　　　　　　　　单位：亿元、%

年份	财政收支差额	GDP	财政收支差额占 GDP 的比重
1990	– 146.49	18872.90	– 0.78
1991	– 237.14	22005.60	– 1.08
1992	– 258.83	27194.50	– 0.95
1993	– 293.35	35673.20	– 0.82
1994	– 574.52	48637.50	– 1.18
1995	– 581.52	61339.90	– 0.95
1996	– 529.56	71813.60	– 0.74
1997	– 582.42	79715.00	– 0.73
1998	– 922.23	85195.50	– 1.08
1999	– 1743.59	90564.40	– 1.93
2000	– 2491.27	100280.10	– 2.48
2001	– 2516.54	110863.10	– 2.27
2002	– 3149.51	121717.40	– 2.59
2003	– 2935.00	137422.00	– 2.14
2004	– 2186.89	161840.20	– 1.35
2005	– 2324.28	187318.90	– 1.24
2006	– 1122.73	219438.50	– 0.51
2007	1518.65	270232.30	0.56
2008	– 1110.19	319515.50	– 0.35
2009	– 7396.87	349081.40	– 2.12
2010	– 6494.39	413030.30	– 1.57
2011	– 5190.20	489300.60	– 1.06
2012	– 8502.48	540367.40	– 1.57
2013	– 10601.15	595244.40	– 1.78
2014	– 11311.96	643974.00	– 1.76
2015	– 23551.00	689052.10	– 3.42
2016	– 28289.03	740060.80	– 3.82
2017	– 30762.96	820754.30	– 3.75
2018	– 37553.95	900309.50	– 4.17

资料来源：国家统计局。

我国的赤字与西方国家赤字的原因有所不同。在西方经济学中，通常按照产生赤字的原因和经济背景将财政赤字划分为两类：结构性赤字和周期性赤字。对经济发达国家来说，由于经济体制和经济结构相对稳定，经济活动主要受市场供求和商业周期的影响，这种划分已可基本满足政策性分析的需要。我国财政赤字的复杂性主要来自经济发展和经济体制改革。一方面，改革以来，财政收入占GDP的比重已由1978年的31.2%下降为2018年的20.37%；另一方面，财政支出刚性增长，支出结构僵化，调整的弹性很小。这两个方面的结合，财政赤字就不可避免。

因此，改革和发展中的赤字是我国财政赤字的主要特征。我国财政赤字在很大程度上属于经济改革和发展的代价，有较强的过渡性特征。

第二节　财政政策的内容

一、财政政策的含义

财政政策是指一国政府为实现一定的宏观政策目标而调整财政收支规模和收支平衡的指导原则及其相应的措施。财政政策贯穿于财政工作的全过程，体现在收入、支出、预算平衡和国家债务等各个方面。因此，财政政策是由支出政策、税收政策、预算平衡政策、国债政策等构成的一个完整的政策体系。在市场经济条件下财政功能的正常发挥，主要取决于财政政策的恰当运用。财政政策运用得当就可以保证社会经济的持续、稳定、协调发展，财政政策运用失调则会引起社会经济的失衡和波动。

现代意义上的财政政策始于20世纪30年代的资本主义经济大萧条时期。在这一时期，资本主义爆发了大规模的经济危机，经济陷入极度萧条之中，当时的美国总统罗斯福实行"新政"，主要是运用财政政策刺激经济的回升，凯恩斯经济理论随之悄然兴起。

就我国而言，财政政策作为国家宏观经济调控的重要杠杆，在计划经济和市场经济两种不同的经济体制下，它的内容和作用过程是大不相同的。在计划经济体制下，财政政策对宏观经济的调节采取了大一统的形式，内容单一，基本上是一个国民收入的统配计划；在市场经济条件下，主要是通过各种政策手段来调节经济的运行，不仅丰富了财政政策的内容，而且增加了财政政策运用的难度。

二、财政政策的构成要素

（一）财政政策主体

财政政策的主体是财政政策的制定者和执行者，财政政策主体包括中央与地方各级政府，主要是中央政府。政府主体的行为是否规范，对于政策功能的发挥和政策效应的大小都具有关键作用。一些财政政策研究往往重视政策目标与政策工具，而忽视政策主体的行为与偏好，这种看法有失全面。事实上，在政策的执行中，违背政策目标和滥用政策工具，往往是政策主体的行为不当导致的后果。

改革开放以前，我国实行统收统支财政体制，这种体制使中央政府处于财政政策制定者的地位，地方政府处于财政政策执行者的地位。中央与地方之间的利益摩擦也存在，主要表现为预算体制调整时，中央与地方之间"集权与分权"、"统一性与独立性"的矛盾。由于传统体制的分权与分利十分有限，利益的摩擦只存在于局部范围。改革开放以来，经济体制发生了根本性变化，地方政府具有了较大的自主权，不仅是一个政策的执行者，同时也是一个地区政策制定者，这种双重地位使地方政府在地方利益的驱动下，对中央政府的政策态度发生了微妙的变化。表现之一是地方政府的政策"抵制"行为。有利于本地利益的政策就贯彻执行，不利于本地利益的政策就消极抵制，所谓"上有政策，下有对策"就是地方对中央政策态度变化的最好说明。表现之二是政策的攀比行为。中央根据既定的发展战略，对不同地区或不同产业实行倾斜政策是完全必要和正确的。显然，倾斜政策不仅仅是着眼于某些地区或某些产业的加快发展，不是一种"亲"与"疏"的不同待遇，而是着眼于全局，有利于整体战略目标的实现。然而，每一项优惠政策的出台，都会在全国掀起竞相攀比、竞相争取的浪潮，从而使局部优惠扩大化、普遍化，每一项优惠政策的出台，几乎不可避免地都在全国各地铺开。这种政策的变化并非政策制定者的主动行为，在很大程度上是被政策执行者"倒逼"的事后认账。因此，在财政政策原理研究中重视对财政政策主体行为规范的分析，有助于说明许多政策偏差现象，有利于提高政策的执行水平。

（二）财政政策目标

财政政策目标就是财政政策所要实现的期望值。首先，这个期望值受政策作用范围和作用强度的制约，超出政策功能所能起作用的范围取值是政策功能的强度所不能达到的，目标也无法实现。其次，这个期望值在时间上具有连续性，在空间上具有一致性要求。通常基本财政政策是一个在较长时期内发挥作用的财政政策，也称其为长期性财政政策。一般性财政政策则是在一个特定时期内发挥作用的政策，财政政策目标从空间上取值，具有层次性特征，它要求各层次财政政策目标取值方向从总体上一致。我国财政政策的目标如下。

1. 物价相对稳定

这是世界各国均在追求的重要目标，也是财政政策稳定功能的基本要求。物价相对稳定，并不是冻结物价，而是把物价总水平的波动约束在经济稳定发展可容纳的范围之内。物价相对稳定，可以具体解释为，避免过度的通货膨胀或通货紧缩。在采取财政措施时必须首先弄清导致通货膨胀或通货紧缩的原因，如果是由于需求过旺或需求不足造成的，则需要调整投资性支出或通过税收控制工资的增长幅度，如果是由结构性摩擦造成的，则必须从调整经济结构着手。总之，物价不稳定，对于我们这样一个资源相对短缺、社会承受能力较弱的发展中国家来说，始终是经济发展中的一大隐患。因此，在财政政策目标的选择上必须予以充分考虑。

2. 经济适度增长

经济增长是一个国家生存和发展的条件。经济的发展应保持在一定的速度区间，既不要出现较大的下降、停滞，也不要出现严重的过热。适度的含义就是量力而行。第一，要视财力可能（储蓄水平）制定增长率。储蓄水平主要由收入水平和储蓄倾向两个因素决定。第二，要视物力可能。物力是各种物资资源的总称，物力可能是指能支撑经济增长的物资承受能力。

3. 收入合理分配

收入合理分配是指社会成员的收入分配公正、合理，公平与效率相结合，避免过于悬殊。收入分配既要有利于充分调动社会成员的劳动积极性，同时又要防止过分贫富悬殊，因此，在政策的导向上存在着公平与效率的协调问题。我国当前处理分配问题的原则是"效率优先，兼顾公平"。财政在追求公平分配目标时要做到：首先，合理适度地确定纳税人的税收负担；其次，为所有纳税人创建一个公平竞争的税收环境；最后，要通过对高收入人群实行累进税率的个人所得税、财产税、遗产税等，对低收入人群实行最低生活保障、社会保障等财政转移支付，防止和纠正收入水平的过分悬殊。

4. 资源合理配置

资源合理配置是指对现有的人力、物力、财力等社会资源进行合理分配，使其发挥最有效的作用，获得最大的经济和社会效益。在市场经济条件下，资源的配置主要是通过市场机制来进行，通过价值规律、供求关系以及竞争机制的作用，把有限的资源配置到能够提供最高回报的地方去。但是，市场机制不是万能的，存在着市场失灵的现象。由于许多行业和商品的生产存在自然垄断的特点，因此政府有必要从全社会的整体利益出发，在市场自发作用的基础上对社会资源的配置进行合理的调节。财政作为政府对资源配置进行调节的重要工具，其方式表现为两个方面：

一是通过财政收入和支出的分配数量和方向直接影响各产业的发展，如对需要鼓励和发展的产业或事业加大财政投入的力度，或者实行财政补贴，通过财政资金的示范和鼓励引导社会资金的流入；二是通过制定合理的财政税收政策，引导资源在地区之间、行业之间的合理流动，如通过实行低税政策或加速折旧、投资抵免等税收优惠政策，吸引社会资源流入国家鼓励发展的产业。

应当指出的是，财政调节资源合理配置是为了弥补存在的市场失灵，它不能代替市场机制在资源配置方面的基础作用，更不能干扰正常的市场规则和市场运行，以免对市场效率造成伤害。

5. 提高社会生活质量

经济发展的最终目标是满足社会全体成员的需要。需要的满足程度，不仅取决于个人消费需求的实现，而且取决于社会共同消费需求的实现。社会共同的消费需求包含公共安全、环境质量、生态平衡、基础科学研究和教育、文化、卫生等水平的提高。这种社会共同消费需求的满足综合表现为社会生活质量的提高。

（三） 财政政策工具

财政政策工具也称财政政策手段，是财政政策主体所选择的用于达到财政政策目标的各种财政政策手段，主要有财政收入（主要是税收）、财政支出、国债等。财政政策的运作表现为通过财政收支的具体操作，来实现一定的政策目的。

1. 税收

税收是政府强制无偿地取得收入的一种方式。税收作为一种政策工具，主要通过宏观税率、具体税率的确定、税种选择、税负分配（包括税负转嫁）以及税收优惠和税收惩罚等规定发挥政策调节作用，主要是发挥刺激需求总量的作用，降低个人所得税累进税率的最高税率也可以发挥刺激投资的作用。

2. 一般公共支出

一般公共支出指政府满足公共需要的一般性支出（或称经常项目支出），包括购买性支出和转移性支出两大部分。购买性支出指政府通过商品和劳务的购买参与市场交易，可以直接对商品生产和商品流通发挥调节作用。转移性支出指政府通过财政无偿地将货币收入从一方手中转移到另一方手中，可以对收入分配和民间消费直接发挥调节作用。转移性支出中的财政补贴是我国目前的经济体制运转不可或缺的润滑剂，对实现体制的平稳过渡发挥着重要作用。

3. 政府公共投资

政府公共投资主要用于那些具有自然垄断特征、外部效应大、产业关联度高、具有示范和诱导作用的公共设施、基础性产业以及新兴的高科技主导产业。政府投资是先增加需求后增加供给，是稳增长、调结构、实施供给侧结构性改革的重要手段。

4. 国债

作为一种财政信用形式，国债最初主要用于弥补财政赤字，增加财政支出，随着信用制度的发展，国债已成为调节货币供求、协调财政与金融关系的重要政策手段。国债的市场操作是沟通财政政策与货币政策的主要载体，通过国债的市场操作，可以协调两大政策体系的不同功能：一方面，可以淡化财政赤字的通货膨胀后果；另一方面，可以增强中央银行灵活调度货币供应的能力。

（四）财政政策乘数

财政政策工具与手段是说明财政政策效应的，财政政策的效应有多大，取决于所运用的财政政策工具与手段。财政政策乘数指不同的政策手段的变动引起国民收入或国民产出（即GDP）变动的倍数。财政乘数是税收乘数、政府支出乘数、平衡预算乘数的统称。用于解释税收和政府支出的变动对GDP增加或减少的影响有多大。可以依据经济学关于国民收入的决定方程式推导出财政政策乘数。

国民收入的决定公式为

$$Y = C + I + G \tag{1}$$

式中，Y 代表国民收入，C 代表消费支出，I 代表私人投资支出，G 代表政府购买性支出，其中，

$$C = C_a + bY_d \tag{2}$$

式中，C_a 代表消费函数中的常数，也就是说，人们即使在短期没有收入也要消费，这可能就需要动用原有资产（如储蓄）或借债等；b 代表边际消费倾向；Y_d 代表可支配收入，即扣除税收（T）并加上转移性支出（T_r）后的收入，则

$$Y_d = Y - T + T_r \tag{3}$$

将式（2）、式（3）代入式（1）可得

$$Y = C_a + b(Y - T + T_r) + I + G$$

$$Y = C_a + bY - bT + bT_r + I + G$$

$$Y(1 - b)Y = C_a - bT + bT_r + I + G$$

$$Y = \frac{Ca - bT + bTr + I + G}{1 - b} \tag{4}$$

根据以上公式，我们就可以求得简单的各财政政策乘数。

1. 税收乘数

求式（4）对 T 的一阶导数，即可得到税收乘数：

$$\frac{\partial Y}{\partial T} = \frac{-b}{1 - b} \tag{5}$$

税收乘数表明税收的变动（包括税率、税收收入的变动）对国民产出的影响程

度。它的特点和作用如下：一是税收乘数是负值，说明税收增减与国民产出反方向变动；二是若政府采取减税政策，虽然会减少财政收入，但将会成倍地刺激社会有效需求或有效供给，有利于经济的增长；三是当政府减税时，国民产出增加的量为减税量的 $b/(1-b)$ 倍。

2. 购买性支出乘数

求式（4）对 G 的一阶导数，即可得到购买性支出乘数：

$$\frac{\partial Y}{\partial G} = \frac{1}{1-b} \tag{6}$$

购买性支出乘数表明购买性支出的变动对国民产出的影响程度。它的特点和作用如下：一是购买性支出乘数是正值，说明购买性支出的增减与国民产出同方向变动；二是购买性支出对国民产出的影响等同于投资对国民产出的影响，增加购买性支出就等同于增加投资；三是增加购买性支出时，国民产出增加，增加量为支出增量的 $1/(1-b)$ 倍；四是购买性支出乘数的绝对值大于税收乘数的绝对值，这说明增加购买性支出政策的效应大于减税政策的效应。

3. 转移性支出乘数

求式（4）对 Tr 的一阶导数，即可得到转移性支出乘数：

$$\frac{\partial Y}{\partial Tr} = \frac{b}{1-b} \tag{7}$$

转移性支出乘数表明转移性支出的变动对国民产出的影响程度。它的特点和作用如下：一是转移性支出乘数也是正值，转移性支出的增减与国民产出同方向变动；二是转移性支出乘数等于边际消费倾向与边际储蓄倾向之比；三是转移性支出增加，国民产出增加，增加量为支出增加量的 $b/(1-b)$ 倍；四是转移性支出乘数小于购买性支出乘数。

4. 平衡预算乘数

政府在增减购买性支出的同时，等量增减税收，维持财政收支平衡，表明这种变化对国民产出的影响程度的就是平衡预算乘数：

$$\frac{\partial Y}{\partial T} + \frac{\partial Y}{\partial G} = \frac{-b}{1-b} + \frac{1}{1-b} = 1 \tag{8}$$

平衡预算乘数说明，若在增减购买性支出的同时等量增减税收，二者会同时影响国民产出，这是政策乘数即为两个乘数之和，换言之，即使实行平衡预算政策，仍具有扩张效应，平衡预算乘数等于1。

（五）财政政策传导机制

在市场经济条件下，财政政策的实施存在着从政策工具到政策目标的转变过程，这一过程需要特定的媒介使政策系统与经济环境进行信息交流，并通过传导媒介的作用，把政策工具变量最终转化为政策目标变量（即实现期望值）。简单地说，财政政策传导机制就是在财政政策发挥作用的过程中，各政策工具通过某种媒介体的相互作用形成的一个有机联系的整体，财政政策发挥作用的过程实际上就是财政政策工具变量经由某种媒介体的传导转变为政策目标变量（期望值）的复杂过程。因此也应将财政政策的传导机制视为财政政策的构成要素之一。财政政策传导机制的主要媒介体是货币供给、收入分配与价格。这里仅以货币供给与财政政策的关系为例简略分析一下财政政策工具变量调整是如何通过媒介体来传导的，它们之间又是如何协调的。就财政政策工具与货币供给的关系而言，撇开财政政策对货币流通速度与货币存量结构变化的影响不谈，因为货币供给是社会需求的载体，因此任何一笔财政收支的增减都必须有货币供给量为媒介作用于总需求。比如，当实行赤字政策的时候，不论是增支还是减税，也不论是采取货币化融资还是采取债务化融资，首先都是扩大货币供给量，而后才能达到扩大总需求的目的。在利率市场化的条件下，财政收支的增减会影响利率的升降，如果扩大财政支出而不相应地扩大货币供给量，必然迫使利率上升，对民间投资产生挤出效应，这样就达不到扩大总需求的政策目标，如此等等。

三、财政政策的类型

（一）根据财政政策调节经济周期的方式，可分为自动稳定的财政政策和相机抉择的财政政策

1. 自动稳定的财政政策

自动稳定的财政政策是指某些能够根据经济波动情况自动发生稳定作用的政策，它无须借助外力就可直接产生调控效果。财政政策的自动稳定性主要表现在收支两个方面：第一，税收的自动稳定性；第二，政府支出的自动稳定性。

从财政收入来看：税收体系，特别是企业所得税和累进的个人所得税，对经济活动水平的变化反应相当敏感。在经济衰退时，这类税收会产生自动更快的减税结果，从而增加总需求，自动促进经济回升；在经济过热时，这类税收会产生自动更快的增税结果，从而抑制总需求，避免通货膨胀。

从财政支出来看：转移支付是为了在个人收入下降时，为维持最低必要生活水平而提供的。在经济处于衰退阶段时，失业率上升，具备申请失业救济金资格的人数增加，失业救济金发放的数额也将上升，从而可以使总需求不至于下降过多；在经济处于繁荣阶段时，失业率下降，失业救济金发放的数额也将下降，可以使总需求不至于过旺。

当然，自动稳定的财政政策发挥的作用是有限的，它只能部分地减轻经济周期

的波动，而不能百分之百地消除这种波动的影响。因此，仅仅依靠自动稳定的财政政策不足以维持经济的充分稳定。

2. 相机抉择的财政政策

相机抉择的财政政策是当某些财政政策本身没有自动稳定的作用，需要借助外力才能对经济产生调节作用时，政府根据当时的经济形势，主动采用不同的财政手段，有意识地干预经济运行的行为。按照财政政策的早期理论，相机抉择的财政政策包括汲水政策和补偿政策。

汲水政策是对付经济波动的财政政策，是在经济萧条时靠付出一定数额的公共投资使经济自动恢复其活力的政策。汲水政策具有四个特点：第一，汲水政策是一种诱导经济复苏的政策。第二，汲水政策的载体是公共投资。第三，财政支出的规模是有限的，不进行超额的支出，只要使民间投资恢复活力即可。第四，汲水政策是一种短期财政政策，随着经济萧条的消失而不复存在。

补偿政策是政府有意识地从当时经济状态反方向调节经济变动幅度的财政政策，以达到稳定经济波动的目的。在经济繁荣时期，为了减少通货膨胀因素，政府可以通过增收减支等政策减少社会总需求；在经济萧条时期，为了减少通货紧缩因素，政府可以通过增支减收等政策来刺激需求的增加。

汲水政策和补偿政策虽然都是政府有意识的干预政策，但其区别也是很明显的：第一，汲水政策只是借助公共投资以补偿民间投资的减退，是医治经济萧条的处方；而补偿政策是一种全面的干预政策，不仅在经济从萧条走向繁荣中得到应用，而且还可用于控制经济过度繁荣。第二，汲水政策的实现工具只有公共投资，而补偿政策的载体不仅包括公共投资，还有所得税、消费税、转移性支出等。第三，汲水政策的公共投资不能是超额的，而补偿政策的财政支出可以超额增长。第四，汲水政策的调节对象是民间投资，而补偿政策的调节对象是社会经济的有效需求。

（二）根据经济活动的两个侧面，可以分为需求侧财政政策和供给侧财政政策

1. 需求侧财政政策

在西方经济学中，凯恩斯主义是需求侧财政政策的代表。1936 年，凯恩斯针对 20 世纪 30 年代资本主义世界经济大危机，出版了《就业、利息和货币通论》。凯恩斯否定了信奉"供给创造自己的需求"的萨特定律，提出有效需求理论，该理论认为危机的根源是有效需求不足，因而被称为"需求经济学"。《就业、利息和货币通论》运用总量分析方法阐述了有效需求原理。凯恩斯认为社会的就业量取决于有效需求，包括消费需求和投资需求，而有效需求的大小又主要取决于三个基本心理因素——消费倾向、对资产未来收益的预期和对货币的流动偏好，以及货币数量。在

他看来，资本主义社会之所以存在失业和萧条，主要是由于这些心理规律发生作用所造成的有效需求不足，而危机的爆发则主要是由于对未来收益缺乏信心而引起的资本边际效率的"突然崩溃"。在此理论的基础上，他认为市场不可能通过自身调节达到充分就业，所以必须伸出政府这只"看得见的手"加强对经济的干预和调节。他主张采取财政政策，特别是采取赤字政策，通过公共开支，同时通过金融政策，降低利率，刺激消费，增加投资，从而提高有效需求，实现经济的充分就业和均衡。

2. 供给侧财政政策

供给学派是供给侧调节财政政策的代表。20 世纪 70 年代美国的经济发展中出现前所未有的经济增长停滞和通货膨胀并存的"滞胀"现象，而凯恩斯主义面对滞胀束手无策，于是反对凯恩斯主义的货币主义和供给学派随之兴起。货币主义虽然和凯恩斯主义有重大分歧，但也是以需求分析为重点，而供给学派则是着重分析社会经济的供给方面，企图寻求稳定经济的良策。西方经济学将供给学派的理论称为"供给经济学"。供给学派坚持信奉"供给创造自己的需求"的萨特定律。供给学派认为，从整体经济来看，购买力永远等于生产力，不会由于总需求不足而出现生产过剩，认为供给是实际需求得以维持的唯一源泉。供给学派反对国家干预，信奉自由放任的新保守主义，认为凯恩斯主义充其量只适用于 20 世纪 30 年代大萧条时期的特殊情况，从 20 世纪 60 年代起越来越和现实相背离，而经济发展中出现的滞胀现象充分显示了凯恩斯主义的错误和苍白无力，因此，必须摒弃凯恩斯主义。供给学派的重要特点是重视政府政策的经济效应分析，包括税收的供给效应、政府转移性支出的供给效应、货币政策的供给效应和规章制度的供给效应。与供给学派理论相对应的政策含义有四个：一是减税政策。供给学派的三个基本命题的中心问题是边际税率。因此，降低边际税率就成为供给学派经济政策的核心。供给学派认为，滞胀产生的原因在于凯恩斯主义政策所带来的不利的供给效应，即减少了劳动量和投资量，而劳动量和投资量减少，既会提高失业率，降低产量，导致供给小于需求所形成的通货膨胀，同时又会使经济增长停滞，因而，解除滞胀的最佳途径是减税。凯恩斯主义和供给学派都主张减税，但前者的出发点是需求效应，主张降低个人所得税的平均税率，刺激一般纳税人的消费需求，而后者的出发点则是供给效应，主张降低边际税率，使富人多受益，刺激高收入者的投资供给，促进经济增长，同时也就可以使社会和公众共同受益。二是削减社会福利支出。主要是削减政府支出中属于转移性支出的福利支出。供给学派认为，社会福利支出增加了政府税收，产生了不利的供给效应，同时助长穷人对政府的依赖心理，从而减少了劳动供给，甚至失业救济金造成更多的自愿失业者，社会福利越多，穷人反而越多。三是稳定币值。

供给学派认为采取紧缩政策反通货膨胀会产生不利的供给效应，反而会引起价格水平上涨，而减税与适当增加货币供给可以抑制通货膨胀，因而要稳定币值，就应当在财政政策方面实行减税，同时在货币政策方面适当增加货币供给。四是精简规章制度。供给学派认为，让企业自由地进行经营，生产能够收到最佳效果，政府作出的不适当的管理限制则会阻碍企业经营的创造性，影响生产增长。

（三）根据调节国民经济需求总量的不同功能，可分为扩张性财政政策、紧缩性财政政策和中性财政政策

1. 扩张性财政政策

扩张性财政政策又称膨胀性财政政策，是国家通过财政收支规模的变动来刺激和增加社会总需求的一种政策行为，在 IS—LM 模型中表现为 IS 曲线的右移扩张性财政政策的主要手段有增加财政支出和减少税收，两者相比，前者的扩张效应更大一些。财政支出是社会总需求的直接构成因素，财政支出规模的扩大会直接增加总需求，增加购买性支出的乘数效应大于减税的乘数效应。减税政策可以增加民间的可支配收入，在财政支出规模不变的情况下，也可以扩大社会总需求。同时，减税的种类和方式不同，其扩张效应也不同。流转税的削减在增加需求的同时，对供给的刺激作用更大，所以，它的扩张效应主要表现在供给方面。所得税尤其是个人所得税的削减，主要在于增加人们的可支配收入，它的扩张效应体现在需求方面。在增加支出与减税并举的情况下，扩张效应虽然更大，但可能导致财政赤字，从这个意义上说，扩张性财政政策等同于赤字财政政策。

2. 紧缩性财政政策

紧缩性财政政策是指通过财政收支规模的变动来减少和抑制社会总需求增长的政策。在 IS—LM 模型中表现为 IS 曲线的左移。在国民经济已出现总需求过旺的情况下，通过紧缩性财政政策可以消除通货膨胀，达到供求平衡。紧缩性财政政策的主要手段有减少财政支出和增加税收。减少财政支出可以降低政府的消费需求和投资需求，增加税收可以减少民间的可支配收入，拉低民间的消费需求和投资需求。所以无论是减支还是增税，都有减少和抑制社会总需求的效应。如果在一定经济状态下，减支与增税并举，财政盈余就有可能出现，在一定程度上说，紧缩性财政政策等同于盈余财政政策。

3. 中性财政政策

中性财政政策指国家财政分配活动对社会总需求的影响保持中性，既不产生扩张也不产生紧缩后果的政策。在一般情况下，中性财政政策要求财政收支保持平衡。在经济政策理论中，一般把通过增加盈余或减少盈余以及增加赤字或减少赤字的形式表现出来的财政政策称为非均衡财政政策，而把通过收支均衡的形式表现出来的

财政政策称为均衡财政政策。均衡财政政策的主要目的在于力求避免预算盈余或预算赤字可能带来的消极后果。但是，预算收支平衡或均衡财政政策并不等于中性财政政策。因为支出结构的调整和税收政策的调整同样可以对经济发挥调节作用，而且平衡预算本身也具有乘数效应。

第三节　我国财政政策的实践

一、我国财政政策的演变历程

我国改革开放后财政政策的实施经历了探索、发展和逐步走向成熟的过程。1997 年以前的财政政策仍处于财政政策实施的探索阶段。1978 年我国开始实行改革开放政策，社会主义现代化建设从此翻开崭新的一页。在这期间，我国由传统的社会主义计划经济逐步转向社会主义市场经济，市场化改革成为大趋势和主旋律，由此带来的影响是全方位和多层次的。1993 年以来，随着市场逐步在资源配置中发挥基础性作用，我国政府不断深化对宏观调控的认识，丰富完善财政政策手段和方式，充分发挥财政政策的调控作用，促进了经济和社会又快又好地发展。当然，在面临更加复杂的经济状况下，任何单一政策都难以实现多重调控目标，财政政策和货币政策既要根据经济形势的需求致力于各自目标的实现，又要注重协同配合，形成政策合力，才能更好地促进经济发展，我国政府根据实际的经济发展状况，与经济总量和结构、体制改革密切结合，及时调整两大政策的组合方式。1993 年以来财政政策和货币政策组合的演变过程如图 8 - 3 所示。

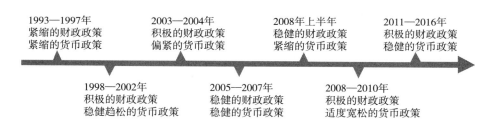

图 8 - 3　1993 年以来我国财政政策和货币政策组合的演变过程

（一）1993—1997 年：总体上"双紧"的财政货币政策

针对 1988 年出现的经济过热和严重的通货膨胀，1989 年，中央提出了"治理整顿"的方针，实行财政与货币政策的"双紧"配合，减少固定资产投资和现金投放。1990—1992 年，实行"双紧"基调下的"双松"配合。银行增加货币供给，并三次下调存贷款利率；财政通过增加基础设施和支农支出，调整经济结构，但由于财政支出增长过快，致使赤字大幅增加，通胀率达 21.7%。1993—1997 年，再次实行"双紧"配合，财政结合分税制改革，强化了增值税、消费税的调控作用，并通过发行国债，引导社会资金流向；金融严控信贷规模，大幅提高存贷款利率，定期收回乱拆借资金，使宏观经济在快车道上稳刹车，最终实现了"软着陆"。"软着陆"使得我国经济出现了"两个转变"：第一个转变是由卖方市场转变为买方市场，第二个转变是由粗放型经济转变为集约型经济。这种转变标志着，经过长时期的经济改革和经济调整，我国进入了相对稳定增长的新周期，初步改变了过去重数量轻质量的增长模式，这是改革开放以及实行有效的宏观调控政策的重大成果。

这一阶段在我国宏观调控史上起着承上启下的作用，政府运用财政和货币政策调控宏观经济的能力取得巨大提高，两大政策的协调配合机制开始形成。这一时期财政政策的措施开始多样化，并通过增加基础设施投资和支农支出来调整经济结构；货币政策中的利率机制开始发挥作用，改变了以前主要依靠货币发行和控制贷款规模调节经济运行的简单模式；国债发行作为两大政策的结合点开始出现，使得两大政策的运作空间大大拓展。

（二）1998—2002 年：积极财政与稳健趋松货币政策

1998 年，面临亚洲金融危机、通货紧缩、有效需求不足的国际国内环境，我国采取了积极财政与稳健偏松的货币政策。财政加快"费改税"进度，对某些产品提高出口退税率，同时加大政府投资的力度并积极引导社会投资；银行取消贷款限额控制，降低法定存款准备金率，连续 5 次下调存贷款利率，扩大对中小企业贷款利率的浮动幅度等。1998 年下半年，中央又实行更积极的财政政策，向国有商业银行发行 1000 亿元长期国债，国有商业银行增加 1000 亿元配套贷款，定向用于公共设施和基础产业建设。1999 年，进一步加大财政政策的调控力度，大幅提高职工工资，开征储蓄存款利息所得税等。

这一阶段实行的积极财政与稳健货币政策，在我国经济宏观调控史上具有划时代的意义，政府运用两大政策调控经济运行的能力趋于成熟，两大政策的协调配合机制已基本形成。这一时期两大政策的实施，既有总量和结构调控措施上的协调，又有间接和直接调控手段上的组合搭配。在总量方面，两大政策同向松动；在结构方面，财政支出结构与税收对象结构的优化同信贷投入结构的调整并行不悖；在手段方面，政策性支出、信贷规模、外汇管制等直接调控工具与税收、利率、准备金率等间接调控工具互融互补。

（三）2003—2004 年："松财政紧货币"政策配合

2003 年，我国货币供应量增长较快，金融机构贷款大幅增加。2003 年下半年，人民银行加大票据的发行力度，力图收回商业银行的流动资金，压缩货币信贷量过快增长的态势，然而效果并不明显。在这种情况下，2003 年 8 月 23 日，人民银行被迫给出货币政策一剂"猛药"，从 9 月 21 日起将存款准备金率由 6% 提高到 7%。综观 2003 年货币政策实施的全过程，无论央行实行公开市场操作——主要采取回购方式和发行央行票据，还是提高存款准备金率，都已使货币政策实际走向紧缩，财政政策仍然是积极的。

（四）2005—2007 年："双稳健"政策配合

2003 年以来，我国经济步入了快速增长的轨道，为抑制投资过热，防止物价全面上涨，应实施稳健趋紧的货币政策。2005 年，开始实行稳健的财政政策和货币政策，稳健的财政政策被解释为"控制赤字、调整结构、推进改革、增收节支"的十六字方针。"双稳健"政策的提出和灵活运用，标志着具有中国特色的财政政策与货币政策配合协调机制已经形成，政府驾驭宏观经济的能力明显提高，面对市场失灵的宏观调控艺术趋于成熟。

随着贸易顺差过大，信贷投放过多、投资增长过快问题突出，价格上涨压力持续增大，我国经济形势发生了较大的变化。2007 年下半年，由于经济从偏快转向过热的趋势依然明显，以及为了防止价格由结构性上涨演变为明显通货膨胀，货币政策在 2007 年的年中调整为"稳中适度从紧"。这两次货币政策的调整主要是面对新的经济形势所采取的相应的政策应对。

（五）2008 年：宏观经济政策灵活调整

由于受宏观经济态势和国际金融危机的影响，2008 年的宏观经济政策及时进行了灵活的调整，宏观政策由 2008 年初的稳健财政政策与从紧货币政策，转向 2008 年底的积极财政政策与适度宽松货币政策的配合。

由于中国经济形势已有较大的不同，基于对物价连续上涨、货币信贷增长过快等宏观形势的判断，在 2007 年底召开的中央经济工作会议上，指出将于 2008 年开始实施"从紧的货币政策和稳健的财政政策"，稳定物价、防止经济过热。2008 年上半年，受制于通货膨胀持续升高，货币政策紧缩，提高存款准备金率，大量发行央票，紧缩货币供应。

2008 年下半年，尤其是 9 月后，金融危机恶化，世界经济受到严重冲击，对我国的影响正在不断加重加深，各种宏观经济数据都发出了橙色警报，经济下滑远超预期。在这样的背景下，中央决定对宏观经济政策作出重大调整，将稳健的财政政策调整为积极的财政政策，把从紧的货币政策调整为适度宽松的货币政策。我国还重启积极的财政政策，实施十项扩大内需政策，并出台了 4 万亿元的投资计划，彰显中央力保经济平稳较快增长的信心和决心。与此同时，实施适度宽松的货币政策，从 9 月中旬至年底，人民银行密集下调存贷款基准利率。

（六）　2009—2010 年：积极财政政策与适度宽松货币政策

随着世界经济金融危机日趋严峻，为抵御国际经济环境对我国的不利影响，采取灵活审慎的宏观经济政策十分重要。在 2008 年 12 月召开的中央经济工作会议指出，2009 年要继续实行积极的财政政策和适度宽松的货币政策。在财政政策方面，出台更加有力的扩大国内需求措施，加快民生工程、基础设施、生态环境建设和灾后重建，提高城乡居民特别是低收入群体的收入水平，促进经济平稳较快增长。在货币政策方面，适当增加货币、信贷投放总量，综合运用利率、存款准备金率、公开市场操作等政策工具灵活调节资金供求；宏观经济政策的灵活调整对于切实解决经济发展中存在的突出矛盾和问题，保持经济社会平稳较快发展，防止出现大的起落具有重要意义。

基于世界经济的影响，外部环境的不确定、不稳定的因素依然很多，2010 年中国政府继续实施了积极的财政政策和适度宽松的货币政策，以保持宏观经济政策的连续性和稳定性。财政收入方面，继续实施结构性减税政策；财政支出方面，继续实施应对国际金融危机的一揽子计划，完成在建项目、加强薄弱环节、推进改革、改善民生、维护稳定等都需要增加投入。

（七）　2011—2016 年：积极财政政策与稳健货币政策

2010 年中国经济逐渐复苏企稳，特别是进入下半年，我国经济平稳较快发展的势头进一步巩固，前三季度经济同比增长 10.6%；体现经济活力的"制造业采购经理指数"连续 4 个月出现上涨。然而，中国经济的企稳回升，通货膨胀的压力也日渐加剧。2010 年末，中央政治局召开会议，确立中国 2011 年的货币政策立场将从"适度宽松"回归"稳健"，这是货币政策基调的重大转变。货币政策的回归说明管理好通胀预期已经成为当前宏观调控的重点所在，既要把稳定价格放在突出位置，同时又要防止经济过快下行出现"二次探底"。未来我国将以一种更为稳健、灵活的货币政策来推动经济增长。

在财政政策方面，由于中国仍处于重要战略机遇期，发展面临的形势仍然十分复杂。基于此，中国政府明确提出，继续实施积极的财政政策。在政策的着力点上，更加注重促进经济结构调整优化，更加突出保障和改善民生，财税政策在结构性减税上有更多的措施，继续保持调整经济结构的导向。

二、1998 年积极财政政策的实施

（一）　实施背景

在改革开放后相当长的时期，财政政策总体上相对低调，谈不上改革举措，20

世纪 90 年代后发挥了重大作用。由于我国经济发展长期受到通货膨胀的影响，1992 年 GDP 的增长速度达到 14.2%，而 1993 年的通货膨胀率为 13.2%，经济呈现明显的"高增长、高通胀"态势。为了抑制通货膨胀，我国从 1993 年开始实施"适度从紧"的"双紧"政策。经过 3 年的治理整顿，于 1996 年实现了国民经济的"软着陆"。此后，我国的经济发展遭遇到前所未有、极其复杂的国际国内环境影响：一是受亚洲金融危机的影响，从 1998 年开始，我国外贸出口额增长明显放慢甚至出现负增长的态势，中国外贸出口的难度日益加大，出口对经济增长的拉动作用明显减弱，GDP 增长率 1996 年为 9.6%，1997 年为 8.8%，1998 年上半年下滑到 7%；二是中国经济经过 20 年的高速增长，"短缺"现象基本消失，大部分制成品已由卖方市场变为买方市场。同时，随着改革的不断推进，经济运行中长期掩盖的一些深层次矛盾，特别是投资结构不合理、重复建设严重、增长方式粗放等问题更加突出地暴露出来。此外，国有企业由于尚未实现经营机制的根本性转变，对国内外市场需求变化缺乏足够的应变能力，经济效益下滑，职工下岗压力加大。

这些内外因素的影响，直接导致我国经济的增长速度不断下滑，鉴于宏观经济疲软，我国政府在 1996 年实施"松"的货币政策，采取了降低贷款利率、降低存款准备金率、取消商业化贷款指令性指标等多项措施。但在市场低迷的条件下，货币政策的调节力度明显乏力，难以推动经济复苏。针对上述情况，我国政府在全面分析国内外经济发展形势、权衡各种利弊因素的基础上，于 1998 年实施积极财政政策，以扩大内需、开拓国内外市场和保持汇率稳定。同货币政策相比而言，财政政策可以从收支两个方面，通过它的乘数效应直接作用于投资、消费和出口，扩张力较大，见效较快。但从当时情况看，采用扩张性财政政策也有较大风险，因为当时的财政状况不容乐观，财力一直比较紧张，遗留下来的老问题还有待化解，如果还采用扩张性财政政策就有可能进一步加剧财政的紧张和困难。但国家通过全方位的综合分析作出判断，实施扩张性的财政政策是完全可行和可取的。理由是：（1）国债发行仍有较大空间，1997 年国债余额仅占国内生产总值的 8.2%。（2）财政赤字的风险不大，1997 年财政赤字占 GDP 的比重为 0.7%，这一指标是比较低的。（3）1994 年的分税制改革奠定了基本适应社会主义市场经济要求的财政体制和税收制度，近年来财政收入增长较快。（4）全社会可动员的资金潜力较大，近几年来，我国的总储蓄率一直保持在 40% 左右的高水平。根据以上判断，政府果断地作出决策，采用扩张性的积极财政政策，侧重拉动需求，促进经济的稳定快速增长。

（二）主要措施

1998—2003 年，我国采取的积极财政政策分为两轮：第一轮积极财政政策为 1998—2000 年，即为了应对亚洲金融危机的冲击，1998 年增发了 1000 亿元中长期建设性国债，赤字规模相应扩大到 1673 亿元，比上年增加 542 亿元。1999 年经济形势继续严峻，当年分两次增发国债 1100 亿元，同时增加赤字 689 亿元。2000 年经济形势出现好转，虽然为了保证在建项目的资金需要，继续增发 1500 亿元建设性国债，但当年赤字只增加了 129 亿元，扩张力度明显削弱。2001 年初预算的赤字虽然继续有所增加，但执行结果却比 2000 年减少了 22 亿元。不难发现，始于 1998 年的积极财政政策已经表现了淡出痕迹。第二轮积极财政政策始于 2002 年。美国"9·11"恐怖事件之后，美国经济走势呈下抛物线，增速显著下降。绝大多数世界权威预测机构也调低了对主要经济体的增长预测，国际经济形势再次严峻起来。为了应对外部经济环境的明显恶化以及加入世界贸易组织带来的新竞争的不确定性，我国政府再次启动了新一轮扩张性财政政策，措施主要包括：一是继续增发国债，稳定国债投资的增长。二是进一步降低税费，减少农民、企业和消费者的支出负担。三是继续采取增加城乡居民收入的政策。不仅要在适当时候给国家机关事业单位员工增加工资，同时提高离退休人员的工资水平，提高弱势群体的三条保障线水平。四是增加基础教育经费，适当扩大国防预算规模。

　　中国政府及时、有效地采取了积极财政政策，抑制了经济不断下滑的趋势，促进了经济的稳定增长。1998—2003 年，GDP 增长率分别为 7.8%、7.1%、8.0%、7.3%、7.8% 和 9.1%，保持了持续高增长的良好势头。在实施过程中，积极财政政策实施的力度一直在变化，主要包括以下几个政策要点：

　　（1）增加基础设施投资。自 1998 年起，我国开始实施积极的财政政策，6 年多增发长期建设国债 9100 亿元，用于基础设施投资，包括农田水利设施、公路铁路交通设施、邮电通信设施、城市基础设施、城乡电网改造和建设工程、绿化和生态环境建设、国家储备粮库建设等项目。公共投资的大幅度增加，有力地拉动了内需，每年拉动经济增长 1.5～2 个百分点，促进了国民经济健康平稳运行。

　　（2）调整收入分配政策。1998 年大幅度地增加了国有企业下岗职工的基本生活费、离退休人员养老金等支出。自 1999 年 7 月 1 日起，进一步提高国有企业下岗职工、失业人员以及城镇居民最低生活保障对象等低收入者的生活保障水平，增加机关事业单位职工工资，提高离退休人员待遇。这次调整提高了城镇中低收入阶层的收入，受益面大约有 8400 万人，促进了消费需求的稳定增长。

　　（3）扩大商品出口。从 1998 年开始，财政部和国家税务局先后提高了部分产品出口退税率，将出口商品综合退税率由 12.56% 提高到 15% 左右。1999 年 7 月以后，出口扭转了下降的趋势，实现了外贸出口的稳步回升。

　　（4）促进民间投资。为了鼓励企业投资，政府自 1999 年对固定资产投资方向调节税按现行税率减半征收，后于 2000 年对新发生的投资暂停征收；对国家鼓励项目的国产设备投资实行按照一定比率抵免企业所得税的措施。由此，固定资产投资增长率明显提高。

（三）政策意义

实施积极财政政策的实践证明，这一决策是及时和有效的，取得了预期的政策效应。这次积极财政政策的手段是以增加政府支出为主，政策目标是侧重于增加需求总量，因而有效地制止了经济增长的下滑，优化了支出结构，完善了社会保障制度等。但同时积极财政政策又含有供给侧结构性调整的因素，如在加快基础设施建设、加大技术革新力度、增加农业投入、增强经济增长的内生动力等诸多方面都有所建树，为"十五"时期开始建设小康社会和和谐社会奠定了良好基础。不可否认，积极财政政策也存在一定的局限性，有利也有弊，主要是：积极财政政策的需求总量刺激效应是直接和显著的，但其供给侧结构性调整效应是微弱的，因而在促进经济增长的同时，不可避免地会加剧结构性矛盾。比如，加快基础设施建设会带动钢铁、水泥等产业的大发展，一旦压缩投资，则必然形成产品过剩；加大政府投资不可避免地挤出民间投资。

（四）积极财政政策的淡出

财政政策是国家调控经济运行最重要的政策工具之一。当经济处于收缩阶段时，政府通过扩张性财政支出刺激需求，促进经济增长；而当经济启动时，政府财政支出就应相当减少。因此，实施积极的财政政策是特定条件下采取的特定政策，其目标是扭转需求不足、经济衰退的宏观经济运行状态。从中期、长期来说，应当坚持财政收支基本平衡的原则，并逐步缩小财政赤字。我国的财政政策从"积极"转向"稳健"，正是顺应了这一变化。

中央政治局在 2004 年 12 月 1 日的会议指出，根据我国宏观经济形势的发展变化和巩固调控成果的要求，稳健的财政政策于 2005 年全新登场。稳健的财政政策意味着既不扩张，也不紧缩，在预算收支上"有保有控"，保持基本平衡。

三、2005 年稳健财政政策的实施

（一）实施背景

财政政策由"积极"转向"稳健"，取决于我国经济运行的实际情况。我国积极财政政策实施 7 年来，拉动了经济增长，促进了经济结构调整，取得了令人瞩目的成效。但宏观经济环境所发生的变化以及宏观财政运行客观存在的隐忧，需要相应地调整财政政策，为此，积极财政政策的淡出和稳健财政政策的实施是顺时应势之举。一方面，近年来我国社会投资明显地增加，尤其从 2003 年开始，固定资产投资持续高速增长。2004 年第一季度全社会固定资产投资增长达 43%，比上年同期高

15.2个百分点，宏观调控部门一再叫停的钢铁、水泥、电解铝三大行业的投资在2003年接近翻番的基础上，2004年第一季度分别增长107.2%、101.4%、39.3%，货币供应量在高位运行，物价开始抬头，通胀压力加大。在这种投资规模过大、增速过快的宏观形势下，积极财政政策的继续实施，必然会对已经过热的投资形成"火上浇油"之势。另一方面，财政收入也持续攀升，国家财力充沛。此外，用高国债、高财政赤字的方法，可以拉动国内经济，但容易诱发财政风险。自2002年起，财政赤字跃居3000亿元以上，并接连创出新中国成立以来新高。连续3年，我国赤字率（财政赤字占GDP的比重）都逼近了国际上公认的警戒线，即3%。这一系列变化给积极财政政策的退出创造了合适的条件。

（二）主要措施

稳健财政政策是财政政策的重要类型之一。在总量上，财政收支基本平衡，在结构上则是"有松有紧，有保有控"，其实质是协调发展政策。实施稳健财政政策要注重投资政策导向调整，注重税收政策的结构性调整，注重促进科技进步，注重构建促进可持续发展的政策体系，注重与货币政策的恰当配合。实行稳健的财政政策，政策核心是松紧适度着力协调，放眼长远。具体来说，就是注重把握"控制赤字、调整结构、推进改革、增收节支"十六个字。

稳健财政政策将着力结构调整和协调发展，并加强与货币政策和产业政策的协调与配合，把控总量、稳物价、调结构和促平衡有机结合起来，努力防止经济增长由偏快转为过热，防止价格由结构性上涨演变为明显通货膨胀，促进经济又好又快发展。实施稳健的财政政策主要措施包括：

（1）适当减少财政赤字和国债资金规模。2008年计划安排中央财政赤字1800亿元，比2007年实际赤字减少200亿元，比2007年预算赤字减少650亿元，占GDP的比重预计下降到0.6%。安排国债投资300亿元，减少200亿元。同时，适当增加中央预算内经常性基本建设投资规模。中央建设投资进一步优化结构，重点用于改善农村生产生活条件，加强水利建设、生态环境保护，支持社会事业发展，以及重大基础设施建设。

（2）积极促进经济结构调整优化。加大对"三农"的投入力度，促进农村经济发展、农业增产、农民增收。大力支持科技创新，推进节能减排工作，促进产业机构优化调整，进一步落实好支持西部大开发等财税政策，加大转移支付力度，促进地区协调发展。支持重大装备国产化、东北老工业基地调整改造、重点产业结构优化升级和资源枯竭型城市发展后续产业。完善出口退税、加工贸易、进出口关税等相关政策措施，抑制高耗能、高污染、资源性产品出口，支持高附加值产品出口，鼓励资源性、节能降耗、关键零部件等产品进口。实施鼓励节能环保、自主创新的进口税收优惠政策。支持企业创新对外投资与合作方式，开展国际化经营。

（3）大力保障和改善民生。进一步调整优化财政支出结构，保障优先发展教育，加大医疗卫生投入，完善社会保障体系，帮助解决城市低收入家庭住房困难，促进保障民生。

（4）发挥财税政策稳定物价的作用。进一步运用财税杠杆，大力支持粮油肉奶蔬菜等农产品生产，保障基本生活必需品的供应，抑制物价过快上涨。要积极做好必需商品进口以及储备物资投放等相关工作，促进市场供求平衡和物价基本稳定。与此同时，我们将密切关注价格上涨对民生的影响，特别是对城乡低收入群体生活的影响，及时完善和落实好各项财政补贴的政策，切实保障这些比较困难的群体基本生活。

（5）大力推进依法理财，抓好增收节支。依法加强税收征管，规范非税收入管理，严格控制减免税，严厉打击偷骗税等违法行为。全面清理取消不合法、不合理的收费、基金。要进一步加强支出管理，优化和调整支出结构，保证"三农"、教育、医疗卫生、社会保障等方面的重点支出，要坚决控制和压缩一般性支出，努力降低行政成本，积极发挥财政职能作用，加强和改善财政宏观调控，促进国民经济又好又快地发展。

四、2008 年积极财政政策的重启

（一）实施背景

2008 年 9 月 15 日，以美国雷曼兄弟宣布破产为标志，国际金融危机在美国率先爆发，并迅速向全世界蔓延，演变为 20 世纪大萧条以来最严重的一场金融危机。受国际金融危机的冲击，我国经济增长开始急剧下滑，2008 年第三季度、第四季度 GDP 增长率分别为 9% 和 6.8%，9～12 月工业增加值为 11.4%、8.2%、5.4% 和 5.7%。当经济增速呈现急剧下滑的苗头和倾向时，政府于 2008 年 11 月 9 日宣布，我国开始实行积极的财政政策和适度宽松的货币政策。从此，实行了 4 年之久的稳健财政政策淡出人们的视野，积极财政政策重新走向前台。这是继 1998 年积极财政政策实施 10 年之后，我国宏观调整再一次出现积极财政政策。

（二）主要措施

本轮积极财政政策在扩大投资、扩大消费和实行结构性减税政策方面，做到"三管齐下"，其政策力度之大、范围之广、作用之深，都是前所未有的，具体措施如下所述。

（1）扩大政府公共投资，大力促进消费需求。增加国债规模，扩大政府公共投资，并与刺激消费、统筹发展、深化改革等有机结合起来，优化政府公共投资结构，

重点安排民生工程、基础设施、生态环境和灾后恢复重建，带动和引导消费需求，迅速拉动经济增长。同时，充分发挥财政资金拉动经济增长作用直接有效的优势，通过家电下乡补贴、增加物资储备、农机购置补贴等多种方式，促进消费增长。

（2）推进税费改革，减轻企业和居民负担。税收是调节经济和收入分配的重要手段。结合改革和优化税制，实行结构性减税，采取减免税、提高出口退税等方式减轻企业和居民税收负担，促进企业扩大投资，增强居民消费能力。合理实施减税政策，从短期看会带来财政减收，但能缓解企业苦难，有利于促进经济平稳较快发展，从长远看将为财政收入增长奠定基础。

（3）增加财政补助规模，提高低收入群体收入。提高居民收入在国民收入分配中的比重和劳动报酬在初次分配中的比重，缩小居民收入分配差距，有利于促进消费，增强对经济增长的拉动作用，提高经济运行的稳定性和可持续性。要充分发挥财税政策在调整国民收入分配格局中的作用，重点增加城乡低保对象等低收入者收入，提高其消费能力。

（4）进一步优化财政支出结构，保障和改善民生。加快以改善民生为重点的社会建设，可以稳定和改善居民消费预期，促进即期消费，拉动消费需求。要进一步调整财政支出结构，严格控制一般性支出，重点加大"三农"、教育、就业、住房、医疗卫生、社会保障等民生领域投入，并向中西部地区倾斜。根据社会事业发展规律和公共服务的不同特点，积极探索有效的财政保障方式，建立健全保障和改善民生的长效机制。

（5）大力支持科技创新和节能减排，推动经济结构调整和发展方式转变。加大财政科技投入，完善有疑虑提高自主创新能力的财税政策，建设创新型国家。大力支持节能减排，稳步推进资源有偿使用制度和生态环境补偿机制改革，建立资源节约、节约利用长效机制，促进能源资源节约和生态环境保护。加快实现经济增长由主要依靠增加资源等要素投入，向主要依靠科技进步、劳动者素质提高和管理创新转变，推动经济社会又好又快发展。

（三）政策意义

与1998年实施的积极财政政策相比，本轮政策在内容方面更加丰富，同时使用了税收和支出两种手段。

本轮政策的特点：第一，由建设财政向民生财政转移，出台了大量与收入分配、民生发展相关的措施；第二，为配合经济发展方式的转变和产业结构的优化升级，出台了大量支持科技创新型企业和节能减排型企业的政策，这也是本轮政策的重心；第三，体现在税收政策的配合调整方面。自2008年以来，积极的财政政策以综合性的需求改革和结构性减税为主。当时我国的财政收入已经占GDP的20%，充足的财力保障为政府提供了比较大的调控空间。所以，税收调整在本轮积极财政政策中发挥着非常关键的作用。

危机后，世界经济处在深度调整期，国际金融市场波动加大、大宗商品价格波动、地缘政治等非经济因素影响加大，因此积极财政政策退出时机未到。2015 年，全国财政工作会议提出将继续实施积极的财政政策，并适当加大力度。而 2016 年更积极的财政政策阀门也已开启，明确提出实行减税政策。面对经济下行的压力，要在加大支出结构调整的同时，适度加大赤字，为减税扩大空间，促进经济发展动力顺利转换。

五、2015 年供给侧结构性改革

2015 年 11 月 10 日，习近平在主持召开中央财经领导小组第十一次会议上，首次提出"适度扩大总需求的同时，着力加强供给侧结构性改革"的命题。提出供给侧结构性改革的根本目的是提高社会生产力水平，落实好以人民为中心的发展思想。要在适度扩大总需求的同时，去产能、去库存、去杠杆、降成本、补短板，从生产领域入手加强优质供给，减少无效供给，扩大有效供给，提高供给结构的适应性和灵活性，提高全要素生产率，使供给体系更好地适应需求结构变化。推进供给侧结构性改革，是适应和引领经济发展新常态的重大创新，是适应国际金融危机发生后综合国力竞争新形势的主动选择，是适应我国经济发展新常态的必然要求。

供给侧结构性改革的提出是以习近平同志为核心的新一届中央领导集体对马克思主义政治学的发展与创新，是马克思主义的中国化。应当明确，供给侧结构性改革与供给学派不是一回事，不能把供给侧结构性改革看成西方供给学派的翻版，必须厘清二者在理论和政策上的不同，我们既要注意加强研究，借鉴其中的有益成分，又要注意不能原本照搬，食洋不化，造成恶果。我国的供给侧结构性改革与供给学派虽然都是从供给侧入手，但两者不仅没有直接关系，而且存在着本质区别。

供给侧结构性改革与供给学派的根本区别在于理论基础不同。供给侧结构性改革的理论依据是马克思主义，直接的理论依据是马克思主义再生产理论。马克思将再生产过程的四个环节——生产、分配、交换、消费看成一个相互联系的有机整体，明确指出："我们得到的结论并不是说，生产、分配、交换、消费是同一的东西，而是说，它们构成一个总体的各个环节、一个统一体内部的差别……一定的生产决定一定的消费、分配、交换和这些不同要素相互间的一定关系。当然生产就其单方面形式来说也决定于其他因素。例如，当市场扩大，即交换范围扩大时，生产的规模也就增大，生产也就分得更细。随着分配的变动，例如，随着资本的集中，随着呈现人口的不同的分配，等等，生产也就发生变动。最后，消费的需要决定着生产。

不同要素之间存在着相互作用。每一个有机整体都是这样。"在马克思主义政治经济学的视角下，供给侧结构性改革本质上就是调整和完善社会主义生产方式的一场改革，就是要通过对生产方式中的物质技术结构和社会关系结构进行双重维度的整合优化，更好地理顺生产、分配、交换和消费四个环节的关系。

供给学派的理论依据则是19世纪风靡的"供给创造自己的需求"的萨伊定律，认为从整体经济来看，购买力永远等于生产力，不会由于总需求不足而出现生产过剩，认为供给是实际需求得以维持和经济增长的唯一源泉，片面强调供给管理。实际上，如今经济学中所称的需求与供给是社会经济活动整体的两个侧面，如同社会再生产的四个环节的关系一样，二者不是非此即彼、一去一存的替代关系，而是相互依存、协调推进，供给侧结构性改革也就是使需求与供给这两个相互联系的侧面更好地协调运行。供给学派宣称与需求管理"彻底决裂"就是割裂由需求与供给有机组成的社会经济活动整体的两个方面，否认两个方面相互依存的辩证关系，是片面的形而上学。因此脱离马克思主义的基本原理，按照供给学派的主张进行供给侧结构性改革，就是舍本逐末、离经叛道、迷失方向。

二者其他多方面的区别也是十分明显的。诸如对待政府与市场的关系，我们主张既要充分发挥市场在资源配置中的决定性作用，也要更好地发挥政府的宏观调控作用，而供给学派是忽视甚至否认政府干预的自由主义；供给学派的政策目标是治理滞胀，而我国既不存在"滞"，也不存在"胀"，供给侧结构性改革是从生产端入手，重点是有效化解产能过剩，促进产业优化重组，提高供给结构对需求变化的适应性和灵活性，简言之，就是去产能、去库存、去杠杆、降成本、补短板；在政策手段上，供给学派过度迷信减税政策，不注重全面的政策配套，手段单一，我们的供给侧结构性改革不仅继续实行积极的财政政策，将其作为对结构调整更为有效的手段，而且从全局出发采用合理有效的政策搭配，运用货币政策对需求总量进行有效的调控，特别是推动科技创新、发展实体经济、保障和改善人民生活的政策措施，解决我国经济供给侧存在的问题，等等。

供给侧结构性改革本质上是调整和完善社会主义生产方式的一场重大变革，并非一种单纯的财政政策，但财政政策是其中的一个重要组成部分。供给侧结构性改革中仍继续采取积极财政政策和稳健货币政策，而且积极财政政策要更加积极有效，预算安排要适应推动供给侧结构性改革，降低税收负担，保障民生兜底的需要。主要政策措施如下：一是进一步减税降费，全面实施"营改增"改革，加快步伐，加大收费基金清理和改革力度；二是适度扩大财政赤字规模，2016年全国财政安排21800亿元，赤字率升为3%，在适当增加必要的财政支出的同时，主要用于弥补减税降费带来的财政减收，保障政府应该承担的支出责任；三是调整优化支出结构，

按可持续、保基本的原则安排好民生支出；四是加大财政资金统筹使用力度，创新财政支出方式，提高财政支出效率。

第四节　财政政策与货币政策的配合

财政政策在稳定经济运行方面具有显著的作用。但由于市场是一个各个部分有机相连的整体，我们在采用某种财政政策时，应考虑其他经济变量的变化。而且，在不同的条件下，财政政策与货币政策的相对有效性是不同的。因此，财政政策的使用还须与货币政策配合，才能达到政策效果。

一、货币政策概况

货币政策是指一国政府为实现一定的宏观经济目标所制定的关于调整货币供应基本方针及其相应的措施。它是由信贷政策、利率政策、汇率政策等构成的一个有机的政策体系。在计划经济体制下，由于货币、信用在经济生活中不占重要地位，货币政策是从属于财政政策的，独立性很小。改革开放之后，随着商品货币关系迅速扩展，市场经济化的过程不断推进，货币政策日渐受到人们的重视，已被明确列入宏观经济调控体系之中。

作为国家经济政策的组成部分，货币政策的最终目标与国家的宏观经济目标是一致的。《中华人民共和国中国人民银行法》规定的货币政策目标为："保持货币币值的稳定，并以此促进经济增长"，即在"稳定"与"增长"之间具有先后之分。稳定货币是指把货币供应量控制在客观需要量的范围之内。稳定货币是经济发展的必要条件，没有一个良好的、稳定的货币金融环境，要保持经济的稳定发展是不可能的。

货币政策目标通过货币政策工具的运用来实现，中央银行使用怎样的货币政策工具来实现特定的货币政策目标，并没有一成不变的固定模式。各国的中央银行都是根据不同时期的经济及金融环境等客观条件而定。我国的货币政策手段有存款准备金制度、信用贷款、公开市场操作和利率政策等。货币政策的核心是通过变动货币供应量，使货币供应量与货币需要量之间形成一定的对比关系，进而调节社会的总需求和总供给。根据货币政策对社会经济活动的作用不同，可以将货币政策分为膨胀性、紧缩性和中性的货币政策。其中，膨胀性货币政策是指货币供应量超过了经济对货币的实际需要量，有助于社会的总需求的增长；紧缩性货币政策是货币供应量小于货币的实际需要量，有助于抑制社会总需求的增长；中性货币政策是指货币供应量基本等于货币的实际需要量。在不同的经济背景下，央行应采取不同的货币政策来调节社会总供求的矛盾。

二、财政政策和货币政策相互配合的必要性

货币政策和财政政策是国家调节宏观经济运行的两大政策。它们的共同点在于都是以货币运动为基础，通过影响总需求进而影响总供给进而影响产出。货币政策是通过准备金、再贴现、公开市场政策等工具调节货币供应量和利率，进而影响社会总需求；财政政策则是通过国家预算、税率、国债和政府支出等工具影响总需求。虽然两者都能对总供求进行调节，但是两者在运行方式及功能方面具有明显的差异。因此，货币政策和财政政策在实际运行中必须相互协调和配合。

（一）作用机制不同

财政是国家集中一部分 GDP 用于满足社会公共需要，因而在国民收入的分配中，财政居于主导地位。财政直接参与国民收入的分配，并对集中起来的国民收入在全社会范围内进行再分配。因此，财政可以从收入和支出两个方向影响社会需求的形成。在财政收入占 GDP 的比重大体确定，即财政收支的规模大体确定的情况下，企业和个人的消费及需求和投资需求也就大体确定了。比如，国家对个人征税，也就相应减少了个人的消费需求与投资需求；国家对企业征税或对企业拨款，也就减少或增加了企业的投资需求。银行是国家再分配货币资金的主要渠道，这种对货币资金的再分配，除了收取利息外，并不直接参加 GDP 的分配，而只是在国民收入分配和财政再分配基础上的一种再分配。信贷资金是以有偿方式集中和使用的，主要是在资金盈余部门和资金短缺部门之间进行余缺的调节。这就决定了信贷主要通过信贷规模的伸缩影响消费需求与投资需求的形成。至于信贷收入（资金来源），虽然对消费需求与投资需求的形成不能说没有影响，但这种影响一定要通过信贷支出才能产生。比如，当社会消费需求与投资需求过旺时，银行采取各种措施多吸收企业、单位和个人的存款，这看起来是有利于紧缩需求的，但如果贷款的规模不做相应的压缩，就不可能起到紧缩需求的效果。

财政政策与货币政策都是调控社会供需总量和结构不可或缺的工具，财政政策与货币政策在调节社会供需总量和结构过程中的协调配合，是通过相互不同的作用途径与效果体现的：第一，财政政策直接作用于社会经济结构，间接作用于供需总量平衡；而货币政策直接作用于供需总量平衡，间接对社会经济结构产生影响。第二，从财政政策调节看，财政对总供给的调节，首先反映为对社会经济结构的调节，如财政运用必要的税收优惠政策、财政贴息政策；财政对总需求的调节主要通过扩大或缩小财政支出规模，以结构调节为前提，借以达到刺激和抑制社会总需求的目的。而货币政策对社会总需求的调节，是通过中央银行货币投放和再贷款等政策手

段控制基础货币量，通过存款准备金率和再贴现率等手段控制货币乘数，从而有效地控制社会总需求，达到货币和物价稳定的目的；与此同时，中央银行在调控社会总需求的基础上也会对社会经济结构产生一定的调节作用，如银行依照产业政策和市场盈利水平，选择贷款投放方向，包括产业间、地区间信贷规模的区别对待，客观上起到调节社会经济的作用。可见，货币政策对社会供需总量的调节是直接的，而对社会经济结构的调节则是间接引导的。

（二）作用方向不同

从消费需求的形成看，社会消费需求基本上是通过财政支出形成的，因而财政政策在社会消费需求形成中起决定作用，而货币政策主要是通过工资基金的管理和监督以及现金投放的控制，间接地影响个人的消费需求。从投资需求的形成看，虽然财政和银行都向再生产过程供应资金，但两者的侧重点不同。财政政策主要是调整产业结构、促进国民经济结构的合理化，而货币政策的作用则主要在于调整总量和产品结构。

（三）对社会总需求调节的功效不同

财政赤字可以扩张需求，财政结余可以紧缩需求，但财政本身并不具有直接创造需求即"创造"货币的能力，唯一能创造需求、创造货币的是货币信贷。因此，财政的扩张和紧缩效应一定要通过信贷机制的传导才能发生。不仅如此，银行自身还可以直接通过信贷规模的扩张和收缩起到扩张和紧缩需求的作用，从这个意义上说，银行信贷是扩张或紧缩需求的总闸门。

正是由于财政政策与货币政策在消费需求与投资需求的形成中不同的作用，才要求财政政策与货币政策必须配合运用。如果财政政策与货币政策各行其是，就必然会产生碰撞与摩擦，彼此抵消力量，从而减弱宏观调控的效应和力度，也难以实现预期的调控目标。

（四）政策时效方面存在差异

财政政策和货币政策协调配合也表现为两种时效长短不同的政策时效搭配。财政政策以政策操作力度为特征，有迅速启动投资、拉动经济增长的作用，但容易引起过度赤字、经济过热和通货膨胀，因而，财政政策发挥的是经济增长引擎作用，用于对付大的或拖长的经济衰退，只能做短期调整，不能长期使用。货币政策则以微调为主，在启动经济增长方面明显滞后，但在抑制经济过热和控制通货膨胀方面具有长期成效。因此，要发挥财政政策见效快的特点，同时又要发挥货币政策作用力度大、持续时间长的特点，两者配合，以产生更大的乘数作用。

（五）政策功能方面存在差异

财政政策和货币政策在处理公平和效率的矛盾方面各有侧重。财政政策的公平分配功能要求政府运用税收社会保障手段，限制收入分配过分集中，适当缩小个人之间、行业之间、地区之间的收入差距，防止两极分化，这是社会稳定的重要条件。而货币政策的效率优先功能则使商业银行偏重于从盈利目标考虑信贷投向，要求货币政策对信贷结构和利率的调节能大体反映市场供求变化，引导资源流向效益好的投资领域，促进生产效率的提高。

正是由于这些不同的特点，在许多情况下，财政政策与货币政策是不能相互完全替代的，只有将它们相互配合，才能产生较好的政策效果。

三、财政政策与货币政策的相对效力

财政政策和货币政策各有自己的特点，在不同的条件下，财政政策和货币政策的相对有效性会有所不同。

（一）财政政策和货币政策的效力

货币政策的操作主要体现在货币供给的变化上。一项扩张性货币政策如果在货币供给的增加时使利率下降的幅度很大，并且对投资有很大的刺激作用，它对总需求的影响就很大。

当政府实施扩张性财政政策时，政府需求增加将通过财政政策乘数效应使 GDP 增加。GDP 的增加又使货币需求增加，即需要更多的货币用于交易。在不改变货币供给的情况下，利率必然上升。利率上升，一方面会抵消由于 GDP 增加而增加的货币需求；另一方面又会减少投资需求，从而抵消一部分政府支出或减税对 GDP 的影响。此外，财政支出乘数是衡量财政政策效力的一个重要指标。

假定在财政政策和货币政策都有效的情况下，我们可以通过 IS—LM 模型来分析它们配合的效果，如图 8 - 4 所示。

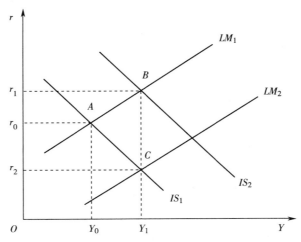

图 8 - 4　财政政策与货币政策配合的效果

在图 8-4 中，如果 IS 曲线与 LM 曲线相交于 A 点，所决定的均衡利率是 r_0，均衡国民收入水平为 Y_0，低于充分就业状态下的国民收入水平 Y_1。如政府单独采用财政政策，即扩张性的财政政策，将使 IS 曲线向右上方位移，这时 LM_1 曲线与 IS_2 曲线相交于 B 点。在利率水平由 r_0 升高至 r_1 的同时，充分就业水平得以实现。

如果政府单独采用货币政策，即扩张性的货币政策，将使 LM 曲线向右下方位移，此时 IS_1 曲线与 LM_2 曲线相交于 C 点。在利率水平由 r_0 降低至 r_2 的同时，充分就业水平实现。

如果政府同时采用扩张性的财政政策和货币政策，将会使新的 IS 曲线和 LM 曲线在 BC 区间相交。相比单独采用财政政策或货币政策，两者协调配合能更快地实现充分就业。但在某些情况下，财政政策或货币政策无效或更有效。一般而言，财政政策与货币政策的政策力度或者政策的有效程度取决于两个因素：第一，投资的利率弹性，即投资需求对利率的敏感程度；第二，货币需求的利率弹性，即货币需求对利率的敏感程度。这可以使用 IS—LM 模型来说明：如果投资的利率弹性越大，则 IS 曲线越平缓，这是因为利率的较小变化就会带来投资需求的较大变化；相反，如果投资需求对利率不敏感，则 IS 曲线会比较陡峭。那么，如果货币需求的利率弹性越大，则 LM 曲线越平缓，这是因为利率作为持有货币的机会成本，较小的变化就会带来货币需求的较大变化；相反，如果货币需求对利率不敏感，则 LM 曲线会比较陡峭。这时就要求政府在进行政策配合时，应确定以哪种政策为主。

（二）财政政策的相对有效性

就财政政策而言，如果投资的利率弹性越小，即 IS 曲线比较陡峭时，财政支出的增加所推动的利率上升不会大量降低投资水平，从而产生较小的挤出效应，财政政策的效果较大；如果货币需求的利率弹性越大，即 LM 曲线比较平缓时，财政支出的增加引起的货币需求不会令利率猛增，从而抑制投资产生较大的挤出效应，财政政策的效果就较大。相反，当 IS 曲线较平缓或 LM 曲线较陡峭时，财政政策的效果较小，可以通过 IS—LM 模型来表示。

如图 8-5 所示，当 LM 曲线斜率不变时，IS 曲线越陡峭，则挤出效应越小，财政政策的效果越大，而 IS 曲线越平缓，则挤出效应就越大，财政政策的效果就越小。图 8-5 中，由于采用扩张性财政政策，政府支出增加，IS_0 移至 IS_1，如果利率不变，则国民收入将会增加 Y_0Y_2，由于 LM 曲线维持原状，利率从 r_0 上升到 r_1，因而收入增加 Y_0Y_1，Y_1Y_2 为财政政策的挤出效应。从图 8-5 中可知，当 IS 曲线比较陡峭，即当投资需求对利率弹性较小时，财政政策效果较好。

如图 8-6 所示，当 IS 曲线斜率不变时，LM 曲线越平缓，则挤出效应越小，财政政策的效果越大；相反，LM 曲线越陡峭，则挤出效应越大，财政政策的效果越小。这是因为 LM 曲线较平缓说明货币需求对利率变动较敏感，即当货币需求较大变动才引起利率的较小变动，因而政府支出引起的货币需求增加时，只会引起利率较小幅度的上升，对私人投资的排挤较小，财政政策的效果较好。

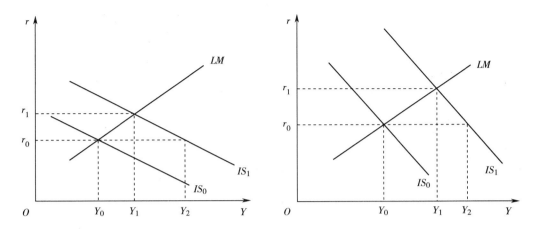

图 8 – 5　财政政策效果与 IS 曲线斜率

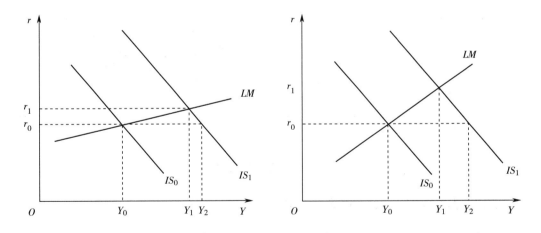

图 8 – 6　财政政策效果与 LM 曲线斜率

（三）货币政策的相对有效性

货币政策的操作主要体现在货币的供给上。就货币政策而言，如果投资的利率弹性较大，即 IS 曲线比较平缓，利率的下降就会使投资受到极大鼓励，则采用货币政策的效果较好。或者当货币需求对利率的敏感程度很低，即 LM 曲线较陡峭，货币供给的增加使利率下降很大，货币政策对总需求的影响效力就强。这可以通过 IS—LM 模型来表示。

如图 8 – 7 所示，在 IS 曲线较为平缓、LM 曲线较为陡峭时，货币政策的效力较强；相反，在 IS 曲线较为陡峭或 LM 曲线较为平缓时，货币政策的效力较弱。

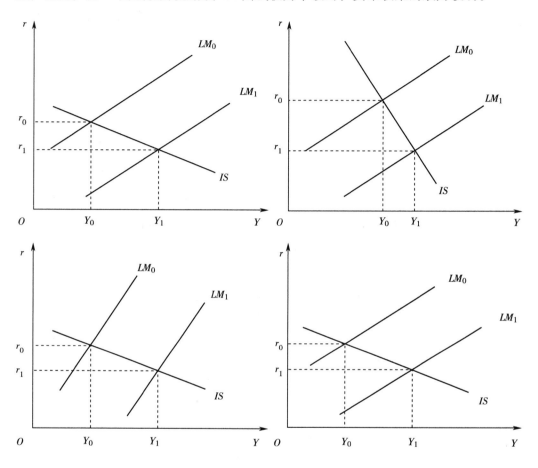

图 8 - 7　货币政策的效应

四、财政政策与货币政策的搭配

货币政策主要是调节货币供求总量，解决通货膨胀问题，而财政政策的侧重点则是解决财政赤字和结构性平衡问题。因此，财政政策、货币政策各有其长、各有其短，应针对不同的经济情况、不同的经济条件和不同的调控目标要求，两者适当搭配、相互结合，这样才能发挥较好的效果。

（一）松的财政政策和松的货币政策（"双松"政策）

松的财政政策是指通过减少税收和扩大政府支出规模来增加社会的总需求；松的货币政策是指通过降低法定准备金率、降低利息率来扩大信贷支出规模，增加货币供给。

为促进经济增长的较快速度，在宏观经济调控上，往往增加财政支出、扩大财政赤字，增加银行信贷，扩大货币供应量。但是要达到这个要求，收到效果，必须有足够的未被利用的物资资源和人力资源。同时，还要有先进的生产技术、科学的经营管理和健全的经济运行机制。前者可推动较快的生产发展，后者可推动产生经济效益，取得有质量的、实在的增长速度。否则，投入大量资金，无相应条件配合，欲速则不达，反而可能出现消极后果。

（二）紧的财政政策和紧的货币政策（"双紧"政策）

紧的财政政策是指通过税收、削减政府支出规模等，来限制消费与投资，抑制社会的总需求；紧的货币政策是指通过提高法定准备金率、提高利率来压缩支出的规模，减少货币的供给。

为抑制经济过热和较严重的通货膨胀，在宏观经济调控上往往紧缩财政开支和严格货币投放，减少货币供应，控制总需求。"双紧"的抑制速度快、效果明显。但要达到切实成效，还应"瞻前顾后"，不能操作过猛、过快，以致损害生产增长和商品流通扩大。否则，一时抑制效果显著，可能影响以后的经济。

（三）紧的财政政策和松的货币政策

紧的财政政策可以抑制社会总需求，防止经济过旺和通货膨胀；松的货币政策在于保持经济的适度增长。因此，这种政策组合的效应就是在控制通货膨胀的同时，保持适度的经济增长。但货币政策过松，也难以抑制通货膨胀。

（四）松的财政政策和紧的货币政策

松的财政政策在于刺激需求，对克服经济萧条较为有效；紧的货币政策可以避免高的通货膨胀率。因此，这种政策组合的效应是在保持经济适度增长的同时尽可能地避免通货膨胀。但长期运用这种政策组合，会积累起巨额的财政赤字。

（五）财政政策、货币政策的松紧搭配

为保持经济和金融的平稳运行，除特殊时期外，根据客观经济发展的不同情况，财政信贷政策本身松紧力度要适宜，松中有紧、紧中有松，两者相互间松紧搭配也应有所差异。这种宏观调控的灵活性，适应经济发展的复杂变化，可以收到良好的效果。

五、财政政策与货币政策的时滞

良好的经济政策不仅是政策的配合问题，还要把握运用政策的时滞。因此政府在利用政策搭配来解决经济问题时，应当考虑到政策时滞问题。这是因为任何政策从制定到获得主要的或全部的效果，必须经过一段时间，这段时间就是时滞。如果收效太迟或难以确定何时收效，那么政策本身能否成立也是个问题。

财政政策的时滞由两部分构成：内在时滞和外在时滞。其中，内在时滞只涉及行政单位而与立法机构无关，包括认识时滞和行政时滞。认识时滞是指从经济现象发生变化到决策者对这种需要调整的变化有所认识所经过的时间；行政时滞也称为行动时滞，是指财政当局在制定、采取何种政策之前对经济问题调查研究所耗费的时间。而外在时滞是指财政当局采取措施到这些措施对经济体系产生影响的这一段时间。主要包括三种时滞：（1）决策时滞，是指财政当局将分析的结果提交立法机构审议通过所占用的时间；（2）执行时滞，是指政策议案在立法机构通过后交付有关单位付诸实施所经历的时间；（3）效果时滞，是指从政策正式实施到对经济产生影响所需要的时间。这三种时滞与决策单位发生直接关系，而且直接影响社会的经济活动，故称为外在时滞。经济结构和经济主体的行为具有不确定性，很难预测，因此，外在时滞可能会更长。图8-8表明了财政政策时滞的先后次序及其内容。

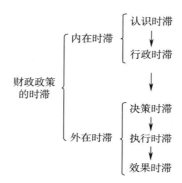

图8-8 相机抉择财政政策的时滞

货币政策的操作或多或少地同样存在着上述五种时滞。就财政政策与货币政策的时滞长短比较而言，内在时滞只涉及经济问题的发现与对策研究，这对财政政策和货币政策来说大体一致。因此，就内在时滞而言，无法确定这两种政策孰优孰劣。但是，就外在时滞而言，财政政策与货币政策的优势比较就较为明显。一般而言，财政政策的决策时滞较长，因为财政政策措施要通过立法机构，经过立法程序，比较费时；相比之下，货币政策可通过中央银行的公开市场操作直接影响货币数量，时滞比较短。就执行时滞而言，财政政策措施在通过立法之后，还要交付给有关执行单位具体实施；而货币政策在中央银行作出决策之后，可以立即付诸实施。所以，财政政策的执行时滞一般比货币政策要长。但从效果时滞来看，财政政策优于货币政策。因为财政政策工具可以直接影响社会的有效需求，从而使经济活动迅速作出有力的反应；而货币政策主要是影响利率水平的变化，通过利率水平的变化引导经济活动的改变，不会直接影响社会的有效需求。因此，财政政策的效果时滞比货币政策要短。总之，从时滞方面看，很难比较财政政策与货币政策的有效性。在研究这两种政策的时滞问题时，一定要根据不同的客观经济环境和对不同政策的各种时滞加以比较，才能作出正确的判断，选择有效的政策措施。

本章小结

1. 财政平衡是指在预算年度内，财政收支在量上的对比关系。要理解财政平衡的概念，需要清楚财政平衡是一种相对的平衡，以及静态平衡与动态平衡，局部平衡与全局平衡，中央预算平衡与地方预算平衡，预算赤字、决算赤字与赤字政策，真实平衡与虚假平衡等的含义。

2. 财政赤字（或结余）的计量口径不同，得出的财政收支所处的状态也会有所差别，计量财政赤字（或结余）可以有以下两种不同的口径：赤字或结余＝（经常收入＋债务收入）－（经常支出＋债务支出），赤字或结余＝经常收入－经常支出。

3. 财政赤字的类型：总赤字与原始赤字，周期性赤字与结构性赤字。

4. 衡量财政赤字规模的指标有：赤字依存度，即财政赤字占财政支出的比例；财政赤字率，即财政赤字占国内生产总值（GDP）的比例。

5. 财政赤字和通货膨胀并没有必然的联系，财政赤字是否会引发通货膨胀，与赤字规模大小有关，但更主要的还取决于赤字的弥补方式。一般弥补财政赤字的方法有两种：债务化融资和货币化融资。

6. 运用 IS—LM 模型分析财政赤字的长期经济效应。

7. 赤字不同融资机制的不同经济效应分析：债务化融资的经济效应分析，货币化融资的经济效应分析。

8. 财政赤字的挤出效应可分为：完全挤出效应、不完全挤出效应、无挤出效应。

9. 财政政策是指一国政府为实现一定的宏观政策目标而调整财政收支规模和收支平衡的指导原则及其相应的措施。它包括财政政策目标、财政政策工具、财政政策传导机制等。

10. 财政政策的目标是：物价相对稳定，经济适度增长，收入合理分配，提高社会生活质量。

11. 财政政策工具主要有：财政收入（主要是税收）、财政支出、国债等。

12. 财政政策传导机制就是在财政政策发挥作用的过程中，各政策工具通过某种媒介体的相互作用形成的一个有机联系的整体，财政政策发挥作用的过程实际上就是财政政策工具变量经由某种媒介体的传导转变为政策目标变量（期望值）的复杂过程。

13. 财政政策的类型有：根据财政政策调节经济周期的方式，可分为自动稳定的财政政策和相机抉择的财政政策；根据经济活动的两个侧面，可以将财政政策分为需求侧财政政策和供给侧财政政策；根据调节国民经济需求总量的不同功能，财政政策可分为扩张性财政政策、紧缩性财政政策和中性财政政策。

14. 货币政策和财政政策是国家调节宏观经济运行的两大政策。它们的共同点在于都是以货币运动为基础，通过影响总需求进而影响总供给进而影响产出。货币政策是通过准备金、再贴现、公开市场政策等工具调节货币供应量和利率，进而影响社会总需求；财政政策则是通过国家预算、税率、国债和政府支出等工具影响总需求。虽然两者都能对总供求进行调节，但是两者在运行方式及功能方面具有明显的差异。因此，货币政策和财政政策在实际运行中必须相互协调和配合。

15. 财政政策与货币政策的搭配：松的财政政策和松的货币政策，即"双松"政策；紧的财政政策和紧的货币政策，即"双紧"政策；紧的财政政策和松的货币政策；松的财政政策和紧的货币政策。

本章重要概念

财政平衡　预算赤字　硬赤字　软赤字　结构性赤字　周期性赤字　债务化融资　货币化融资　挤出效应　财政政策

复习思考题

一、简答题

1. 如何正确理解财政收支平衡？
2. 预算赤字、决算赤字、赤字财政有何区别？
3. 简述财政赤字债务化的经济效应。
4. 简述财政赤字货币化的经济效应。
5. 运用 IS—LM 模型说明财政赤字的挤出效应。
6. 运用 IS—LM 模型分析财政赤字的长期效应。
7. 分析我国当前财政赤字的状况。
8. 简述财政政策及其构成要素。
9. 如何运用财政政策的工具？
10. 试述需求侧财政政策和供给侧财政政策。
11. 试述扩张性财政政策和紧缩性财政政策。
12. 为何财政政策与货币政策必须互相搭配？它们有哪些政策组合形式？
13. 试分析财政政策和货币政策的相对有效性。
14. 结合 2008 年国际金融危机对我国的影响，谈谈我国财政政策出台的背景及其主要内容、实施效果。

二、案例讨论

案例一

加力减负、增加支出、扩大发债——积极的财政政策加力提效

财政部发布 2018 年全国财政收支数据，亮出了全年财政运行的"成绩单"。

透过这份"成绩单"，2018 年我国实施积极的财政政策的成效有哪些？2019 年积极的财政政策又将如何加力提效？财政部国库司、预算司和税政司相关负责人进行了分析和解读。

加大减税降费力度

深化增值税改革，实施个人所得税改革，重点支持小微企业和科技研发创新，清理规范政府性收费……2018 年，财政部会同有关部门不断加大减税降费力度，根据经济形势变化及时出台新的举措。

数据显示，受减税降费政策等影响，2018 年全国税收收入增幅比上年回落 2.4 个百分点，全国非税收入同比下降 4.7%。"这些举措对优化营商环境、激发市场活力、降低企业负担等发挥了重要作用。"财政部税政司负责人说。

据财政部国库司负责人介绍，分税种看，2018 年，国内增值税第一、第二季度分别增长 20.1%、13%，第三、第四季度相继回落至 2.2%、0.5%；关税第一季度增长 6.3%，第二、第三、第四季度分别下降 6.4%、2.1%、17%；个人所得税第一、第二、第三季度分别增长 20.7%、19.9%、23%，第四季度转为下降 2.7%。

前瞻 2019 年，财政部门将按照党中央、国务院决策部署，在全面落实已出台的减税降费政策的同时，抓紧研究更大规模的减税、更为明显的降费。

财政部有关负责人表示，2019 年将深化增值税改革，继续推进实质性减税；全面实施修改后的个人所得税法及其实施条例，落实好六项专项附加扣除政策，减轻居民税负；同时，配合相关部门，积极研究制定降低社会保险费率综合方案，进一步减轻企业的社会保险缴费负担。

增加财政支出规模

实施积极的财政政策，一个重要途径就是扩大财政支出规模。

数据显示，2018 年，全国一般公共预算支出再创新高，达 220906 亿元，同比增长 8.7%，全年财政支出保持较高强度和较快进度。

"2018 年，财政部门积极盘活资金存量，加大资金统筹使用力度，及时下达预算和拨付资金，加快地方政府债券发行和使用。同时，督促部门和地方加快预算执行进度，更好地推动政策落地见效，尽快形成实际支出。"财政部预算司负责人说。

数据并显示，2018 年第一季度、上半年和前三个季度，全国一般公共预算支出

进度分别达到 24.3%、53.2%、77.8%，各节点均超出或接近历年最快进度。

此外，2018 年，财政部门进一步调整优化财政支出结构，三大攻坚战等重点领域支出得到较好保障；中央对地方转移支付支出力度持续加大，基层财政保障能力不断提高。

有关负责人表示，2019 年，财政部门将继续适当加大财政支出力度；坚持有保有压，进一步调整优化支出结构；大力压减一般性支出，严控"三公"经费预算；加强支出绩效管理，提高财政资金使用效益。

扩大地方政府专项债券规模

增加地方政府专项债券规模，有利于增加有效投资，拉动经济增长，是 2019 年积极财政政策发力的一大方向。

"按照中央经济工作会议要求，今年要较大幅度增加地方政府专项债券规模，支持重大在建项目建设和补短板，更好发挥专项债对稳投资、促消费的重要作用。"财政部有关负责人说。

他表示，2019 年将加快地方政府债券发行使用进度。近期，全国人大常委会已经授权国务院提前下达 2019 年新增地方政府债务限额 1.39 万亿元，上述额度已经提前下达各地。

同时，提高专项债券使用的精准度。指导和督促地方将专项债券资金重点用于急需资金支持的方面，优先用于解决在建项目、政府项目拖欠工程款问题等。在具备施工条件的地方抓紧开工一批交通、水利、生态环保等重大项目，尽快形成实物工作量。有关负责人说。

此外，2019 年还将加强管理，确保法定债券不出任何风险。坚持将专项债券用于有一定收益的公益性项目，依法落实地方政府到期专项债券偿还责任。

"今年将完善政府性基金预算管理体系，将专项债券与其项目资产、未来收益严格对应，确保项目全生命周期和各年度均实现收支平衡，通过锁定单个项目风险，防控专项债券整体风险。"财政部有关负责人说。

资料来源：新华网。

问题：

我国政府实施积极的财政政策所运用的主要手段有哪些？

案例二

为拯救日本经济，安倍晋三自从 2012 年当选首相后，大力推行以"安倍经济学"为代表的新政，试图重振日本疲弱的经济、终结长期通缩和缩减公共债务。自新政推行后，2013 年上半年，日本经济出现了久违的高增长。前两个季度，GDP 环比分别增长1.0%和0.9%，安倍政府从扩大出口与国民消费，缓解企业投资收缩，促进工业生产温和增长、企业效益改善，消费物价正增长、股市上行这四个方面实现了拉动日本经济高增长的目的。

扩张性货币政策

自安倍经济学开始实施，在不到半年时间内，日元兑美元年汇率迅速贬值。日元年实际有效汇率从2012年12月时的93.1升至2013年5月时的77.1，此后至9月一直稳定在78左右。日元大幅贬值，改善了企业业绩，恢复了汽车、电子等传统强势企业的竞争力，提振了出口。

扩张性财政政策

安倍政府采取大规模公共投资来引导民间投资的方式，促进投资止跌回升。2013年2月，日本国会批准了总量约占GDP 1.4%的新债务融资计划，计划覆盖2013—2014年。受此影响，预计2013年日本结构性基本预算赤字将上升0.5个百分点，达到8.9%。2013年公共投资连续6个季度增长，在公共支出等的拉动下，企业投资计划趋于积极。

资料来源：朱麒霈．安倍经济学对日本财政政策和货币政策的作用分析［J］．决策与信息，2016（7）．

问题：

安倍政府实行的是哪种类型的财政政策和货币政策组合？

本章参考文献

［1］陈共．财政学（第九版）［M］．北京：中国人民大学出版社，2017.

［2］张素勤．财政学（第五版）［M］．上海：立信会计出版社，2007.

第九章
国际税收

学习目标

1. 掌握国际税收的含义；
2. 了解税收管辖和国际税收协定的产生；
3. 理解国际重复征税的概念和国际重复征税消除的主要方法；
4. 熟悉我国关税与出口退税的含义与计算方法；
5. 掌握国际避税的主要手段与反避税的相关措施。

第一节　国际税收概述

一、国际税收的含义

（一）国际税收的概念

国际税收是指两个或两个以上国家跨国经济活动中纳税人之间的征税关系，是一种国家间关于税收利益的分配关系。具体来说，国际税收有三层含义：第一，国际税收和其他税收一样必须凭借政治权力来进行分配；第二，国际税收存在的一个必要前提是国际间有经济贸易交往；第三，国际税收是国家间的税收利益分配关系。

（二）国际税收关系的产生和发展

国际税收是一个历史范畴，是伴随着国家间经济贸易活动的发展而产生和发展的。国际税收是国际经济交往发展到一定历史阶段的产物，其历史要远远短于税收的历史。

原始的关税标志着国际税收的起源，在货物进出国境时它起到分配国家之间税收的作用。随着国际经济贸易活动的发展，以及国际上资金的流动，纳税人无须在某一固定区域取得收入。如果一个纳税人的收入来源于多个国家，由于不同的国家税收管辖权不同，往往多个国家会对同一笔跨国贸易收入征税。这种情况下，一个国家对征税权的运用，必然对其他相关国家的经济利益造成影响，国家之间的税收分配关系自然也就形成了。

19 世纪末至 20 世纪初，国际经贸关系发展十分迅速，税收越来越国际化，国际税收问题引起了各国政府的重视。第二次世界大战后，世界经济格局剧变，资本的国际流动使得跨国经营迅速发展，收入呈现国际化趋势。为了使得跨国税收分配更公平合理，世界各国沟通合作，逐步形成了一系列单边或多边税收关系的准则，比如《经济合作与发展组织范本》和《多边税收征管互助公约》等。国际税收关系的基本框架逐步形成。近十年来，世界各国签署的双边税收协定已接近 3000 个。双边税收协定数量的持续增加有三个原因：一是要对原有协定进行不断修订，二是大量新协定的签订，三是参加进来的发展中国家越来越多。根据国家税务总局数据，截至 2018 年，中国和 25 个国际组织和区域税收组织建立了税收合作关系，与 110 个国家和地区签署了双边税收协定或安排；推出了服务"一带一路"建设 10 项税收措施，拓展国别税收咨询等八个方面服务举措，发布了 81 份"一带一路"沿线国家投资税收指南等。

二、税收管辖与国际税收协定的产生

税收管辖权是国际税收中的一个重要理论，国际税收分配关系中的诸多问题，都是各国税收管辖权的不同导致的。研究国际税收，特别是解决国际双重税问题，首先应该了解税收管辖权。

（一）税收管辖权的含义

税收管辖权是指主权国家根据其法律所拥有和行使的征税权力，即主权国家有权根据各自政治、经济和社会制度，选择最适合本国利益的原则来确定和行使其税收管辖权，具体规定纳税人、课税对象及应征税额，其他国家无权干涉。

（二）税收管辖权的确立原则

国家凭借政治权力征税，所以一个国家行使征税权力不能超过其政治权力所能达到的范围。一个主权国家的政治权力所能达到的范围，一般包括地域和人员两个方面，所以一国确立税收管辖权范围所遵循的原则分为属地原则和属人原则。

1. 属地原则

属地原则即一个主权国家在行使征税权力时把所属地域作为指导原则。按属地行使其征税权力时，必须受这个国家的领土全部空间范围（包括领陆、领空、领海）的制约。一国政府征税的范围只能是这一空间范围内发生的所得和应税行为，而不管纳税人是否是该国的公民或居民。

2. 属人原则

属人原则即一个主权国家在行使征税权力时把人员概念作为指导原则。按照属人原则，一国政府在行使其征税权力时，只能对该国的居民或公民（包括自然人和法人）的所得行使征税权力，与这些居民或公民的经济活动是否发生在该国领土疆域以内无关。

（三）税收管辖权的类型

在一国的税收管辖权中，对税收管辖权起决定作用的，是属地原则和属人原则，相对应地，它们在税收上分别表现为地域管辖权和居民管辖权。从理论上说，税收管辖权只有两种类型：地域管辖权和居民管辖权。在实际的国际税收关系中，还有第三种类型：地域管辖权和居民管辖权相混合的双重管辖权。

1. 地域管辖权

一个主权国家按照属地原则所确立起来的税收管辖权，称为地域管辖权。实行地域管辖权的国家，以收益来源地或财产存在地为征税标志。它要求纳税人就本国领土范围内的全部收益和财产缴税。地域管辖权实际上有两种情况：一是对本国居民而言，只有本国范围内的收益、财产及所得纳税，国外的收益和财产无须纳税；二是对外国居民（本国非居民）而言，其在该国领土范围内的收益、所得和财产必须承担纳税义务。

在实行地域管辖权的条件下，由于主权国家并不是针对纳税人是否为本国公民来纳税，所以必然会带来国家之间的重复课税，这个问题必须协调好。在同样实行地域税收管辖权的国家中，收入来源的确定没有一个统一的标准，由于各国的不同规定，不同国家会对收入来源产生不同的看法，在实际操作中很难把握。比如，外国公司的国际贸易所得的归属就很难界定，往往存在争议。

2. 居民管辖权

居民管辖权是指一个主权国家按照属人原则所确立的税收管辖权。该原则规定，实行居民管辖权的国家，只对居住在本国的居民，或者属于本国居民的一切收益和财产征税，无论是否在本国居住。也就是说，一个主权国家征税的范围可以跨越国境，只要是本国居民所得，不论是境内还是境外，国家均享有征税的权力。

实行居民管辖权要有一定的前提，即国家为居民提供社会公共服务和法律保护。在这一前提下，居民自然要对国家履行纳税义务，这是一种权利与义务的关系。因此，对居民的境外收入而言，收入来源国不可以独占税收管辖权，税收权益应该在收入来源国和纳税人居住国之间进行合理分配。那么，如何判断一个人是否是一个居民呢？国际税收上的判定标准是看自然人在该国是否有永久性居住地或一般居住地。

3. 双重管辖权

双重管辖权是指一国政府同时使用地域管辖权和居民管辖权，即对本国居民运用居民管辖权，对其境内、境外的收益和财产征税；对外国居民运用地域管辖权，对其在该国境内取得的收益和财产征税。之所以采取双重管辖权，是因为有一部分国家认为在只运用单一管辖权的情况下，无法保证本国的税收权益。只运用地域管辖权，本国居民的境外的税收无法取得；只运用居民管辖权，则本国非居民的税收无法取得。因此，综合运用两种管辖权，才能保证本国的税收权益。在两个以上国家都运用双重管辖权的情况下，国家之间的重复课税必然会影响本国的经济利益。举例说明，在 A 国居住的 B 国居民和在 B 国居住的 A 国居民都从事国际贸易活动。那么，A 国、B 国都会同时对 A 国居民和 B 国居民征税，相当于这两国居民都承担着双重课税。因此，A 国和 B 国一定要对税收的分配进行合理安排，以此来消除纳税人过多的税收负担。

（四）国际税收协定的产生

税收协定的产生至少与三个因素密切相关，一是国家间在投资、贸易、资金等方面的经济往来大量增加，二是所得税制度的确立，三是各国对所得进行税收管辖的法律规定。

第二次世界大战以后，世界大体维持了和平发展的局势，经济发展使得大量剩余资本为了获取更大回报走出国门，流入新兴市场。跨国投资不仅促进了已有的对外贸易，还带动了人员和技术的跨境往来。这个阶段，各国的税收制度也在经历不断的调整，为了商品的重复征税问题，世界上一些主要发达国家相继建立了以直接税（主要是所得税）为主体的税收制度。对于所得的征税，大多数国家采取的是双重管辖权的制度。

双重征税对国家间经济往来的阻碍作用非常大，更无法满足资本追逐高额利润回报的要求。于是为了解决这一问题，鼓励跨国贸易和资本流动，促进国家经济发展，相关国家开始了税收协定的谈签。

三、国际税收协定

（一）国际税收协定的概念

国际税收协定是指两个或两个以上主权国家，为了协调相互间处理跨国纳税征税事务方面的税收关系，经由政府谈判后所签订的一种书面协议。国际税收协定按照所参与的国家多少，分为双边和多边两类；按照涉及内容范围的大小，又分为一般与特定两种形式。两个国家参加签订的协定，称为双边税收协定。两个以上国家参加签订的协定，称为多边国际税收协定。如果协定的内容普遍适用于签订国家之间各种国际税收问题的，称为一般国际税收协定；如果协定内容仅限于解决某项特定贸易的国际税收问题的，称为特定国际税收协定。在协定有效期间内，签约国每一方都必须对协定中的一切条款承担义务。任何一方的固有单方面规定，如有与协定内容相冲突的，必须按照协定的条款执行。

（二）国际税收协定范本

国际税收协定刚产生的时候，签订税收协定的国家很少。第二次世界大战之后，世界经济逐渐实现全球化发展，越来越多的国家加入到签订国际税收协定的行列中。因此，制定出国与国之间签订税收协定时可供参照的国际标准迫在眉睫。国际税收协定范本在这种国际环境下应运而生。国际税收协定范本的主要作用在于为签订国际税收协定的各国提供一个规范性样本，为解决协定谈判过程中遇到的技术性难题提供有力的支撑。税收协定范本首先是规范化的，可供签订国际税收协定时参照；其次是内容要有弹性，可以适应各国的实际情况，谈判国家可以随时协商调整。目前比较主要的是 1977 年经济合作与发展组织正式通过的《关于对所得和财产避免双重征税的协定范本》和 1979 年联合国通过的《关于发达国家与发展中国家间避免双重征税的协定范本》。这两个国际性税收协定范本是世界各国处理税收分配的实践总结，它们的产生标志着国际税收关系的调整迈入了成熟阶段。这两个范本主要包括以下五个方面的基本内容：

1. 征税权的划分

两个范本在指导思想上都承认优先考虑收入来源管辖权原则，由纳税人的居住国采取免税或抵免的方法来避免国际双重课税。两个范本的区别是：联合国范本强调收入来源地征税原则，经济合作与发展组织范本更多地要求限制收入来源地原则。

2. 常设机构的约定

两个范本都对常设机构的含义进行了约定。常设机构，即企业进行全部或部分营业活动的固定场所，要点是：第一，有一个营业场所，如房屋、场地和机器设备等；第二，这个场所一定是固定的，并有一定的永久性；第三，企业在该场所进行的营业活动，通常是由公司人员在固定场所所在国依靠企业（人员）进行的。常设机构范围确定的宽窄，直接关系到居住国与收入来源国之间税收分配的多少。经济合作与发展组织范本倾向于把常设机构的范围划得更窄些，更利于发达国家征税。联合国范本倾向于把常设机构的范围划得宽些，更利于发展中国家征税。

3. 预提税限制税率

通常来说，对股息、利息、特许权使用费等投资所得征收预提税，要限定收入来源国的税率，使合约双方都能征到税。在税率的限定幅度上，两个范本有明显的区别。经济合作与发展组织范本限制税率很低，这样收入来源国征收的预提较少，居住国给予抵免后，仍然可以征收到较多的税。联合国范本预提税限制税率要由合约双方谈判确定。

4. 税收平等待遇

经济合作与发展组织范本和联合国范本都主张平等互利的原则。合约一方应保障另一方国民与本国国民有相同的税收待遇。基本原则是：一是国际无差别，不能因为纳税人所在国不同，在相同或相似的情况下，给予税收待遇不同；二是常设机构无差别，设在本国的另一国的常设机构，其税收负担不应比本国类似企业更重；三是支付扣除无差别，就是在计算企业利润时，企业支付的利息、特许权使用费或其他支付款项，如果承认可以抵税，不能因支付对象是否为本国居民而在处理上差别对待；四是资本无差别，即本国企业的资本，无论全部或部分、直接或间接为另一国居民所拥有或控制，该企业的税收负担或有关条件，不应与本国的同类企业不同。

5. 避免国际偷税、逃税

为了避免国际偷税、逃税，国际税收协定采取了一系列措施。主要有：一是情报交换，又分日常情报交换和专门情报交换。日常的情报交换，即合约各方定期交换有关跨国纳税人的收入和经济往来资料。通过这种情报交换，各方可以了解跨国纳税人在收入和经济往来方面的变动，方便更准确地核实应税所得；专门的情报交换，即由合约一方提出需要调查核实的内容，另一方帮助核实。二是转让定价。为了防止和限制国际偷税、避税，合约各方必须密切配合，并在协定中确定各方都同意的转让定价方法，避免纳税人通过价格的方式转移利润、逃避纳税。

（三）国际税收协定的适用范围

国际税收协定的适用范围主要包括两个方面：一是协定适用于哪些纳税人（包括自然人和法人），二是协定适用于哪些税种。

1. 适用的纳税人

协定适用的纳税人，是在合约各国负有居民纳税义务的人。确定一个人是否是本国的居民，要依据该国法律，不能依据合约其他国家的法律来确定。但避免双重征税协定要在双方国家执行，居民身份的确定一定会涉及合约双方的国家权益。因此，要解决好协定适用的纳税人的范围，就必须在尊重主权和不干涉内政的原则下，作出能为合约双方都能接受的规定。

2. 适用的税种

避免双重征税协定适用的税种需要合约双方结合各自国家的税制情况加以商定。

基本原则是把那些基于同一征税客体，由国家间税收管辖权重叠造成的重复征税的税种列入适用的税种范围。国际上通常的做法是只限于所得税等直接税的税种。原因是只有这种税才会存在同一赋税主体的双重纳税问题。一般都不把间接税列入适用的税种，因为以流转额或销售额为征税对象的销售税、周转税或营业税、增值税等，不论是起点征税、终点征税还是多环节征税，其征税客体都不是同一的，纳税人也并不一定是税收的真正负担者，无法确定和消除双重征税问题。

第二节　国际重复征税及其消除

一、国际重复征税的概念

国际重复征税，即两个或两个以上国家的不同课税主体，在同一时期内对同一或不同跨国纳税人的同一征税对象或税源所进行的重复征税。

二、国际重复征税的产生及其影响

国际重复征税的产生主要有以下两个条件：首先，跨国纳税人，包括自然人和法人拥有跨国所得，两国或两个以上国家对同一纳税人都行使税收管辖权；其次，由于各国对居民或收入来源地的认定标准不同，在各国都实行单一的税收管辖权时，出现居民管辖权之间的交叉，或地域管辖权之间的交叉。国际重复征税主要会产生以下四种影响：

一是加重了跨国纳税人的税收负担，影响投资者对外投资的积极性；二是违背了税收公平原则；三是阻碍国际经济合作与发展；四是影响有关国家之间的财权利益关系。

三、国际重复征税消除的主要方法

国际重复征税给国际经济合作带来了很多消极影响，因此世界各国和各种国家联盟都十分重视国际重复征税问题。经过多年的努力，世界范围逐渐形成了一系列消除国际重复征税的方法，主要有抵免法、免税法、扣除法、减免法。

（一）抵免法

抵免法，即居住国政府允许本国居民在本国税法规定的限度内，用已缴非居住国政府的所得税和一般财产税税额，抵免应缴本国政府的部分税额。该方法的核心思想是承认地域管辖权的优先地位，但不放弃居民管辖权。抵免法有两种情况：一是全额抵免，指居住国允许纳税人已缴的来源国税额可以全部用来冲抵其居住国应纳税额，没有限额的限制。二是普通抵免，又称限额抵免。指居住国政府对本国居民行使居民管辖权时，允许其向非居住国缴纳的所得税或一般财产税税额，再按本国税法规定的限度内，抵冲其向本国政府缴纳的税额的一种方法。全额抵免和普通抵免的区别是：普通抵免要受抵免限额的限制。当国外税率高于本国税率时，只能按照国内税法计算的抵免额来抵免在国外已缴纳的税款，而全额抵免则不受这一限制。还有一种方法被称为税收饶让，是税收抵免的延伸或扩展。税收饶让是指一国政府对本国纳税人在国外得到减免的那一部分所得税，看作在国外已缴税款，同样给予抵免，不再按本国规定的税率补征。

（二）免税法

免税法，即居住国政府对本国居民来源于非居住国的跨国收益或一般财产，在一定的条件下，放弃行使居民管辖权，给予免征。免税法的唯一前提是承认非居住国地域管辖权。免税法有两种具体形式：一是全额免税法，即居住国政府对本国居民纳税义务人征税时，允许其从应纳税额中扣除其来源于国外并已向来源国纳税的那部分所得。国际上极少采用这一方法。二是累进免税法，即采取累进税制的国家，虽然从居民纳税人的应税所得中扣除其来源于国外并已经纳税了的那部分所得，但对其他所得同样确定适用税率时仍将这部分免税所得考虑在内，即对纳税人其他所得的征税，仍适用依据全部所得确定的税率。

（三）扣除法

扣除法，即居住国政府在行使居民管辖权时，允许本国居民用已缴非居住国政府的所得税或一般财产税税额，作为向本国政府汇总中应税收益或财产价值的一个扣除项目，根据扣除后的余额，计算征收所得税或一般财产税。

与免税法不同的是，扣除法中居住国政府给予免税的，并不是纳税人在非居住国已缴的税额，而是从其应税所得中减去一部分计税所得额。在国际税收实践中，极少有国家使用扣除法。

（四）减免法

减免法又称低税法，即一国政府对本国居民的国外所得在标准税率的基础上减免一定比例，按照较低的税率征税，对其国内所得则按正常的税率征税。显然，一国对本国居民来源于外国的所得征税的税率越低，越有利于国际重复征税的解决。但由于减免法只是居住国对已缴纳国外税款的国外所得按较低的税率征税，而不是完全对其免税，所以它与扣除法一样，也只能减轻而不能免除国际重复征税。目前它只是在个别国家使用。

第三节　关税减免与出口退税

一、关税减免

我国关税减免主要有法定减免、特定减免和临时减免三种类型。

1. 法定减免

符合税法规定可予减免税的进出口货物，纳税义务人无须提出申请，海关可按规定直接予以减免税。我国《海关法》和《货物进出口管理条例》明确规定，下列货物、物品予以减免关税：

（1）关税税额在人民币 50 元以下的一票货物，可免征关税。

（2）无商业价值的广告品和货样，可免征关税。

（3）外国政府、国际组织无偿赠送的物资，可免征关税。

（4）进出境运输工具装载的途中必需的燃料、物料和饮食用品，可免征关税。

（5）因故退还的中国出口货物，经海关审查属实，可予免征进口关税，但已征收的出口关税不予退还。

（6）因故退还的境外进口货物，经海关审查属实，可予免征出口关税，但已征收的进口关税不予退还。

（7）进口货物如有以下情形，经海关查明属实，可酌情减免进口关税：第一是在境外运输途中或者在起卸时，遭受损坏或者损失的；第二是起卸后海关放行前，因不可抗力遭受损坏或者损失的；第三是海关查验时已经破漏、损坏或者腐烂，经证明不是保管不慎造成的。

（8）无代价抵偿货物，可以免税。但有残损或质量问题的原进口货物如未退运国外，其进口的无代价抵偿货物应照章征税。

2. 特定减免

特定减免税也称政策性减免税。在法定减免税之外，国家按照国际通行规则和我国实际情况，制定发布的有关进出口货物减免关税的政策，称为特定或政策性减免税。特定减免税货物一般有地区、企业和用途的限制，海关需要进行后续管理，也需要进行减免税统计。包括以下几类：科教用品、残疾人专用品、扶贫、慈善性捐赠物资。

3. 临时减免

临时减免是指以上法定和特定减免税以外的其他减免税，即由国务院根据《海关法》对某个单位、某类商品、某个项目或某批进出口货物的特殊情况，给予特别照顾，一案一批，专文下达的减免税。一般有单位、品种、期限、金额或数量等限制。

二、出口退税

（一）出口退税的含义

出口退税制度，即一个国家或地区根据当地税法规定，对已报关离境的出口货物，将其在出口前生产和流通各环节已经缴纳的国内增值税或消费税等间接税税款，退还给出口企业的一项税收制度。具体来说，就是对增值税出口货物实行零税率，对消费税出口货物免税。出口退税可以使出口商品以不含税价格进入国际市场，有效避免了对跨国物品的重复征税，从而促进该国家和地区的对外出口贸易。

（二）出口退税的情况

1. 出口免税并退税

出口免税是指对货物在出口销售环节不征增值税、消费税。出口退税是指对货物出口前实际承担的税收负担，按规定的退税率计算后予以退还。对增值税来说，我国实行出口免税并退税的货物有：（1）生产企业自营出口或委托外贸企业代理出口的自产货物。（2）有出口经营权的外贸企业收购后直接出口或委托其他外贸企业代理出口的货物。对消费税来说，我国实行出口免税并退税的货物有：（1）有出口经营权的外贸企业购进应税消费品直接出口的货物；（2）外贸企业受其他外贸企业委托代理出口的应税消费品。

2. 出口免税不退税

出口免税不退税是指出口货物因在前一道生产、销售或进口环节是免税的，因此价格中本身就不含税，也无须退税。我国免税但不予退税的出口货物主要有：（1）原料加工复出口的货物。（2）避孕药品和用具、古旧图书。（3）有出口卷烟经营权的企业出口国家出口卷烟计划内的卷烟。（4）军需用品及军队系统企业出口军需工厂生产或军需部门调拨的货物。（5）国家规定的其他货物。

3. 出口不免税也不退税

出口不免税也不退税是指对国家限制或禁止出口的某些货物的出口环节视同内销环节，照常征税。对增值税来说，主要包括的货物有：（1）国家计划外出口的原油（计划内按13%退）。（2）一般物资援助项下的援外出口货物。（3）国家禁止出口的货物，如天然牛黄、麝香、铜及铜基合金和白银等。对消费税来说，主要是一般商贸企业委托外贸企业代理出口的应税消费品。

（三） 出口货物适用范围

作为可以出口退税的出口货物必须满足以下四个条件：

（1） 必须是属于增值税、消费税征税范围的货物。

（2） 必须是报关离境的货物。

（3） 必须是在财务上作销售处理的货物。

（4） 必须是出口收汇并已核销的货物。

（四） 出口退税的计算

1. 我国增值税的计算方式

（1） 自管和委托出口自产货物的生产企业采用"免、抵、退"计算法。具体来说，"免"指的是对生产企业出口的自产货物，免征本企业生产销售环节增值税；"抵"指的是生产企业出口自产货物所耗用的原材料、零部件、燃料、动力等所含应予退还的进项税额，抵顶内销货物的应纳税额；"退"指的是生产企业出口的自产货物在当月内应抵顶的进项税额大于应纳税额时，对未抵顶完的部分予以退税。

（2） 收购货物出口的外贸企业采用"先征后退"的计算方式。具体内容包括：外贸企业以及实行外贸企业财务制度的工贸企业收购货物出口，其出口销售环节的增值税免征，其收购货物的成本部分，在支付收购货款时也支付了增值税税款，并由其生产经营企业缴纳。最后，在货物出口后按收购成本与退税税率计算退税额退还给外贸企业。

2. 我国消费税的计算方式

我国出口货物的消费税应退税额的计税依据是购进出口货物的消费税专用缴款书和海关进口消费税专用缴款书。属于从价定率计征消费税的，为已征且未在内销应税消费品应纳税额中抵扣的购进出口货物金额；属于从量定额计征消费税的，为已征且未在内销应税消费品应纳税额中抵扣的购进出口货物数量；属于复合计征消费税的，按从价定率和从量定额的计税依据分别确定。消费税应退税额的计算公式如下：

$$消费税应退税额 = 从价定率计征消费税的退税计税依据 \times 比例税率 +$$
$$从量定额计征消费税的退税计税依据 \times 定额税率$$

（五） 我国的出口退税制度的发展与问题

1. 我国出口退税制度的发展

我国最早的出口退税制度出现在 1985 年。在 1994 年财税体制重大改革后，我国结合增值税条例的全面实施，重申了对出口商品实行整体税负为零的零税率政策。出口退税制度对于国家的经济发展具有重要意义，具体表现为它可以促进出口贸易的发展。所以，衡量出口退税的经济意义，实际上就是分析出口退税和出口的关系。

从 1994 年至今，我国出口退税率经过多次调整。2018 年 11 月 1 日，我国在 2018 年内第二次提高出口退税率，具体为：原本出口退税率为 15% 的货物、部分 13% 的货物，将出口退税率提高到 16%；原本出口退税率为 9% 的货物提高到 10%、部分提高到 13%；原本出口退税率为 5% 的货物提高到 6%、部分提高到 10%。

如今，我国出口企业基本上得到了出口应退的税款，退税额由开始实行出口退税的 1985 年的 275 亿美元上升到 2017 年的将近 2054 亿美元，出口退税额的增长与出口贸易的增长呈正相关关系，在推动出口贸易的发展中居功至伟。

2. 我国出口退税制度存在的问题

我国以往对出口退税制度的设定有诸多不合理之处，因而形成多年来连续出现拖欠出口退税的问题。我国拖欠出口退税的原因，主要在于制度性的缺陷，包括：（1）退税计划管理脱离实际。每年在年初就确定了退税计划指标，如果该年的出口贸易大幅增长，超出计划退税指标则国家就无力支付退税。（2）征税与退税环节的脱节。由于我国还有一些相关的税收制度没有统一，征税和退税工作的衔接很容易脱节。征税与退税环节的脱节为出口企业骗税创造了机会，给国家财政带来损失。（3）出口退税按增值税的名义税率实行零税率，但实际要征收的税率低于名义税率，这为国家带来很大的退税负担。（4）出口退税程序比较复杂。我国并不会及时根据企业出口的具体情况将出口退税款返还给企业，企业需要提交相应的证明资料，办理相关的出口退税程序，并且只有在相关资料提交完整后，出口退税的税额才有可能在规定的时间内退还给企业。企业在收集这些资料时会花费一定的时间，资料的审核也要经历一定的程序，这会占用到企业大量的人力和物力资源，影响到企业正常的经营。另外，企业申请出口退税有时间要求，如果企业不能够在规定的时间内向有关部门提供完整的资料并申请出口退税，那么出口退税的金额就无法返还给企业，给企业造成一定的损失。因此，我国出口退税的复杂性给企业的发展带来了诸多不便。

基于以上原因，我国出口退税制度还有很大的发展空间。出口退税制度，不仅关系到出口贸易，更关系到经济增长和财政金融稳定发展，必须给予高度重视。

第四节　国际避税与反避税

国际避税直接关系到国家的税收收入和税制的严肃性。因此，制定并相应地完善国际反避税法，解决国际避税问题，是各国税制发展的必由之路。

一、国际避税

（一）国际避税的含义

国际避税是指跨国纳税人利用两个或两个以上国家之间的税法和国际税收协定的差别、特例、漏洞和缺陷，规避或减轻其全球总纳税义务的行为。如今，国际避税的合法性被越来越多的国家政府认同，因此很多国家制定了关于反国际避税的条例或规定。

（二）国际避税的主要方式

在现代社会中，各国的税收制度很难达到完全统一，从而使得跨国纳税人抓住了跨国避税的机会。目前，跨国纳税人的国际避税方式分成两大类：自然人的国际避税方式和法人的国际避税形式。

1. 自然人的国际避税方式

（1）纳税人的国际转移

纳税人的国际转移是指纳税人从一个国家迁移到另一个国家。比如把住所从高税国迁往低税国，避免在原居住国有永久性住所。纳税人若没有固定住所可以避免成为原居住国的居民，自然也就逃避了原居住国的税负。如果纳税人迁往同时实行居民管辖权和地域管辖权的国家，可以采取流动性居留的方法，从而避开该国政府对其行使居民管辖权。这些为了避税而放弃居民身份、经常在国家之间流动的纳税人，在国际税收领域里被称为"税收难民"。除此之外，纳税人还可以利用有关国家之间确定居民居住时间的不同规定，自由选择居住期，回避在居住国的纳税义务。打个比方，A 国和 B 国规定，在该国居住满一年，就成为税收上的居民。如果一个纳税人在 A 国居住不到一年，在 B 国居住也不到一年。则此人在税法上既不是 A 国的居民，也不是 B 国的居民，合法地避免了居民纳税义务。

（2）征税对象的国际转移

跨国纳税人可以不改变自己的原住国居民身份，而用各种方式将其征税对象转移到低国或无税国。比如，通过建立免税常设机构转移应税所得。目前，许多国家的双边国际税收协定都对跨国纳税人常设机构的经营活动提供了大量免税待遇。这些经营活动包括存货管理、货物购买、广告宣发、信息提供等。这样，跨国纳税人就可以把设在没有此类免税待遇的国家的常设机构所从事的货物购买、存储等活动，转移到有免税规定的相关国家的常设机构中去，进而达到避税的目的。

（3）利用制度的漏洞

跨国纳税人有时不需要进行国际转移，他们根据有关国家税法或其他制度的缺陷和漏洞，仍然可以达到避税目的。例如，有的国家税法规定，可以在应税所得中扣除个人退休金、养老金、福利费和保险赔偿款等，纳税人可以把应税所得中不易划清名目的所得部分直接归到扣除项目中，减少应税所得，从而减轻税负。比如，某些跨国公司将本应作为工资支付给纳税人的报酬以费用的形式支付，需要进行利润分配的股息也以费用或佣金等形式支付，这样，纳税人成功地避免了应纳的个人所得税。

2. 法人的国际避税形式

（1）法人居民的国际转移

在实行居民管辖权的国家，主要有三类判定法人居民的标准：一是注册登记地标准，二是总机构标准，三是管理机构所在地标准。公司企业可以采取变更注册登记地点的方法，避免成为该国的法人居民。管理机构会尽量避免在高税国召开董事会议，从而也合法地避免成为该国的法人居民。选择法人居民地点，对企业纳税义务的多少有重要影响。由于跨国公司会把其世界范围的所得汇总到其法人所在国纳税，所以如果跨国公司把注册地、总部或管理机构设在中国香港这样仅实行地域管辖权的地区内，其所得税税率很低，并且对来源于其境外的所得不征税，这会极大地降低整个跨国公司的税负。

（2）转让定价

目前，转让定价是跨国公司采用最广的一种方式。作为跨国公司关联公司之间销售商品、提供劳务和专门技术、资金借贷等活动所确定的企业集团内部价格，转让定价不取决于市场供求，只决定于跨国公司整体利益的需要。其一般做法是：高税国企业向其低税国关联企业销售货物、提供劳务、转让无形资产时制定低价；低税国企业向其高税国关联企业销售货物、提供劳务、转让无形资产时制定高价。这样，利润就从高税国转移到低税国，从而达到最大限度减轻其税负的目的。例如，为了在国内不用或少缴纳企业所得税，企业把自己的产品低价卖给自己在海外的子公司。造成没有利润，就不用缴纳企业所得税了。为了防止这种情况的发生，税务机关利用公平交易原则，合理确定企业产品的转让定价，让其在国内合理纳税。

（3）选择有利的企业组织形式

一个国家的法人居民对外投资时，可以选择不同的组织形式，或在东道国建立子公司、分公司和其他分支机构。母公司、子公司和分公司在东道国的法律地位不同，经营特点也不同。子公司在所在国具有独立的法人地位，一般也是纳税实体，可以在东道国享受较多的税收减免优惠待遇。母公司不需要对子公司的经营业务活动负直接的法律责任。但建立子公司不仅需要具备一定的条件，还需要办理一些手续，开业以后还要接受当地政府的管理监督。分公司在所在国不具有独立的法人地位，所以在东道国无须办理复杂的手续，当地政府对其业务活动的管理也会相对宽松一些。从国际税收规定来看，对在国外设立子公司和分公司有不同的财务处理方法。子公司作为一个独立的纳税实体，它的亏损无法记入母公司的账上，而分公司与母公司是一个法人实体，它的经营亏损可以冲抵总公司的税收。由于各方面的原因，跨国公司到一国投资办厂的生产初期往往亏损较大，所以母公司可以选择设立一个分公司，用其开业亏损冲抵总公司利润，从而减少应税所得，进而减少母公司的税收负担；一旦生产从起步阶段进入盈利阶段，则建立子公司更有优势，因为子公司是独立的纳税实体，可以避免将其所得汇总到母公司来承担母公司所在国的高税率。当然，实际经营中，跨国公司要根据一些非财政性条件的限制，如公司法、民法等限制来选择合适的企业组织形式。

（4）利用电子商务避税

①税收转移

在传统贸易中，跨国产品销售和购买占整个贸易的比重很有限，而网络交易使跨国交易变得更为方便。对企业而言，它们会纷纷涌向低税负的国家和地区，在那里建立网站进行经营；对高税率国家或地区的消费者来说，它们可以通过互联网，从低税率的国家或地区购买商品，从而不可避免地带来了税收的转移。

②提供高科技手段

任何一个公司都可以利用其在避税国设立的网站与国外企业进行跨国贸易，从而形成一个税法规定的经营地。随着银行互联网化和电子支付系统的日趋完善，一些跨国公司利用电子货币在避税地的"网络银行"开户，开展海外投资业务，从而对税收管辖权的"选择"变得越来越灵活。密码技术的发展让税务机关掌握纳税人身份和交易信息的难度变得越来越大，无法掌握纳税人的相关信息，就很难让其服从税法。

③税务稽查的难度加大

在互联网环境下，由于各种票据都以电子形式存在，电子凭证又可以被轻易修改而看不到痕迹，税务机关的征管稽查工作日益困难。电子商务的发展让电子支付系统日益完善，跨国交易的成本被最大限度地降低，一些银行纷纷在网上开通"网络银行"。目前，税务机关只把国内银行作为重要信息源，对境外银行，税务当局就很难监控到支付方的交易，从而对逃税者的威慑程度大大降低。

二、国际反避税的措施

国际避税的存在，极大地影响了国际经济交往与国家税收。目前，有效地防止国际避税行为的发生是国际税收活动的一个重要问题。目前，各国政府对此都付出了很大的努力，采取了各种防范措施。归纳起来，主要包括以下几个方面：限制避税性移居、调整转让定价、对避税港的税务处理等。

（一）限制避税性移居

1. 限制自然人移居的措施

为了防止自然人利用移居来逃避税收负担，有的国家对移居进行了限定，只有"真正"移居才予以承认，"虚假"移居则不予承认。还有一些发达国家采取了有条件延续本国向外移居者无限纳税义务的做法。

2. 限制法人移居的措施

为了防止法人通过变更居民身份的形式避税，有的国家也作出了相应的限制。荷兰政府规定，本国企业在战时或其他类似灾害发生时迁移到荷属领地，可以不视为避税，其他理由的迁移，一般都认为是以避税为目的，而不予承认，法人仍连续负有纳税义务。

（二）调整转让定价

转让定价是跨国纳税人最常用的避税手段，针对这一避税方法，多数国家赋予税务机关根据"正常交易原则"对转让定价和成本费用人为分配进行重新调整的权力，使跨国关联公司在各国的经营利润最大限度上符合各自的实际经营情况，让各国都可以顺利征到一份税额，从而排除了跨国公司通过转让定价和成本费用的人为分配减轻总税负的可能性。具体来说，调整转让定价主要有三种方法：第一，可比非受控价格法。又称不被控制的价格法，是按照没有任何人为控制因素的、卖给不相关买主的价格来确定的。第二，转售价格法。如果没有可比照价格，就以关联企业交易的买方将购进的货物再售给不相关企业的销售价格扣除合理的购销差价来确定。第三，成本加利法。对于一些无可比照的价格，又因为关联公司对购进货物进行再加工，有了附加价值，从而不适用于转售价格法的情况下，可以采用以制造成本加上合理的毛利，按正规的会计核算方法计算价格。

（三）对避税港的税务处理

主要是进行反运用避税港立法，建立"避税港税制"。其目的是让本国居民通过在避税港建立受控外国公司，拥有一定数量的股权来躲避本国税收的行为不能得逞。

1. 对本国居民建立避税港受控外国公司的立法规定

1942年，美国在《国内收入法典》F分部中规定：如果一家外国公司有50%以上有选举权的股票或股票价值为美国人拥有，这家公司就是受控的外国公司，取得的消极所得不享受国内法典规定的延期纳税的优惠。

2. 避税港或低税区的判断方法

（1）列表法

美国列举了30多个国家和地区作为避税港，日本规定了一个指定避税港表，澳大利亚在其外汇管制法中也列举了一个指定避税港表。

（2）税负比较法

澳大利亚确定的方式是规定一个低税区界限（25%）；英国低税区的确定是通过判断外国公司在某一期间在该地区的纳税额是否低于同一所得所应纳英国公司税的一半的国家和地区。也就是说，根据实际纳税额来比较确定。

3. 对所得的立法规定

通常，各国在其反运用避税港立法中所包括的所得，基本上都是消极投资所得，不包括积极投资所得在内。要严格区分积极投资所得和消极投资所得。

本章小结

1. 国际税收是指两个或两个以上国家跨国经济活动中纳税人之间的征税关系，是一种国家间关于税收利益的分配关系。

2. 税收管辖权是指主权国家根据其法律所拥有和行使的征税权力，即主权国家有权根据各自政治、经济和社会制度，选择最适合本国利益的原则来确定和行使其税收管辖权，具体规定纳税人、课税对象及应征税额，其他国家无权干涉。

3. 一国确立税收管辖权范围所遵循的原则分为属地原则和属人原则。

4. 税收管辖权的类型有：地域管辖权、居民管辖权、地域管辖权和居民管辖权相混合的双重管辖权。

5. 国际税收协定是指两个或两个以上主权国家，为了协调相互间处理跨国纳税征税事务方面的税收关系，经由政府谈判后所签订的一种书面协议。国际税收协定按照所参与的国家多少，分为双边和多边两类；按照涉及内容范围的大小，又分为一般与特定两种形式。

6. 国际税收协定范本主要有：《关于对所得和财产避免双重征税的协定范本》和《关于发达国家与发展中国家间避免双重征税的协定范本》。这两个国际性税收协定范本基本内容包括征税权的划分、常设机构的约定、预提税限制税率、税收平等待遇、避免国际偷税和逃税。

7. 国际税收协定的范围主要包括两个方面：一是协定适用于哪些纳税人（包括自然人和法人），二是协定适用于哪些税种。

8. 国际重复征税，即两个或两个以上国家的不同课税主体，在同一时期内对同一或不同跨国纳税人的同一征税对象或税源所进行的重复征税。

9. 国际重复征税主要会产生以下四种影响：加重了跨国纳税人的税收负担，影响投资者对外投资的积极性；违背了税收公平原则；阻碍国际经济合作与发展；影响有关国家之间的财权利益关系。

10. 国际重复征税消除的主要方法有抵免法、免税法、扣除法、减免法。

11. 我国关税减免主要有法定减免、特定减免和临时减免三种类型。

12. 出口退税制度，即一个国家或地区根据当地税法规定，对已报关离境的出口货物，将其在出口前生产和流通各环节已经缴纳的国内增值税或消费税等间接税税款，退还给出口企业的一项税收制度。

13. 国际避税是指跨国纳税人利用两个或两个以上国家之间的税法和国际税收协定的差别、特例、漏洞和缺陷，规避或减轻其全球总纳税义务的行为。

14. 国际反避税的措施主要包括限制避税性移居、调整转让定价、对避税港的税务处理等。

本章重要概念

国际税收　税收管辖权　地域管辖权　居民管辖权　国际税收协定　国际避税
国际反避税

复习思考题

一、简答题

1. 说明国际重复征税的产生原因和消除方法。

2. 国际税收协定的作用是什么？

3. 国际避税的主要方式有哪些？国家可以采取哪些方法防止国际避税？

二、案例讨论

案例一

2017 年，全国新设立外商投资企业 35652 家，同比增长 27.8%；实际使用外资 8775.6 亿元人民币，同比增长 7.9%。在我国新设的外企中，有相当一部分企业长期处于亏而不倒的状态，有的甚至越做越大。其实，跨国企业很多亏损现象中有相当一部分是为了避税人为造成的假象。我国每年因避税造成的税款损失数额巨大。

问题：你认为我国政府应采取哪些措施来遏制国际税收的流失？

案例二

A 国甲公司在 B 国、C 国分设乙、丙两家分公司。A、B、C 三国的企业所得税税率分别为 35%、30%、25%。A 国允许采取抵免法进行税收抵免，但抵免额不得超过同额所得按 A 国税率计算的税额。假设该年度甲公司在 A 国实现应纳税所得额 3600 万元；乙公司在 B 国获应纳税所得额为 800 万元；丙公司在 C 国亏损 200 万元。为减轻税负，甲公司采取了以下办法：降低对丙公司的材料售价，使丙公司在

C 国的应税所得额由零变为 150 万元。

问题：这是跨国纳税人利用税收抵免来避税的例子，请计算一下甲公司在正常交易情况下的税负与非正常交易下税负到底有多大的差异？

本章参考文献

［1］哈维·S. 罗森，财政学（第四版）［M］. 北京：中国人民大学出版社，2000.

［2］鲍德威·威迪逊. 公共部门经济学［M］. 北京：中国人民大学出版社，2000.

［3］查尔斯·I. 肯森，等. 国际税收［M］. 北京：中信出版社，2003.

［4］塞尔维斯特尔·C. W. 艾芬格，雅各布·德·汉. 欧洲货币与财政政策［M］. 北京：中国人民大学出版社，2003.

［5］陈共. 财政学［M］. 北京：中国人民大学出版社，2004.

［6］丛树海. 财政支出学［M］. 北京：中国人民大学出版社，2002.